促进绿色出行

Promoting Urban Green Travel

周伟　[英]马克・马其尔（Mark Major）　主编
江玉林　钟朝晖　副主编

中国环境出版社・北京

图书在版编目（CIP）数据

促进绿色出行/周伟，（英）马克·马其尔（Mark Major）主编. —北京：中国环境出版社，2016.6
ISBN 978-7-5111-2665-8

Ⅰ. ①促… Ⅱ. ①周… ②马… Ⅲ. ①交通运输—节能—研究报告—中国 Ⅳ. ①U

中国版本图书馆 CIP 数据核字（2015）第 314248 号

出 版 人	王新程
责任编辑	黄 颖 张秋辰
责任校对	尹 芳
封面设计	岳 帅
出版发行	中国环境出版社 （100062 北京市东城区广渠门内大街 16 号） 网　　址：http://www.cesp.com.cn 电子邮箱：bjgl@cesp.com.cn 联系电话：010-67112765（编辑管理部） 010-67175507（科技图书出版中心） 发行热线：010-67125803，010-67113405（传真）
印　　刷	北京中科印刷有限公司
经　　销	各地新华书店
版　　次	2016 年 9 月第 1 版
印　　次	2016 年 9 月第 1 次印刷
开　　本	787×1092 1/16
印　　张	22
字　　数	470 千字
定　　价	76.00 元

《促进绿色出行》编委会

主　　编　周　伟　[英国]马克 · 马其尔（Mark Major）

副 主 编　江玉林　钟朝晖

其他编写人员

刘蕾蕾　李振宇　[瑞典]曼斯 · 劳伦斯（Mans Lonnroth）

许　飒　[英国]彼得 · 琼斯（Peter Jones）　刘向龙

[美国]迈克尔 · 里普洛格尔（Michael Replogle）　彭　虓

[瑞典]乔纳斯 · 埃利亚松（Jonas Eliasson）　刘　飞

杨丽改　尹志芳　李海英　李　超　廖　凯　牛　犇

尹怡晓　江　天　宋　苏　张　敏

序

随着我国城镇化和机动化水平的快速提高，尤其是小汽车保有量的迅猛增长，使城市交通拥堵问题日益突出，降低了出行效率，造成了巨大的经济损失；城市大气污染依然严峻，对市民健康造成了较大影响，受到国家和社会高度关注。中国社科院2015年10月发布的《城市蓝皮书》中指出，包括北京、天津等在内的近九成城市，目前正处于“亚健康”状态。环境保护部陆续公布的大城市$PM_{2.5}$源解析结果表明，机动车已成为主要污染来源之一。在城市交通处于拥堵状态时，机动车各种污染物的排放都会急剧增加，导致城市交通拥堵进一步恶化大气环境质量。党的十八大提出了“建设生态文明”“走新型城镇化道路”等新的发展理念，为交通行业指明了发展方向。

解决交通拥堵是一项世界性难题，在我国有限的人均空间资源和土地资源条件下，城市交通必须走绿色低碳的发展道路。据统计，我国每年约有1000万农村人口转移到城镇，汽车保有量仍然处于快速增长期，我国城市交通发展处于重要转型期。因此，研究如何促进城市绿色出行，引导形成以绿色出行为主的交通模式至关重要，其是落实国家和交通行业节能减排战略和目标的重要途径。

在此背景下，开展“促进城市绿色出行”的专题研究，符合当前的发展形势。该研究专题是在中国环境与发展国际合作委员会的指导下，由交通运输部科学研究院组织开展，凝聚了交通和环保领域中外方专家的集体智慧，反映了城市交通绿色发展科研和管理方面的最新进展，也凸显了跨领域合作的必要性。

该书内容以上述研究专题的研究成果为主整理而成。我认为该书具有以下特点：第一，理论研究深入。项目组基于多年的工作经验和理论钻研，具有较为丰富的积累，通过深入对比绿色出行的相关理论和评价方法，首次明确提出了绿色出行的发展定位、内涵和主要特征。第二，结论可操作性强。通过广泛调研，借鉴国外先进经验，结合我国实际，提出了绿色出行的战略思路、发展愿景和具体政策措施，明确了近期工作重点，提高了成果的可操作性。第三，研究具有较强的现实意义。书中数据涵盖行业统计和城市调查等多种渠道，在此基础上提出的发展目标，对指导行业绿色转型、加快推进城市绿色出行体系建设具有重要的决策支撑作用。第四，有效推进了跨领域合作。通过交通专家和环保专家通力合作，提升了科研水平和科研质量，研究成果可为中央政府、交通和环保部门所共用，扩大了成果的应用范围和应用效果。

很高兴能为该书作序，相信它将为推动我国城市交通行业节能减排与绿色发展的科研和决策提供科学支撑。

 院士

2016 年 6 月 12 日

前　言

随着我国现代化、城镇化、机动化进程的快速推进，机动车保有量快速增长，大城市尤其是特大城市普遍存在着交通拥堵、空气污染这一“城市病”，而且正快速向中、小城市蔓延，对民众基本出行与生活质量、城市经济运行以及国家能源安全等造成严重危害，成为社会关注的重大热点问题。

党的十八大提出了“美丽中国”“生态文明”“走新型城镇化道路”等一系列新理念、新思路、新要求，2013 年中央经济工作会议进一步提出要把生态文明理念和基本原则全面融入城镇化全过程，走集约、智能、绿色、低碳的新型城镇化道路。我国城市交通发展也由此进入了战略转型的关键时期。《国务院关于城市优先发展公共交通的指导意见》（国发〔2012〕64 号）明确提出：“按照资源节约和环境保护的要求，以节能减排为重点，大力发展低碳、高效、大容量的城市公共交通系统，加快新技术、新能源、新装备的推广应用，倡导绿色出行。”

促进城市绿色出行是走新型城镇化道路的重要抓手，也是加快建设绿色交通运输体系，缓解交通拥堵，降低城市交通环境污染，改善空气质量，实现城市与交通协调发展的必然选择。为强化国务院及相关部门促进城市绿色出行的政府职能，加大中央对地方促进城市绿色出行的政策影响力，中国环境与发展国际合作委员会会同欧盟流动与交通总司组织中外专家，由交通运输部科学研究院作为牵头单位，中国民促会绿色出行基金、交通运输部公路研究院作为参加单位，以北京、上海、深圳等城市为调查与案例分析城市，开展了“促进城市绿色出行专题政策研究”。

在专题研究成果的基础上编写成本书，书中的“城市绿色出行”是指能够代替小汽车，并实现缓解城市交通拥堵、减少交通环节空气污染的受欢迎的出行方式。促进城市绿色出行的做法包括大力发展轨道交通和公共汽车为主体的公共交通，有选择地开展出租车服务，改善步行和自行车出行条件以满足短途出行需求，并增强公共交通站台及场站的可达性。通过推动这些出行方式的发展，还可以带来其他方面的好处，如减少交通事故、减少 CO_2 排放、改善公众健康及加快社会发展和进步。

自 2013 年 3 月开题以来，短短 6 个月的时间，专题组组织开展了深圳、上海、北京等城市的现场调研，召开了三次由环保、财政、发改等政府部门、公共交通企业、高校、科研院所、公益性组织等相关利益主体，专题组全体成员参加的促进城市绿色出行研讨会，从不同角度、不同层次听取了社会各界对促进城市绿色出行的政策建议意见。专题组还多次召开内部会议，通过案例分析、中国国情分析、观点头脑风暴、专项政策研讨等多种方式，从提出政策建议到比选政策方案到最后的政策建议遴选，充分吸收了中外专家的共同智慧。本报告由六章组成：第一章中国绿色出行的基本概念；第二章中国绿色出行的现状与挑战；第三章促进绿色出行国际经验借鉴；第四章中国绿色出行社会调查与分析；第五章中国促进绿色出行的战略思路；第六章中国促进绿色出行的政策与措施研究。

Foreword

With China's rapid development of China's modernization and urbanization, the number of motor vehicles has been growing rapidly, and cities of all sizes are generally plagued by the chronic urban diseases such as traffic congestion and air pollution which significantly compromise residents' basic travel and quality of life, urban economic activity and national energy security. Together these urban transport problems have become a major national issues.

The 18th CPC National Congress (November 2012) proposed a series of new concepts, ideas and requirements, including "Beautiful China", "Ecological Civilization" and "Adopting a New Model of Urbanization". The 2013 Central Economic Work Conference further put forward the idea of fully integrating the concept and basic principle of "ecological civilization" into the whole process of urbanization and adopting "a new intensive, intelligent, green, and low-carbon model of urbanization". As a result, urban transport development in China has also entered a crucial period of strategic transformation. "*Guiding Opinions of the State Council on Giving Priority to Development of Urban Public Transport* "(Guo Fa [2012] No. 64) clearly points out that:

"*in accordance with the resource conservation and environmental protection requirements, focusing on energy conservation and emission reduction, we should vigorously promote the development of low-carbon, high-efficient, large-capacity urban public transport systems, speed up the popularization and application of new technologies, new equipment, new equipments, and advocate green travel.*"

Promoting urban green travel is an important means to implement this new model of urbanization to reduce traffic congestion, improving air quality and rebalanced urban and transport development. To strengthen the government functions of the State Council and the relevant departments in promoting urban green travel and increase the policy influence of the central government on promoting green travel to local governments, the China Council for International Cooperation on Environment and Development (CCICED), in conjunction with the European Commission (DG Mobility and Transport), organized experts from China and abroad to undertake the special policy research project of "Promoting Urban Green Travel". The project was led by the China Academy of Transportation Sciences. The CANGO Green Commuting Fund and the Chinese Research

Institute of Highway also took part in the project. Beijing, Shanghai and Shenzhen were also involved as research survey and case study cities.

The study team has taken the term "urban green travel" to refer to the development of attractive alternatives to the private car which meet the twin objectives of reducing urban traffic congestion and transport related air pollution. This includes greatly enhanced rail and bus-based public transport services, plus taxis in selected situations, together with supporting enhanced walking and cycling to meet local travel needs and provide access to public transport stops, stations and terminals. By promoting these alternatives it should also be possible to capture valuable co-benefits such as reducing transportation accidents, CO_2 emissions, and to improve public health and enhance social inclusion.

In a short period of six months from March-September 2013, the project team organized field surveys in Shenzhen, Shanghai and Beijing and held three seminars on promoting urban green travel with various Chinese stakeholders. These include government departments (including inter alia; Environmental Protection, Finance, Development and Reform), public transport companies, universities, research institutes, public welfare organizations. The project team has listened to policy suggestions from all stakeholders on promoting urban green travel, and gained valuable experiences from a European study tour to England, France and Sweden. The project team has also carried out several internal meetings, analysed and discussed different policy recommendations and finally selected policy recommendations based on an analysis of the opportunities and challenges China is facing in promoting urban green travel, and the combined knowledge of the experts at home and abroad.

A short report of this study, and in particular the policy recommendations was presented to the China Council for International Co-operation and Development (CCICED) annual meeting in November 2013.

This long report of the study which provides full details of the work done consists of six chapters. Chapter 1: Concepts of Urban Green Travel in China, Chapter 2: Status Quo and Challenges in China's Green Travel, Chapter 3: International Experiences − with Emphasis on Case Studies and Evidence, Chapter 4: Survey and Analysis of Green Travel Behaviour in China, Chapter 5: Promoting Urban Green Travel − Objectives and Goals and Chapter 6: Promoting Green Traval − Policy Recommendations.

目　录

CONTENT

第一章　中国绿色出行的基本概念

一、绿色出行的定义与发展阶段划分

（一）绿色出行的定义

相对于绿色出行，绿色出行行为更容易被定义。业内普遍认为绿色出行行为不仅包括绿色出行方式，还应该包括绿色出行习惯、绿色车型选择与绿色驾驶习惯等。其中，绿色出行方式通常是指优先选择公共交通，特别是自行车或步行的低能耗、低排放方式出行；绿色出行习惯通常是指人们自觉减少不必要的出行、尽量选择小汽车合乘出行等；绿色车型选择是指在确实需要购置小汽车时，尽可能选择混和动力、燃气等低排放、低能耗的车型；绿色驾驶习惯是指驾驶机动车的过程中尽可能少急刹车、长时间等待时关闭引擎、少揿喇叭等，见图 1-1。

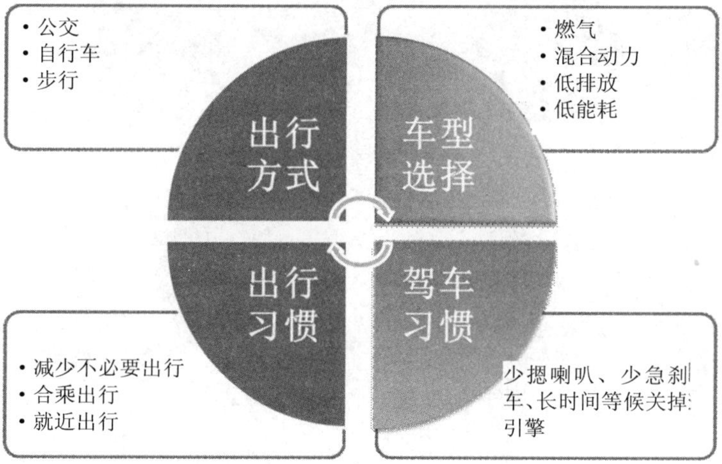

图 1-1　绿色出行行为示意图

而关于绿色出行，目前尚未找到学术界公认的标准定义。百度百科给出的定义是："绿色出行就是采用对环境影响最小的出行方式，即节约能源、提高能效、减少污染、有益于健康、兼顾效率的出行方式。多乘坐公共汽车、地铁等公共交通工具，合作乘车，环保驾车，或者步行、骑自行车等。只要是能降低自己出行中的能耗和污染，就叫做绿色出行。”然而，交通出行的特殊性以及促进绿色出行的政策研究对促进绿色出行基本理论支撑的要求都表明，仅仅将绿色出行定义为个人的绿色出行行为是有局限性的。

“衣食住行”是各社会阶段群体都不可缺少的日常生活消费。但“行”与其他日常消费存在着显著的差异性。首先，与穿衣、吃饭有所不同，交通出行的消费行为具有社会性，或者称外部性，也就是说，出行方式的选择会对其他人造成影响。例如，如果人们在交通出行方式选择上倾向于小汽车出行，喜欢使用动力大的小汽车，开车时随意摁喇叭，所造成的空气和噪声污染会影响到城市中居住的很多人。其次，人们在“穿”的消费上，通常只受式样是否好看、是否适合自己、价格是否能承受等个人所能决定的因素影响，而影响“行”的方式选择的因素则非常复杂。除了个人偏好以及经济承受能力等个人因素外，还受到很多外界因素的影响，比如说，个人偏好公共交通出行，但单位和住宿附近没有合适的公交车可选择；个人虽然喜欢自行车出行，但因自行车道被占用，沿路汽车尾气污染严重而不得不放弃；有人虽然喜欢小汽车出行，但也可能因为交通太拥堵、限号或拥堵收费太高等原因而转乘公交车等，影响出行方式选择的因素，见图 1-2。

图 1-2　影响出行行为决策的因素

根据上述分析可以判断，由于交通出行方式的选择既有个人偏好又受到外部因素影响和约束，因此，需要从个体性和系统性两个层面定义绿色出行，也就是说，绿色出行有广义和狭义的两个定义。

狭义的绿色出行可定义为：个体的绿色出行行为是出行者在交通出行全过程中，所做出的一系列有利于减少资源消费、降低各类环境污染的自主的行为决策。狭义的绿色出行定义中，只有一个行为主体，即出行者本人。

广义的绿色出行可定义为：一项由政府主导、相关主体参与、出行者自主决策、社会化的城市绿色交通系统建设与绿色出行行为引导工程。其根本目的是通过建设现代化的城市绿色交通系统，让不同社会阶层的出行者自觉、自愿地选择“公共交通+自行车+步行”的绿色出行方式，并在确实需要使用小汽车时自觉选择绿色的车辆、养成绿色的驾驶习惯。广义的绿色出行涉及众多的主体，主要包括城市政府、公交企业、绿色出行方式参与者、相关科研教育与社会机构等。

在本专题政策研究中，课题组采用的是广义的绿色出行概念。

（二）绿色出行的发展阶段划分

通过对世界各国城市居民交通出行方式变化过程分析，可以把绿色出行的发展历程大致划分为四个阶段。

第一阶段：非机动化主导阶段

特点：被动选择步行与自行车等绿色出行方式。这个阶段处于小汽车出现之前与小汽车出现初期，居民不得不主要依靠非机动化的方式出行；如 1985 年中国人均 GDP 为 294 美元时，每千人仅拥有 3 辆机动车。此时，北京的自行车与步行分担率约占各种交通方式分担率的 69%，公交分担率约占 26%，小汽车分担率仅占 5%。由此可见，选择非机动化出行是机动化供给不足的客观条件所决定的。

第二阶段：公共交通+非机动化出行主导阶段

特点：公共交通在城市（特别是特大和大型城市）逐步普及，公交与非机动化相结合的出行方式成为了居民出行的主导方式。如 2005 年中国人均 GDP 约 1 700 美元时，每千人拥有机动车数量增为 22 辆。此时，北京的公共交通+非机动化出行分担率达 70%以上。其中，自行车分担率占各种交通方式分担率的 30.3%，公交分担率占 29.8%。

第三阶段：公共交通与私人小汽车出行持续增长、非机动化出行快速下降阶段

在经济快速增长阶段，私人交通工具也随之快速机动化；如从 2006 年到 2010 年，中国人均 GDP 由 2 054 美元增长到 4 421 美元，4 年间人均 GDP 涨了一倍多，每千人拥有机动车数量也翻倍增长，由 23 辆增长到 59 辆；公交出行分担率为 38.7%，比 2005 年增加 8.9%，小汽车分担率为 34.2%，比 2005 年增长 4.4%。自行车分担率为 16.4%，与 2005 年相比 5 年时间下降了约 14%，平均每年下降 3%。城市出现交通拥堵并日趋严重。

第四阶段：公共交通与私人小汽车增长趋于平稳，交通拥堵成为新常态阶段

当经济水平较高水平时，机动化增长速度趋于平稳。例如，法国 2006 年千人小汽车拥有量为 595 辆，2010 年千人小汽车拥有量为 599 辆，几乎没有变化。在这期间，发达国家城市的公交与机动化分担率双双增长变缓，公共交通系统相对成熟，城市交通拥堵趋于常态化、空气质量持续恶化。

第五阶段：公共交通 + 慢行交通主导的现代化绿色交通系统成熟阶段

受交通拥堵、空气质量恶化等因素影响，人们开始主动选择绿色出行，即又回归到了公交与非机动化结合的出行方式。最典型的案例是英国伦敦。近十年来，大伦敦区致力于建设公共交通+慢行交通主导的现代化绿色交通系统，采取了建设宜居城市、发展公交小区、重新分配街道资源（建设步行街、修建自行车专用道）、提高公共交通服务质量等一系列优先发展绿色交通的举措，同时实施了严格的低排放区收费与交通拥堵区收费政策，使绿色出行方式的分担率有显著提升：有 5%的伦敦市民从小汽车使用者转变为公共交通使用者；地铁使用率每年增加 7%；公共汽电车使用率增加 40%；自行车使用者增加 90%。

二、中国促进绿色出行的宏观环境与机遇

（一）全面建成惠及中国十几亿人口的小康社会，必须提高民众出行服务品质

实现全面建成小康社会的目标，要求交通发展的成果惠及全体人民，加强和改善公共服务，首先要体现社会公平，保障所有群体的出行基本需求，同时尽可能满足民众优质出行服务需求：兼顾个性化的更高层次的出行服务需求。

当前中国政府提出到 2020 年要“全面建成小康社会”，实现国内生产总值和城乡居民人均收入比 2010 年翻一番的目标，到 2020 年，中国城镇居民人均可支配收入从 2010 年的 19 109 元，增加到 38 000 元左右；同时要求建立以权利公平、机会公平、规则公平为主要内容的社会公平保障体系。要合理区分基本需求与非基本需求，着力保障基本需求，构筑起使群众能够安心生产生活的保障网；要努力做到全覆盖，在保障对象上面向全体居民，在制度上不留空白，实现应保尽保；还要努力做到可持续，坚持统筹安排、突出重点、循序渐进的基本路径，合理确定保障标准，尽力而为，量力而行，在发展中逐步提高保障水平。

交通问题是关系群众切身利益的重大民生问题，也是各国大城市普遍遇到的难题。从世界交通发展规律看，这一时期交通运输需求总量仍在快速增长，结构不断升级，服务要求提高，交通需求进入了快速变化阶段，要求交通发展成果更多更公平，惠及全体人民，“把用户置于运输政策的核心”“运输决定生活、运输丰富生活”等理念被人们广泛认同，民众选择出行方式的观念及行为将发生重大变化，安全、可靠、便捷、舒适乃至个性化的价值取向增强，对交通的服务形式、内容和品质提出了越来越高的要求，见表 1-1。

表 1-1　交通需求层次

交通需求			出行要求
层次	体现	主要内容	
第一层次	生理需求	对吃、穿、住、行等最基本的生活需要	通达
第二层次	安全需求	包括对人身安全、生活稳定以及免遭痛苦、威胁或疾病等的需要	安全、可靠
第三层次	社交需求	包括对友谊、爱情以及隶属关系的需要	便利、快速
第四层次	尊重需求	既包括对成就或自我价值的个人感觉，也包括他人对自己的认可和尊重	舒适、多种选择
第五层次	自我实现的需求	最大程度发挥潜能，自由和创造的需要	自由与个性化

按照马斯洛需求层次理论，在温饱阶段民众出行的需求主要是生理需求、安全需求，也就是走得了、走得快、走得安全的出行基本需求；在小康阶段民众出行的需求体现为社交需求、尊重需求，即要求走得好、走得舒适、走得顺心的出行优质服务；富裕阶段民众出行的需求为自由与个性化的自我实现的需求。

全面建成小康社会，满足民众提高生活质量、加强和改善公共服务提出的新期待，惠及全体人民的出行需求，首先要体现社会公平，保障所有群体（包括农民工等流动人口、残疾人等弱势群体）的出行基本需求；同时要不断提升出行服务质量和服务水平，尽可能满足民众优质出行服务需求；兼顾个性化的、更高层次的出行服务需求。

（二）走新型城镇化道路，建设绿色宜居城市，要求遏制交通拥堵和环境污染为特征的“城市病”蔓延

随着中国快速城镇化和机动化，交通拥堵、环境污染、能源紧缺等问题也日益突出，快速发展的新型城镇化，必须以提高民众的生活便利与舒适度为出发点和落脚点，坚持“集约、智能、绿色、低碳”方针，提高质量，趋利避害，遏制交通拥堵和环境污染为特征的“城市病”不断蔓延，建设经济、社会和环境协调发展的绿色宜居城市，创造人与自然和谐共存的环境。

1. 中国城镇化的特点

（1）城镇化率快速提高，城镇总人口不断攀升

中国城镇化率从 1995 年的 29%增长到 2011 年的 51.3%，城镇总人口也相应地从 3.51 亿人，增长到 6.91 亿人，增长了 96.9%，这相当于每年有一个北京市全市人口的总量由农村向城市转移，见图 1-3。

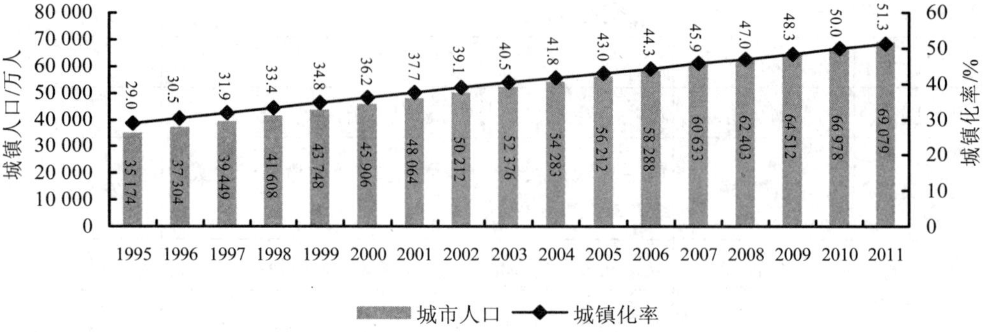

图 1-3　1995—2011 年我国城镇人口和城镇化率

（数据来源：中国统计年鉴 2012）

（2）城市建成区面积快速扩大

2000 年中国城市建成区面积为 22 439 km^2，到 2011 年已增长至 43 603 km^2，11 年增长了 94.3%，见图 1-4。

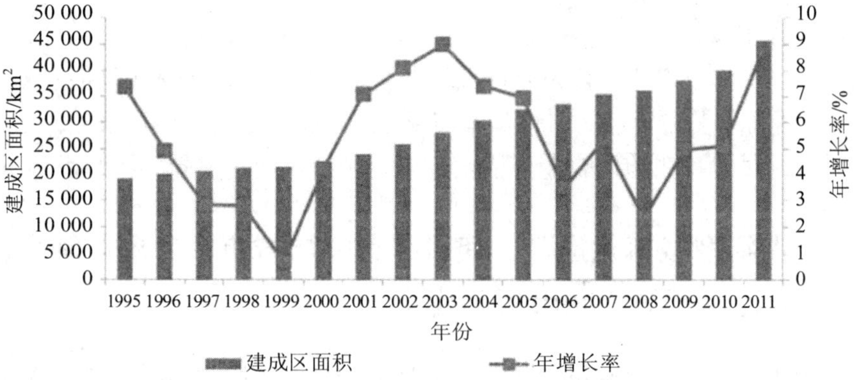

图 1-4　1995—2011 年全国城市建成区面积及其增长率

（资料来源：中国城市建设统计年鉴 2011）

（3）城镇居民由“单位人”向“社会人”转化

改革开放以前，中国城市是个单位邻里社会特征比较明显的社会，城市里的工作单位与职工宿舍区一般都连在一起，各种生活活动基本以单位为中心进行，工作调动后居住地也跟着换，城市居民的生活半径相对较小，城市居民的出行基本以步行和自行车为主；随着中国就业市场化改革，中国的社会结构发生巨大变化，大量的社会成员从“单位人”转变成“社会人”，住房由租房向购房转变，工作地与生活地分离情况越来越多，城市内部的社会流动加剧，活动半径不断加大。

（4）多数城市仍属于单核心式布局

长期以来，中国城市发展基本沿用同心圆环状向外蔓延的空间发展模式，城市公共资源并没有随着城市的扩张进行均衡设置，城市功能没有摆脱过度中心化的局限，行政、商务、学校、医院及文化娱乐场所等社会公共资源绝大部分都分布在中心城区，周边地区和卫星城只具备基本的居住、购物和休闲功能，职业机会、就业、子女就学、求医等依然不得不涌向中心城区。

（5）大规模农民工造成周期性“钟摆式”和“候鸟型”流动

目前中国城镇化率已达 51.27%，但是城镇户籍人口占总人口的比例却只有约35%～38%。大量的农民工实现了地域转移和职业转换，但还没有实现身份和地位的转变。近 2 亿生活在城镇里的人没有城镇户口和城镇居民待遇，很多农民工出现就业在城市，户籍在农村；劳力在城市，家属在农村；收入在城市，积累在农村；生活在城市，根基在农村的“半城镇化”现象。造成了大规模农民工的周期性“钟摆式”和“候鸟型”流动。

2．中国城镇化特点对交通需求的影响

中国城镇化的上述特点，给城市民众出行带来了以下变化：

（1）民众出行需求总量的快速增加

根据 2005 年交通调查，北京市出行率为 2.64 次/（人·日），其他城市为 2.5～3.0 次/（人·日）。按照宏观社会经济发展的情景设定，到 2020 年，中国未来城市总出行人次将达 9 517 亿人次，1998—2020 年期间年均增长率达 9.0%，见图 1-5。

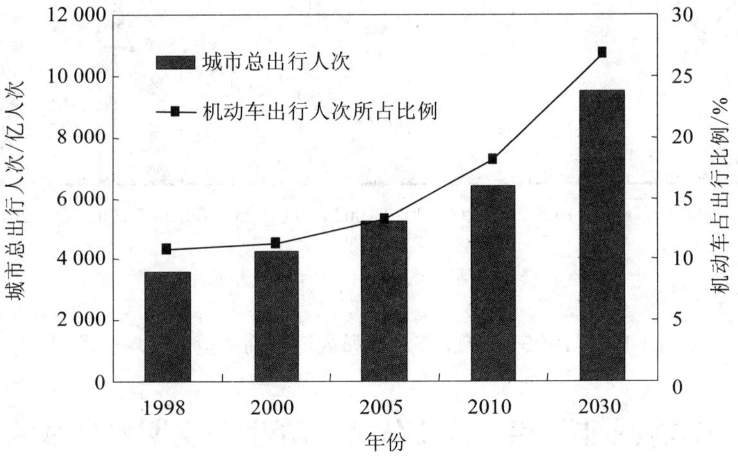

图 1-5 中国城市居民出行趋势

（资料来源：中国可持续发展能源暨碳排放情景分析综合报告）

（2）民众出行距离增加，对机动化出行要求迫切

北京市民众出行距离从 2003 年的 8 km 增加到 2008 年的 9.8 km。根据《中国城

市居民出行方式性选择调查报告》（中国城市消费维权联盟 2011），中国居民日常出行距离大多集中于 3～8 km，达到 52.9%。按照步行出行适宜距离 1 km、自行车出行适宜距离 3 km，自行车和步行已经很难满足长距离出行的需求，交通出行的机动化需求日益加大，我国城市社会已经转型为机动化社会。

（3）城市中心区交通压力大，潮汐式交通现象严重

城市功能在中心区过度聚集，导致中心区交通压力大。例如北京 50%的出行量在三环路以内。2015 年北京日均出行总量达到 5 500 万人次/日，而六环内达到 4 400 万人次/日，平均每人每日出行距离 11 km。

同时潮汐式交通现象严重，给许多大城市造成上午 7：00～9：00 进城难，下午 5：00～7：00 出城难的交通拥堵局面。

（4）不断增加的城市人均道路面积难以容纳快速增长的小汽车

由于人民生活质量提高和城市社会经济发展，人们的消费结构发生了重大变化，私人汽车消费日趋普遍，保有量增长迅猛，见图 1-6。以北京为例，机动车保有量实现从 200 万辆到 300 万辆和从 300 万辆到 400 万辆的突破分别仅用了 3 年 9 个月和 2 年 7 个月，而东京实现同样的过程分别用了 10 年和 12 年。而同期，中国人均城市道路面积年均增幅为 14.7%。

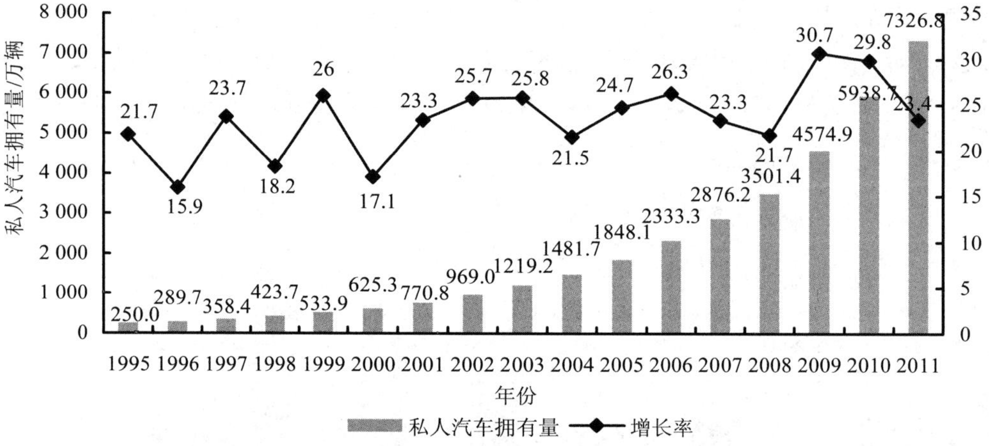

图 1-6 1995—2011 年全国私人汽车拥有量及其增长率

（三）“节能减排”和“公交优先”等生态文明发展战略的实施，将为促进绿色出行提供法规、制度和资金保障

中国政府把生态文明建设放在突出位置，着力推进绿色发展、循环发展、低碳发展，形成有利于节约环保的空间格局、产业结构、生产方式、生活方式，同时出台了一系列重大举措，将为促进绿色出行、改善空气质量的法规、制度建设和资金保障等，起到强有力的支撑作用。

1. 中国国务院常务会议部署了大气污染防治十条措施

中国国务院总理李克强，2013 年 6 月 14 日主持召开国务院常务会议，强调大气污染防治既是重大民生问题，治理好大气污染也是一项复杂的系统工程，需要付出长期艰苦不懈的努力。当前必须把调整优化结构、强化创新驱动和保护环境生态结合起来，用硬措施完成硬任务，确保防治工作早见成效，并部署了大气污染防治十条措施：一是减少污染物排放，要提升燃油品；二是严控高耗能、高污染行业新增产能；三是大力推行清洁生产，重点行业主要大气污染物排放强度到 2017 年底下降 30%以上，大力发展公共交通；四是加快调整能源结构；五是强化节能环保指标约束，对未通过能评、环评的项目，不得批准开工建设，不得提供土地，不得提供贷款支持，不得供电供水；六是推行激励与约束并举的节能减排新机制，加大排污费征收力度；七是用法律、标准“倒逼”产业转型升级。加大违法行为处罚力度；八是建立区域联防联控机制，构建对各省（区、市）的大气环境整治目标责任考核体系；九是将重污染天气纳入地方政府突发事件应急管理，根据污染等级及时机动车限行等措施；十是树立全社会“同呼吸、共奋斗”的行为准则，倡导节约、绿色消费方式和生活习惯，动员全民参与环境保护和监督。

2. 国家发展改革委会同中宣部、教育部、科技部、全国总工会等 17 个中央部门发布《关于印发节能减排全民行动实施方案的通知》，动员全社会积极参与节能减排和应对气候变化工作

2007 年 8 月 28 日，国家发展改革委会同中宣部、教育部、科技部、全国总工会、共青团中央、全国妇联、中国科协、解放军总后勤部、全国人大常委会办公厅、全国政协办公厅、财政部、国资委、环保总局、中央文明办、国管局和中直管理局发布《关于印发节能减排全民行动实施方案的通知》（发改环资〔2007〕2132 号），旨在进一步动员全社会积极参与节能减排和应对气候变化工作，形成以政府为主导、企业为主体、全社会共同推进的节能减排工作格局。通知中明确要求：

开展绿色出行活动。根据公务用车的配备标准和编制数量及时更新购车计划，严禁超标准、超编制采购公务用车。提高新增公务车中小排量和清洁能源汽车比例。全国政府机构公务用车按牌号尾数每周少开一天，开展公务自行车试点。机关工作人员每月少开一天车，倡导“135”出行方案，即 1 km 以内步行，3 km 以内骑自行车，5 km 乘坐公共交通工具，加快推进公务用车制度改革。

3. 国务院发布《关于城市优先发展公共交通的指导意见》，作为推动实施城市公交优先发展战略的重要纲领

中国国务院 2012 年 12 月 26 日，发布《关于城市优先发展公共交通的指导意见》（国发〔2012〕64 号），指出优先发展公共交通是缓解交通拥堵、转变城市交通发展方式、提升人民群众生活品质、提高政府基本公共服务水平的必然要求，是构建

资源节约型、环境友好型社会的战略选择。并从发展理念、发展原则、发展目标、发展政策和发展机制等方面提出了系统的指导意见，实现了多方面的政策和机制创新。要求：

（1）树立优先发展理念。要突出城市公共交通的公益属性，将公共交通发展放在城市交通发展的首要位置，在规划布局、设施建设、技术装备、运营服务等方面，明确公共交通发展目标，落实保障措施，创新体制机制，形成城市公共交通优先发展的新格局。

（2）把握科学发展原则。做到：方便群众、综合衔接、绿色发展、因地制宜。

（3）实施加快发展政策。要求：强化规划调控、加快基础设施建设、加强公共交通用地综合开发、加大政府投入、拓宽投资渠道、保障公共交通路权优先、鼓励智能交通发展。

（4）建立持续发展机制。要求：完善价格补贴机制、健全技术标准体系、推行交通综合管理、健全安全管理制度、规范重大决策程序、建立绩效评价制度。

4．交通运输部出台了关于贯彻落实《国务院关于城市优先发展公共交通的指导意见》的实施意见

一是提出了切实落实国务院关于城市优先发展公共交通的指导意见的具体要求。要突出城市公共交通的公益属性，将城市公共交通发展放在城市交通发展的首要位置，进一步实施城市公共交通优先发展战略；要坚持方便群众、综合衔接、绿色发展、因地制宜的原则，在设施用地、投资安排、路权分配、财税扶持等方面对城市公共交通给予优先保障，形成城市公共交通科学发展、优先发展新局面，努力使公共交通成为公众出行首选。

二是明确了到2020年中国城市公共交通发展的总体目标。基本确立城市公共交通在城市交通中的主体地位，安全可靠、经济适用、便捷高效的公共交通服务系统基本形成，公共交通引领城市发展能力、公共交通服务质量、公共交通可持续发展能力显著提升，较好地满足了公众基本出行需求。

三是规划了实现中国城市公共交通发展。主要任务包括：一是提升规划调控能力、公交基础设施服务能力、公交服务水平、公交安全保障能力、公交智能化水平、公交企业发展活力；二是推进公交都市创建活动，加强城市交通综合管理；三是完善票制票价和补贴补偿制度、公共财政补贴补偿制度。并提出了加强组织领导、健全法规标准、加强绩效评价和服务质量考核、加强社会监督、加强公共交通文化建设等方面的保障措施。

5．中国环境保护部明确提出：要做好生态文明建设工作的顶层设计，完善相关法规、政策和制度

2012 年 11 月 17 日环境保护部副部长李干杰，在中国环境科学学会第三届传统文化与生态文明国际研讨会上的讲话中提出要做好生态文明建设工作的顶层设计，完

善相关法规、政策和制度。主要是：

抓紧制定实施生态文明目标指标体系和考核办法。必须切实把资源消耗、环境损害、生态效益纳入经济社会发展评价体系，建立体现生态文明要求的目标体系、考核办法、奖惩制度，纳入地方党委、政府绩效考核，努力形成生态文明建设的长效机制。

积极创新环境经济政策，推进现有税制的绿色化，研究开征环境税。完善环保收费制度，提高重金属、持久性有机污染物等收费标准。改革环境价格政策，鼓励环境友好的技术开发利用。加快建立生态补偿机制，平衡区域的协调发展。建立基于主体功能区和主要生态功能区的发展和生态环境政策、差别化的产业准入标准、生态补偿机制、多元化的环保投入机制、反映资源稀缺程度的价格形成机制。

6. 国务院出台了《节能与新能源汽车产业发展规划（2012—2020 年）》

2012 年 6 月 28 日国务院发布《节能与新能源汽车产业发展规划（2012－2020 年）的通知》（国发〔2012〕22 号）。明确指出汽车产业是国民经济的重要支柱产业，在国民经济和社会发展中发挥着重要作用。随着我国经济持续快速发展和城镇化进程加速推进，今后较长一段时期汽车需求量仍将保持增长势头，由此带来的能源紧张和环境污染问题将更加突出。加快培育和发展节能汽车与新能源汽车，既是有效缓解能源和环境压力，推动汽车产业可持续发展的紧迫任务，也是加快汽车产业转型升级、培育新的经济增长点和国际竞争优势的战略举措。要求：

以纯电驱动为新能源汽车发展和汽车工业转型的主要战略取向。当前重点推进纯电动汽车和插电式混合动力汽车产业化，推广普及非插电式混合动力汽车、节能内燃机汽车，提升我国汽车产业整体技术水平。

加大财税政策支持力度。中央财政安排资金，对实施节能与新能源汽车技术创新工程给予适当支持，构建产学研用相结合的技术创新体系；对公共服务领域节能与新能源汽车示范、私人购买新能源汽车试点给予补贴，鼓励消费者购买使用节能汽车；发挥政府采购的导向作用，逐步扩大公共机构采购节能与新能源汽车的规模；研究基于汽车燃料消耗水平的奖惩政策，完善相关法律法规。

研究完善汽车税收政策体系。特别指出研究实行新能源汽车停车费减免、充电费优惠等扶持政策。有关地方实施限号行驶、牌照额度拍卖、购车配额指标等措施时，应对新能源汽车区别对待。

（四）国家以综合运输体系建设为核心，实现运输结构的调整和优化，将为促进绿色出行提供重要支持保障能力

国家着力构建安全便捷经济高效绿色的综合运输体系，推进基础设施畅通成网、配套衔接，运输装备先进适用、节能环保，运输组织集约高效、经济便捷，运输服务快捷便民、公平优质，全力提高运输服务水平，更加注重改善民生，为民众提供多样化的运输选择和高质量的运输服务，必将增强促进绿色出行支持保障能力。

交通运输行业抓住国家大部制改革的契机，在当前和今后一个时期，切实加快推进绿色循环低碳交通运输发展，将运输结构的调整和优化贯彻到交通基础设施规划、设计、施工、运营、养护、管理的各方面和全过程，推进基础设施畅通成网、配套衔接，运输装备先进适用、节能环保，运输组织集约高效、经济便捷，运输服务快捷便民、公平优质，实现“三低三高”（低消耗、低排放、低污染，高效能、高效率、高效益），以绿色发展引领和推动科学发展。

1. 抓住大部制改革的契机，加快完善体制机制，将为促进绿色出行提供坚实保障

中国政府大部制改革，以解决体制性机制性矛盾为突破口，以转变职能为核心，要正确处理绿色循环低碳交通运输发展中政府、企业和社会之间的关系，坚持政府引导与市场机制并举，形成政府主导、企业主体和公众参与的协同推进机制；要围绕“到2020年基本建成绿色循环低碳交通运输体系”的目标，强化目标责任制，实化抓手，建立健全节能减排工作考评考核制度，狠抓落实，切实推进绿色交通发展取得实质进展；要狠抓试点示范和专项行动，组织开展好低碳交通省区、城市试点等主题性试点，积极打造一批绿色交通示范工程；同时要求推进部省合作机制，完善资金保障机制，充分利用市场机制，健全宣传交流机制，这一系列完善体制机制政策的实施，必将加快绿色出行发展步伐。

2. 推进综合运输体系建设，加强城际交通与城市交通的衔接，将对绿色出行起到重要促进作用

推进综合运输体系建设，更加注重改善民生，为民众提供多元化的运输选择和更便捷的运输服务，构建多层次的公共客运网络体系。加强城际交通与城市交通的衔接，特别是市郊铁路与城市公共交通的衔接，注重相关基础设施和服务功能的配套设施建设，城际铁路深入城市内部，构成区域内城间、市区和郊区间的客运骨架，对提高城市公共交通的能力和服务水平，促进绿色出行，将起到重要促进作用，见相关链接 1-1。

相关链接 1-1　市郊铁路系统提高城市公共交通的能力

为支持第三圈 8 000～9 000 km^2 区域的交通需求，世界城市在城市结构调整过程中建立了多层级的综合交通运输体系，除城区高密度的轨道网络之外，还包括大规模市郊铁路系统。

◆纽约大都市圈除 370 km 的地铁外，还包括 3 000 km 左右的市郊铁路，主要服务于长岛、康涅狄格州及新泽西州的部分地区的通勤客流；

◆巴黎大区轨道线网总长接近 1 500 km，其中区域快速轨道和市郊铁路接近 1 300 km，服务于 1.2 万 km^2 的面积，连接巴黎市周围的 7 个省。

◆伦敦都市圈地铁 408 km，市郊铁路 3 650 km。铁路系统承担了大量的长距离通勤出行，其中近一半是前往中央伦敦的客流。

◆东京都市圈轨道里程超过 2 300 km，其中包括超过 1 900 km 的铁路系统，连接东京都周围神奈川、琦玉、千叶三县的大部分地区，主要承担三县到东京都内的通勤客流。

（资料来源：刘小明《优先发展公共交通是解决大城市交通问题的根本出路》）

3．注重与城市布局、交通网络布局相协调的综合客运枢纽建设，将提升绿色出行的功能与效率

国家综合客运枢纽，以及城市公共交通换乘站场一体化规划建设，考虑城市发展趋势、土地利用性质、各种交通方式基础设施衔接等因素，与城市交通构成有机整体，从出行的各个环节考虑提供方便快捷、安全舒适的运输服务，形成多种运输方式有效衔接，有效地将干线铁路、公路、航空与城市轨道交通、地面公共交通以及汽车停车、自行车停车和商店布局等组织在一起，提升综合换乘枢纽的功能与效率，将为提高中转换乘的方便性、高效率提供有力保障。

（五）以信息技术为主的先进适用技术的推广应用，将为促进绿色出行提供有力的技术支撑

以信息技术为主体的科学技术，已广泛渗透到交通运输的规划、勘测、设计、施工、运营和管理等各领域，推广应用交通运输先进适用技术与产品，推进传统产业技术改造，推进交通运输信息化和智能化建设，将全面提升交通运输产业技术水平和综合竞争力，为促进绿色出行提供坚强的科技支撑。

1．现代化模型试验和交通数据库技术，可极大提高决策科学化水平

交通工程理论的发展，系统、完整、准确的数据支撑，已经可以从宏观、中观、微观三个层面对交通的规划、设计、管理、控制等方面建立平行的理论模型，并与城市交通业务整合，构建“平行”“实验”系统，提高城市交通问题决策的科学性与效率。实现城市交通规划建设的思路从被动提高供给能力的需求追随型向主动优化资源配置的供给引导型转变，以及以发展高效率、低能耗、低排放运输方式为途径多种运输方式的协调发展。

2．大城市深层、立体交通设施设计施工技术，为构建高架、地面及地下融为一体的立体化交通体系提供保障

大城市深层快速交通系统的地下工程设计理论与施工技术、大型立体枢纽规划设计与建设技术、交通基础设施的安全设计施工技术的突破，从根本上改变传统单一的

常规地面交通格局，为建设以轨道交通为主，辅之于地面公共交通、个体交通的多元结构的高架、地面及地下融为一体的立体化的现代化交通体系奠定了技术保障。

3．现代机械、电子、材料、通信、控制等高新技术，可提供快速、高效、节能、环保、安全的运输装备

现代运输装备高度集成了机械、电子、材料、通信、控制等高新技术，为快速、高效、节能、环保、安全的运输装备提供技术保障。主要体现在：现代大功率轨道交通运输装备牵引技术、移动闭塞技术来缩短运行间隔，从而优化列车的安全运行以及全自动化的控制系统技术等轨道交通运输装备和控制技术，提高了轨道交通的运能和效率，同时也使得列车的运行更具有灵活性。影响新能源汽车发展的动力电池、驱动电机、电控系统等核心技术，新型洁净能源汽车关键零部件技术，新型车用洁净能源的制备、储运、加注技术等方面，技术创新层面取得了新的进展，为新能源汽车产业化打下了良好的基础。

4．现代智能化、信息化技术，可实现城市交通管理精细化，发挥城市综合交通运输系统的整体效能

智能化交通系统是将先进的信息技术、数据通讯传输技术、电子传感技术、电子控制技术及计算机处理技术等有效地集成，形成实时、准确、高效的综合性交通管理系统。即车辆控制系统、交通监控系统、营运车辆高度管理系统、旅行信息系统、自动收费系统、先进的通信系统。智能化交通系统具备客流时空分布规律与载运资源科学调度管理的方法与工具，具有开放性、动态性和实时性，能满足城市交通运输的复杂状况，使交通系统的管理从单一方式向多模式、多方式协同优化与控制的方向发展，实现城市不同交通方式在时间维与空间维的高效衔接，提高系统运行效率。

5．现代化安全应急技术应用，可致力于城市交通安全的可靠预防、全方位监测监控、快速响应、高效处置

借助危险源识别、事故灾难的产生机理、全方位监测监控、风险评价，事故预防与控制措施以及应急救援等技术手段，提高交通运输突发事件的可靠预防、全方位监测监控、快速响应、高效处置能力，促使交通安全应急由传统的被动应付向主动保障型转变。

6．准确、动态、实时的交通出行信息服务体系技术，可为公众提供全方位、更全面、更准确、更及时的出行信息

数字通讯、智能手机、LBS（位置服务）等信息技术的发展，为交通服务的个性化信息需求提供了可用的应用与发布载体，基于全息交通采集信息、模型化的信息处理，精细化的交通信息服务技术，以及城市公共交通与其他交通方式，与城市道路交通管理系统的信息共享和资源整合，可为出行者提供全方位、更全面、更准确、更

及时的出行信息，实现人性化出行信息服务。同时，国际科技合作的加强，可以充分借鉴国际经验，提高中国促进绿色出行的先进理念、技术、方法和行动的有效性和成功率。

（六）社会和民众素质的提升及观念的转变，将极大促进绿色出行的实施

社会、民众、媒体做绿色低碳出行的倡导者、宣传者、践行者的各种活动，以及人人践行低碳生活理念、选择绿色出行方式的自觉行动，对促进绿色出行观念的更新、行动的实施营造了良好的社会环境。

交通拥堵、想买车摇不上号、用世界上最长的时间去上班，给民众正常的工作和生活带来极大的不便等，都引起了中国社会各界和民众对于居住环境的关注和忧虑。“城市的发展首先是人的发展”“城市，让生活更加美好”不只是口号与标语，促进绿色出行需要社会公众的共同参与，绿色出行理念走进千家万户，绿色出行成为社会公众的自觉行动，已经成为中国社会和民众的共识。

1. 社会各界努力为促进绿色出行献计献策

中国社会各界纷纷以不同的方式，为促进绿色出行建言献策，例如：

（1）2012 年 3 月，民建中央在全国政协十一届五次会议提出《关于治理城市交通拥堵的提案》。提案指出：近年来，许多城市交通拥堵愈演愈烈，交通拥堵所造成的社会成本几何级数增长，直接影响了城市的健康发展和总体竞争力，严重制约了城市的可持续发展。分析了造成城市交通拥堵的成因：私人汽车增长迅猛，私车增长势头逐渐呈无序状态；公交运行和自行车出行环境有待改善，道路通行路权、信号优先权、停车管理等新的问题层出不穷；公交优先法规体系不完善，目前我国尚无统一的保障公共交通发展的法律法规，导致公共交通发展的规划、建设、运营和管理等无法可依，政策不稳定，随意性强；管理体制不顺畅，缺少一个权威的政策机构对城市交通进行系统性管理，并负责对各部门的管理进行协调。应该有针对性地提出鼓励绿色出行，实施自行车复兴计划；适当采取经济手段抑制小汽车过度使用等政策建议。

（2）2013 年 6 月 20 日中国社会科学院发布《生态城市绿皮书：中国生态城市建设发展报告（2013）》提出，要发展城市的绿色交通体系。报告提出：2011—2012 年，中国发生了许多涉及生态城市建设的事件和问题，值得人们密切关注、深度反思，需要进一步总结经验教训，积极拓展生态城市的建设思路，其中一个问题涉及如何处理汽车快速发展问题与生态城市建设的关系。在小汽车交通还没有成为城市交通主要方式之前，我们应该抓住调控的主动权和治理的最佳时机，妥善处理汽车引发的城市问题：第一，按照“就近原则”合理规划城市，控制城市规模，建设紧凑型城市；第二，按照步行、自行车、铁路、轨道、公共交通、小轿车和卡车的优先顺序，发展城市的绿色交通体系；第三，总结全国节能和新能源汽车示范推广试点城市的经验，大

力发展节能与新能源汽车、发展智能交通系统。

（3）城市交通专家各抒己见，大力推进绿色出行。如：住房和城乡建设部副部长、交通专家仇保兴提出：实施交通需求管理是国际大城市应对交通问题必不可少的有效手段，通过调控不必要的小汽车出行需求，鼓励采用更加高效、节能、环保的公共交通和电动自行车、自行车及步行方式才能缓解交通拥堵。中国城市规划设计院交通所所长赵杰表示：目前中国的出行结构越来越不健康，机动车“一头沉”的状况严重。“所有的设施都围绕着提高机动车运行效率设置的”。他强调，要实现绿色交通，就需要鼓励各种交通方式平衡发展。“城市街道不仅是车辆来去的通道，更重要的是让民众在街道上行走时感觉到安全、舒适、温馨”，才能真正鼓励低碳出行。而当前需要关注的是如何通过交通政策和规划，引导民众接受公共交通工具、步行和自行车等绿色出行方式。同济大学城市规划系教授、博士生导师潘海啸提出：绿色交通是什么？是保证人民富裕，保证发展的基础上不要过度的消耗。要建立以绿色交通为导向的城市空间规划。目前规划让人们使用小汽车最方便，其他的方式都不方便。也就是说我们是围绕着小汽车转的，之所以人们开车，不是因为人们选择开车，而是因为我们设计的环境使人们开车是最方便的。今天的城市交通研究的根本性的转变就是要从强调小汽车的畅通，转向交通出行的及时性和以人为本。环境保护部机动车排污监控中心主任汤大刚指出：城市通勤困难，公众对公共交通状况不满意；城市私人交通超高速发展；道路拥堵且无明显改善前景，目前所采取的诸如限行、限购等缓解交通拥堵和保护环境措施不但效果有限，反而遭致许多诟病。建议：中央政府成立“城镇化绿色交通发展与管理”专门机构，前瞻性的通盘谋划适合中国国情的新发展模式；建立鼓励和刺激城市公共交通发展的倾斜政策和发展基金；以经济手段有效限制私人交通工具在城市交通密集区的使用。北京交通大学中国综合交通研究中心主任、博士生导师毛保华指出：倡导绿色出行，应该实现各种交通方式的平衡发展，建立一个科学合理、综合的城市交通体系。明确中心城区私人交通发展思路，设法控制购买车辆，就要通过政策引导市民用车，但前提是公共交通能力应得到改善。南京市交通规划研究所所长、教授、博士生导师杨涛提出：解决人和物的出行才是城市交通的根本，而解决人和物的出行，光有路是不行的，要有科学、合理的运行系统，这个运行系统不仅仅是公交，包括公共交通、机动车交通、自行车交通、行人交通，以及车辆的停放，这是一整套的系统，都应该是政府按照系统的理念，按照以人为本的理念去系统的处理好、解决好这些问题。

2. 全国各地纷纷倡导成为绿色出行的践行者、倡导者、先行者

中国多个省、市政府纷纷发出倡议书，成为绿色出行的践行者、倡导者、先行者。倡议书提出：

（1）做绿色出行的践行者。除必要的公务活动外，不坐公车，不开私家车，以步行、自行车、公共交通形式上下班。

（2）做绿色出行的倡导者。在亲友、同事中宣传绿色出行的好处，宣传汽车带

来的环境污染和城市拥堵问题，倡导“购车族”购置低排放、低油耗、低污染的汽车，倡导“有车族”每周少开一天车，选择更环保的出行方式。

（3）做绿色出行的先行者。身体力行加入到绿色出行中，倡导“能走不骑、能骑不坐、能坐不开”的出行理念，把“绿色出行日”活动延伸到日常生活之中。

3. 中国国际民间组织合作促进会绿色出行基金大力开展促进绿色出行活动

中国国际民间组织合作促进会（CANGO）“绿色出行专项基金”（Green Commuting Fund），简称中国民促会绿色出行基金，是 2009 年在民政部注册、隶属于中国国际民间组织合作促进会的公益性环保专项基金。该基金属于公募基金，接受境内外社会团体、企事业单位和个人的捐赠和赞助，与境内外环保公益组织合作，推广“绿色出行”理念：人人选择绿色出行方式、个个践行低碳生活理念。推进“绿色出行”系列活动，已经成功地与北京奥组委、上海世博局合作，开展了北京奥运绿色出行项目和世博绿色出行项目。

4．2013 年交通运输节能宣传周主题定为“绿色低碳交通伴我行”

日前，国家发展和改革委员会、交通运输部等 14 个部委联合发出通知，确定 2013 年全国节能宣传周为 6 月 15 日至 21 日，活动主题是“践行节能低碳，建设美丽家园”。交通运输部门将开展“绿色低碳交通伴我行”主题宣传活动，大力传播绿色低碳交通运输发展理念，宣传绿色低碳交通运输体系建设成效，倡导公众绿色出行。通过《中国交通报》等行业媒体及中央、地方媒体，大力宣传报道全行业节能减排成效和节能宣传周各项活动的丰富内容，要求全行业以今年节能宣传周活动和推进会为契机，大力做好“绿色低碳交通伴我行”主题宣传。

三、中国与发达国家促进绿色出行的基础条件对比

（一）经济发展水平对比

1985—2011 年，与印度、南韩、波兰、美国和日本相比，中国人均 GDP 增长率最高。然而，尽管中国人均 GDP 由 294 美元增长到 5 413.57 美元，但人均 GDP 量却远远低于发达国家水平，见图 1-7。

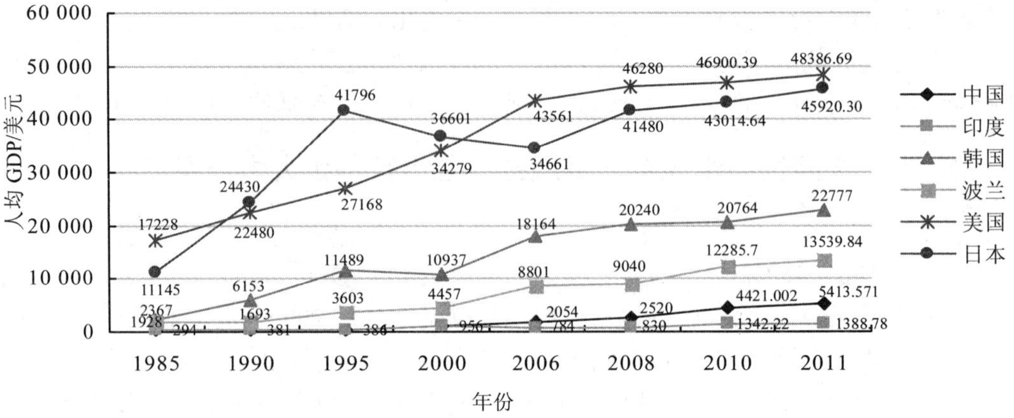

图 1-7　发达国家与发展中国家经济增长率

根据测算，如果中国继续保持人均 GDP 年增长率 7%～12%的情况下，需要 10～30 年的时间中国才能达到发达国家现阶段水平。受经济发展水平所限，中国城市政府发展公共交通的财政能力相对不足（详见第 3 章）。

（二）城镇化水平与交通需求变化趋势对比

1990—2009 年，中国的城镇化率翻了一番。2000—2009 年，中国的城镇化率从 36.20%增长到 46.10%，9 年涨了 10 个百分点。相比之下，2000—2009 年，北美的城镇化率由 79.60%变为 80.70%，欧洲由 71.60%变为 72.80%，日本由 65.20%变为 66.60%，涨幅均不到 2 个百分点，见图 1-8。

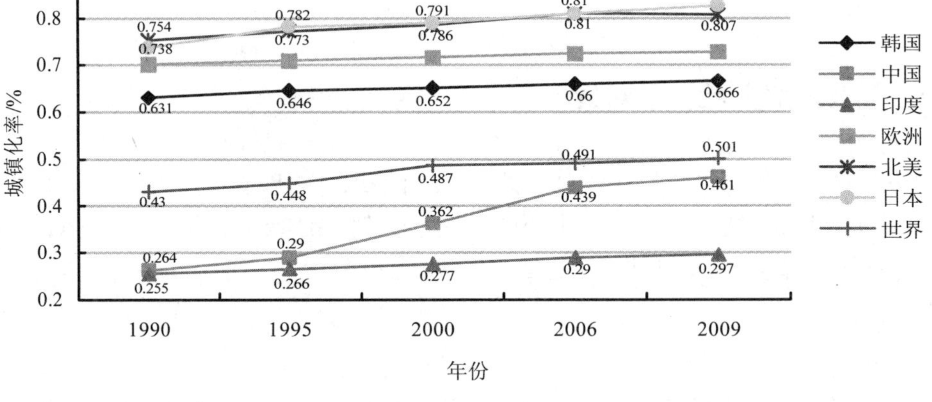

图 1-8　1990—2009 年不同国家和地区的城镇化进程

由此可见，发达国家的城镇化已基本完成，随着城镇化进程趋于平稳，发达国家的出行需求增长相对平缓。而中国的城镇化正处于高速发展时期，可以预见未来相当一段时间，中国都将处于交通需求增长期，中国快速的城市化进程将成为交通需求高速增长的主要因素与驱动力，并将对中国城市公共交通系统产生巨大压力。

（三）机动化程度对比

数据显示，目前中国仍是机动化程度较低的国家，但增长速度非常快。2010 年中国的机动化率为 59 辆/千人，是 2006 年机动化率的 2 倍多；随着小汽车价格下降和民众支付能力的提高，中国民众购买私人小汽车的热情高涨，家庭拥有小汽车的比例还将不断增长。相比之下，发达国家已经进入了机动化增长速度相对平稳的阶段，2006—2010 年，美国的机动化率稳定在约 800 辆/千人，日本、法国的机动化率则保持在 590～600 辆/千人，基本都维持在各自的平衡值附近，变化不大，见图 1-9。

由此可见，虽然中国现阶段千人汽车拥有量远远低于发达国家水平，但是如果不加以控制，估计不到二三十年的时间，中国将达到现阶段美国、日本等国的水平。

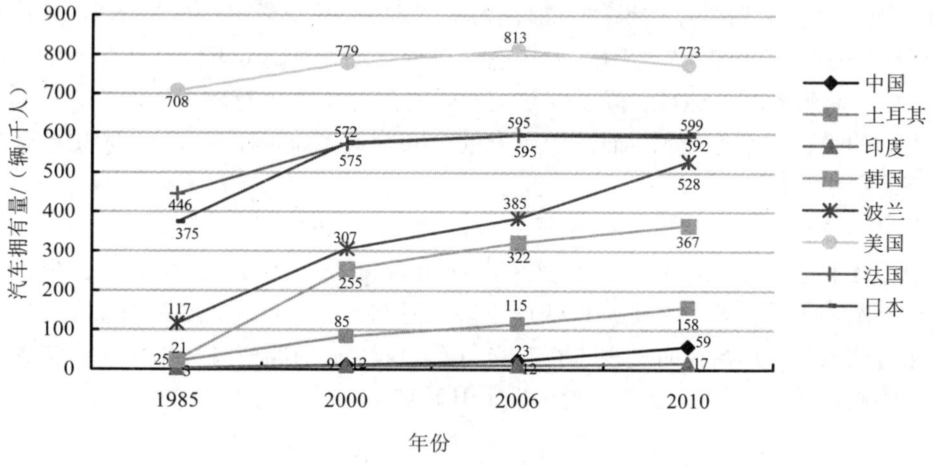

图 1-9 1985—2010 年中国和其他国家的机动化进程

（四）绿色出行服务供给能力对比

（1）城市人均道路面积

截至 2011 年年底，中国城市道路长度为 30.9 万 km，道路面积 56.3 亿 m^2，城市人均拥有道路长度 0.76 m，人均拥有道路面积为 13.8 m^2，与国外城市人均道路面积

15～20 m^2 相比，还处于较低水平，见图 1-10。

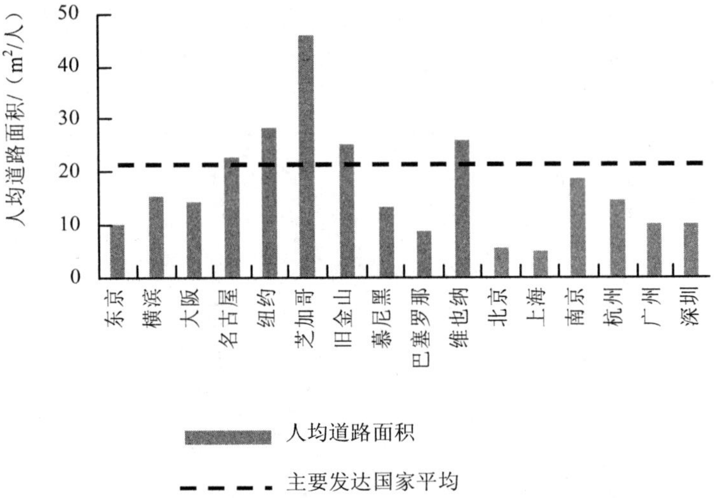

图 1-10　国内外主要城市人均道路面积情况

（资料来源：建筑中国俱乐部）

公共交通机动化分担率与服务水平：交通运输部部长杨传堂在 2013 年 9 月 16～20 日中国首个公交周对媒体说："目前，我国大城市公共交通出行分担率平均约 20%，远远低于发达国家水平。"与国际上其他城市相比，中国城市不仅公共交通的分担率低，公共交通服务的可达性、舒适性和安全性与发达国家也有较大的差距，因而公共交通出行的吸引力普遍较低，而发达国家的公共交通系统，对不同社会阶层群体都具有较高的吸引力。

非机动化出行分担率与服务水平：受经济发展水平与公共交通发展能力不足所限，中国还有着非常高的步行与自行车出行比例（见图 1-11），但这个比例在私人小汽车不断增长的冲击下，正呈现快速下降的趋势。与之相反，发达国家在公共交通系统相对成熟后，开始转而重视步行与自行车出行，在道路资源分配上大力向慢行交通方式倾斜，慢行交通分担率开始呈现上升趋势。

（五）消费习惯与环保意识对比

当前，大多数中国民众开始步入小康生活。中国民众在脱离温饱之忧后，迫切需要改善生活质量，享受机动化出行带来的舒适与便捷，因此，对限制拥有和使用小汽车政策有抵制情绪。中国民间有讲排场、好面子的传统，加之中国民众环境保护意识较弱，中小城市交通拥堵与空气污染程度较轻，相同出行需求下，中国私人小汽车的使用频率明显高于发达国家城市。与中国相比，在绿色环保意识相对较强的欧美国家，实施交通需求管理政策，推广步行与自行车出行方式，更容易得到民众的理解和支持。

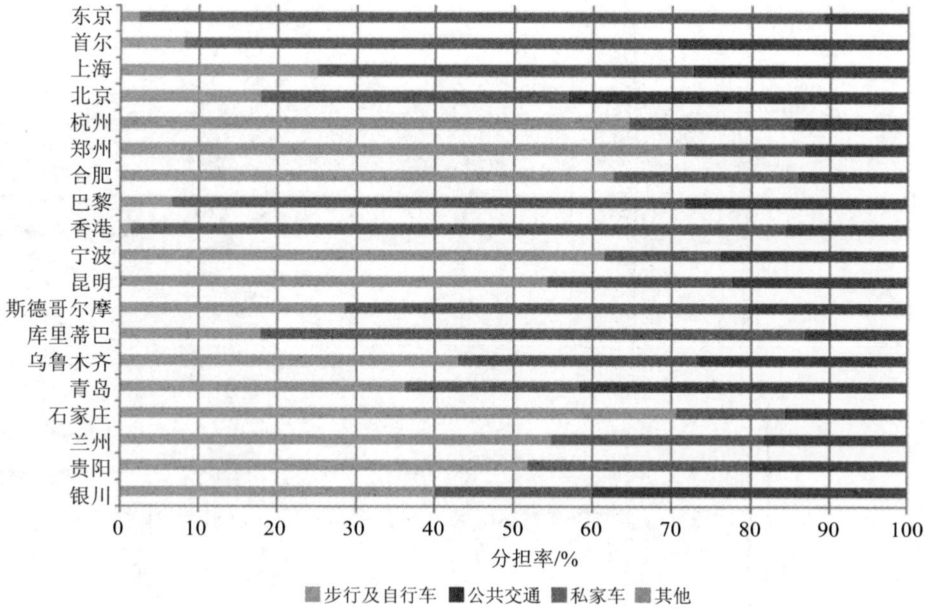

图 1-11　中国部分城市与发达国家城市步行及自行车、公共交通、私家车分担率对照

四、中国绿色出行的发展阶段及内涵

（一）中国绿色出行所处的阶段

根据绿色出行的发展阶段划分理论，结合中国与发达国家机动化程度与城市公共交通发展水平对比等因素可以判断：总体来说，中国大多数城市正处于“公交与私人小汽车持续增长、非机动化出行快速下降阶段”。多数发达国家城市和部分中国城市处于“公共交通与私人小汽车增长趋于平稳，交通拥堵成为城市新常态阶段”，伦敦、首尔等部分发达城市则已进入“公共交通+慢行交通主导的现代化绿色交通系统成熟阶段”，见图 1-12。

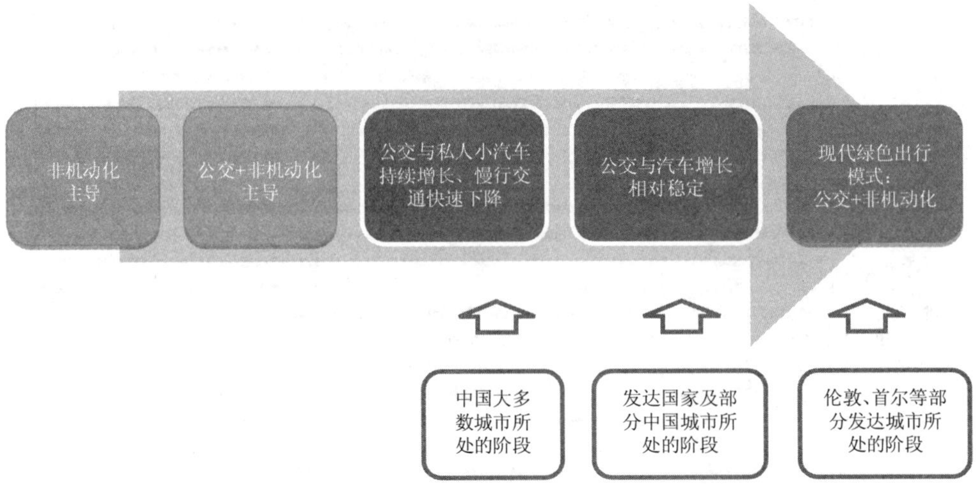

图 1-12　中国城市与发达国家城市各自所处的绿色出行阶段

（二）中国绿色出行的内涵

中国绿色出行所处的阶段特点及与发达国家的基础条件差异性，决定了中国绿色出行具有中国城市自身的特点。因此，中国绿色出行的内涵应结合国家战略要求、城市可持续发展需求以及公民权益保障来共同诠释。

在国家层面：促进绿色出行要符合中央政府建设生态文明、走新型城镇化道路、提高公共服务均等化水平的国家战略要求。

在城市层面：促进绿色出行应有利于城市可持续发展，缓解城市交通拥堵、改善城市空气质量，增强城市社会活力。

在公民层面：保障城市公民公共服务权益、身体健康与交通安全，保证基本出行服务的可得性及服务便捷性、安全舒适性。

根据上述原则，以下从绿色出行的理念、目标、特征、绿色出行与城市可持续发展的关系、绿色出行相关参与主体与角色定位等方面对中国绿色出行进行定义。

1. 中国绿色出行的核心理念

借鉴国际经验，在公共交通基本服务供给严重不足且不均衡的现实条件下，中国城市促进绿色出行的根本出发点是：使不同社会阶层人群能够公平、合理地享受城市道路资源，加快提高公共交通基本服务均等化水平。因此，中国绿色出行的核心理念确定为：维护社会公平，鼓励公众参与，谋求多方共赢与可持续发展。

维护社会公平是指每个城市公民能够平等享受到交通出行基本服务，每种出行方式能够平等分配到必要的资源并支付相应的资源使用费用的义务。

鼓励公众参与是指公众更多地参与到绿色出行决策、行动的每一个过程。

谋求多方共赢与可持续发展是指参与绿色出行的相关主体的利益能够得到合理、公平的保障、绿色出行行动能够持续发展。

2. 中国城市促进绿色出行的目标

按照中国绿色出行理念的要求，中国绿色出行的目标定位为：为中国城市步行与自行车出行者提供更好的条件，保障公共交通基本公共服务覆盖全体城市居民，有效缓解城市交通拥堵，不断改善城市空气质量，推动中国城市开创生态宜居的、可持续发展的城市发展布局。

3. 中国绿色出行的特征

中国绿色出行具有四大特征：一是绿色出行服务对于低收入群体是可获得认同的，服务的费用是可承受的；二是绿色出行服务无论是银行家还是超市售货员的体验都是安全、可靠、便捷的；三是绿色出行方式对于城市环境影响是各种出行方式中最小的，对于出行者自身是最健康有益的；四是绿色出行对于城市社会经济活力的积极影响是不断增加的。

4. 促进绿色出行与城市可持续发展的关系

促进绿色出行有助于缓解交通拥堵，因为采取步行与自行车占用道路资源最少，公共交通与小汽车交通相比因运力大而占用的道路资源也相对较少。促进绿色出行能够使单位出行距离的污染排放减少，有助于改善空气质量。交通拥堵的缓解与空气污染的降低，有助于提升公共交通通行速度，改善步行与自行车出行环境，从而吸引更多的人选择步行、自行车或公共交通出行，进一步提升绿色出行分担率。而交通拥堵与空气质量的同步改善，能够明显增加城市交通的运行效率，提升城市宜居形象，进而增加城市自身竞争力与吸引力，促进城市可持续发展。

5. 促进绿色出行相关参与主体与角色定位

（1）各级政府及其角色定位

倡导绿色出行，政府是主导者。政府的政策导向不仅是出行者决策的直接影响因素，而且还会透过对公交服务企业、汽车生产商等相关主体的引导，间接对出行者决策产生作用。政府职能重点是：加大公共交通的供给能力、改善自行车与步行通行环境与条件、提升现有公交系统的运行效率、大力推动社会公众参与。所有城市政府绿色出行的职能目标都应指向吸引公众的积极参与，所有绿色出行效果的评估也应指向公众参与程度的考核。

（2）出行者（民众）及其角色定位

倡导绿色出行，社会公众是践行者。绿色出行的普及度取决于公众的参与度，因此民众是绿色出行普及程度的决定性因素。公众深度参与促进绿色出行政策制订与具体实践，能够使绿色出行更好地体现社会公平、改善政府与公众的关系，使促进绿色出行政策得到广泛的支持与有效的实施；公众深度参与公共交通服务质量的监督，也有助于促进公交企业改进服务质量，提升服务能力，从而使绿色出行行动得到持续的推动。

（3）公共交通服务供给方（公交企业）及其角色定位

公交企业是绿色出行的重要主体，是影响绿色出行吸引用的重要因素。公交企业是公共交通服务供应商，公共交通服务质量直接影响绿色出行的推广程度。由于公共交通是公益性服务，公共交通票款收入无法覆盖公交企业的运营成本和合理收益，因此，公共交通服务质量不仅取决于企业自身良好的管理能力，也取决于政府的政策性亏损补贴的到位率；公交企业有责任在政府补贴到位的前提下，按照政府要求的公共交通服务基本标准提供相应的服务。

（4）其他相关主体及其定位

促进绿色出行是一项系统工程，在实施过程中还涉及其他经济主体、公益组织等，它们的参与也是推动绿色出行不可缺少的力量。相关主体包括：企业协会、公益性机构、科研教育机构、信息技术服务商、车辆制造商等。其中：企业协会是政府、公交企业、信息技术服务商与车辆制造商、公众的桥梁。公益性机构是强化公众参与、加强政府监督、促进绿色出行方式普及的重要力量。信息技术服务商与车辆制造商等是推广绿色出行方式的重要技术与服务支撑。科研教育机构是政府的智囊，对政府决策具有重要的影响力。

第二章　中国绿色出行的现状与挑战

一、绿色出行的发展概况

（一）公共交通发展现状

1. 公共交通供给能力

（1）公共交通占机动化出行分担率

我国大城市公共交通出行分担率平均约 20%。表 2-1 汇总了中国公共交通发展水平相对较高的部分中心城市与地市级城市，公共交通占机动化出行分担率的情况。

表 2-1　中国部分中心城市与地市级城市的公共交通占机动化出行分担率

序号	城市	公共交通占机动化出行分担率/%	备注
中心城市			
1	上海	65.70	
2	重庆	63.60	
3	兰州	62.87	
4	武汉	53.15	
5	南京	53.00	
6	北京	52.29	
7	天津	47.90	
8	深圳	46.90	
9	成都	43.00	
10	西安	42.33	
11	长春	41.20	2011 年
12	长沙	34.1	
地市级城市			
1	新乡	48.50	
2	苏州	47.69	
3	天水	47.40	
4	株洲	42.42	

序号	城市	公共交通占机动化出行分担率/%	备注
地市级城市			
5	温州	39.69	
6	柳州	38.00	
7	保定	30.30	
8	芜湖	22.00	

（2）基础设施

1）场站设施

截至 2012 年年底，全国公共汽电车场站面积为 5 667.6 万 m^2，其中保养场面积 973.1 万 m^2，停车场面积 4 694.5 万 m^2。全国公共汽电车车均场站面积为 107.3 m^2/标台，约为行业标准《城市道路公共交通站、场、厂工程设计规范》（CJJ/T 15—2011）推荐面积（200 m^2/标台）的 58.0%，比 2011 年增长了 5.7%。36 个中心城市公共汽电车场站面积占全国场站面积总量的 45.4%，有 19 个城市的车均场站面积超过全国平均水平，其中石家庄和长沙的公共汽电车场站的平均面积分别为 315.3 m^2/标台和 230.9 m^2/标台，超过行业标准推荐值（200 m^2/标台）。

2）公交专用道长度

截至 2011 年年底，除海南、重庆、西藏、甘肃和青海外，全国其他 26 个省（自治区、直辖市）均已开通公交专用车道，公交专用车道总长度为 4 425.6 km，同比增长 18.8%。全国 36 个中心城市中已有 32 个城市开通公交专用车道，累计长度为 3 067.2 km，占全国公交专用车道总长度的 69.3%。与国外城市相比，我国城市道路设置公交专用道的里程与国外城市相当，但城市道路公交专用道长度与城市道路长度的比例较低，大部分城市不足 5%，见图 2-1。

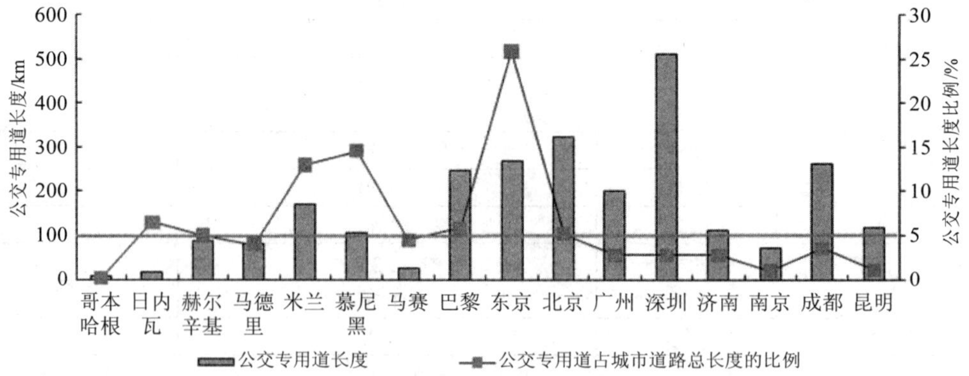

图 2-1 国内外城市公交专用道长度与设置情况

（资料来源：中国大陆城市数据为 2011 年数据，国外数据为 2007 年数据。）

3）轨道交通线网长度

截至 2012 年年底，全国共有城市轨道交通运营线路 58 条，运营线路总长度 1 698.7 km。其中地铁运营线路 46 条，总长度 1 403.1 km，占全国城市轨道交通运营线路总长度的 82.6%；轻轨运营线路 5 条，总长度 172.2 km；单轨运营线路 2 条，总长度 54.8 km；有轨电车运营线路 4 条，总长度 39.5 km；磁悬浮运营线路 1 条，长度 29.1 km。其中，北京和上海的城市轨道交通运营线路条数分别为 15 条和 12 条，长度分别为 372.0 km 和 454.1 km。与国外城市相比，我国城市轨道交通发展迅速，轨道交通运营里程位居前列，但是人均拥有运营里程较低，我国 2011 年百万人拥有轨道交通运营里程与国外 2005—2007 年的发展水平相当，见图 2-2。

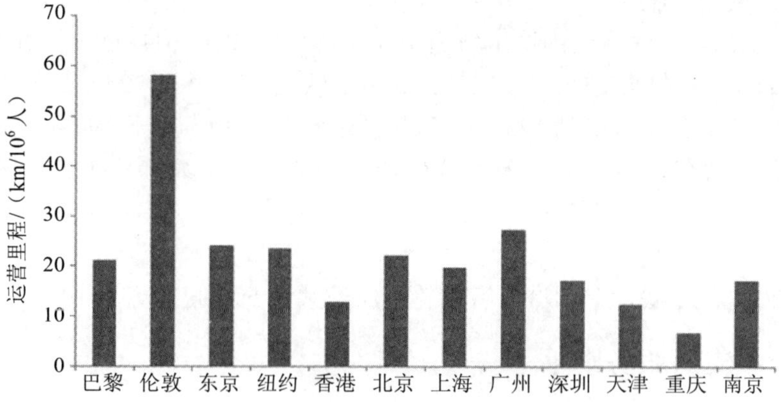

图 2-2　国内外城市轨道公交运营里程

（资料来源：中国大陆城市数据为 2011 年数据，国外及香港数据为 2005—2007 年数据。）

（3）运营车辆

2012 年全国城市公共交通车辆（包括公共汽电车和轨道交通车辆）共计 55.9 万标台，全国城区人口平均万人拥有公共交通车辆数为 13.7 标台，比 2011 年增长 2.9%。

1）公共汽电车

截至 2012 年年底，全国公共汽电车车辆总数为 47.5 万辆（折合 52.8 万标台），其中快速公交（BRT）车辆 3 975 辆。全国城区人口万人拥有公共汽电车标台数为 12.9 标台，36 个中心城市中城区人口公共汽电车保有率超过全国平均水平的有 30 个城市，排在前五位的是成都、宁波、杭州、西安、海口。

按照燃料来划分，全国公共汽电车运营车辆中新能源车辆总数为 13 426 辆，占公交车辆总数的 2.8%。其中纯电动车 1 722 辆，混合动力车 11 704 辆，分别占新能源车的 12.8%和 87.2%。全国 36 个中心城市中深圳市新能源车辆数最多，为 10 743 辆，见表 2-2。

表 2-2 2012 年我国公共汽电车按燃料类型划分情况

分类	汽油车	乙醇汽油车	柴油车	液化石油气车	天然气车	双燃料车	无轨电车	纯电动客车	混合动力车	其他
车辆数/辆	23 778	9 735	306 465	8 884	86 379	24 528	1 696	1 722	11 704	—
占总量比重/%	5.0	2.0	64.5	1.9	18.2	5.2	0.4	0.4	2.5	—

（数据来源：《中国城市客运发展年度报告 2012》。）

2）轨道交通车辆

截至 2012 年年底，全国城市轨道交通运营车辆共 12 611 辆，标准运营车数为 30 672 标台，较 2011 年增长了 26.1%。其中地铁运营车辆 11 225 辆，轻轨运营车辆 1 247 辆，有轨电车运营车辆 125 辆，磁悬浮运营车辆 14 辆，日均编组 2 260 列。城市轨道交通运营车辆数量位居前三位的依次为北京、上海和广州，占全国总量的 64.4%。

3）轮渡

截至 2011 年年底，全国城市客运轮渡船数共计 590 艘，比 2010 年下降 44.4%。

2. 公共交通服务水平

绿色出行服务水平主要体现在服务能力和服务质量两个方面。

（1）安全水平

近年来，随着机动化进程的加快，交通事故的频发，交通事故直接经济损失持续增加。依据统计，2010 年全国发生道路交通事故 219 521 起，死亡人数达到 65 225 人，造成的直接经济损失达到 92 633.5 万元，其中 36 个中心城市道路交通事故造成的直接经济损失为 22 468.8 万元，约占全国道路交通事故直接经济损失的 25.3%，道路交通万车死亡人数为 3.2 人。依据机动车的使用性质来划分，自用车辆的交通事故居高位，事故起数、死亡人数和直接经济损失分别占机动车事故总量的 59.46%、49.73%和 43.99%，其次为其他非生产经营性车辆，公交客运事故率相对较低，见图 2-3。2010 年共发生公交客运道路交通事故 3 195 起，死亡 799 人，受伤 3 753 人，造成直接经济损失 878.1 万元。

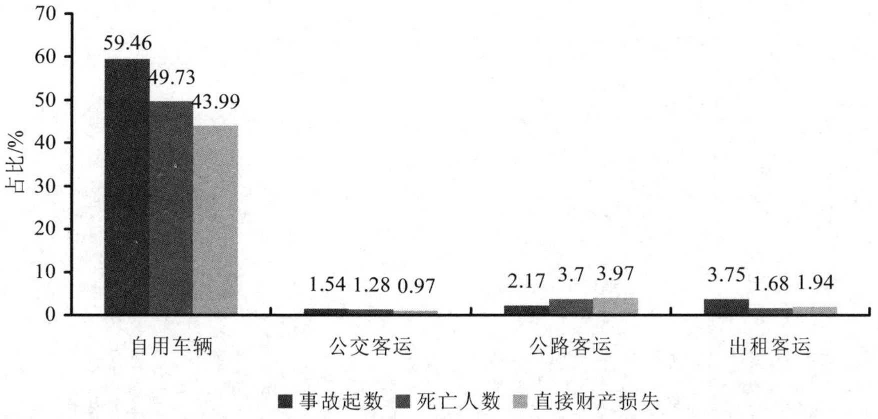

图 2-3 2010 年自用车辆与客运车辆交通事故在全国机动车交通事故中所占比重情况

（资料来源：《中华人民共和国道路交通事故统计年报》（2010）。）

依据 2011 年国合会对国内部分城市公共汽电车的运营情况的调研，2010 年在公共汽电车的运营安全性方面，运营安全性最高的是石家庄，最低的是乌鲁木齐，具体情况，见图 2-4。

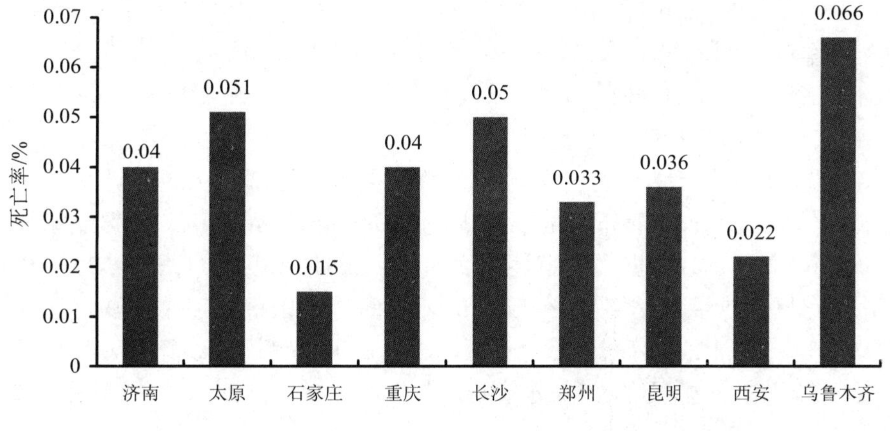

图 2-4 2010 年调研城市公共汽电车百万车死亡率情况

（资料来源：城市调研。）

（2）服务可得性

1）运营线路

截至 2011 年年底，全国共有公共汽电车运营线路 35 884 条，全国城区人口万人拥有公共汽电车运营线路 0.9 条。全国公共汽电车运营线路总长度达 67.3 万 km，平均每条线路长度为 18.6 km，全国城区人口平均每万人拥有公共汽电车线路长度为 17.1 km，全国 36 个中心城市中有 7 个城市城区人口万人拥有的公交线路长度高于全国平均值，从高到低依次是宁波、杭州、昆明、海口、天津、厦门、南昌，见图 2-5。

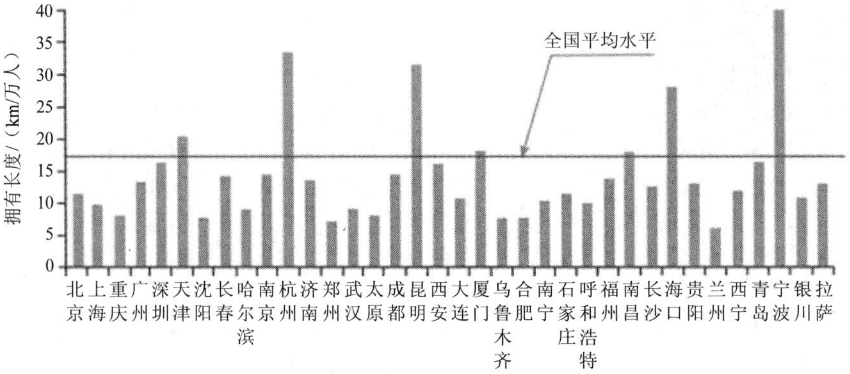

图 2-5 2011 年全国 36 个中心城市城区人口万人拥有公交线路长度情况

（资料来源：《中国城市客运发展年度报告》（2012）。）

截至 2011 年，国内 13 个城市建设了 BRT 系统，共有 35 条运营主线，走廊长约 575 km，运营线路长度达到 988 km，占全国公共汽电车运营线路总里程的 0.15%，较 2010 年增长了 474 km，增长率为 92.2%。与国外城市 BRT 相比，我国城市 BRT 专用道覆盖率低于国外平均水平，各城市车站建设水平也存在较大差异，仅有 4 个城市的 BRT 系统享受交叉口处信号优先。

2）公共汽电车线路网密度

依据 2011 年国合会对国内部分城市公共汽电车的运营情况的调研，2010 年主城区公共汽电车线路网密度最高的是石家庄，为 3.4 km/km^2，最低的是乌鲁木齐，为 1.4 km/km^2，见图 2-6。依据《城市道路交通规划设计规范》（GB 50220—95），主城区公交线路网密度要求达到 3～4 km/km^2，调研城市中仅石家庄和郑州达到。主城区公共汽电车线路网密度普遍较低，由此可以推断城市郊区的线路网密度更低，居民出行乘坐公共汽电车，享受的公共交通服务水平还较低，基础公交线路的布设尚不足。

3）公共汽电车线路网比率

依据 2011 年国合会对国内部分城市公共汽电车的运营情况的调研，2010 年主城区公共汽电车线路网比率最高的是郑州，为 78.00%，最低的是乌鲁木齐，为 29.40%，见图 2-7。

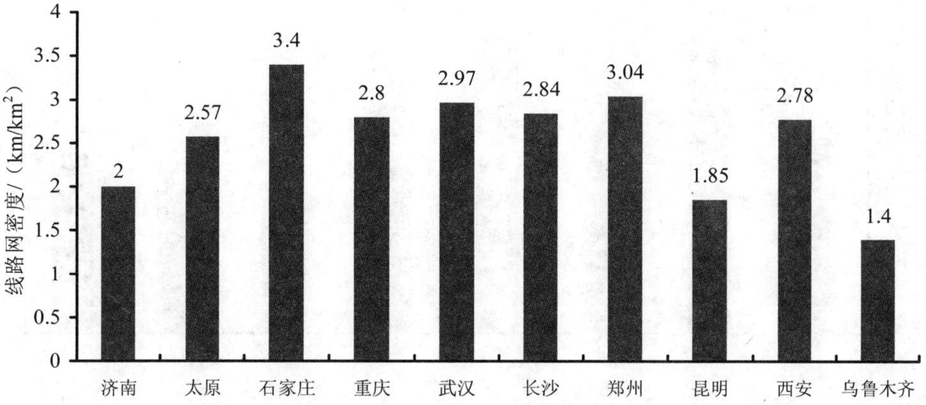

图 2-6　2010 年调研城市公共汽电车线路网密度情况

（资料来源：城市调研。）

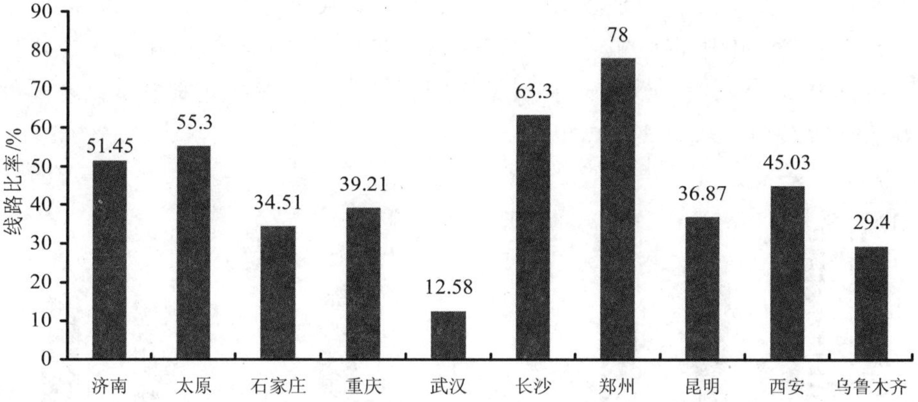

图 2-7　2010 年调研城市公共汽电车线路比率情况

（资料来源：城市调研。）

（3）便捷水平

1）正点率

依据 2011 年国合会对国内部分城市公共汽电车的运营情况的调研，2010 年公共汽电车发车和末站到站正点率最高的是武汉，为 82.0%，最低的是郑州，为 36%，见图 2-8。

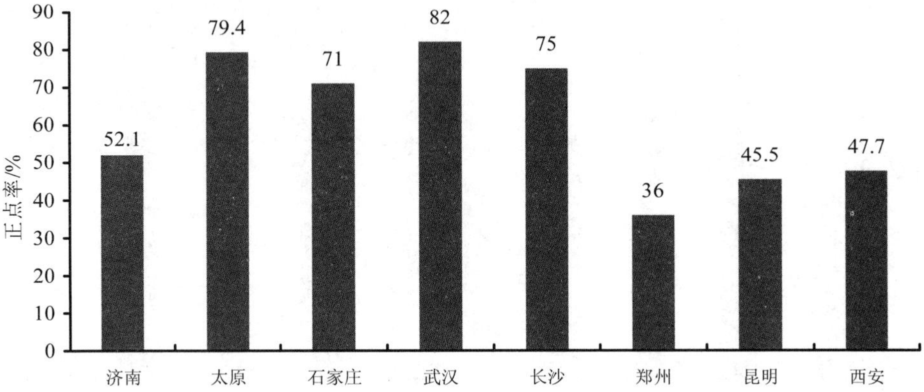

图 2-8　2010 年调研城市公共汽电车发车和末站到站正点率情况

（资料来源：城市调研。）

2）公共交通站点 500 m 覆盖率

依据 2011 年国合会对国内部分城市交通的运营情况的调研，2010 年城市公共交通站点 500 m 覆盖率最高的是济南，达到 92.7%，最低的是重庆，为 75.5%，见图 2-9。依据《城市公共汽电车客运服务》（GB/T 22484—2009），城市建成区公共交通站点 500 m 覆盖率不应低于 90%，调研城市中仅济南和石家庄达到要求，大部分城市低于要求，居民到公共交通站点距离较远。

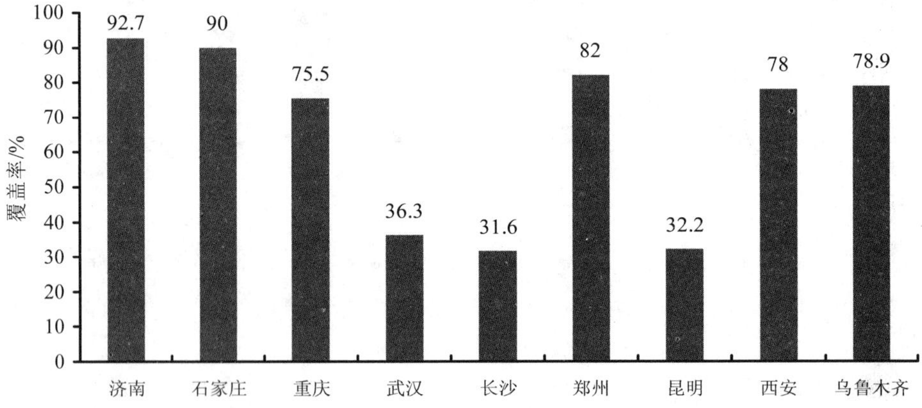

图 2-9　2010 年调研城市公共交通站点 500 m 覆盖率情况

（资料来源：城市调研。）

另外，依据 2013 年国合会关于“中国城市居民绿色出行行为”的专项调查，我国城市当前的公交车平均等待时间均偏长，花费 10 min 左右的时间等车是较为常见的现象。在调查人群中的比重达到 58.97%，等待时间在 5 min 以内的只占 16.13%，而等待 15 min 以上的却占 24.90%。

（4）舒适水平

依据 2011 年中国环境与发展国际合作委员会（国合会）对国内部分城市交通的运营情况的调研，2010 年城市公共汽电车早晚高峰平均满载率最高的是山西太原，达到 115.7%，最低的是长沙，为 77.1%，见图 2-10。依据《城市公共汽电车客运服务》（GB/T 22484—2009），高峰小时平均满载率不宜大于 80%，调研城市中仅济南和长沙达到要求，大部分城市高于要求，公共汽电车在早晚高峰时期舒适水平较低，较为拥挤。

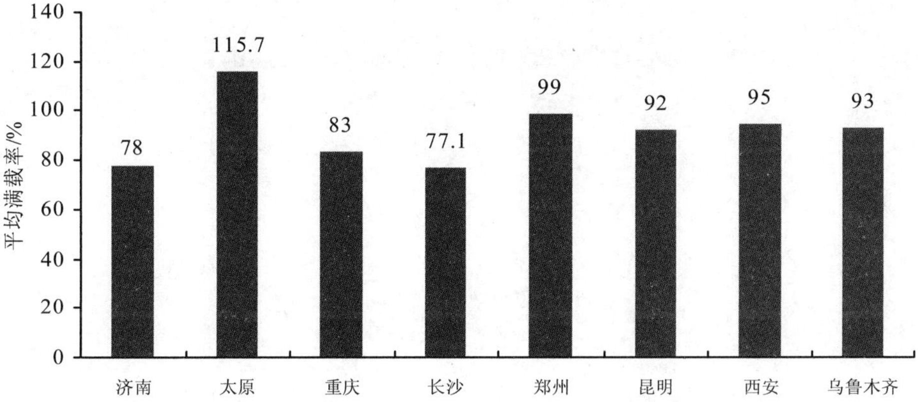

图 2-10　2010 年调研城市公共汽电车早晚高峰平均满载率情况

（资料来源：城市调研。）

（5）经济水平

近年来，我国城镇居民生活和工作出行需求增加，其交通支出在人均可支配收入中所占比例随之增长，见图 2-11。

依据 2013 年国合会关于“中国城市居民绿色出行行为”的专项调查，对于公交票价，调查对象中 71.2%的人群能够接受当前的票价，6.6%的人群可以接受适当提价，而 22.2%的人则希望适当降低票价。

（6）能耗水平

机动化的快速发展势必会导致能源消耗的增加，当前交通燃油消耗已占全国油耗总量的 1/3，交通节能已成为严重影响国家能源战略的关键问题之一，见图 2-12。为此 2011 年 2 月交通运输部印发了《建设低碳交通运输体系指导意见》和《建设低碳交通运输体系试点工作方案》，明确了城市客运中长期的节能减排目标是到 2015 年和 2020 年城市客运单位人次能耗比 2005 年分别下降 18%和 26%。

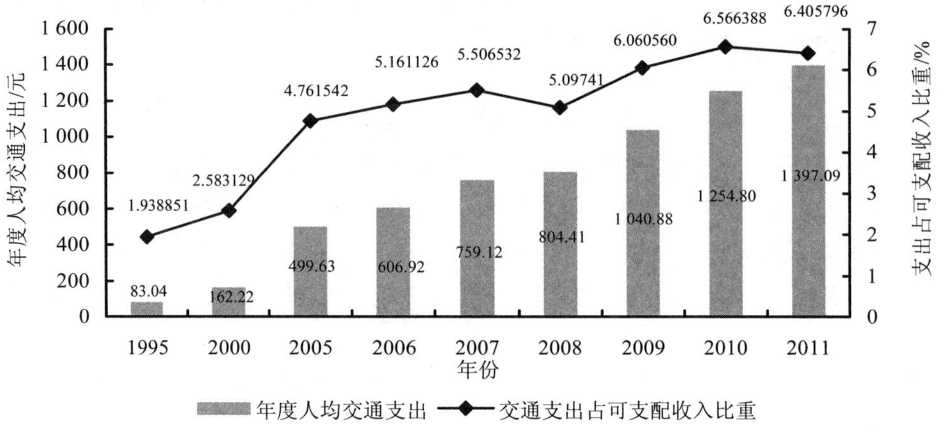

图 2-11　1995—2011 年城镇居民交通支出

（资料来源：历年中国统计年鉴。）

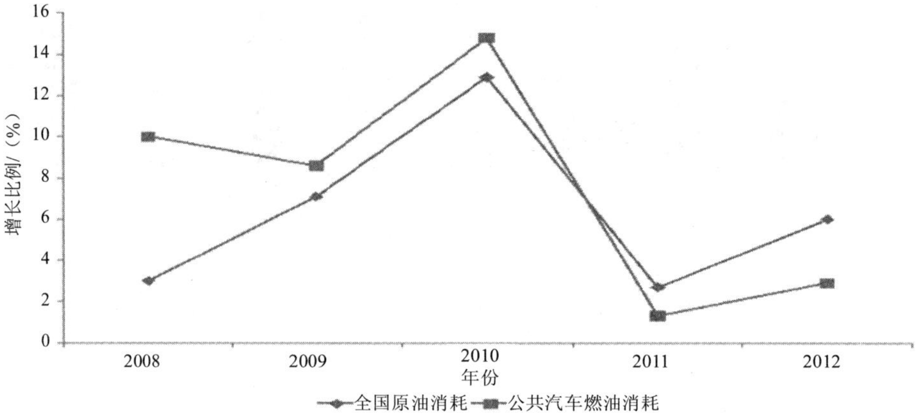

图 2-12　全国原油消耗与公共汽车燃油消耗情况

在中央和交通运输部的倡导和政策支持下，地方政府也积极行动从制定绿色交通规划、购置新能源车辆、改进车辆技术和加强节能减排宣传培训等方面降低交通能源消耗，如上海市通过建立和完善道路运输车辆燃料消耗限值核查制度，严格限制高能耗车辆进入营运市场。

截至 2011 年年底，全国公共汽电车中新能源车辆达到 7 831 辆，同比增长 176.5%。从 2011 年国合会对国内部分城市公共交通的调研情况来看，2010 年乌鲁木齐的绿色公共交通车辆比例最高已达到 99.8%，见图 2-13。

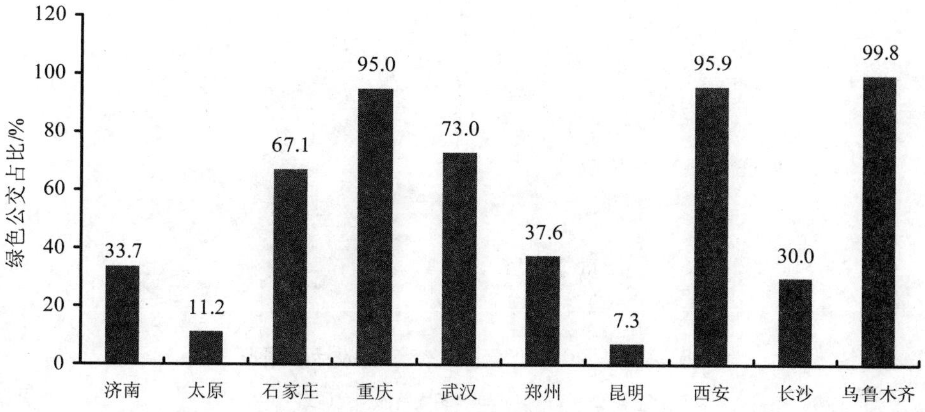

图 2-13　2010 年调研城市绿色公共交通车辆比例情况

（资料来源：城市调研。）

（7）环保水平

城市公共汽车在节能环保方面具有明显优势，以二氧化碳的排放为例，普通公交碳排放强度为小汽车的 1/8，轨道交通碳排放强度约为小汽车的 1/20，快速公交碳排放强度更低，见图 2-14，因此建设以公共交通为主体的城市低碳交通体系是促进绿色出行，实现城市可持续交通发展的有效途径。

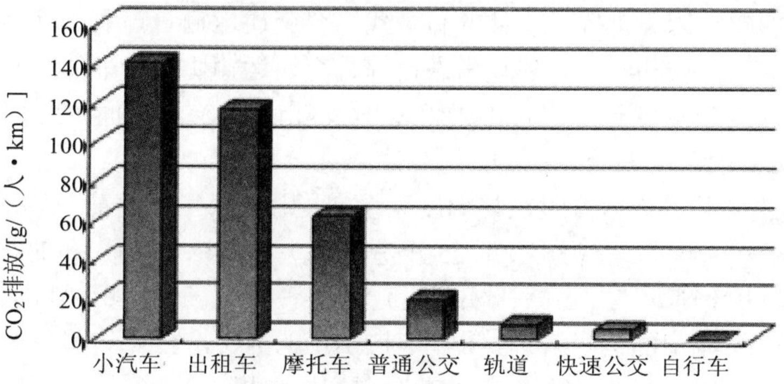

图 2-14　不同交通出行方式的 CO_2 排放情况对比

为改善城市环境，降低交通污染，各级政府和行业管理部门大力推动使用低排放车辆。截至 2011 年年底，全国国Ⅲ及以上排放标准的公交车占公交运营车辆总数的 58.0%，见图 2-15。

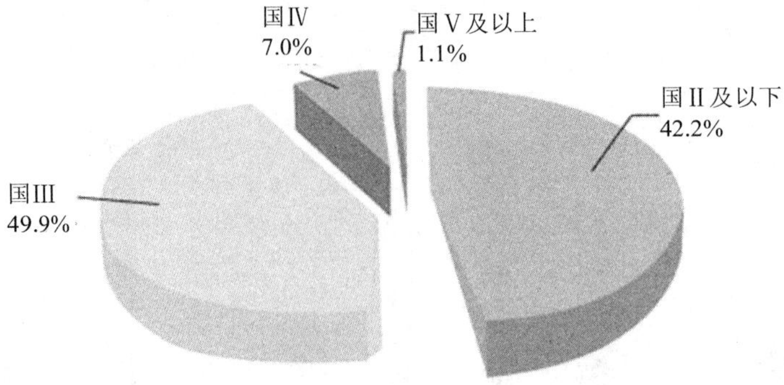

图 2-15　2011 年全国公交车排放标准情况

（资料来源：《中国城市客运发展报告 2011》。）

（8）信息化水平

当前全国各大城市正在利用最新信息技术，建设智能化交通管理系统、GIS 公交线路管理等系统，并通过安装公交电子地图、电子站牌，实现公交可视化查询，通过应用 GPS 卫星定位系统实现了车辆的自动调度。北京、上海、广州、深圳等城市则加快信息整合技术应用，建立了覆盖城市公共交通、轨道交通、出租汽车及长途汽车客运、航空等多种交通方式在内的城市交通运行监控中心。

北京市建立了交通运行监测调度中心（TOCC），以整合、接入、共享为基础，截至 2010 年已整合 2 800 多项数据，接入 6 000 多路视频和 13 个应用系统，初步建成集轨道交通、地面公交、出租车等综合运输方式和城市道路、高速公路监控调度、统计分析、气象保障和应急指挥为一体的新一代综合交通运输管理系统，实现全市综合交通运输的统筹、协调和联动，建立常态化综合交通运输协调管理体系，为缓解拥堵、提高交通运行效率和安全提供了重要保障。在城市公共交通方面主要体现在：

1）公交智能调度系统

北京市建设了三级运营组织与调度系统，采用纵深三级的管理体系结构，覆盖公交集团公司、9 个核心运营分公司（5 个分中心）、190 个车队和 537 条线路，采取 IC 卡识别和 GPS 辅助监控方式来实现运营组织管理电子化，实现自上而下的控制与自下而上的信息流向的信息管理机制。到 2010 年年底，公交集团公司所有线路全部使用该系统，实现了运营数据的实时查询和统计分析。

2）公交图像信息管理系统

北京市建设了公交图像信息管理系统，包括 1 个图像信息管理中心、11 个图像信息管理分中心。建设了 60 个公交场站、750 个公交中途站和 1 377 辆车内视频监控系统，实现与政府和相关单位的图像资源共享，可以有效掌握客流、运营和安全情况，为调度指挥、安全管理提供技术支持。

3）公交车辆 GPS 监控调度系统

北京市建设了运营车辆 GPS 监控系统，可实时、动态掌握公交车辆运行状况，提高运营组织、调度指挥和管理水平。目前，公交集团公司总监控运营车辆达 14 906 辆，占总数的 51%。

4）城市轨道交通运营

北京市制定了城市轨道交通信息化发展规划，明确建设与发展方向。完成机关 OA 系统升级改版，完善了功能，制定了管理办法，加强人员使用培训，加快推广应用。完成了视频会议系统的方案设计及招标。建立并逐步完善了北京市轨道交通指挥中心信息化集中管理监控平台，见图 2-16。

图 2-16　北京市交通行业数据资源管理与共享交换平台

我国无人售票机和公交 IC 卡迅速普及且发展迅速。截至 2011 年 10 月，全国 400 多个城市建立了不同规模的 IC 卡系统，所有的直辖市、90%以上的省会城市以及 110 多个地级市均已实现 IC 卡系统覆盖，IC 卡累计发卡量 2 亿 2 000 万张，新一代的智能 CPU 卡发卡量也将近 9 000 万张。同时，公共交通卡城市间的互联互通也不断推进，长三角、珠三角地区较早的提及区域内互联互通，并在部分城市间实现了单项或双向互通。广东省的“岭南通”卡已经在 2011 年实现广州、佛山等省内 12 个城市的公交卡互联互通，成为当前国内规模最大的跨区域互联互通公交一卡通系统。河南商都通卡也实现了郑州与开封、许昌、驻马店等周边城市的互联互通，见图 2-17。

图 2-17　广东“岭南通”

（9）满意度

依据 2011 年国合会对国内部分城市交通的运营情况的调研，2010 年城市公共交通乘客满意度最高的是石家庄，达到 96.0%，最低的是乌鲁木齐，仅为 50.4%，见图 2-18。依据《城市公共汽电车客运服务》（GB/T 22484—2009）的要求，调研城市中乌鲁木齐市城市公共交通乘客满意度为不合格，需要着重提升公交服务质量，大部分城市处于良好局势，人们对公共交通的服务比较满意，只有石家庄达到优秀。

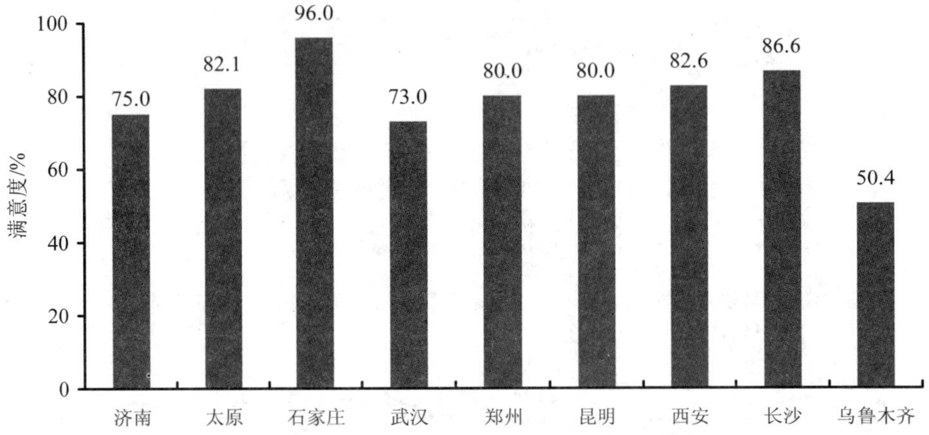

图 2-18　2010 年调研城市公共交通乘客满意度情况

（资料来源：城市调研。）

（二）步行与自行车等慢行交通发展现状

1. 自行车

自行车交通长期以来是我国城市的主要交通方式，但是随着城市规模的不断扩大，居民出行距离的增加，居民对机动化水平的要求提高，自行车交通的出行比例不断下降。

但是近年来，国际低碳环保健康生活理念日益深入人心，自行车交通因其无污染、低成本、方便灵活又可以满足现代城市居民对出行舒适性和快捷性的要求等诸多优势，我国许多城市将其纳入公共交通领域破解交通“最后一公里”难题，以达到低碳出行和美化城市环境的效果，同时城市政府也加大了对自行车交通的支持力度。依据统计，自 2008 年杭州实施自行车租赁服务以来，目前我国已经有 60 多个城市设置了公共自行车，公共自行车开始逐步在城市普及，为倡导绿色出行提供了重要支撑。为支持自行车交通发展，诸多城市在有条件的城市道路上设置了自行车道、自行车专用绿道，设置隔离护栏，改善自行车出行环境，提高自行车行车安全，见图 2-19 和图 2-20。

图 2-19（a） 贵州自行车专用车道

图 2-19（b） 武汉自行车专用车道

为推动自行车的使用和方便居民自行车的停放，城市政府和交通管理部门还在景区、公交车站、地铁站、大型商场、学校等地区设置了专门的自行车停车场。

图 2-20（a） 重庆 1 号线大学城站自行车停车场

图 2-20（b） 沈阳市某购物中心自行车停车场

自行车交通基础设施的改善和居民绿色健康出行意识的增强，有效推动了居民对自行车的使用。依据 2013 年国合会关于“中国城市居民绿色出行行为”的专项调查，自行车的出行方式在通勤中整体出行和衔接出行中的使用比例达到 19.2%，在休闲娱乐中整体出行和衔接出行中的出行比例达到 16.4%。以杭州和武汉为例，2011 年杭州市公共自行车租用量达 8 718.2 万人次，日均租用量突破 23 万人次，一辆车平均每天租用 5 次以上，这也使其成为全球最大最成功的公共自行车项目之一。武汉市从 2009 年推出免费公共自行车服务以来，累计向社会投放 9 万辆自行车，发放免费公共自行车使用卡超过 100 万张，截至 2011 年底，约有 9 039 万人次使用过公共自行车。我国典型城市公共自行车设置情况，见表 2-3。

表 2-3 我国部分主要城市公共自行车设置情况

序号	城市简称	启用日期	覆盖城区	自行车数量	备注
1	杭州	2008-07	市内	65 000 辆	政府投资资源置换企业运作政府引导、公司运作、政策保障、社会参与政府补贴，实施一卡通
		2010-09	萧山	4 000 辆	
2	武汉	2009-05	市内	90 000 辆	政府补贴加资源置换，企业运作武汉模式：政府主导、市民免费、企业承办、社会参与、市场化运作的公共服务社会化模式
		2012-03	市委市政府	2 000 辆	公务专用公共自行车
3	北京	2012-06	东城区试点	8 000 辆	一期规划 5 万辆 2015 年完成
		2012-06	交通运输部	50 辆	交通运输部机关职工将使用公共自行车进行公务活动，带头践行绿色低碳出行方式
		2012-06	大兴区	3 600 辆	
4	深圳	2011-12	盐田	5 000 辆	
		2010-09	蛇口	400 辆	
		2012-07	龙岗	5 000 辆	
5	上海	2009-05	闵行区	19 000 辆	
		2010-06	杨浦区	1 000 辆	
		2010-03	松江区	1 000 辆	
6	广州	2010-06	市内 3 个区域	15 000 辆	
7	株洲	2011-05	市内	20 000 辆	政府投资企业运作没有广告采用轴传动 3 变速自行车被住建部列为“城市步行和自行车交通系统示范项目”城市
8	佛山市	2010-08	主要区域	13 000 辆	全国周转率高于 10 辆次/日

（资料来源：网络。）

2. 步行

步行交通是人类最基本、最直接的出行方式。步行需要以耗费一定的体力为代价，因而一度被误读为一种“最原始的、最低效的”出行方式。特别是近年来随着我国城市经济的快速增长，城市化进程的加快，出行距离的拉长，机动车辆的增加，步行的出行环境每况愈下，步行道路资源被机动车侵占、步行出行安全问题以及城市环境质量的下降使得步行出行变得日益艰难。人们在过分依赖汽车出行，享受科技进步带来的出行便捷的同时，也在承受交通拥堵、城市无序蔓延、生活环境恶化的诸多困扰。以郑州市和合肥市为例，郑州市 2010 年步行出行比例较 2000 年下降了 2.2 个百分点，合肥市 2011 年步行出行比例较 2002 年下降了 5.3 个百分点，见图 2-21。

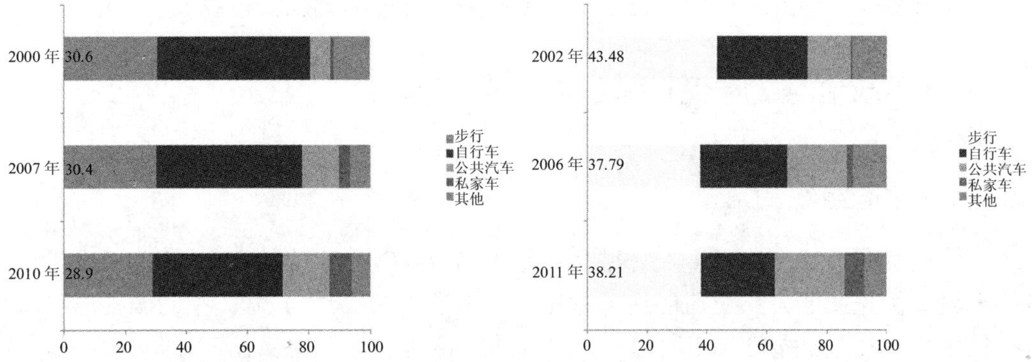

（a）郑州市　　（b）合肥市

图 2-21　居民出行方式分担率变化情况

近年来，伴随城市对绿色出行方式的鼓励和人们出行和生活理念的转变，步行和自行车的出行环境也得到改善，城市不仅加强绿道建设和规划，改善步行、自行车出行安全，设置安全隔离护栏，实现人车分离，同时，加强公共自行车投放和自行车停车设施建设，鼓励居民绿色出行，见图 2-22。

图 2-22（a）　哈尔滨中央大街步行街

图 2-22（b）　北京前门步行街

（三）公众参与绿色出行的情况

日常出行的主体是社会公众，因此只有在公众广泛参与的前提下才能最大限度地体现绿色出行的优势、达到绿色出行的目的，社会公众既是绿色出行的亲身实践者，同时也是最大受益者。近些年来，随着绿色出行概念的广泛普及和人民群众环境意识的提高，绿色出行公众参与的深度与广度也在不断拓展，由过去零散的个体行为演变成为有组织的自愿行为；由单纯的减少机动车使用转变为节约能源、提高能效、减少污染、有益健康、兼顾效率的出行方式。总的来说，绿色出行的活动和团体受到了公众热切的关注，借此机会不同社会组织或政府层面的活动如雨后春笋般相继开展。

（四）政府与公益促进绿色出行的行动

1．政府组织的活动

建设资源节约型和环境友好型社会是中国政府坚定实施的基本国策。在《国务院关于城市优先发展公共交通的指导意见》（国发〔2012〕64 号）中明确提出“倡导绿色出行，大力加强公共交通和绿色出行的宣传和引导”的指示。各级政府在绿色出行推广活动中也扮演了宣传和引导者的作用，同时为绿色出行的设施设备提供了必要的保障。

在国家层面：交通运输部牵头以“公交都市示范工程”为契机，通过优先发展城市公共交通来支撑绿色出行。深圳市率先与交通运输部签订共建协议，另有武汉、长沙、大连等 14 个城市获批参加第一批国家公交都市试点，第二批试点城市正在陆续申报中。

在地方层面：2011 年 9 月，北京市人民政府出台《北京市“十二五”时期绿色北京发展建设规划》，其中包括将公共交通分担率提升到 50%，中心城区自行车出行比例保持在 18%左右，小客车出行比例力争控制在 25%以下等目标。2012 年 8 月，《绿色襄阳发展战略规划》通过评审，使得襄阳成为全国首个开展城市绿色发展战略规划的地级城市。此后，大连、南京等城市陆续出台城市绿色发展相关规划。作为城市交通发展的引导者，为抑制私家车数量快速增长的势头，各地政府通过采用行政和经济措施进行交通需求管理，合理引导小汽车数量的发展。例如，2010 年 12 月北京市政府开始通过开展“摇号”手段，将私家车数量控制在合理的区间。另外，上海、广州等城市均陆续通过其他措施引导绿色出行发展。

各级政府对于绿色出行的支持，还体现在绿色出行设施设备建设和道路规划上。例如，以杭州为代表的很多地方城市均已推广公共自行车服务系统；广东省率先开展绿道规划与建设，从而方便自行车出行人群，保障其路权。

2．公益机构组织的活动

早期开展绿色出行的社会公益机构以中国国际民间合作促进会（以下简称“中国民促会”）为代表，早在 2006 年中国民促会就协同美国环保协会（Environmental Defense）在北京市发起了“绿色出行”倡导活动，2009 年 4 月，该机构又成立了中国民促会绿色出行基金，以公募基金的方式推广绿色出行理念。自 2006 年以来，民促会以民间团体的身份多次组织了相关活动。

2006 年 6 月，中国国际民间合作促进会和美国环保协会共同在北京向全社会发出倡议——为了北京的蓝天和自己的健康，大家一起选择“绿色出行”。

2007 年，为迎接 2008 年北京奥运会，中国民促会在北京开展了“绿色出行　绿色奥运”活动，倡导北京各商会、协会组织为改善北京市的交通状况，提高空气质量，降低温室气体排放做出贡献。

2008 年 4 月，中国民促会倡导的“绿色出行网上计算器”正式上网运行，成为中国首个个人自愿碳减排网上平台。帮助人们了解日常“衣、食、住、行”中的碳排放。

2009 年，为迎接上海 2010 年世博会，中国民促会绿色出行专项基金开展了“世博绿色出行”项目并发布了“世博绿色出行”碳计算器及低碳交通卡，旨在为世博会创造畅通的出行环境，传播“绿色世博”的环保理念。

2010 年，为迎接广州亚运会，中国民促会通过开展“畅享绿色出行，迎接激情亚运”活动，进而推广绿色出行方式，倡导低碳生活理念。

2011 年，中国民促会为支持大运会，推广绿色出行理念，减少大运会期间交通出行碳排放，在深圳举行了“低碳大运，绿色出行”宣传活动。

2011 年 11 月，为展示中国民间公益环保热情，在南非德班召开的全球气候变化大会上展示了“新青年，新展望，低碳南非 let’s go！”活动成果，成功掀起了一轮来自民间环保力量的中国风。

不仅如此，民间机构组织的绿色出行活动同样在校园、社区里广泛开展，进而辐射到全社会。例如“酷中国——全民低碳行动计划”就是通过面向学校、社区和企业倡导低碳生活的活动”，其目的是号召在个人和家庭的日常生活中自觉减少二氧化碳排放；探索低碳社区和低碳生活的有效开展形式；利用网络、报纸、电视等媒体扩大活动的影响范围；提高公众自觉减少碳排放和环境保护意识；积累公众碳减排经验并对减缓全球气候变化和为中国实现碳减排目标做出贡献。

西方发达国家经过了多年城市机动化发展，对于绿色出行的理念有着不同的理解，针对国外绿色出行社会活动，国内社会也进行了吸收与借鉴：1998 年“无车日”活动首先在巴黎及法国其他 34 个城市开展，迅速得到世界其他国家的共鸣，截至 2006 年全球范围内已有 37 个国家 1 500 余个城市参加；我国“无车日”活动自 2007 年开展以来，效果正逐步显现，截至 2011 年年底，全国已有 149 个城市承诺开展“无车日”活动，虽然“无车日”活动每年仅一天，但是却很好地将公共交通、步行、自行车等绿色交通的理念推广开来，促进了公众对城市可持续发展交通的认识，从而提高资源利用效率和交通出行环境。

3. 跨区域政府与公益机构组织的活动

绿色出行理念的推广并不仅仅是政府或公益机构的“单打独斗”，而是需要社会公益机构间、政府与公益机构间，乃至不同区域间政府与公益机构的相互协作与密切配合，达到各组织、部门间形成合力，共同推进绿色出行方式普及的目的。

2006 年中国民促会协同美国环保协会在北京市发起了“绿色出行”倡导活动。

2009 年，上海市环境保护局、上海世博会事务协调局、美国环保协会共同主办世博绿色出行活动，并撰写了《中国 2010 年上海世博会绿色出行报告》作为活动的重要成果之一。该报告对世博会期间的交通战略的环境效益进行了评估和总结，并给予了宝贵建议，最后对全民环境意识的倡导进行了展望。

（五）促进绿色出行取得初步成效

近年来，伴随各地绿色交通出行的宣传和推进，绿色交通出行收到了良好的社会经济和环境效果，在提升城市交通运行效率、保障居民出行、缓解城市交通拥堵和城市交通节能减排等方面发挥了重要作用。

以上海市为例，到 2011 年年底上海市地铁线路实际运力供应量达 466 列编组、2 899 辆车，比 2005 年分别增长了 282%、317%。线路资源主要集中在外环以内的中心城区，外环外以单线延伸形式为主，内环以内轨道交通线网密度已达每平方公里 1.14 km，平均站距 1.2 km，站点 600 m 半径服务覆盖率 68%，基本形成了轨道交通网络化运营格局，换乘便捷性和可达性大幅提高。公共汽电车方面，运营线路 1 202 条，运营线路长度 22 906 km，配车总数 16 589 辆，与 2005 年相比运营线路数增加 28%、运营线路长度增加 5%，配车数减少 8%。其中，区域公交发展迅速，郊区行政村除道路或桥梁不具备通车条件外，公交线路通达率 100%。公共汽电车全市站点内环内 300 m 半径服务覆盖率 94%，500 m 半径服务覆盖率 100%，全市站点密度每平方公里 3.1 个，中心城已建 161.8 km 的公交专用道。

公共交通的方便、快捷吸引了更多的居民选择公共交通出行，公共交通的客运量持续增长，公共交通出行比重也稳步提高，中心城公共交通出行比重提高，使用公共交通工具出行的次数占出行总次数的 37.1%，占使用交通工具出行总次数比例 49.9%。在通勤交通中，使用公共交通出行比例更高，公共交通占出行总次数的 47%，公共交通不仅保障了居民的日常出行还有效缓解了城市交通拥堵。

从居民的出行成本来看，公共交通出行成本逐步降低。自实行优惠乘车政策以来，社会效果显著，惠及人数持续增长。2011 年优惠乘车日均达 306.1 万人次，比 2010 年增长 7.9%，占全市日均公交客运总量的 18.3%，其中，优惠换乘 248.6 万人次，增长 6.8%；70 岁以上老年人免费乘车 57.5 万人次，增长 13.1%。2011 年轨道交通每乘次花费 2.4 元，较 2005 年下降 14%；公共汽电车每乘次花费 1.8 元，较 2005 年下降 5%。除经济成本外，由于公共交通整体效率进一步提升，居民的出行时间成本也在降低，2011 年上海市公共交通平均出行距离 8.5 km，出行时耗 50.8 min/次，其中衔接交通 16.7 min/次，车内时耗 34.1 min，与 2004 年相比，总时耗减少了 7.2 min，下降 12%。

在能源消耗方面，2011 年超过 60%的城市居民出行选择公共交通或步行等低碳方式，分别占出行总量的 37.1%和 25.7%，仅有 10%的居民选择私人小汽车出行。公共交通行业累计消费各种能源 94.70 万 t（标煤），能源消耗总量呈下降态势。其中，轨道交通 44.81 万 t、公共汽电车 49.89 万 t。2011 年上海市公共交通平均每消耗 1 t 标煤运送乘客达 3 321 人次，较 2010 年增加 162 人次，能源使用效率提高了 5.1%。

同时，上海市为倡导绿色低碳出行还积极开展了“无车日”活动，2011 年由上海市委参与主办的 2011 城市无车日活动由副市长出席并由文明办、市建交委、高校、自行车社团等多家单位，共 450 余人参加。开展无车日宣传活动，旨在利用无车日活动平台，鼓励市民更多关注和选择低能耗、低污染和低排放的绿色出行方式，倡导传播低碳交通理念和后汽车文明，推进城市可持续交通体系的建设。

除此之外，杭州市公共自行车系统也取得良好的社会经济效益，在推进城市节能减排，建设低碳城市，倡导绿色出行，提高城市品位，改善城市形象以及提高市民身体素质等方面均取得一定的成果。据统计，杭州公共自行车交通系统自 2008 年 5 月 1 日开始试运营，同年 9 月 16 日正式运营至今，其覆盖率、车辆规模和租用次数居世界领先，尤其是“一小时免费制”的实施使系统自推出以来 91.2%以上的公共自行车租用都是免费的。这种“绿色、时尚”出行方式也已经被越来越多的市民所接受，改变了居民的出行方式，使人们的出行方式从机动化出行回归到绿色出行。

杭州公共自行车交通系统在推进节能减排上成效也是十分显著。据初步测算，公共自行车平均租用时间约为 0.56 小时，每次出行里程按 2 km 计，结合系统 12 668 万人次租用量计算，按每辆私家车出行计算，累计行驶里程 25 336 万 km，按城市交通条件，小汽车每百公里耗油 10 L 计算，以 93 号汽油密度 0.725 kg/L 计算，节约燃油 18 368.6 t 左右；按照每节约 1 L 汽油，减排 2.3 kg 二氧化碳，全年二氧化碳减排量可达 58 273 t。

二、促进绿色出行存在的主要问题

（一）城市与交通发展存在的突出问题

1．粗放式的城镇化发展模式造成交通需求井喷式增长

快速城镇化使得城市人口（包括暂住人口）在短期内迅速增长，交通需求随之激增。快速城镇化还使得城市面积扩大，导致平均出行距离不断增长。粗放式的城镇化模式使得我国大多数城市的核心功能区过于单一，绝大部分的就业分布在城市中极其有限的工作区域内，就业机会过于集中，使得城市职业与居住存在时间、空间上的不平衡，新居民职住分离、生活区与商业区不配套等现象严重，通勤出行潮汐现象日益显著。以北京为例，机动化出行中，5 km 内采用自行车出行的比例高达 44%；早高峰期，进城方向小汽车出行量达到出城小汽车出行量的 1.6 倍。见图 2-23 和图 2-24。

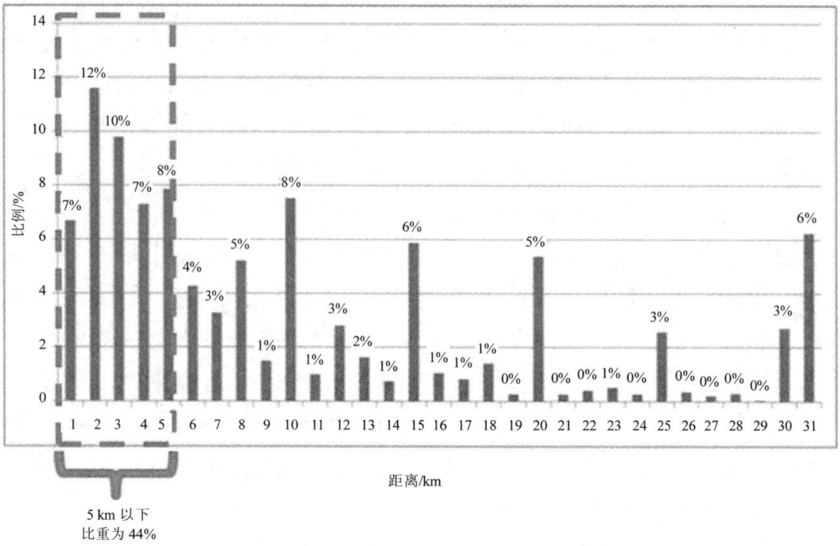

图 2-23 北京市小汽车出行距离分布

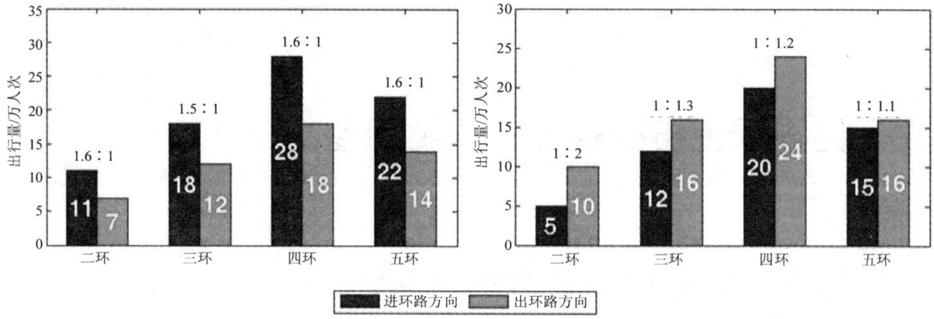

图 2-24 北京小汽车早晚高峰期进入城出行量

2．小汽车“三高”消费造成严重交通拥堵与环境污染

截至 2012 年底，中国全国机动车保有量达 2.4 亿辆，其中汽车 1.21 亿辆。城市机动车保有量增长尤其明显，全国共有 18 个城市的机动车保有量超过 100 万辆，快速城镇化带来了快速机动化。一是机动车数量高速度增长：2012 年私人小汽车保有量 5 308 万辆，比 2011 年增长 22.8%，预计 2020 年将突破 8 000 万辆；以北京为例，北京机动车保有量增长到第一个 100 万辆花了 48 年的时间，而第五个 100 万辆仅仅用了一年半的时间，其间北京已经施行小汽车限购政策，否则这个时间还会更短。小汽车以这样的速度增长，交通基础设施建设将永远追赶不上小汽车交通的需求。二是机动车高强度使用：以北京为例，目前北京全市平均每台车每天行驶的里程达到了

45 km，而东京只有 19 km，伦敦只有 30 km，中国香港为 39 km，洛杉矶为 43 km。这是北京汽车总量没有东京多，但北京比东京要拥堵的一个重要原因。三是机动车使用区域高密度聚集：以北京为例，2010 年，北京市 480 万辆机动车的 70%以上集中在六环范围内，造成区域性、周期性的严重拥堵。与发达国家相比，中国每千人汽油消耗量虽然较低，但人均汽油消耗量增长较快。从城市交通能源消耗方式结构来看，以北京为例，2005 年北京公共交通加轨道交通共承担了机动化出行 42.8%的分担率，消耗了 11%的能源，而小汽车同样承担了 42.8%的机动化出行分担率，消耗的能源却高达 70.2%。概括起来就是，二氧化碳排放强度，公交仅为小汽车的 1/8，高峰小时每公里能耗，公交仅为小汽车的 1/6。中国城市机动车的"三高"特点不仅造成了城市交通拥堵，激化了交通供需矛盾，给城市道路系统带来巨大压力，同时也是城市空气污染日益严重的重要原因之一。

3．公交服务水平不高无法满足城市居民基本出行需求

中国城市交通系统的公共交通普遍存在服务供给能力不足，服务水平不高的问题。据《中国绿色调查》的数据显示，公交出行方式只能满足 75%的调查对象的通勤需求，其中不需转乘的 37.69%，需要 1 次换乘的比例为 26.76%，需要 2 次换乘的比例为 11.24%。

相关链接 2-1　交通拥堵是城市交通最大问题

调查表明，71.9%的居民认为现在城市交通拥堵是城市交通最大的问题；排在第二位的交通问题是私家车的过快增长，占 56.1%；有 36.2%的居民认为乘坐公交不方便；其他还有停车难等问题。调查显示，北京、广州和天津的居民认为自己城市交通拥堵的比例都高达 80%以上，分别为 86.7%、84.1%、80.4%；上海、武汉、深圳、宁波、西安等 5 个城市居民认为自己城市交通拥堵的比例均高于平均水平。

（资料来源：由城市消费维权联盟"中国城市居民出行方式性选择调查报告"）

由于城市公共交通系统的服务供应赶不上城市的快速扩张，一些大型住宅小区建设起来后公共交通系统虽然建立，但运输能力未能同步跟上；还有一些新的住宅小区由于规模不大，公共交通服务往往不能及时跟进，公共交通服务区域覆盖率低、运能不足、服务水平偏低，反映出城市交通基本公共服务均等化程度低，不同类型、不同城市区域的居民不能享到公平的公交服务；除此之外，由于不同公共交通运营管理部门的数据没有相互共享，城市政府层面也没有建立统一的出行信息服务平台，很多信息服务由客运运营企业或场站运营企业各自提供，造成了城市层面公共交通出行信息服务的割裂，尤其是很难在不同的出行阶段获得跨模式、动态的出行信息服务，造成公众在等待公共交通车辆的过程中由于缺乏准确动态的信息而等待过多的时间，严重影响公众出行服务的舒适性感受，公众采用公共交通系统出行的意愿逐渐减弱。

4．慢行交通基础设施严重不足、非机动化分担率持续下降

在我国许多城市，小汽车交通占据了绝大部分的城市道路资源，步行道、自行车道资源先天不足。而在过去一个时期，在“以车为本、保车通畅”的理念误区下，一些城市政府还通过压缩步行和自行车道来增加机动车的通行能力，使得步行与自行车的道路资源进一步减少。除此之外，由于缺乏必要的监管执法机制及手段，小汽车抢占步行道、自行车道的情况也越来越严重，在特大型城市越来越明显，行人与自行车出行者的出行权益没有得到有效的保护。加之我国很多城市的早期规划对于各类建筑物制定的停车配建指标偏低，配建的停车场根本无法满足停车需求，老城区的住宅区基本车位和公共停车位严重不足，大量的机动车占道停车，使得行人和自行车无路可走。在慢行交通环境不断恶化的情况下，中国城市非机动化分担率遍下降。以北京为例，北京的自行车比例已由 1986 年的 62.7 下降到现在的 16%，与之相比，小汽车的出行比例从 23.2%上升到 34.2%，增长了 47.4%。步行和非机动车出行环境日益恶化，也反映出非机动化出行与机动化出行在路权使用上的不公平。

5．公务用车超标配置、过度使用严重影响社会公平

公务车的过度使用占用大量道路资源，加重交通污染。调查显示，公务车出行时间长、出行距离大是造成城市交通拥堵的原因之一。一般公务车中大中排量的车型居多，油耗高。由于公车私用滥用现象十分严重，年均行驶里程居高不下，浪费了大量的能源。北京市公务车工作日的平均出行次数是 2.75 次，是私车平均出行次数 2.5 次的 1.1 倍；公务车休息日的平均出行次数达到 1.97 次，多数休息日的公车出行是出于私人目的。

6．绿色出行文化培育不足、公众参与程度不深

一是公众参与的渠道不足。公众参与绿色出行的渠道通常是政府或社会机构举办或组织的活动，此类社会活动往往依托于大型项目，例如奥运、亚运、世博、大运等。而大型项目具有一定周期性，而持续性较差，因此公众参与绿色出行渠道有后期延续性不佳、缺乏长效机制的弊端，难以将绿色出行活动变为公众的出行习惯。二是公众参与的程度不深。主要原因是公众参与绿色出行规划与政策等决策层面的平台不畅。目前，城市交通规划的编制过程缺失公众深度参与方案比选的机制，交通需求管理政策的制订与实施通常停在公开媒体征求意见的层面，没有实质性的意见交流与互动。三是绿色出行文化宣传不够。我国相当一部分城市居民，将小汽车作为身份地位和财富的象征，造成了小汽车保有量和使用量持续攀升；每位交通工具的使用者都应该为其所产生的环境和资源消费支付相应的费用的观点还没有得到广泛认同；政府在绿色出行中的角色主要体现在基础设施规划、建设上，运营效率管理上，而鼓励绿色出行文化建设与引导公众参与等方面相对薄弱；民间行动多停留在培养、激发公民环保意识的层面，绿色出行文化的宣传和灌输也主要在大城市大型项目上开展，中小城市普

及度较低，缺少普及绿色出行文化的长效机制。

（二）城市交通问题引起的不良影响

1. 影响居民基本出行、危害民众安全健康

首先，低收入群体主要依赖公共交通和非机动化出行，而交通拥堵导致公交出行时间过长，低收入人群因此更多承受过度拥挤的公交出行。其次，机动车尾气污染是我国城市空气污染的主要来源，是造成雾霾污染的关键原因，严重的交通拥堵加剧了尾气污染物的排发。据环境保护部发布的《2012 年机动车污染防治报告》显示，2011 年，全国机动车四项主要污染物（CO、HC、NO_x、PM）排放总量为 4 607.9 万 t，其中汽车排放的 NO_x 和 PM 超过 90%，CO 和 HC 排放超过 70%。2013 年初，我国中东部区域出现大面积雾霾天气，污染带斜穿约 1/3 的国土，从北京、天津到石家庄，从郑州、南通到贵阳，空气污染指数频频“爆表”（$PM_{2.5}$ 值逼近 1 000），74 个重点监测城市近半数达到严重污染以上，雾霾污染严重影响了全体城市居民的身体健康，而城市空气污染对以低收入者为主体的非机动化出行人群伤害更大，见专栏 2-1。

专栏 2-1　空气污染的危害已严重影响到北京市民的健康安全

空气污染的危害已严重影响到北京市民的健康安全，连日的雾霾导致呼吸道与心血管疾病的患者明显增多。北京儿童医院近几日门诊量每天都维持在 9 000 人次，日接诊量最高曾突破 1 万人次。其中内科病人近半，而内科病人中，近 60%是因呼吸道感染就诊。999 急救中心近两日的数据统计，共接送 51 名肺部感染患者、5 名气管炎和哮喘患者，而心血管疾病患者最多，两天共计 86 人。

程晓东（国家发改委价格监测中心汽车行业首席分析师）

依据统计，2010 年全国发生道路交通事故 219 521 起，死亡人数达 65 225 人，道路交通万车死亡人数达 3.2 人。造成的直接经济损失达 92 633.5 万元，其中 36 个中心城市道路交通事故造成的直接经济损失为 22 468.8 万元，约占全国道路交通事故直接经济损失的 25.3%。见图 2-25，中国、美国、意大利、德国、日本、俄罗斯等汽车保有量前六的国家中，因交通事故死亡人数中国高居榜首。

2. 降低城市运行效率、造成社会经济损失

根据中国科学院《2010 年中国新型城市化报告》，北京每天堵车时间已由 2008 年的 3.5 小时增至现在的 5 小时，严重影响了城市运行效率。拥堵导致交通系统日益脆弱，异常天气、交通事故等常常造成大范围交通拥堵甚至全城交通系统瘫痪。2010 年 9 月 17 日北京中秋节前 5 天，受降雨影响，当天晚高峰拥堵路段峰值达 143 条，造成堵塞接近 9 个小时；2010 年 7 月 18 日，武汉出现了近 10 年来罕见的一场特大

暴雨，超强降雨集中在当天下午的5个小时内，导致全城交通完全瘫痪。研究表明，由于城市交通拥堵，我国每100万辆车每年油耗多支出人民币25亿元。国务院参事、首席科学家牛文元最新研究得出：因为交通拥堵和管理问题，中国15座城市每天损失近10亿元财富。见图2-26，北、上、广等交通拥堵严重的一线城市，拥堵经济成本明显高于成都、西安等二线城市。

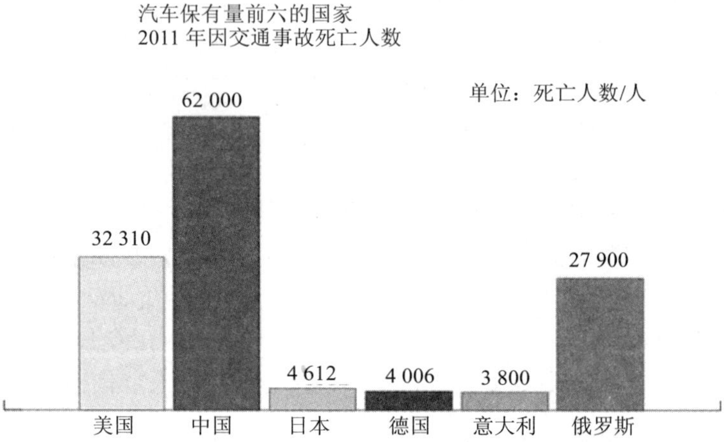

图2-25 典型国家因交通事故死亡人数对比

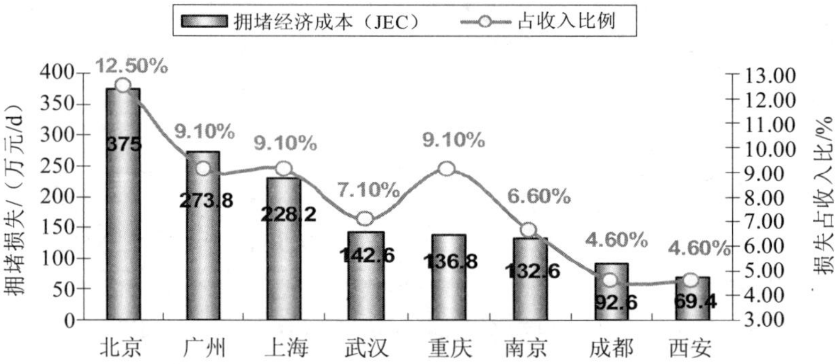

图2-26 中国典型城市拥堵成本情况

3. 加大交通能源消耗、加剧国家能源紧缺

近年来，交通在整个国民经济中的耗能增长明显加快，道路交通油耗每年为4 000万～5 000万t，约占全国总油耗的1/3，而交通拥堵是造成交通能源激增的重要原因之一。交通、工业和建筑是三大耗能部门。据预测，工业占能源总需求的比例将从2000年的72.7%逐步下降到2020年的56.7%～58.7%，而交通用能所占比例将从2000

年的 11.1%提高 2020 年的 16.3%～17.1%，到 2020 年，交通部门将成为中国最大的石油消耗部门，约占石油消耗量的 55%～60%。

4．降低慢行交通吸引力、制约绿色出行推广

绿色出行相关基础设施不足与服务水平不高，打击了公众参与绿色出行的积极性：一方面，很多城市居民出行地点距离公交站点太远，无法获得基本的公交出行服务，或者是公交换乘次数过多，准点率偏低，行程时间过长，无法保障高峰通勤的需要，许多人因此放弃公共交通而购买小汽车；另一方面，慢行交通出行环境不佳，城市道路日益严重的空气污染，自行车道、步行道被侵占，出行安全难以保障，导致短距离出行的公众不愿意选择步行与自行车，转而选择乘坐公交车或驾驶小汽车。由此可见，绿色出行能力不足已经成为制约绿色出行方式推广的主要瓶颈。

三、制约中国城市绿色出行发展的深层次原因

（一）国家法律法规方面的制约因素

1．国家促进绿色出行的相关法规体系不完善

突出表现在公共交通条例的制订周期过长，使公共交通领域的法规一直处于空白状态。由此造成城市或区域公共交通发展的规划、建设、运营和管理等诸多环节无法可依，地方政府优先发展公共交通政策制订缺乏权威的法规依据，城市公交在用地、资金、路权和运营补贴等方面的需求无法落实，城市公共交通发展政策随意性较强，公交优先发展战略难以落到实处。

2．相关国家法规滞后于当前发展理念与环境条件变化的需要

（1）《城乡规划法》第十七条规定了“城市总体规划、镇总体规划的内容应当包括：城市、镇的发展布局，功能分区，用地布局，综合交通体系，禁止、限制和适宜建设的地域范围，各类专项规划等”，但该法并未明确综合交通体系作为城市总体规划的专项规划的具体要求，也未对综合交通与城市空间布局、土地利用与环境保护的关系进行具体规定，使城市交通发展目标与城市社会经济发展与环境保护目标脱节。

（2）现行的《大气污染防治法》已不能满足我国治理空气污染的现实需求。具体体现在：一是 2000 年修订《大气污染防治法》时，大气污染物的主要来源是能源燃料的燃烧，因此该法将排放总量控制的重点放在了二氧化硫等气体上。当前，随着我国快速机动化发展，机动车尾气排放已成为大气污染的主要污染源之一，但《大气

污染防治法》对机动车船 NO_x 的排放控制要求并不是十分严格，且缺少有效的监督监测机制。二是现行的《大气污染防治法》缺少对营运车辆的能耗和污染排放的准入机制的规定。三是现行的《大气污染防治法》缺少对建设综合协调的工作机制的要求。排污总量控制由中央政府立法，地方政府只有执行的义务，权、责、利不明，地方政府缺乏积极性，对指标和计划的执行力度远远不够。

（二）城市与交通规划方面的制约因素

1. 相关规划间的关联性不强

一是城市规划与交通规划之间缺少紧密的关联性。交通规划在城市规划中的定位不清晰，交通引导城市发展及交通与城市发展和谐共生的理念没有得到真正体现。例如，城市传统的单中心集中紧凑型布局，虽然有利于实现功能高效综合，但中心区功能过度集中造成了交通负荷的激增；而在中心城外围发展边缘新城虽然可以分解中心区压力，但若不同步调整用地性质和功能布局，则会造成单元功能设施不配套，就业与居住不匹配，非但不能缓解中心城区交通压力，还会由此产生大量的“潮汐式”交通，严重降低城市交通系统的弹性和稳定性。

二是交通规划与土地利用、环境保护专项规划之间缺少目标一致性考核。我国的交通规划较少考虑环境保护与土地高效利用的因素，或三者目标没有协同一致，交通规划与土地利用规划“貌合神离”。从土地使用、交通需求和交通供给三者之间的循环机制看，土地利用规划和交通规划具有共生性。科学的规划过程要求二者内容互补，层次交叠，整个过程以及过程中的每一个阶段都应该体现互动作用。然而我国交通规划和土地利用规划大多分开编制，并且先做用地规划后做交通规划，从而造成交通规划与土地利用规划貌合神离的现实。

2. 规划的内容不能满足于当前发展需求

一方面，城乡规划法规定了城市总体规划要包括城市综合交通体系规划，但在规划编制中往往被道路规划所取代，偏重于道路设施的布局和配置，而忽视了交通流的运行和组织，没有考虑交通模式与土地利用的互动关系。

另一方面，城市综合交通规划是保障交通政策统筹协调最重要的手段，但在现行的城市规划体系中，城市交通规划的定位模糊，内在关系不清晰，编制层次混乱，战略性规划和实施性规划交叉重叠，与城市规划体系缺少有机衔接，规划内容难以准确地反映在城市总体规划和详细规划中。交通规划往往成为城市用地布局的配套规划，无法起到交通引领城市发展的综合作用。

3. 规划的方法不够科学

一是静态预测方法不能适应城市快速发展。土地使用是“源”、交通是“流”，因为有交通需求才出现了交通供应，二者也是因果关系。而便捷的交通供应，又会促使市场进一步强化对城市土地的开发使用，二者也呈现了因果关系。这样三者相互作用，形成了不可分割的循环机制。只要城市还在建设与发展，这种循环机制的作用就不会停止，直到交通供应能力达到饱和状态。这要求交通需求预测不但要与土地使用互动，更应该考虑交通供应的反馈效应，理论上就要求循环调整并对交通供应进行合理预测。而实际交通规划中没有实现所谓动态交通需求预测，并且对于交通供应预测常限于网络方案。从这个角度看，交通需求预测的失真也是必然的。所以老问题解决了，新问题又接踵而来，何况老问题也不可能全部解决。城市交通系统的交通供应与交通需求二者之间是一种超供需平衡的关系。但从交通规划在我国兴起时，我们就以交通需求预测为核心，预测+方案就是交通规划的思维模式直到今天还存在于绝大多数规划师的脑海里。甚至在21世纪出版的有关城市规划专业教材中，交通规划方法的内容全部是“四步骤”预测的讲述。交通需求预测备受青睐，而交通供应预测则被打入冷宫，其结果也必然是静态地预测需求，供需也不可能达到“平衡”。目前，交通规划中只注重对人、车、物移动的“动态交通”研究而忽视对人、车、物停留的“静态交通”分析，从而导致“停”与“行”的恶性循环。

二是过度依赖数学规划模型，弱化了交通运输系统自身逻辑联系。现行规划模型往往忽略了出行者在出行决策中的一些理性考虑，仅建立了一种关于需求与规划对象之间的数量关系，而且假定这种数量关系一旦建立就不随时间、不随能源使用政策、区域发展政策、经济产业结构的变化而变化。换句话说，各种规划模型当中包含的更多的是数学逻辑。只有把握驱动人们活动的利益体系，才可以真正了解人们的出行规律，进而做出合理的交通规划。

三是规划编制缺乏公众的深度参与。我国公众参与城市规划还处于告知性参与阶段，参与的程度还处于低层次上。这不是公民对城市规划的热情不高，而是规划主管部门或其他部门很少向社会公布有关规划信息，公民根本没有机会参与规划的决策，即使公众能够设计出可行的规划方案，但出于多种原因，规划主管部门拒绝接受他们的成果，使公布规划信息流于形式主义。虽然，现在不乏负责规划的有关部门要求一些非规划专家和代表共同商议规划大计，但是这些专家和代表能否代表和反映公众意志还很难断定。公众对城市规划的参与度不高，对规划的执行监督几乎无从谈起，使大量社会资源流向了“面子工程”。

四是缺乏科学、规范的规划编制指南。导致编制内容随意，规划范围、期限和内容深度差异很大，交通体系整体功能互相错位和混乱。由于这些问题的存在，使城市交通规划的研究属性大于规划属性，规划的指导性和实施性不强。

4. 规划的编制、审批与执行流程不够规范

在规划审批程序方面。纳入城市总体规划的城市综合运输体系规划，在上级政府批复城市总体规划时作为城市总体规划的一部分批复实施；而单独编制的城市综合交通规划，缺少法定的审查和审核程序，政府文件规定的审查程序缺乏强制性。

在规划实施方面。目前，我国城市普遍存在已制定的规划无法落实的问题。虽然现行《城市规划法》明确规定，城市规划实施与管理的行政主体是规划主管部门，然而现行的规划管理体制，难以纠正领导在城市建设指导思想上的偏差，难以督促城市总体规划的指导作用和法定效力的落实。与此同时，出现了削弱城市规划执法的情况。随着城市建设的发展，规划执法的要求越来越高，任务越来越重，重要性越来越大，可执法力量却越来越弱。在政府机构改革之时，不少地方或砍掉规划部门，或不适当地减少规划人员，造成了规划执法软弱无力，甚至出现了执法真空。于是凸显了要加强规划执法力度与规划执法力量不足之间的矛盾。

在规划实施的监督方面。中国城市交通规划的实施缺乏有效、及时的监督机制。《城市规划法》规定“城市规划主管部门有权对城市规划区内的建设工程是否符合规划要求进行监督与检查”，这说明规划的监督检查也是规划主管部门的职责，然而在现行体制下，该部门难以发挥对城乡规划的监督制约作用。目前，对规划管理监督的形式主要是舆论监督，但它具有明显的滞后性，当问题出现并已经达到很严重程度之后，才会曝光。媒体舆论确实能制止一些违规建设项目，解决一些问题，但有些违规项目虽然得到了制止，其损失却无法挽回。

（三）财税政策因素

1. 中央公共交通财政投入总量不足

长期以来，地方城市财政承担了城市公共交通发展的主要支出责任，而中央财政相应的直接投入仅为燃油税补贴。中央每年的交通财政投入主要用于公路、铁路干线和农村道路建设等方面，对公共交通基础设施投入非常少，且集中在新能源车购买及信息化建设等方面，难以满足全国公共交通基础设施发展所需资金。此外，由于我国东中西部经济发展水平不均衡，财政能力差异直接影响城市公交优先战略的有效实施，城市公交事业发展与城市财力水平呈现正相关关系。例如，2009 年我们选取的实地调研城市——甘肃定西市，其所做的公交发展短期规划中计划到 2010 年每万人拥有的公交车辆标台数达到 5 台，而同期深圳、成都等大城市的同一指标远远超过定西市的规划水平。

2. 公共交通财政投入不合理

目前，中央及地方政府每年的交通财政投入主要用于公路、铁路干线和农村道路

建设等方面，特别是城市建设中的固定资产投资更多地投向道路和桥梁等基础设施。“十一五”期间，城市市政公用设施建设固定资产投资中，城市公共交通基础设施投资所占比例不超过 15%；2008 年，36 个中心城市中，有 20 个城市的公共交通投资比例低于 10%，5 个城市介于 10%～20%。

3. 缺乏城市公共交通财政性投入的稳定增长机制

交通一直是各级财政公共支出安排的一个重点领域，但并没有给予城市公共交通足够的重视。城市公共交通财政性投入除了总量不足，还缺乏稳定的增长机制，这主要是由于各级财政公共交通发展资金来源单一，受财政预算的约束很大，不能满足城市公共交通快速发展的需要。

4. 缺乏规范的城市公共交通票价定价及补贴机制

城市公共交通优先战略实施以来，我国大部分城市政府基本实行了低于公交运营成本水平的公交票价政策，即低票价政策，降低了人民群众的出行成本，一定程度上推动了公共交通分担率的提升。

然而，随着经济的快速发展，城市公共交通票价水平并没有提高，没有反映出成本定价原则，极大影响了城市公共交通企业的正常运营。同时，由于低票价、特殊人群减免票、承担政府指令性任务等原因，公共交通企业普遍存在政策性亏损。由于缺乏规范、统一的成本核算制度，该部分政策性亏损无法准确计算，影响了公共财政补贴资金的核定和使用效率。

5. 鼓励节能减排资金不足，引导性需要进一步加强

在国家层面上，2011 年才开始首次设置交通运输节能减排专项资金，总量不足，尽管每年有 2 亿多的递增，但对于庞大的交通行业来说，无异于杯水车薪。目前“以奖代补”的补助形式也存在明显的弊端，影响了资金宏观引导性的有效发挥。补助的范围也应当向城市交通有所倾斜。在地方层面上，仅有北京、江苏等少数地区设置了交通节能减排专项资金，大多数城市缺乏专项资金来引导企业加快推进节能减排。

（四）交通需求管理政策方面的制约因素

1. 收费政策缺乏法理依据

利用经济手段合理引导小汽车的增长与使用是有效调节城市交通需求的重要手段。然而，我国尚未出台相关法律法规对车牌拍卖、交通拥堵收费等措施的合法性进行明确规定，导致相关政策的实施缺乏法理依据。

2. 征收费用标准有待进一步明确

目前，差别化停车管理等需求管理措施的收费标准由地方人民政府制定，国家层面尚未出台相关费用征收标准的指导意见，或导致各地方城市收费标准差异较大，且出现定价过高或没有及时上调价格的情况。

3. 征收费用使用办法有待完善

车牌拍卖所得费用的使用情况一直是社会关注的热点问题。虽然地方政府不定期公开车牌拍卖费用的资金流向，然而对资金使用办法的长效机制有待完善。同时，资金使用的透明公开化工作不足，急需建立社会公众监管制度。

4. 交通需求管理过于依赖行政手段

虽然机动车摇号、机动车尾号限行等行政手段，一定程度上抑制了小汽车的过快增长，引导了小汽车的合理使用，然而单一的行政手段难以从根本上解决城市交通拥堵问题，从而促进绿色出行。国外典型城市治理交通拥堵问题的成功经验表明，充分利用经济手段，多措并举是优化城市居民出行方式，改善空气质量的根本出路。

（五）智能交通与信息化方面的制约因素

中国城市交通系统的智能交通与信息化应用水平不高，出行信息服务水平低，降低影响城市交通系统的运行效率，加剧了公共交通供需不平衡矛盾。具体表现在：一是信息资源割裂，不同部门掌握的信息资源无法共享和整合，很难给公众提供完整、统一的出行信息；二是出行信息要素不合理，我国的交通信息化服务还没有呈现网络化、层次化、统一化的格局，所提供的信息服务有限，不同交通方式间没有统一的、连续的信息服务，难以给出行者带来真正的便利；三是出行信息服务不连续，各个城市都在搞信息服务，但大部分都是局部的信息化，没有覆盖整个城市。

（六）技术标准规范方面的制约因素

理念先进、技术可靠且具备可操作性的技术标准（规范、指南）是政府部门促进城市绿色出行的有效抓手，也是引领城市客运行业走向现代化的重要手段。国外发达国家政府对技术标准（规范、指南）的作用给予高度重视，技术标准也确实在政府管理与企业运营中发挥了实实在在的引导、促进与支撑作用。相比之下，中国的城市客运标准体系建设尚处于起步阶段，城市客运近几年发展很快，交通引导城市发展、TOD 模式（以公交为导向的开发）、BRT 系统、公共自行车系统、智能公交、运营成本规制、服务质量评价与考核、城市重大项目交通影响评价等新的理念、方法、服务要求、科技成果应用层出不穷，但由于缺乏全国统一的、权威的国家或行业标准、规范或指南性文件，我国城市交通系统建设相对粗放。目前缺失的标准规范与技术指南主要有：按照交通引导城市、交通发展与城市发展、环境保护目标一致性理念编制的城市综合交通规划指南；城市道路设计与不同运输方式合理分配的技术标准、公交专用道设计标准、公交优先信号设计标准、人行道与自行车道设计标准、城市交通污染（包括尾气、噪声等）测量与统计标准等。

（七）体制机制方面的制约因素

经过2008年与2013年国家层面两次交通运输大部制改革，我国一体化的综合交通运输管理体制架构初步建立，城市综合交通系统大部分的政府职能得到优化，但是，随着城市交通发展宏观环境变化，快速城镇化与城市交通发展不协调、城市交通发展与社会公平、环境保护之间的矛盾逐步暴露和激化，城市客运管理职能定位及相应的体制机制与城市交通发展出现不相适应的现象，并开始制约绿色出行模式的推广，突出表现在：

1. 职能定位方面

改善慢行交通出行条件是政府促进绿色出行的重要举措；推广城市智能交通系统是转变城市交通发展方式、提升存量交通资源利用效率、提高城市交通信息服务水平的重要抓手；做好城市交通的节能管理与统计工作是控制交通空气污染的重要基础性支撑。而总体来说，无论国务院相关部门还是地方政府，普遍对上述职能未给予充分的重视。

2. 机构设置方面

一是对于城市社会经济运行系统中影响力最大、覆盖面最广、与城市空间布局关系最密切的城市综合客运领域，交通运输部缺少一个专门机构对地方政府进行战略引领、监督管理与考核。

二是交通环境保护与节能减排分属交通运输部的规划司与政法司，造成环境保护与节能减排目标脱节，分散了中央资金的引导作用，弱化了国家政策影响力。

三是由于交通部、公安部、住建部、工信部、科技部等各部委都有一部分城市智能交通管理职能，造成国家层面缺乏统一发展规划与统筹管理，城市智能交通系统的发展与管理也受到多个部门的影响。交通运输部也没有独立的智能交通管理部门，信息化工作分散在各职能部门，部门多头管理造成应用系统各自独立，缺乏联动；数据共享难度大，数据资源缺乏有效利用；出行信息服务的不统一，公众出行信息服务体验不连续等，信息孤岛现象非常严重。

四是地方交通运输大部制改革没有到位，许多交通运输职能还分散在多个部门，多头管理使相关部门对城市交通服务投诉相互推诿，投诉问题难以解决。

3. 协调机制建设方面

协调机制不完善是影响促进绿色出行的重要原因。促进绿色出行无论是在法规与规划、交通需求管理政策、财税政策、公交优先政策、节能环保政策的制订与实施方面，都存在严重的条块分割问题，部门间协调不够或流于形式。具体体现在：

（1）公交优先发展政策的协调不够。在我国条块结合的政府管理体制下，“公交优先”战略的实施涉及多个政府部门，例如，城市道路网、公交场站等公交发展所依赖的重要基础设施的规划、设计、建设由建设部门负责；公交优先信号的配置、公交专用道通行秩序的监管由公安交管部门负责；公交企业运营由交通运输部指导等。造成的问题是：相关法律法规与中央财税政策之间的系统性、关联性不强；对城市政府的绩效考核缺乏工作协同；国家交通发展目标与空气质量管理目标之间缺少有效的衔接；城市交通用地综合开发利用政策实施缺少系统的指导；城市公交在发展过程中规划、设计、建设与运营、管理、维护等相关环节管理工作脱节，协调不到位。

（2）交通与环境保护目标的协调不够。近年来，由于机动车保有量的迅速增加，从而使交通拥堵、尾气排放等社会问题十分突出，但目前城市交通规划、交通管理以及交通污染控制等行政主管部门在法规制定及执法管理过程中仅仅集中于考虑本部门自身所管辖的范围，尚做不到从交通与环境协调的高度来考虑，缺乏一种全方位、多角度、综合考虑理顺城市交通与环境协调发展问题的管理机制。正是由于这种机制的缺失，导致缺少更高层面的顶层设计和规划，缺少相应的政策制定、行动计划和示范工程等，从而导致在具体开展城市交通治污减霾时缺少有效抓手。

（3）交通出行信息资源共享机制缺失。由于缺乏城市内不同部门之间的数据共享机制，数据共享困难，人为造成数据资源的割裂，数据孤岛现象非常严重，即使同一部门内部不同机构间也存在严重的数据共享困难的问题。

（八）政府执政能力与绩效考核制度方面的制约因素

在中央层面，一是缺少以可持续城市交通发展能力建设为核心的业绩观引导，不利于鼓励城市政府树立以人为本而不是以车为本的城市交通发展理念，积极转变城市交通发展方式。二是中央政府缺少对重点城市公共交通基本服务均等化水平、优先发展公共交通职能落实情况、城市交通贯彻节约能源保护环境基本国策情况、城市交通对城市社会、经济、环境影响等绩效考核与评价，因而无法及时、准确地发现我国城市绿色出行推进过程中存在的短板与问题，使中央对地方政府的指导与监督缺乏针对性。三是中央财政资金（如燃油税补贴、综合客运枢纽建设等）向地方转移支付过程中，缺少系统、科学的申请条件指标与绩使用绩效考核，使中央财政资金对城市公共交通发展的引导作用难以有效发挥，资金使用效率不高。四是能力建设不足。具体表现在政府部门交通污染防治的管理能力与监控水平有限，道路交通源排放的监测点网络不完善，城市交通污染指数联合发布机制不健全，不能形成对城市交通污染排放的有效监控监测。

在地方层面，城市政府对公共交通相关管理部门的职能履行情况缺乏科学的考核方法，部分管理部门的执行力不强，影响了优先发展公共交通等相关政策的落实。具体体现在：一是缺少对城市公共交通发展规划确定的发展目标（绿色出行分担率、公共交通基本服务水平、城市客运节能减排等）实现情况的绩效评估，规划的权威性不强。二是缺乏公共交通运营补贴到位率的考核，导致许多城市公共交通企业无法及时获得政策性亏损补贴，影响公交企业的规范经营。三是缺少公共交通满意度调查标准，公共交通满意度调查的深度、广度、时效性与真实性均无法保障，公众监督考核机制难以发挥作用。

（九）本节结论

结论 1：城市交通发展的国家法律法规及战略规划等顶层设计缺失。

尽管中国城市普遍具有很高的绿色出行比例，但并未系统构建现代化的城市绿色交通愿景。城市交通发展缺乏国家法律法规、战略规划层面的顶层设计，城市交通在城市发展中的功能定位不明确，城市交通发展目标与环境保护、土地高效利用脱节，使城市交通被动适应城市发展的需要，导致“以车为本”理念盛行，城市道路资源优先分配权明显向机动车倾斜，结果是慢行交通道路资源不断侵蚀，而城市却陷入道路越修交通越堵的恶性循环。

结论 2：各级政府财税政策支持力度不够。

具体体现在：一是与促进绿色出行的国家职能要求相比，国家对绿色出行财税政策支持力度相对较弱，中央公共交通财政投入总量不足。二是交通财政投入结构不合理。相对公路基础设施建设，城市公共交通投入不足。而现有中央财政对于城市公交的燃油补贴的数百亿元，没有很好地体现中央资金的导向性作用。三是城市公共交通财政性投入缺乏稳定的增长机制。主要是由于各级财政公共交通发展资金来源单一，受财政预算的约束很大，不能满足城市公共交通快速发展的需要。四是缺乏规范的城市公共交通票价定价及补贴机制。部分城市没有建立科学的成本—票价—补贴—服务质量—运营效率联动机制，过度追求低票价，而城市政府财政能力有限，使公共交通企业普遍存在政策性亏损又不能得到及时、足额的补贴，影响了公交服务质量。

结论 3：城市政府对交通需求管理重视不够。

中国机动车增长的速度世界空前，近五年增长速度超过 20%。受到机动车快速增长的巨大压力，中国北、上、广、深等一线城市普遍实施了差别化停车收费、机动车摇号、车牌额度拍卖、机动车尾号限行、错时上下班等交通需求管理措施，取得了较好效果。但是，许多二线城市政府对交通需求管理的重要性还认识不够，认为城市没有发生拥堵就不需要实施交通需求管理，一些城市则迫于社会压力不敢采取必要的交通需求管理措施。除此之外，国家层面交通需求管理相关法律法规缺失，中央政府对以促进绿色出行、合理控制小汽车使用为目的的交通收费标准及征收费用的使用、监管也缺少政策指导，也一定程度影响了交通需求管理政策实施。

结论 4：地方政府行政能力不足、绩效考核制度不完善。

中央政府有关部门很早就提出优先发展城市公共交通的指导意见，但是在快速城市化、机动化过程中，许多城市交通发展还是出现方向性的错误。造成失误的主要原因是城市政府决策管理水平不高、跨部门协调机制不健全、政策执行缺乏严格的绩效考核与公众参与等。具体体现在：以公共交通为导向的城市发展和土地配置模式在绝大多数城市仍停留在概念和口号阶段；交通运输规划仍停留在“以供给为导向”的层面，未与环境保护、土地利用相协调；公共交通优先发展的财政支持、道路优先、用地优先等政策在大多数二线城市未得到实施；交通运输部门的管理职能单一，跨部门协调的机制与动力不足。在绩效考核制度建设方面，《国务院优先发展城市公共交通的指导意见》（国发〔2012〕64 号）虽已明确提出要“实施城市公共交通发展水平绩效评价制度”，但由于公共交通发展等涉及多个部门的职责，而中央层面缺少一个促进绿色出行、优先发展公共交通的议事协调机制，使得绩效评价制度落实存在困难。

四、中国促进绿色出行面临的挑战

中国政府正在向世界展示中国未来新型城镇化的愿景，中国城市目前的机动车保有量普遍较低，非机动化出行方式在中等规模城市特别是小城市仍占主流地位，这一切，为中国城市构建更经济、更有效的城市绿色出行模式提供了一个独特而难得的机会，并使中国有可能在这一领域成为全球发展中国家甚至是发达国家的榜样或潮流引领者。

但是，中国城市客运发展也正处于公共交通服务供给普遍不足、私人出行工具快速机动化、自行车与步行等非机动化出行分担率呈现快速下降趋势的方向选择阶段。中国目前的快速城镇化与城市交通发展模式，以及政府财政投入、政府管理能力与管理绩效、公众参与程度等方面存在的问题，给构建中国绿色出行模式带来巨大的压力与阻力。中国促进绿色出行之路将面临的严峻挑战不容小觑，中央与地方政府需要足够的智慧与勇气去面对。

（一）快速城镇化带来的交通需求增长与公共交通供给不足的矛盾短期内破解困难

中国正在以世界空前的平均每年约 1.35 个百分点的速度实现城镇化。中国传统的城市交通系统习惯于被动适应城市发展需要的角色定位，没有做好主动应对快速镇城化的交通需求分析与服务供给准备，导致快速城镇化带来的刚性出行需求增长与城市公共交通供给能力增长速度不匹配，公共交通供给总量不足，公交区域与时间的覆盖率难以达到基本公共服务均等化要求，公共交通服务水平对小汽车出行都缺乏吸引力等，制约了公共交通绿色出行方式的普及。

国家统计局发布报告显示：中共“十六大”以来，我国城镇化发展迅速，2002—2011年，我国城镇化率以平均每年1.35个百分点的速度发展，城镇人口平均每年增长2 096万人。截至2012年底，中国城镇化率达到52.1%，开始超过世界平均水平，这个数据与2006年的北美和韩国81%，欧洲72%、日本66%相比虽有很大差距，然而中国的城镇化增长速度是世界前所未有的。按此趋势，未来相当长一个时期，中国城镇化进程还将保持高速度增长，快速城镇化给中国城市交通带来的巨大压力不言而喻。由于中国的城镇化方式非常粗放，交通引领城市发展的理念在城市总体规划中被严重忽视，伴随中国快速城镇化进程，城市交通出行需求出现井喷式增长，并表现出出行总量剧增、出行频度加大、出行距离变远、出行需求更加多样化等特点。

要在短期之内破解城市公共交通供需矛盾，为普及绿色出行方式提供基础支撑，主要存在以下困难：一是对于城镇化程度达到60%以上的特大城市与大城市，城市空间结构与产业布局已基本定型，城市发展已经错过了交通引领城市发展的最佳时机，而城镇化进程仍在继续，交通需求仍在随之增长。二是解决激增的交通需求，需要优先发展公共交通特别是大容量的公共交通，但地铁、轻轨、BRT等大容量交通基础设施投资大、建设周期长，短期内难以建成，对缓解城市交通需求的压力无法达到立竿见影的效果。三是城市交通拥堵日益严重降低了公共交通运行效率，制约了公共交通运力供给增长与服务水平的提升。私人小汽车的过度使用，中国特色的大量公车出行，使有限的城市交通道路资源不堪重负，交通拥堵日益严重。交通拥堵反过来降低了公共交通运行效率和吸引力，使得增加公共交通供给能力、提升服务水平、增加公共交通吸引力遭遇交通拥堵的瓶颈。

尽管新一届中央政府已经意识到当前中国的城镇化模式存在诸多弊端，及时提出了“走集约、智能、绿色、低碳的新型城镇化道路”的要求，为转变城市交通发展模式提供了良好契机。但对于中国城市，特别是特大和大城市，持续加大公共交通供给与控制城市交通拥堵蔓延仍构成促进绿色出行的双重压力。正因为此，尽管近年来已经采取了国内最严厉的交通需求管理措施和实施了最大力度的公共交通优先发展政策，深圳、上海等一线城市已经发布和正在制订的城市交通白皮书，对于城市公交机动车分担率与公共交通运行速度两个指标的目标值确定，都表现出非同寻常的理性与谨慎。

（二）小汽车消费需求的快速增长与倡导绿色出行的理念冲突与矛盾将长期存在

中国的绿色出行行动，其本质是一场绿色出行服务供给能力与私人小汽车消费增长的赛跑，是一场绿色出行方式的吸引力与私人小汽车出行方式的吸引力的大“PK”。在中国大多数城市，一些有小汽车购买力的民众正处于交通出行方式选择的犹豫观望时期。如果绿色出行环境不能持续、显著改善，不能尽快给这些潜在的小汽车消费群体提供一个有足够吸引力的绿色出行服务系统，并采取足够影响小汽车消费的果断、有效的引导与控制政策，正确处理小汽车保有与使用的关系，强化特大、大城市与中小城市小汽车合理使用的分类指导，小汽车分担率上升的趋势将难以遏制，中国城市也将错过培育绿色出行主流方式的最佳时机。

中国正处于小汽车消费需求快速增长期。当前我国城乡居民的小汽车拥有量虽然还比较低。与欧美小汽车拥有量相比，当前我国城乡居民的小汽车拥有量还非常低。截至2012年年底，中国每千人拥有汽车数量达89.2辆，与2006年美国的813辆、日本595辆、韩国322辆相比还有较大差距。但是，中国机动车增长的速度世界空前，近五年增长速度超过20%。

未来一个时期，多种原因将导致中国小汽车拥有量，特别是中小城市小汽车的拥有量将持续快速增长。据有关专家预测，到2020年中国的机动车拥有量将突破1.5亿辆大关，之后将继续保持快速增长，到2030年，有可能突破2.5亿大关。究其原因，一是汽车自身的便利性，主要为快速、舒适、便于出行等方面，可以实现自由与个性化出行需求，这是人们购买汽车的最根本理由；二是小汽车产业无论是现在还是可预见的将来都是中国的支柱产业，随着小汽车价格不断下降，人民消费水平提高，小汽车终将从奢侈品转化成普通商品而进入普通百姓家庭，其中，中小城市居民将成为巨大的消费主体；三是公共交通供给不足、家庭特殊出行需求以及民众将小汽车作为身份地位象征等诸多因素，对中国城市小汽车拥有量的增长起到催化作用。

在城市交通系统存在的问题分析中，我们把中国小汽车保有和使用的特点归纳为“机动车数量高速度增长、机动车高强度使用、机动车使用区域高密度聚集”等“三高”现象，小汽车“三高现象”不仅造成了城市交通拥堵，激化了交通供需矛盾，给城市道路系统带来巨大压力，同时也是城市空气污染日益严重的重要原因之一。小汽车如继续以这样的保有与使用模式发展下去，交通基础设施建设将永远追赶不上小汽车交通的需求。

目前我们的公共交通系统与慢行交通系统的服务水平差强人意。《中国绿色出行调查》数据显示：调研问卷针对“如您有购车计划，是什么原因促使您去买车”这一问题，设计了“公交难以满足家庭特色需求”“公交出行时间长”“公交不舒适”“拥车是身份象征”等答案，调研分析结果，排在第一位的是满足家庭特色需求，第二位是公交出行时间过长，见表2-4。

表2-4　影响购车的因素分析

影响因素	人数	占比
公交难以满足家庭特色需求	2 583	46.42%
公交出行时间长	1 952	35.23%
公交不舒适	523	9.44%
身份象征	482	8.70%

在回答开小汽车快还是乘公交快的问题时，有 61.74%的调查对象认为小汽车快，只有 2.62%的调查对象认为总是公交车快，认为在通勤时间公交快的调查对象也只有 12.04%，见图 2-27。

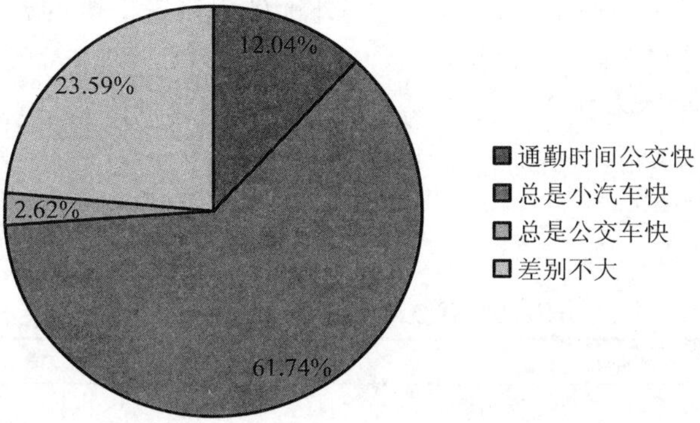

图 2-27　公交与小汽车运行效率评价

在目前中国城市小汽车交通还没有成为城市出行主要方式之前，我们应该抓住调控的主动权和治理的最佳时机，大力培育绿色出行方式，使绿色出行环境持续、显著改善，给潜在的小汽车消费群体提供一个有足够吸引力的绿色出行服务系统；采取足够影响小汽车消费的果断、有效的引导与控制政策，既保护民众平等的拥有小汽车的愿望，又有效抑制小汽车“三高”态势，强化特大、大城市与中小城市小汽车合理使用的分类指导，遏制小汽车出行分担率上升的趋势，赢得绿色出行方式与私人小汽车出行方式的吸引力的大“PK”。

（三）倡导非机动化出行、遏制非机动化分担率快速下降的任务非常艰巨

非机动化出行方式目前在中国城市中仍占主流地位。杭州、郑州、合肥等 300 万～1 000 万人口的省会城市，非机动化出行比例达到 60%以上，超过 1 000 万人口的上海，非机动化出行也达到 25%以上，中小城市非机动化出行比例更高。但在小汽车消费的冲击下，非机动化分担率在中国城市下降速度较快，十年间，北京、合肥、长沙等非机动化出行比例均下降 10%以上。应对非机动化出行分担率下降，中国城市面临着非机动化出行环境日益恶化且难以短期改善、职住分离日益严重不利于非机动化通勤方式推广、中等城市政府对非机动化出行重视不够等因素制约。

中国绿色出行现状数据显示，1 000 人口以上的城市中，中国北京、上海非机动车分担率比东京、首尔高出一倍多；300 万～1 000 万人口的城市中，中国杭州、郑州、昆明等东中西部地区的非机动车分担率高出巴黎、中国香港数十倍以上；100 万

以上人口的青岛、石家庄、贵阳等东中西部地区大城市，也比同为新兴经济体国家的城市库里蒂巴高出一倍以上，比绿色出行开展比较好的欧洲国家城市斯德哥尔摩高出一倍。仅从绝对数据分析，中国的现状机动车分担率足以让国人自豪。但是，环比数据分析却让我们无法保持乐观。中国非机动化分担率，近十年来，在中国 1 000 万、300 万、100 万等三类城市中，都无一例外地处于快速下降的趋势中！

《中国绿色出行调查》数据显示：对于步行环境，调查对象认为车辆或其他设施侵占步道、机动车不礼让步道或斑马线上的行人是影响步行环境的环境原因。通过调查发现，只有 8.57%的调查对象基本满意所在城市的步行环境。调查对象对步行环境不满意原因，见表 2-5。

表 2-5 调查对象对步行环境不满意原因

原因	人数	占比
车辆或其他设施侵占步道	2 567	32.92%
机动车不礼让步道或斑马线上的行人	2 120	27.19%
路面条件太差（不平整、有障碍物）	1 285	16.48%
步道太窄	1 157	14.84%
基本满意	668	8.57%

相对于步行环境条件，对自行车出行满意的调查对象则更少，仅有 8.39%。对自行车出行环境条件不满意的原因主要表现在与机动车的冲突方面，如无隔离设施、机动车不礼让非机动车等。自行车出行环境满意情况，见表 2-6。

表 2-6 调查对象对自行车出行环境不满意原因

原因	人数	占比
没有与机动车道的隔离设施，不安全	2 285	33.01%
机动车不礼让自行车道的骑车人	2 250	32.51%
自行车道太窄	1 806	26.09%
基本满意	581	8.39%

因此，要遏制非机动车出行分担率快速下降的势头，各级政府将面临严峻挑战：

一是改善或恢复非机动车出行环境是项长期工作。一个时期以来，中国大城市交通在“以车为主”理念主导下，城市道路设施建设和路权都向机动车交通倾斜，不仅在新建城市道路上未配置合理的自行车道和步道，相反，为了在老城区拓宽机动车车道，还任意拆除、挤占自行车道与步道资源。以目前非机动车的基础设施与出行环境条件难以挽留非机动车出行人群。尽管当前一些城市开始重视非机动车出行基础设施建设与环境条件改善，要改善或恢复城市非机动车出行环境，在一些城市的老城区将非常困难，不仅需要城市政府下大决心，而且也需要动大脑筋。但以目前非机动车基础设施建设与出行环境改善的速度，难以吸引公交与小汽车出行的人群加入到非机动车出行方式中。二是我国许多大城市当前的城市空间布局与产业布局不利于非机动车出行的推广。中国许多城市的城市空间结构与产业空间布局造成工作地与居住地距离太远，且大多数中低收入者住在城市郊区，这些区域子女教育、日常购物等配套设施不健全，需要到中心城区解决，这些出行需求如采取步行或自行车方式，不仅出行时间过长，在极端气候地区也非常不舒适。三是中小城市政府对改善非机动车出行条件的重视度不够。许多中小城市政府仍在热衷于城市规模扩张与机动车道路建设，加之公共交通发展水平较低，大量有经济条件的非机动车出行者正向小汽车出行方式转移。

（四）各级政府对绿色交通基础设施建设与运营的财政支持保障压力巨大

促进绿色出行，需要各级政府在基础设施建设与公共交通服务运营服务上给予大力支持。但中国仍是发展中国家，公共支出的资金总量不足，尤其是中西部地区城市，地方一般性财政收入不足，而中国政府需要像在公共教育、医疗卫生、公共文化、环境保护等领域提供基本公共服务那样，采取果断、有效的措施，对高资源占用、高能耗，高污染、低效益的小汽车出行方式收取相应的费用，为促进绿色出行方式的发展，提供持续的、稳定增长的资金保障。

根据中外经济发展水平数据对比分析，尽管从1985年到2011年，我国人均GDP增长了20多倍，但人均GDP与美国、日本等发达国家水平有10倍以上差距。而跨国的研究表明：中国的整体公共支出仅为GDP的25.1%，大大低于经合组织高收入和中高收入国家的41.6%和33.1%。中国人均GDP相对较低，用于公共支出的比例也低于中高收入的国家，因此，我国公共支出的资金总量先天不足。

但是，在我国公共支出的资金总量先天不足的国情条件下，各级政府对促进绿色出行的财政支持面临较大压力：一是除“北上广深”等一线城市以及东部地区经济较发达的城市外，中国还有相当数量的城市，地方政府一般性财政收入不足。根据《中华人民共和国国民经济和社会发展第十二个五年规划纲要》确定的“十二五”时期基本公共服务范围和重点，地方政府需要在公共教育、社会服务、社会保障、医疗卫生、人口计生、住房保障、公共文化、基础设施、环境保护等九个领域提供基本公共服务。而中国还有相当数量的城市政府一般性财政收入水平与其应承担的基本公共服务要求相比仍有相当差距。特别是在中国西部一些省份，一般性财政收入甚至难以维持“吃饭财政”，所辖区域的基本公共服务供给，主要依靠中央财政转移支付资金支持。在这种情况下，促进绿色出行的财政投入很难得到足额保障。二是部分政府财政能力较好的城市，由于城市交通供需矛盾及城市交通拥堵问题尚未激化到一定程度，政府将公共服务支出的重点主要放在了政府认为更急需资金的公共教育、社会保障、医疗卫生、住房保障等领域，对公共交通特别是慢行交通投入很少。专题组在汕头、珠海、唐山、东莞等人均GDP在全国排名非常靠前的城市调研，这些城市在公共交通基础设施建设与运营方面的投入与其政府财政收入水平极不相称。要改变这种局面，需要采取果断、有效的措施，根据每位交通工具的使用者都应为其占用的城市交通资源、产生的环境及经济消费（尤其是交通拥挤和环境污染）支付相应的费用的原则，对高资源占用、高能耗。高污染、低效益的小汽车出行方式收取相应的费用，为促进绿色出行方式的发展，提供稳定的、可持续增长的经费保障。

（五）现行体制机制与城市政府决策、执行能力难以适应政府相关部门整合式推进中国城市绿色出行的迫切需要

促进绿色出行、优先发展城市公共交通是一项复杂的社会系统工程。中央政府有关部门很早就提出优先发展城市公共交通的指导意见，但是在中国城市化、机动化发展过程中，许多城市还是出现方向性的错误。如城市空间结构及产业布局规划与交通发展规划脱节、将所有车辆畅通程度而不是“人便于行”的程度“作为城市交通管理目标、公共交通发展模式与城市定位不协调等，这些失误均与部门职能划分不合理、跨部门协调机制不健全、地方政府决策管理水平不高、政策执行缺乏严格的绩效考核与公众参与等有关。当前，我国各个领域的体制机制改革均已进入深水区，每项改革都将面临很大阻力，而政府行政能力提升、绩效考核与公众参与机制建设也需要一个循序渐进的过程，这些不利因素，均将对城市政府落实优先发展公共交通基本国策、促进绿色出行的政策制订与实施产生极其不良影响。

21 世纪初，中央政府就意识到，随着经济社会发展和城镇化进程的加快，一些城市交通拥堵、群众出行不便等问题日益突出，严重影响城市发展和人民群众生活水平的提高。2005 年 9 月 23 日，国务院转发了建设部、发展改革委、科技部、公安部、财政部、国土资源部六部委联合出台的“关于优先发展城市公共交通的指导意见”（以下简称《六部委指导意见》），该意见将“优先发展城市公共交通”定位为“一项复杂的社会系统工程”。并明确提出“优先发展城市公共交通是提高交通资源利用效率，缓解交通拥堵的重要手段。”同时要求“城市人民政府要在对交通现状、需求和发展前景进行充分调查研究的基础上，以公共交通为核心，通过编制实施城市综合交通体系规划、公共交通专项规划和轨道交通建设规划，科学配置和利用交通资源，建立以公共交通为导向的城市发展和土地配置模式。”要“合理规划设置场站和配套设施。加强城市交通换乘枢纽建设。推动智能公共交通系统发展。大力发展公共汽（电）车。有序发展城市轨道交通。适度发展大运量快速公共汽车系统。保障公共交通的道路优先使用权”等，并就进一步加大优先发展城市公共交通政策扶持力度提出了“提供财政支持、规范补贴制度、调整客运价格、实行用地划拨、加大科研投入”等五项措施，同时要求“城市公共交通行政主管部门要会同有关部门，认真组织实施有关政策措施，把优先发展公共交通作为实施城市道路交通畅通工程、创建绿色交通示范城市、改善人居环境的重要内容，切实抓好落实”。

但是，《六部委指导意见》出台后的近 10 年，以公共交通为导向的城市发展和土地配置模式在绝大多数城市仍停留在概念和口号阶段，公共交通优先发展的财政支

持、道路优先、用地优先等方面政策在大多数二线城市也未得到实施。究其原因，一是受到时体制机制制约。《六部委指导意见》要求建设部牵头会同发展改革委、科技部、公安部、财政部、国土资源部等有关部门组织实施，建设部作为与其他五部委平级的政府部门，无论是组织领导与协调还是监督检查的力度都不够，这使各项政策难以得到及时、有效的落实。缺少一个有效的协调议事机构和强大的城市客运专业管理机构是《六部委指导意见》实施效果不佳的最深层次原因。二是缺少绩效考核机制。《六部委指导意见》未从国家层面规定优先发展公共交通的评价与绩效考核办法，城市交通管理目标考核的是所有车辆畅通程度，导致城市交通仍然是“以车为本”而不是“以人为本”，加之地方政府财政能力有限，城市政府及相关部门的执行力度就大打折扣。三是在城市政府对优先发展公共交通的重要性认识不到位。即便认识到位，由于科学决策能力不强，针对城市特点制订的政策措施水平不高，使优先发展公共交通的基本国策迟迟难以得到落实。

2012 年 12 月，中央政府下发《国务院优先发展城市公共交通的指导意见》（国发〔2012〕64 号），并明确提出要“实施城市公共交通发展水平绩效评价制度”，充分体现出中央政府要求地方政府坚定不移贯彻落实优先发展城市公共交通基本国策的决心。但是，贯彻实施国发〔2012〕64 号文件面临的困难与阻力仍不可轻视：一是“64 号文件”虽已明确“加快建立健全城市公共交通发展绩效评价制度”。但由于公共交通发展等涉及多个部门的职责，而中央层面缺少一个促进绿色出行、优先发展公共交通的议事协调机构，使得绩效评价制度落实存在困难。二是地方政府执政能力的提升绝非一朝一夕可成之事，对于地方政府最高官员，需要经历一个接受先进理念、理解中央精神、因地制宜制订地方政策措施并保障实施的过程。对于执行机构的行政人员，则需要逐步吃透政策、学习方法、掌握技巧进而在实践中探索提高。三是根据新加坡与美国的经验，促进绿色出行，必须有一个职能统一、政策强大、执行有力的专业管理机构。当前，除深圳外，中国绝大多数城市的部分城市交通管理的重要职能仍未纳入交通运输主管部门。我国许多城市交通运输主管部门对“深圳交通运输大部制改革”经验非常推崇，但谈及在本地实践，均认为地方阻力很大，难以推动。即便是上海、北京等已经成立了多种运输方式整合的城市交通运输委员会，城市综合交通规划、慢行交通规划、智能交通等职能仍未纳入交通运输委员会管理。

第三章　促进绿色出行国际经验借鉴

良好的城市交通系统可以促进经济发展、加强社会公平、减小环境影响并且可以降低行人和非机动车的意外伤害。然而，中国的道路交通系统远远未达到良好水平。目前，中国面临着严重的交通拥堵和交通污染问题。特别是依赖步行、自行车和公共交通方式出行的低收入人群，交通污染使步行者和自行车出行者的健康受到威胁，交通拥堵使公共交通出行者出行时间越来越长。中国的公共交通发展水平较低并且缺少对慢行交通系统的关注，这些问题将会使中国城市交通系统远离绿色发展道路，并处于错误的发展方向上。

国际上一些城市的交通与中国交通有着相似的特点。但是，这些国家地区，如亚洲的新加坡、中国香港和首尔，欧洲的伦敦、巴黎、慕尼黑、斯德哥尔摩和苏黎世，北美洲的温哥华、波特兰和纽约等却采用了与中国不一样的交通发展道路，即绿色交通发展道路。其核心内容是优先发展大容量公共交通，注重公共交通系统之间的换乘衔接，营造良好的慢行交通系统，限制私家车的使用并形成紧密型城市形态。其基本保障是中央及地方政府给予大量的财政投入、精心的设计与规划，以及有效的政府监管。

本章探讨了以下四个方面的内容：一是政策决策者；二是组织机构的设置；三是财税政策；四是实现地方决策者问责制的方法。四个方面内容是相互依存的，“政策决策者”和“设置专门的组织机构”是推动“中国绿色道路”发展的核心力量。设置专门的组织机构是关键，机构的设置有助于推动政策的实施，而机构的合理设置又需要政策决策者的远见卓识。值得指出的是，政策在地方推广的过程中需要中央政府的帮助，中央政府必须为地方政府设定“绿色交通发展框架”。本章就上述四个方面展开论述。

一、世界各国城市交通政策发展与变化历程

几十年来，虽然世界各国的经济发展速度以及汽车保有量各不相同，但是城市交通政策的发展历程却有着相似之处。世界上大城市都普遍存在着“交通政策演变周期”。迄今为止，国际经验表明这一周期存在三个连续的阶段，见图 3-1。尽管在同一国家，大城市政策的发展阶段要快于小城市和农村地区。图 3-1 显示了随着时间推移出现的两种演变：汽车拥有率的持续增长（虚线），政策制定后所满足的城市汽车出行需求（实线）。

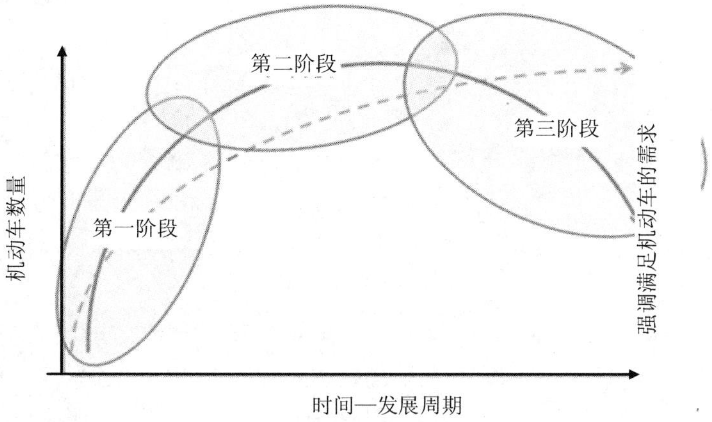

图 3-1　典型的交通政策发展周期

（一）第一阶段

在第一阶段，城市中汽车拥有率快速增长，而政策重点是供给满足需求增长。政策包括以下几点：

（1）投资重点是新建大容量城市道路和机动车道，以及大规模建设路外停车场以及提供大量的路内停车位；

（2）将用于公共汽车、有轨电车以及慢行交通（自行车和步行）的道路空间重新分配，由于关注于机动化发展程度，慢行交通以及公共汽车被视为经济落后的象征；

（3）减少对公共交通、步行和自行车出行方式的投资，占用传统街道经济活动的空间，优先扩宽行车道以及提供路内停车位；

（4）由于汽车交通迅速地主导了城市交通，自行车和步行道路环境恶化，自行车和步行出行者减少。自行车和步行作为到达公共交通站点“最后一公里”的交通方式，其出行方式的减少这也影响了公共和轨道交通的交通需求。

通过以上政策的共同作用，公共交通由于运营环境恶化以及乘客数量减少而无法盈利，需要大量的补贴以维持运营。在这种情况下，政府采取的一系列措施：一是向公共交通提供大量的补贴，如美国在 20 世纪 60 年代利用了部分国家道路信托基金的收入补贴公交；二是利用从其他市政服务部门获得的利润来交叉补贴城市公共交通，如德国的电力公司；三是解除对公交服务的管制以及实行私有化，如 20 世纪 80 年代的英国。

早期的政策将新建道路和停车设施作为重点，政策促使汽车拥有率增长并使社会中的富人和权贵受益，却忽视了低收入人群所需要的出行方式(特别是步行和自行车，以及老式街道有轨电车系统），这种政策在当时被视为城市发展和“现代化”的积极信号，得到了广泛的支持。很多无车的市民希望有朝一日他们也能够拥有小汽车并且驾车出行。

但是，随着小汽车拥有率和使用的不断增长，由于以下两个原因，人们最终对无限制使用小汽车的态度发生转变：

（1）无论是在物质上、财政上，还是在社会和环境方面，都不可能允许无限制地使用小汽车：即使进行过度的房屋拆迁，也没有足够的空间不断地修建新的道路和停车场；尽管进行了大量以小汽车为导向的投资，交通拥堵并未得到改善反而越来越严重。

（2）使用小汽车过高的外部成本也越来越明显，主要体现在：空气污染严重，成为对公众健康的威胁；交通噪声水平提高，引起了公众的健康关切；交通事故增加；交通二氧化碳排放快速增高，以及城市景观吸引力迅速下降：历史街区塞满了小汽车以及高架交通设施造成视觉冲击等。

（二）第二阶段

现在大多数国家的交通政策开始进入第二阶段，这一阶段政策着力点从新建道路以满足机动车的快速增长，转变为向城市居民提供便利的出行。这个阶段的政策通常包括以下几个方面：

（1）加大对公共交通的投资力度，包括新建或扩建地铁、轻轨和城郊轨道线路以及 BRT（快速公交系统）网络等；

（2）减少路边停车对道路资源的占用，为公交专用道的发展提供空间，一定程度上缓解了交通拥堵。结合停车场收费标准提高和控制停车场内车位数的措施以限制进入城市拥堵区域的小汽车数量（同时改善进入这类地区的轨道交通的条件）；

（3）利用交通设计和管理措施来减少交通事故，例如在居民区采取限速措施，并且改善人行横道设施；

（4）通过抑制措施或价格激励手段，限制白天小汽车进入城市的某些地区，从而减轻空气污染和局部交通拥堵；

（5）与大型企事业单位或其他出行吸引方合作，鼓励错峰出行，并且帮助促进非小汽车交通模式。

第二阶段标志着以旨在提高车辆通行能力的城市大型道路建设阶段的结束。

国际上的大部分城市发展到了第二阶段，但也有部分城市还处于第一阶段，如以美国休斯顿为代表的低密度城市。美国东海岸部分城市于 20 世纪 90 年代初期开始进入第三阶段；伦敦等城市于本世纪初开始进入第三阶段。

（三）第三阶段

第三阶段的重点从关注车的移动转换为人和物的移动，从机动性转换为可达性。这一阶段的特点是：

（1）更加强调改善城市外观和城市生活质量。为了改善环境质量，并且鼓励新的住房建设和经济发展，取消了某些特别突兀的城市交通设计（例如首尔清溪川景观改造），或者将它们转入地下（例如波士顿中央大道改造）。

（2）通过改善设施，积极鼓励自行车和步行出行，从而达到提高空气质量的交通目标并有助于实现增强国民身体素质的其他政策目标。

（3）鼓励“减少出行需求”的政策，如高密度混合用地开发的土地利用政策和鼓励利用互联网办理银行业务、购物以及工作。

（4）“恢复街道空间”，从常规交通转向支持更为可持续发展的交通模式，恢复街道经济和社会活动。

在部分大城市，无论是何种行政架构，在第一阶段和第二阶段都显现出了相同的政策演变过程，而从第二阶段进入第三阶段，不仅需要从中央政府获得充分的权利，还必须拥有办事果断且受市民广泛支持的市长，进入到第三阶段的城市，往往是因为第一阶段和第二阶段的交通政策未能达到市民所希望获得的良好交通环境。

例如，交通的第三阶段发展，已经得到了纽约、首尔、中国台北、伦敦以及众多其他欧洲城市市长的支持。从根本上，这种转变取决于城市远景规划及其对基础设施建设的优先次序。准备降低主要城市道路通行能力的市长，都是勇于尝试和远见卓识的市长，因为很多人坚持认为这样做将“导致城市交通停滞”，但是事实表明，如果有充足的公共交通运力，这样做可以促进城市发展，提高生活质量，见图 3-2。

图 3-2　首尔清溪川去除高架快车道之前和之后

以伦敦为例，从 2000 年以来，基于第三阶段的政策，伦敦已经在整体上将城市常规公共交通的道路总通行能力降低 10%，伦敦中央区道路通行能力下降大约 30%。降低通行能力的措施使穿越伦敦的交通流量下降了 10%。

二、世界各国城市交通发展面临的共同挑战与解决方案

（一）城市交通如何适应城市社会经济发展的需要

全球的经验表明，单纯依靠扩大交通供给难以满足日益增长的交通需求，也无法解决现代城市交通系统面临的众多挑战——拥堵、污染、财政负担、路权平等分配等。国际经验表明，为成功解决这些问题，城市需将交通供给措施与出行需求管理结合起来，不断促进交通与土地的协调发展，更好地组织和管理现有的交通服务和基础设施。在更为长远的绿色出行发展框架中，努力提高现有交通设施的效率以及避免负面影响是未来发展方向，绿色城市出行需要出行者和服务提供者能够获得良好的信息服务。这就需要不同模式、代理机构和辖区的统筹协调以及多式联运条例和激励措施的有效执行。

（二）城市土地使用如何实现与交通协调发展

最有效的交通系统通常能够支持土地高效利用和良好管理。这种土地使用规划鼓励紧凑型的多功能区域开发，在组团内区域内均衡分布就业、住宅和服务设施。新加坡、中国香港、哥本哈根、荷兰兰斯台德地区以及温哥华、英属哥伦比亚等地区和国家的实例证明土地利用与交通一体化规划在提高交通出行效果。而约翰内斯堡、内罗毕、休斯顿以及得克萨斯州等地区毫无规划的低密度城市扩张或者住宅区与工作区的过度分离都不利于交通效率的提高。城市的发展需要交通网络的支撑，较为理想的交通网络应该能够实现公众和货物的紧密聚集，提高规模效益和可达性。交通服务区域包括城市街道和高速公路，众多团体和个人会在土地开发、交通基础设施和服务方面，就向何处投入资源做出选择，这些选择决定了城市和交通系统将不可避免地共同发展。

（三）促进城市绿色出行是应对挑战的必由之路

绿色出行，既是一种理念的转变，也是一系列措施的组合。在二十世纪下半叶的大部分时间里，世界部分地区的交通规划和工程建设遵循的是“预测—和—提供”的理念，将以往的出行趋势作为对未来出行需求进行逻辑预测的基础，然后寻求修筑足够的道路来满足交通流量的增长。很多城市都曾经在一段时期里尝试找到解决拥堵的办法，增加立交桥或者拆除大量的居民区来扩宽道路。这种做法不可避免地引起了交通流量的快速增长，交通拥堵和平均行程距离的增加又使扩宽后的公路再次被塞满，

从而导致大量的时间耗费在途中，空气和水受到污染，国内生产总值（GDP）的一部分不得不用于交通。

当前，新形成的意见一致认为解决交通问题最适宜的模式是“避免—转变—改善”。通过采用土地精明增长模式，有助于城市土地的集约、高效利用。精明增长模式将不经济的交通需求降至最低，尽可能将出行转变为采用更加高效和更低环境影响的方式（例如，步行、自行车、公共交通和轨道交通），并且通过推广更清洁、更高效的车辆、燃油和网络运营来改善现有的交通。在最近数十年里，很多城市已经经历了这种转变，例如哥本哈根，通过自行车道路设计和政策实施，在最近数十年里城市居民采用自行车出行的比例已经从10%增长到50%。

哥本哈根案例——政策和设计支持的自行车出行：在20世纪30和40年代的丹麦哥本哈根，自行车出行占到了出行总量的一半以上。但是随着20世纪50年代富裕程度的提高和汽车化的发展，因为在新建道路中不再设置自行车车道，很多十字路口的自行车车道也被缩减以利于汽车通行，使用自行车的比例开始下降。到20世纪60年代后期和70年代初期，自行车出行仅占出行总量的10%。随着20世纪70年代发生能源危机以及环境保护主义的兴起，自行车出行又开始重新获得大众和政治支持。政府通过设立“无车日”，使很多市民体验到了没有拥堵的交通是多么美好。在交通事故导致自行车骑行者死亡的现场，市民们刷上了白色十字，以此来促使公众意识到需要更为安全的自行车出行基础设施。

与此同时，启动了国家规划改革，使市民有机会在其社区中直接影响新的规划和分区法，这形成了建立自行车车道的广泛的压力。尽管一些单独的自行车车道在更早的时候就已经建立起来，但是在20世纪80年代初期之前，自行车车道还没有成为规范。在这之前规划者优先考虑的一直是避免干扰主干道上的汽车通行，因此将自行车车道设计到居民区的后街中，但是大部分自行车骑行者更偏爱直达线路。尽管不太热心，但是政治人物们也逐渐在主干路上设立自行车车道，并且开始为在城市中提高自行车出行比例而制定其第一个相协调的战略。他们在跨越城区的每条公路干线上拆除了很多停车位和小型车道，建立了一个完整的自行车车道网络。

因此，自行车出行不断增长，到2004年占到了哥本哈根市内居民出行方式的41%，到2010年占到了50%。组成哥本哈根大都市区（大哥本哈根）的18个行政区，面积大约为350 km^2，人口120万，到2011年，自行车出行占所有出行的21%。从20世纪80年代起，哥本哈根市的自行车车道网络，已经几乎翻了一番，到2010年达到了397 km。

（四）促进城市绿色出行的综合策略

促进绿色城市交通需要组织起综合的公共交通，以便出行者可以尽可能地获得无风险和高质量的出行体验，同时运营商也有机会提高服务的效率并且将成本降至最低。这种做法，需要关注调度、票价、枢纽站和进站问题，以及不同运营商和出行方式之间的协调。

国际经验表明，政府在建立适当的框架、问责制、规划机制、经营战略以及绩效监督方面发挥着关键作用。例如纽约，在某些情况下，已经证明集中式的地区当局模式对于提供公共交通是有效的。在其他情况下，例如德国的很多城市，通过设立公共交通协会来整合由不同运营商组成的交通运输网络，也已经证明了它们的价值。有时候垄断的服务提供商能够实现可靠和长期的绩效。而采用公私合营模式将各种类型的服务转包出去，其绩效与受到公众监督的合约是紧密相连的。在政府很少干预或者在提供公共交通服务方面没有管理当局的地方（例如，撒哈拉以南非洲和很多亚洲和拉丁美洲的低收入城市），过度竞争、投资不足以及公共交通系统绩效总体较低的情况，是司空见惯的。无论何地，有效的联运制都需要特别关注换乘和“最后一公里”。如果不能将人们和货物开始和结束行程的地点连接起来，或者沿途的联运不足，服务再好也没有用。

在组织和管理枢纽站和控制进站方面，政府可以发挥关键作用。确保候车区的安全和舒适，提供简单易行的线路和旅客信息系统以及大小合适的中转设施，都是很重要的。对于运营商和旅客而言，站点的过度拥挤都会导致效率低下。高效的服务线路对于减少不必要的中转具有重要意义，并且可以提高全程公共交通出行速度。为提高公共交通对私人机动车的竞争力，通常可以批准设立隔站停靠的局部和快车交通服务。在存在大量公共交通需求的拥堵地区，应当严格执行停车和公交优先措施，需要给予公共交通车辆通行优先权，如采取保留公交专用道、车流跳跃道或者交通信号抢占系统等形式。

公私联合合作开发枢纽站是一种能够促进使用公共交通的最佳实践，可以为高质量公共交通基础设施吸引私人投资。因为联运枢纽站通常具有明显的区位优势以及大量的客流量，它们对于高密度零售商、办公和居民住宅开发，都具有很大的吸引力。中国香港、新加坡、新墨西哥州、华盛顿特区以及很多欧洲城市已经采用了房地产价值捕获策略来帮助资助公共交通站点和枢纽站的开发。

高效的收费系统可以提高公共交通出行比例，利用预付费车票也可以提升系统效率和出行速度，减少每名旅客上车和下车时间。采用多个服务运营商都可以接受的通用的车票，也可以提高公共交通的便利性和使用比例，例如荷兰采用了一种全国通用的车费卡。政府在组织公共交通融资和收费框架方面，发挥着主要的作用。

在公共交通停靠站和地铁站附近区域（服务的责任区）提供高质量的自行车和步行网络，对于成功的绿色交通，是至关重要的。这不是中央政府的责任，而是应当由地方政府和公共交通运营商给予密切的关注。从阿姆斯特丹到东京，再到日本和欧洲城市，无不体现对交通宁静化、交叉口斑马线更为安全和更具人性化的改进、良好的照明、设施维护、停车限制措施及其他细节的关注。此外，为了提高公共交通的使用率和利用效率，在公共交通停靠站规划自行车停车场地、提供公用自行车和租借服务是极为关键的。

在欧洲共同体和北美很多地区，通常会进行交通服务公众满意度调查，并在居民区附近的公交线路规划中吸取公众的意见。这对于找到改善公共交通服务整合与使用的方法，是很有价值的。

德国弗莱堡——综合公共交通规划：德国弗莱堡从20世纪70年代早期开始，就已经在其每10年更新一次的交通规划中优先考虑交通避让、步行、自行车出行和公共交通。大部分居民居住在电车站500 m范围内，政策要求在交通高峰时段，每7.5 min就要有一趟车到站。1984年引入了一种在全市范围使用的38马克（在当时价值13美元）环境卡，允许在该市无限制地使用公共交通。1991年，这种卡被一种地区卡取代，它目前的费用是每月47欧元（61美元），允许在整个城市17家运营公司的2 900 km线路以及德国铁路系统中无限制地使用。政策还规定在弗莱堡举行的任何音乐会、体育赛事、展览会或者大型会议的门票，都可以用作公共交通的门票。连同强有力的自行车推广项目，该市已经在公共交通站点建设了9 000个自行车停车位和400 km的自行车车道。该市已经建设了大量的步行化设施，对于大部分允许小汽车通行的街道，速度限制为30 km/h。在某些街道，小汽车的行驶速度不得超过步行速度，并且允许儿童在街上玩耍。居民可以通过向该市的建筑工程部提出请求，为其街道申请这种地位。该市对街道上和街道外的停车位有着严格的控制，并且鼓励小汽车公用。成为小汽车公用俱乐部成员的居民可以每年自动获得公共交通通票，并且在购买全国铁路车票时享受50%的折扣。由于这些政策，在过去30年里，自行车出行数量到达原来的3倍，公共交通乘客人数翻了一番，而乘车出行的比例则从38%下降到32%。从1990年开始，尽管经济在强有力地增长，但是汽车化比率已经稳定下来，而交通领域产生的人均二氧化碳排放量也已经下降。

三、国家和地方政府在城市交通发展中的职责定位

（一）国家与地方城市交通政策体系框架

绿色城市交通系统的实现首先取决于地方政府是否将绿色出行模式置于优先发展的地位。国家的政府行为可以有力地促进或者制约绿色城市交通，但是不能强迫其实施。国家政策通常对机动车和燃油管理、交通定价和税收框架的形成具有主要的影响力。在已经非常成功地发展了绿色城市交通的国家，国家政府也为交通和土地使用规划以及二者协调发展制定了规则，并且支持绩效措施和问责制。

在美国等国家，州或者省级政府也具有政策的制定权利，但是国家政府可以通过制定通用的法律和监管体系，来指导支持地方政府或部门的城市绿色出行建设。国家拨款计划将对最有效的国家政府交通政策予以支持，拨款计划可以避免出现无资金支持的项目，并且对较低级别政府采取的有效措施进行奖励和鼓励。

在欧洲，欧洲委员会通过了由国家政府强制执行的机动车和燃油通用标准。欧洲

委员会制定了空气质量标准，要求国家政府对空气污染进行监控并且承诺，否则对其进行罚款。国家政府在其土地使用控制和交通规划方法方面各有差异。在欧洲委员会，对于制定城市交通规划的要求和激励，有着不同的层次。大型交通项目，与其他大型公共工程一样，通常必须进行环境评估和成本效益分析，来评估直接和间接的影响，并且确定将负面影响降至最低的可行方法，以满足国家法律和标准以及欧委会指南。欧洲新建大型公共交通投资项目的开发，通常由地方和地区当局根据国家交通规划要求进行指导。

德国国家政策——综合战略促进绿色交通：在德国，中央政府通过各种政策和项目来鼓励更为可持续发展的交通。联邦税收和法规使小汽车的使用费用昂贵，并且鼓励生产和购买低污染的车辆。中央政府为公共交通投资提供了专门的资金和补贴。

很多中央政府加强对步行和自行车出行方式的投资。国家法规对土地使用规划进行指导，要求各级政府进行合作，避免无计划的扩张。中央政府提供战略指导，整合了各级政府的交通和土地使用政策，首先在联邦层次上合并了联邦交通、建筑和城市事务部。

德国中央政府一直限制进入城市周边的公路，以保护邻近地区的生活质量，并且减少其引发的城市交通流量的增长。德国州和联邦政府共同制定了《联邦交通规划》，这一规划描述了始于 1973 年的联邦交通战略，将降低交通事故死亡率、减少交通能源消耗、限制机动车排放以及保留空地等目标包括进来。自 20 世纪 70 年代中期以来，中央政府一直鼓励不同出行模式和行政区之间在交通规划方面进行合作。德国中央政府为州和地方政府提供了专门的配套资金用于公共交通资本投资（前提是如果项目是地方综合交通规划的一部分），符合土地使用规划，并且满足残疾人和老年人的需求。

德国中央政府在促进步行和自行车出行方面仅发挥次要作用——主要受限于保护自行车骑行者和行人，并且将其安全作为德国驾驶员执照考试组成部分的联邦交通法规。大部分创新（例如不允许车辆通行的行人专用区和全市范围的自行车综合网络）都是首先在地方层次上出现，并且随后广泛实施的。联邦政府通过技术指导和灵活的资助机制来支持这些努力，这种灵活的资助机制允许城市将公路建设资金用于非机动车出行方式。

在德国，中央、州、地区和地方政府在土地使用规划过程中通过自底向上的合作和自顶向下的调解组织互相作用。较低级别的政府在下一个较高级别的土地使用规划中参与规划的准备。城市在地区层次上参与规划，地区代表为州规划提供意见，而州的官员将参与制定联邦层次的规划。一旦完成了规划，较低级别的政府将受到规划中制定的法规、目标和目的的制约。政府的级别越低，规划的内容越具体。在空间规划中，中央政府的参与限于为规划界定法律框架，保证规划方法的一致性，并且与州政府合作，为空间开发制定广阔的战略目标，例如可持续性。此外，联邦政府定期发布报告，概括德国空间开发的趋势、挑战和预测。

（二）地方层面政策的实施

市政府起草实际的土地使用规划，并且规定土地的使用功能。地方的规划要受到地区和州规划的制约，并且必须符合联邦土地、交通和环境法律。各个层次政府的土地使用规划要在住房、交通和环境规划方面进行明确的协调，相邻行政辖区之间必须相互沟通，要求州、地区和城市之间进行同级别协作。开发房地产的权利要严格受限。除非有特殊情况需要考虑，法律规定新的开发项目仅限于在与已经大规模开发的地区直接相邻的地区进行。即使是在私有土地上，如果在与已有居住区不相邻的地区开发，开发商和市政当局也必须请求上级政府批准开发。在联邦政府制定总框架下，交通更为可持续发展的大部分政策还是在地方层次上制定和实施的。

美国的交通政策——以联运制和问责制为方向：美国在20世纪的大部分时间里都坚持奉行以汽车为主导的交通政策，结果在20世纪50至70年代州际高速公路系统的建设中，90%的资金来源于联邦政府。在20世纪初通过房地产开发融资方式发展起来的公共交通系统，到20世纪50至60年代急剧衰落。由于在郊区进行扩张性开发、小汽车的拥有和使用可以得到财政激励以及其他反城市政策的影响，机动车拥有率大幅度增长，因此公共交通投资不足，公共交通乘客流量下降。由于新开发建设的道路没有人行道，没有安全的过街设施，而且在住宅、店铺和工作场所之间相隔甚远，所以在中心城区之外的其他地区，曾经很常见的步行和自行车出行方式被废弃了。

20世纪60年代开始，为了应对整个美国普遍存在的城市混乱局面，联邦政府的城市和交通政策开始发生转变。从那时起，由联邦卡车和汽车燃油税提供资金的高速公路信托基金，已经全部用于道路建设。在20世纪60年代末期和70年代初期，通过了一系列的法律来抑制过度的道路建设，这些道路建设拆毁、隔离或者破坏了数以百计的城市街区。这些新的法律为公园、儿童游戏场、历史和文化资源以及空气和水的质量，提供了新的保护。《国家环境政策法》（简称“NEPA”）要求可能对环境或者社区造成负面影响的任何大型联邦活动的机构主办方要考虑减轻或者避免严重负面影响的替代方案。NEPA要求机构考虑拟进行的活动的直接、间接以及累积影响，并且要求与资源管理机构进行协商，以及如何提前发布公共启示和接受评论。在20世纪70年代和80年代，因为各州在如何使用高速公路信托基金方面获得了灵活性，而且留出了一部分基金收入设立了交通信托基金，并且根据标准和竞争情况分配给各州和各城市用于公共交通，不断增长的高速公路信托基金收入也开始用于公共交通投资。

根据《清洁空气法案》（简称“CAA”），美国联邦政府要求所有存在《国家环境空气质量标准》（简称“NAAQS”）不达标地区的州，制定州实施方案（简称“SIP”）来说明他们如何在法律设定的最后期限之前达到NAAQS的要求。该法案要求进行排放检测和报告、评估基准排放清单，并且通过了控制固定和移动源污染的空气污染排放预算。1990年CAA修正案要求受财政约束的20年交通投资计划和短期交通改善项目必须证明 SIP 中的移动源排放预算要求，并且说明他们如何按时达到 NAAQS 的要求。

1991 年的《地面多式联运效率法案》（简称“ISTEA”）是对联邦交通法案的全面改革，引入了大量的州和城市规划要求，包括与土地使用和自然资源规划的协调，增进公众参与规划，在使用联邦资金满足地方要求方面给予新的灵活性，在用于不同项目类型的地方资金配套要求方面具有更大的公平性。ISTEA 要求各州开发管理系统来监测和处理拥堵、公共交通、人行道管理、安全、桥梁和多式联运问题，并且具有绩效评测、数据采集和分析、适宜战略的评估以及战略实施有效性的评估。

20 世纪 90 年代的国家交通改革阻止了盲目的扩张，并且放缓了人均车公里数曾经难以改变的增长态势。人均车公里数在 2004 年达到峰值，在连续 13 年下降之后，在 2013 年比峰值下降了 8%。曾经在数十年中急剧下降的公共交通乘客人数，到 2012 年反弹到接近于 1957 年相同的水平。尽管人口统计趋势可能对这种变化有一定影响，但是值得注意的是美国城市地区的人口密度，在 1990 年之前的大约数十年里锐减之后，已经开始增长。

尽管路边机动车尾气排放造成的细颗粒物烟尘污染在很多地区仍然很严重，但是空气污染总体情况和交通导致的空气污染得到改善。由于公民社会组织采取了实施《清洁空气法案》的法律行动，美国环境保护署最近命令各州加强对路边污染物排放浓度的检测，以便为旨在解决这个问题的清洁规划提供依据。《清洁空气法案》的公民诉讼条款是其非常重要的特性之一。如果联邦政府未能执行该法案的条款，该条款支持社会公众寻求法律援助，并且如果公众的主张取得成功后，补偿原告的法律费用。

尽管大部分美国人仍然非常依赖于小汽车出行，但是最近几十年来联邦交通和环境法案的改革，在抑制盲目扩张开发和恢复健康的城市生活和市区改造方面，已经发挥了巨大的作用。现在每年都有越来越多的美国人居住在可以通过步行、自行车和公共交通出行以及地方政府正在采取措施限制小汽车使用和停车的地区。

四、地方和国家对可持续发展城市交通的财政支持

（一）交通系统融资

交通系统的融资模式取决于组织机构设置和各级机构的责任。决定不同的责任由哪一层级来承担，是一个重要的问题，而且，承担某些责任的机构也必须拥有可持续和有效的资金来源来完成其所承担的责任。资金中的一部分来自于交通领域，例如养路费、燃油税或者铁路运费，但是几乎已有的追加投资都来自于一般税收，即交通领域之外的税收，例如收入所得税、营业税、公司税以及财产税，这种状况是由于交通运输定价与交通运输融资是分离的。公平和有效的交通定价关系到资源的有效利用：

例如，价格可能用于减少拥堵、排放、事故和拥挤。交通运输价格带来的收入（例如，公共交通票价、燃油税、停车费等）通常都不能负担起交通系统投资、维护和运营的成本，因此，需要额外的融资来源，下面将对此进行解释。

如何找到这些额外的融资来源，是一个单独的问题。一般而言，应当争取获得尽可能可持续和非扭曲性的融资来源。可持续意味着它们应当是长期的收入来源，而且最好尽可能是可预见的。另外相反的极端情况是一次性收入，例如财产或者土地的出售。非扭曲性意味着税收的负面影响应当尽可能地有限。对某些事物收税意味着人们将减少从事或者消费这些事物。例如，对工资征税意味着人们将减少工作时间；对房屋价值征税可能意味着减少建造。某些扭曲性的影响常常是不可避免的，但是财政政策的目标之一就是为了保持经济效率而将扭曲最小化。

一些有效的融资来源恰巧是来自于交通领域。燃油税就是最好的例证，因为它通常是一种相对可持续和非扭曲性的税收来源。但是大部分国家都仅仅将燃油税产生的收入以与其他税收收入类似的方式处理，他们并不将其指定用于道路建设或者在交通领域内使用。在过去，更为常见的做法是将燃油税专用于道路投资和维护，而且在一些国家仍然如此。但是由于这种做法常常产生问题，所以越来越不常见。在相对不太成熟的道路交通系统中，经常会产生大量的投资需求，而交通流量却较低。因此，燃油税的收入或是趋向于太少，不能满足投资需求，或是征收过高而导致扭曲性影响（阻碍了交通并且从而阻碍了贸易和日常出行）。在成熟的道路交通系统中，情况却是正好相反的：投资和维护需求通常较小，而交通流量却很大，所以将全部燃油税收入都用于道路投资和维护是对金钱的浪费——这些资金可以用于经济领域其他更适宜的地方。此外，人们从根本上认识到：未考虑交通票价收入和交通支出预算而寻找交通资金的有效来源是存在缺陷的。

各国财税政策的差异非常大，但是在大部分发达国家还是可能辨别出某些共同的模式的。下一节，将简要地概述国际上较为通用的城市交通系统投融资方法，以及不同交通服务的定价方法。

（二）融资机制和责任概述

大部分国家将交通系统的责任在国家层次和地方或地区层次上进行分离。国家层次通常负责城市间道路和铁路建设（与国有和私营运营商一起），而地方/地区层次负责城市交通系统建设。在大部分国家，国家层面仍然是为部分或者所有的大型基础设施投资。对于这类国家基础设施拨款，不同国家有不同的程序，但是通常都会包括基于规则的规程和自由裁量权，或者基于申请的拨款决策。见表 3-1 和表 3-2，给出了如何分配国家资助拨款的一些例子。

表 3-1 国家给予地方交通系统的资金支持（一）

国别	巴西	哥伦比亚	法国	德国
计划或者立法	增长加速计划（大城市中的流动性）	城市交通国家计划	倡议在《格雷内勒法案》中加入关于城市交通的建议	城市交通融资法（GVFG）
管理机构	城市部	交通部	中央政府：国家生态、可持续发展和能源部	交通、建设和城市发展部
范围	仅用于公共交通	仅用于公共交通。公共汽车车队、专用基础设施和收费与控制系统	专用于实现高水平服务可持续城市交通项目（地铁、电车、快速公交）的基础设施项目	地方道路、电车、铁路、联运站、现代公共汽车等
适合模式	快速公交、轻轨、地铁、城郊铁路	用于综合公共交通系统（IMTS）的快速公交；以及用于公共交通战略系统（PTSS）的系统集成	高水平服务可持续城市交通形式	所有模式（除了国家铁路）
适合性	仅大城市	IMTS：人口超过 60 万居民的城市；以及 PTSS：人口在 25 万～60 万的城市	国家生态、可持续发展和能源部选择项目（选择程序尚不清楚）	所有城市、省/州在项目准备过程中提出建议，并且支持城市
授权	个人倡议项目	多年计划	多年计划	多年，从 1971 年开始，当前阶段运行至 2019 年
授予类型	贷款，组合	共同融资拨款	拨款最多占基础设施项目成本的 25%	拨款
接受者	州和城市政府	地方政府（城市）	城市交通当局	城市交通当局和公共交通运营商

表 3-2 国家给予地方交通系统的资金支持（二）

印度	墨西哥	英国	美国
贾瓦哈拉尔·尼赫鲁城市更新任务（JnNURM）	联邦公共交通支持计划（PROTRAM）	1.当地可持续交通基金 2.大型方案计划	新开始/小开始、地面交通计划、CMAQ、SOGR、TIFIA
城市发展部（MOUD）	国家公共项目和服务银行（BANOBRAS）	交通部	联邦交通当局、联邦公路管理局
所有类型的基础设施	仅公共交通。基础设施，控制系统，行政项目和收费	1.资助本地基础设施项目（以及非城市间行程） 2.资助当地/区域基础设施项目	公共交通基础设施和车辆、维护、进出设施、行人、自行车、安全性
快速公交、道路扩宽、天桥等	主要的快速公交、轻轨、地铁和城郊铁路系统	对措施类型没有限制，除了大型铁路，旅客交通或者道路基础设施改善。自行车基础设施和计划也可以得到支持	除了城市间铁路的所有模式。根据具体的资助计划而不同

印度	墨西哥	英国	美国
人口超过100万居民的大城市以及州首府或游客流入较多的城市（共有65个城市）	人口超过50万的城市	伦敦之外的所有英国地方交通当局	根据具体计划而不同。人口超过50万的城市；州管理农村地区的资本和运营拨款
多年（在2012年3月31结束的7年计划）	多年计划	多年，2011—2015年	第一年和随后两年（共3年）可以获得基金
拨款	拨款和贷款	拨款（2011—2015年共2.1亿英镑）	拨款，贷款或者两者组合
城市合作/发展当局（公共机构）	州和市政府	伦敦之外的所有英国地方交通当局	公共机构和部门（交通当局及其他州和当地公共机构和部门）包括州、城市和州的其他政治下属部门

（资料来源："为可持续性城市交通提供资金"，德国国际合作机构（GIZ）和世界资源研究所（EMBARQ）报告。）

大部分国家要求地方在一定程度上与其共同融资，出资程度取决于项目特点和城市的经济实力。下表展示了国家和地方层次为公共交通基础设施出资责任比例的一些例子，见表3-3。

表3-3　公共交通基础设施和投资中国家和地方的出资比例

国别	巴西	哥伦比亚	法国	德国	印度	墨西哥	英国	美国
国家拨款的最大比例	95%	40%（最低）～70%（最高）	20%～25%（根据模式而不同）	60%～90%	35%～90%	高达50%	无国家拨款的最大比例，尽管强烈地建议地方当局贡献出自己的财政资源	80%，但用于很多大规模公共交通项目，原则上仅为50%
私营最低参与比例	无	10%	无	无	无	34%	无	无
地方政府最低参与比例	5%	30%	无	无	无	一般没有，但是对规划研究有最低要求（至少50%）	无	20%用于道路，但是原则上50%用于大型新建公共交通项目

（资料来源："为可持续性城市交通提供资金"，德国国际合作机构（GIZ）和世界资源研究所（EMBARQ）。）

1．城市间道路

在大部分国家，由国家政府负责城市间道路建设。城市间道路通常由普通税收（国民收入和营业税）来提供资金。在一些国家，养路费是重要的收入来源。一些国家将燃油税专门用于道路支出，但是这种情况越来越少见。

2．城市间铁路

在欧洲，铁路是重要的货物和人员运输方式。国家政府通常负责建设和维护铁路网络，但是在大部分国家，运营商是私营或者国有的独立的、追求利润最大化的公司。这意味着使用费（票价和运价）要负担运营成本，通常远远高于边际成本。国家政府对运营商收费以支付部分维护成本；通常铁路收费不足以负担全部维护成本，这意味着铁路交通需要由纳税人补贴。投资成本以及通常包括的部分维护成本，需要由一般税收负担。

在美国，除了在高度城市化的华盛顿—波士顿东北走廊之外，铁路旅客运输的重要性非常低。2007 年，铁路占吨公里总量的 28%，但是吨数只占 11%，总值只占 3.5%，反映出铁路在长途运输沉重的低价值商品方面具有成本效益，例如煤炭和粮食，以及汽车和某些集装箱化的货物。对于 700 km 以上距离的运输市场，美国货运铁路的竞争是最为激烈的。卡车和铁路领域的管制在 1980 年被解除，带来了大规模的重组和成本效益。5 家大型一级私营铁路公司提供了大量的服务，而大量较小的地区和地方短线运输公司为其提供补充。

3．公共交通

公共交通的责任通常归于地区或者地方机构，例如城市或者大都市规划机构。通常收费可以负担 30%～70%的运营成本，其余部分由某些一般税收来源负担，例如地区性所得税（在欧洲最常见）或者财产税（在美国最常见）。在此基础上还要加上投资成本。因为地区层次上很少能够为大型投资筹集到足够的资金来源，所以大型投资常常需要额外的国家资金支持。

尽管对公共交通运营的补贴似乎是最为常见的，但是也有几个国家的公共交通运营没有补贴。在某些情况下，私营运营商或者公共机构仍然能够提供高质量的服务来吸引可观的市场份额，但是更为常见的情况是运营商将倾向于提供低质量的服务。另外，高补贴率意味着运营商将缺乏以顾客为中心的动力，因为票价收入不再重要了。因此，大部分国家都倾向于在票价与税收资助之间找到平衡。

一些国家已经将税收专用于资助公共交通。法国是最好的例子，其特殊的雇主税专门用于城市公共交通。

4．地方交通

地方交通系统由城市街道、自行车车道、人行道组成等。地方交通还与公共交通的供给相关联，因为公共汽车使用城市街道，地铁站需要与城市规划结合起来。地方交通系统不可避免地要与城市总体规划相关联，所以大部分城市的交通局或是与城市规划局合并，或是与其紧密合作。

在欧洲，地方交通通常由本地的收入所得税提供资金。在美国，地方的财产和营业税是重要的税收来源。拥堵费和停车费这类使用收费可能负担总支出的一小部分，通常只是总成本的一个零头。

（三）交通领域的税收和定价

交通定价工具有很多种：燃油税、停车费、公共交通票价、车辆税、车辆购置税、铁路收费、养路费等。为了实现资源的有效利用，交通定价在交通系统和经济其他领域都要找到最佳平衡点。如果交通价格过高，资源将不能被充分利用；从而使住房和劳动力市场低效率运转，而贸易和专业化将不能实现其全部潜力。如果交通价格过低，交通系统将被过度使用，从而将随之出现严重的拥挤、拥堵和污染物排放。而且，表面上对交通投资的需求将高于实际效率所需的程度，因此需求将被人为导致的低交通成本抬高。

交通服务有效定价的一般原则，即无论是道路交通还是公共交通都是价格应当等于边际社会成本。“边际”成本意味着最后一名额外旅客产生的成本。边际社会成本包括两个部分：边际生产成本和边际外部成本。边际生产成本是提供服务的边际成本，例如边际维护和运营成本。交通运输服务的边际生产成本通常非常低：例如，一趟列车运载额外一名旅客所增加的运营成本几乎为零，一条道路上多出一辆汽车所增加的道路维护成本通常也非常低。注意，边际成本（额外一名旅客造成的成本）与提供服务的总成本是非常不同的，总成本可能是很大的。修建和维护一条道路，或者修建和运营一个铁路联运站，成本是非常高昂的，但是额外旅客的边际成本常常是可以忽略的。这就是所谓的交通服务成本回收问题的基础：最优边际定价所取得的收入通常低于提供服务的总成本，造成运营商损失。这是规模收益递增问题的一种特殊情况，当提供一种服务存在大量的固定成本时会出现这种问题。这也是为什么除了票价、养路费和燃油税等各种收入之外，还通常需要额外资金来源来为交通服务提供资金的主要原因。

交通运输边际社会成本的第二个部分较为抽象。它包括外部成本，即使用者给其他人造成的成本：排放、事故、噪声和拥堵。正确的定价对于应对外部成本导致的问题是非常必要的。例如，单纯通过为道路交通提供良好的替代形式（例如公共交通、步行、自行车）以将拥堵降至一个高效的水平是不够的。道路投资既不充足，也不高效。正确的定价可以为交通投资带来良性循环：如果价格适宜（这通常意味着对道路交通收费并且补贴公共交通），所需的道路投资将减少，从而可以为公共交通投资提供更多的资金。

在实践中，道路交通的价格常常被定低，因为道路使用者很少支付其外部成本，例如拥堵、事故、排放等。而且，他们也很少支付其全部的生产成本，因为生产成本包括道路和停车空间用地的价值。这种价值在城市环境中常常是非常高的。通常不能对小汽车使用者收取其驾驶的全部成本，实际上是在利用社会其他资源对驾驶人员进行补贴。因为小汽车的使用通常是与收入成比例的（富人更喜欢拥有小汽车，而且他们常常会行驶更远的距离），这意味着对道路交通的低定价是一种倒退：这是劫贫济富。因此，像拥堵费、停车费、燃油税和差别化的车辆购置税等定价工具通常会是具有进步意义的，即它们一般是劫富济贫。

尽管欧盟在努力改革道路交通定价，要求使用者支付能够反映边际社会成本的价格，但是新的定价机制未能统一。以下讨论公共交通、道路交通和道路车辆的定价方法。

1. 公共交通定价

有效的公共交通票价应当负担边际运营成本，但不包括固定成本。如上所述，这意味着将需要额外的收入来承担固定成本（包括投资成本）。票价也应当反映出拥挤和道路拥堵的成本。公共交通系统中的拥挤是一种外部成本：每位单独的旅客都不会考虑他所导致的额外的拥挤。这意味着考虑拥挤外部性时，票价应当更高。然而，票价也应当考虑到道路拥堵常常是没有定价的，并且假定拥堵是有可能诱使驾车人员转而选择公共交通的，出于降低公共交通票价能够促使出行者选择公共交通出行，因此降低公交票价是合理的。在公交拥挤和道路拥堵之间找到定价的平衡点是困难的，不同的城市拥有不同的解决方案。

但是在大部分城市，上述考虑的结果是使人们意识到应当对公共交通进行补贴。通常补贴比率大约占到运营成本的30%～70%，投资成本通常比这还要高。

从效率的观点看，票价应当根据公交拥挤程度、道路拥堵程度和边际运营成本来差别化定价。这意味着票价应当根据一天中的不同时段和行驶距离而不同。但是在实践中，大部分城市采用的是各种类型的单一票制，允许无限制地乘车，价格很低，以至于大部分普通使用者都会利用公共交通出行。这种做法背后的逻辑是，这是一种培养忠实顾客的有效方法，而且特别刻意促使小汽车的使用者转变为公共交通的乘客。但是随着拥挤在很多城市成为一个日益严重的问题，无限制使用的单一票制也日趋受到关注，越来越多的城市正在根据时间段和距离研究差别化票价。伦敦就是一个重要的例子，现在它已经建立了一个根据时间和距离高度差别化的制度，从根本上减轻了高峰时段严重的拥挤。

出于公平的原因，也可以对公共交通票价进行补贴。但是，采用直接为穷人提供补贴的方法通常更有效，原因有以下两点：不仅仅只有穷人使用公共交通，所以部分补贴将补给了相对富裕的人；而且穷人可能需要比出行更多的东西，所以对于穷人而言，一般补贴通常要比直接用于公交的专用补贴带来更多的价值。

2. 燃油税

从效率的角度讲，燃油税应当反映出排放、事故和道路维护的平均成本。这是一种不灵活的定价工具，因为它不能根据时间、地点或者车辆类型进行差异化。但是，它几乎与碳排放成正比的，所以它是控制碳排放的首选工具。

但是从财政的角度讲，它相对而言是良好的税收来源：它易于实施，并且征收的成本低。而且，它是相对稳定的课税基础，因为总的燃油消耗量仅随着商业周期和燃油价格而温和地变化。几乎所有的发达国家都有某种形式的燃油税，而且它通常是主要的税收来源。燃油税通常是一种国税，但是在某些大的联邦制国家（特别是美国），它是州税。一些国家将燃油税收入专用于交通投资和维护，但是随着道路系统发展的更加成熟以及投资需求的降低，这种情况开始不再常见。将燃油税收入专用的另一个问题是人们通常希望国家交通支出是反周期的（即在经济周期的低谷期为交通投资和维护投入更多的资金，因为这时资源没有被充分利用，价格较低，而且可以作为一种宏观经济刺激措施），而燃油税收入却倾向于相反的周期——在经济繁荣时期最高。

在大部分欧洲国家，因为道路系统相对成熟而且燃油税较高，目前燃油税收入超过了道路支出。尽管有几个国家以前曾经将燃油税收入专用于道路支出，但是这种做法已经很少见了。另外，美国的燃油税在一定程度上常常专用于道路支出（各州的法规不同），但是因为燃油税通常较低，征收到的税收倾向于低于道路维护所需。

3. 停车收费与停车税

从效率的角度讲，停车价格应当反映出城市土地的价值。将土地用于停车会产生机会成本，即损失等于将这块土地用于其他用途所产生的价值。在城市环境中，这种价值常常是非常高的，因为土地可以用于建筑、交通、公共汽车或者自行车通行。免费或者低廉的停车是对小汽车使用者的补贴，如上所述，这通常是一种倒退。免费或者低廉的停车也是城市盲目扩张和交通流量过度增长的主要驱动因素，常常导致拥堵和排放量增长的后果。免费或者低廉的停车还存在其他隐含的成本。小汽车、公共汽车和自行车路边停车会妨碍交通。如果建筑需要建设配套的停车位，这将推高建筑的总成本（这也倾向于是一种倒退：没有小汽车的使用者要为其住宅支付更高的成本，却不能从其中获得任何利益）。免费或者低廉地提供停车位还会增加建筑之间的实际距离，导致人们不愿意选择步行或者自行车出行。

英国的诺丁汉市已经实施了由为员工提供停车设施的雇主（包括私营公司）支付的停车税。这项税收可以刺激雇主减少用于停车的城市空间。税收收入用于改善城市的公共交通。

以上表明，停车费是一种非常重要的政策工具，一般而言，对拥堵、排放和城市规划都有深远影响。相比于拥堵费的实施，它更易操作。除非要进行有效的停车控制，否则停车费几乎不需要技术性投资。

发达国家中几乎所有的城市都对停车收费。停车费的定价和征收，几乎通常都是城市的职责。停车控制几乎都是由专门的公职人员（泊车员）或者承包给私营公司管理。将停车控制交给普通警察的做法非常少见。

4．拥挤收费

因为拥堵与交通流量完全是非线性的，所以稍微降低一些流量通常可以大幅度地减轻拥堵。很多城市证明假日期间小汽车流量一般减少 10%～15%，就可以显著地改善交通流。因此，拥堵收费制度的目标通常是在高峰时段，大约降低流量 15%。

许多人以为小汽车驾驶员对使用成本不敏感，这是一个很常见的误解。在全球进行的大量研究已经表明这是错误的：实际上小汽车驾驶员对价格刺激也是有反应的。私家车驾驶员越容易规避收费，则通过增加出行成本来减少出行政策的效果越明显；因此，收费应当根据时间和空间变化以反映拥堵情况。另一种误解是以为驾驶员可能做出的唯一反应是换乘公共交通。实际上有多种方法来适应收费：改变出发时间和出行目的地、缩短行程、更改路线、拼车、一次外出办多件事等。令人惊奇的是，研究表明很多小汽车驾驶员甚至不知道他们已经在潜意识层次上形成了减少出行的习惯。

通过定价来减轻拥堵主要的经济优势之一是最有价值的公共交通形式获得了优先发展的地位。那些将时间视为最重要价值的出行者，在考虑改变出行模式时，时间或者目的地是最难以更改的，他们将继续驾车在道路上行驶，而时间价值较低的出行者以及有更好替代选项的出行者将会改变。这就提高了交通系统的总体效率，实现了总体经济中重要的二级效率增益——劳动力市场、住房市场、贸易和专业化。

在多个城市已经成功地实施了拥堵收费，例如，伦敦、斯德哥尔摩、哥德堡、米兰、新加坡等，挪威在一定程度上也成功实施了（例如，卑尔根市和特隆赫姆）。美国在所谓的“价值定价”系统中使用了拥堵收费，在一条公路上对一个或者多个车道收费。有效的道路定价技术有多种变体，可以实现成本效益、车辆的畅通识别和计费。拥堵收费通常是具有进步意义的，因为高收入群体常常在高峰时段更多地在城市中心城区行驶。在实施之前，公众的可接受性是个问题，但是伦敦、斯德哥尔摩和米兰的例子已经表明，在实施之后效益已经显现的时候，公众的可接受性大幅提高了。

从财政的角度看，拥堵收费难以成为重要的资金来源，只能作为相对少量的补充。征收成本常常占收入的很大一部分，而且因为总流量中仅有一小部分受到影响，因此和总的投资需求相比，收入相对较少。

5．养路费

养路费与拥堵收费的区别在于它是与拥堵程度无关的，是完全出于财政目的征收的。一些国家大量地使用养路费为公路投资提供资金，而另一些国家完全不使用养路费。养路费用于公路投资可以被视为是一种公平的方式，因为是实际的使用者支付了投资和运营的成本。但是从效率的角度讲，这样做有很多缺点。因为养路费高于边际社会成本，所以公路通行能力未被充分利用，而且流量常常会分流到其他流量本应该更低的道路上。法国就是一个典型的例子，为了减少地方道路的流量而修筑了新的公路，但是对新公路的收费使大量的流量都选择继续使用老旧的地方道路。如果有人想修建具有竞争力的道路或者铁路，合约协议将导致通行费收入下降。如果收费的权利归收费公路特许权获得者所有，会使收费制度变得烦琐。

但是，在某些情况下，养路费可以成为一种有效的收入来源。当交通的成本弹性较低，而且很少有相竞争的道路时（这意味着定价的效率损失较低），而且制度上保证了规划实体未来可以自主规划，养路费就可以成为一种有效的收入来源。但是，养路费通常只占总投资和维护成本相对较小的部分，即使在某些国家存在例外情况（例如美国和意大利部分地区）。

6. 车辆购置税

车辆购置税在很多国家都是常见税种。它几乎一直是一种国税。这种税收可能有不同的目的：单纯的收入来源、抑制小汽车拥有率的总体增长，或者作为影响车辆特性的手段（如果根据燃油效率或者安全性等车辆特性设定差别化税率）。作为抑制小汽车拥有率的一种手段，车辆购置税的作用类似于所有权许可的拍卖制度。很多欧洲国家设定了很高的购置税来抑制小汽车拥有率，例如，挪威和丹麦，加入小汽车价格中的购置税可以高达100%。

根据安全性和燃油效率等特性差别化设定的车辆购置税是影响这些特性的最直接和有效的方法。购置税可以反映出外部事故成本：越重的小汽车征收的税率越高，因为它们使其他驾驶员面临更高的风险。也可以根据燃油效率差别化设定税率：耗油量越大的小汽车支付的税率越高。从长远来看，这常常是一种刺激燃油效率提高的最有效方法，部分原因是消费者倾向于不重视燃油效率，部分原因是从单纯的效率角度讲燃油税通常低于其应有的水平。

差别化的车辆购置税，既可以是一种收入来源，也可以是税收中立的。后一种类型的征收方式有时被称为“奖—惩”制度：一些小汽车变得更为昂贵，而另一些变得更便宜，而平均购置价格没有改变。法国的制度是一个很好的例子，其制度已经对新车的平均燃油效率产生了深远的影响。

车辆购置税通常是对总体税收收入相对适度的增加。即使可以将购置税视为一种公平的交通建设资金来源，但是因为它是一种“使用者支付”的税费，大部分国家倾向于征收燃油税来代替，因为燃油税是一种更为稳定的课税基础，与道路的实际使用联系的也更为紧密。

7. 车辆配额系统

越来越多的城市正在采用车辆配额系统（简称“VQS”），尤其是在中国。最早的VQS出现于1990年的新加坡，随后在20世纪90年代中期上海也采用了VQS。VQS是对车辆购置税的一种补充，要求想购买机动车的人在购车之前首先取得许可证。

在新加坡这些许可证被称为“授权证书（简称“COE”）”，授予在10年的期间里拥有一辆某种大小等级的机动车。COE的颁发数量由政府政策决定以管理机动车总体数量的增长。在2009年之前，每年的机动车增长率被限制在3%，到2012年时被逐年降至1.5%，现在设定为每年0.5%。COE通过一个定期开放的拍卖系统发放，以荷兰式拍卖方式确定结算价格，价格比可获得的COE最低未成功的高报价高出1美元。在10年之后，通过支付市价可以将COE的有效期再延长5或10年。COE的价格范围变化很大，但是近些年来的价格一直为50 000到150 000以上新加坡元，基本上是机动车在其全球市场上未课税基准成本的2～3倍。这使VQS成为新加坡一种适度但却重要的与交通相关的收入来源，尽管这些收入被视为政府一般资金。

像新加坡实施的这种VQS可以鼓励人们购买和使用更小、更清洁和更新的机动车，并且可以抑制一个地区任何特定时间中所使用的车辆数量。它可以鼓励将老旧和污染严重的车辆淘汰或者出口。但是如果VQS不是根据车辆大小或者技术差别化定价的，这些效果将大打折扣。如果VQS像北京那样采用抽签而不是拍卖方式来分配COE，将不会为政府带来收入，而且可能助长机动车的黑市交易。

8．车辆所有权税

车辆所有权税作为一种政策工具，不是非常有效。它主要是影响二手车的价格，而不是影响车辆总体上的特性。但是它对于鼓励报废老旧（污染）车辆，有时候是有用的。对于这个作用，有几个国家已经对老旧车辆征收了更高的车辆税，例如对没有催化剂排放控制的车辆。

车辆所有权税是一种“使用者支付”的税种，因此可以视为一种公平的交通资金来源。但是，大部分国家倾向于使用燃油税来替代，因为燃油税与道路的实际使用关系更为密切。因此，它很少成为重要的课税基础。

（四）交通领域之外的资金来源

前面已经指出，交通系统的大部分资金来自于交通系统之外的资金来源。本节将非常简要地列出其他常见的资金来源。

所有资金来源都必须经得起考验，是可持续的（从长远看是可预见和稳定的）和有效的（不会阻碍生产，例如工作或者企业家精神）。而且，征收成本应当较低。很多国家也会利用税收抑制“有害”活动，例如烟草、酒精和排放。这样就具有了减轻这些活动的负面影响，同时提高收入的双重作用。

1．收入所得税和营业税

到目前为止，收入所得税和营业税在所有的发达国家实质上都是最重要的公共收入来源。它们征收范围广而且具有较低的征收成本。通常各级政府都可以征收其自己的收入所得税和或者营业税，即常常同时有国家、地区和地方的收入所得税和或者营业税。一般而言，营业税（或者增值税）和收入所得税相比，扭曲性较低。另外，收入所得税可能更为公平，因为税率可以是递增的（税率可以随着收入水平的提高而增加）。营业税可以是差别化的，以抑制“有害商品”的消费，例如烟草和酒精等。

2．财产税

在一些国家财产税是基础设施建设重要的资金来源，尤其是美国，其 70%的地方税收来自于财产税。但是在大部分其他国家，它是次要的税源；平均而言，在发达国家它占到了总税收的大约 5%。一些国家拥有财产税的变种；例如法国在公共交通可达性良好的地区有一种特殊的雇主税，用于部分地为公共交通运营和投资提供资金。

财产税特别适宜为基础设施和交通提供资金，因为它是补偿交通服务产生的某些价值的一种方式。提供交通服务将提高获得服务的财产的价值，而这种价值将属于财产的所有者。因此，交通服务的公共资金将把来自于纳税人的价值转移给财产所有者。对财产价值征税至少可以部分地补偿这些价值。因此，财产税常常被称为“价值捕获”征税。

按照理想的做法，应当对土地价值征税，而不是对财产的总价值征税（土地加上建筑）。这是因为土地供应基本上是固定的，所以对土地价值征税的扭曲效应非常小。实际上，对土地而不是建筑征税将鼓励更高效地利用宝贵的土地，从而提高城市密度。这将促进具有空间效益的交通形式，例如公共交通、自行车和步行。另外，对财产的总值征税将可能鼓励城市的盲目扩张，因为这将鼓励在财产价值较低的城市边缘地区的建设。城市的盲目扩张又会反过来提高小汽车流量，导致拥堵和排放问题。

以对土地征税代替对建筑征税，或者以高于建筑的税率对土地征税，通常被称为双税率征税，因为一种税率应用于土地价值，而另一种较低的税率应用于建筑价值。美国的很多城市都采用了这种做法，但是仍然很少见。主要的实际问题是将土地价值与其上的建筑价值分离出来。利用计量经济学方法可以做到这一点，但是有时这种方法被认为不够透明。

很多经济学家主张在财产税仍然是次要课税基础的国家应当提高财产税的重要性，尤其是以地税的形式征税。

五、绿色出行的效益分析

促进绿色出行模式的政策不仅有助于解决与城市以小汽车为基础的交通系统的负外部性（例如，交通拥堵、空气污染、噪声、交通事故和高水平的二氧化碳排放量），也可以积极地促进更广泛的经济和社会目标（这通常是其他国家部委和机构的职责）。

本节将简要评论 4 种由绿色出行模式带来的正外部性：

（1）集聚效益；

（2）健康效益；

（3）可达性和社会包容效益；

（4）更广泛的环境/生活质量效益。

（一）集聚效益

业已证明城市规模和密度可以刺激生产力。在城市密度和所有类型的生产力衡量标准之间都存在密切的正相关性（例如，工资、就业率、利润空间、专利数量等）。在高密度地区的公司和人员具有更高的生产力，其中的原因通常可以概括为广告效应共享、匹配和学习。“共享”指的是公司和人员能够共享共同的资源，例如，教育或者生产设施。“匹配”指的是更好的可达性意味着更加高效的求职市场。随着就业市场越来越专业化，这使工作岗位和熟练雇员之间可以实现更好的匹配，并且促进了就业竞争，这也使革新者与其融资人和客户实现了更好的匹配。“学习”指的是信息、理念、技能和能力的互换。出于这些原因，很多领域的成功公司都被吸引到了高可达性地区，在这里它们通常要准备支付更高的租金成本和更高的工资。一般而言，加速道路和铁路通道建设可以带来集聚效益，但是只有大容量的公共交通和良好的步行条件才可以在高密度环境中有效地提供高可达性，因为在公路和停车场都有禁止进入的空间要求。

伦敦 Crossrail（横贯铁路）项目评估：包括建设一条新的主要铁路线路，该线路跨越伦敦中央区，将目前在中央区边缘终止的已有郊区线路连接起来。该项目的花费超过 150 亿英镑。

在超过 60 年的周期里，常规的使用者效益的净现值（时间节省、减轻现有线路拥挤程度等）以 2005 年 2 月的价格计算，估计为 128 亿英镑。估算更广泛的经济效益时，特别是考虑到更具生产性的工作和更高密度的就业产生的生产力效益时，采用低、中、高增长场景，估计对 GDP 的影响在 198 亿～667 亿英镑。

这表明在高就业密度、高生产力地区，铁路投资所特别产生的这些更广泛的经济效益可以远远高于传统交通经济的效益。

（二）健康效益

健康效益与空气质量的改善、噪声水平的降低以及交通事故的数量和严重程度的降低直接相关。但是此外还有另外两种健康效益与促进绿色出行模式相关：

（1）它为所有年龄段的人群前往医疗保健机构提供了高质量的方式，使医疗部门可以更好地满足其目标。例如在英国，难以前往医疗保健机构的人们不愿意咨询医生（因此当病症严重时最终需要进行昂贵的医学治疗），或者可能不能赶赴与医生或者医院的约见，从而浪费了宝贵的资源。

（2）采用绿色出行方式有助于抑制大部分发达国家和很多发展中国家中肥胖症快速增长的趋势。尽管最直接的情况是人们选择步行或者自行车出行，但是在较小程度上讲采用公共交通出行也可以具有这样的作用，因为通常人们是以步行方式前往公共汽车站和地铁站的。

活力出行积极的附带效果："活力出行"（即步行和自行车出行）的健康效益正在得到越来越多的认可，并且纳入到了绿色出行方案的交通评估中。

澳大利亚最近的一项研究（慕雷等人，2013 年）估计，就延长生命（死亡率）和健康生活（发病率）而言，以"活力"方式出行的单个出行者步行每千米的潜在效益为 1.68 澳元，自行车出行每千米为 1.12 澳元。这还不包括卫生服务节省的成本以及交通拥堵和空气污染减轻的效益。

世界卫生组织已经发布了一个"卫生经济评估工具"（简称"HEAT"）来估算提供专用步行或者自行车基础设施的效益。参见：http：//www.euro.who.int/HEAT。"奥地利自行车出行模式的比例目前为 5%，平均出行距离为 2 km。使用用于自行车工具的 HEAT 进行的计算估计由于进行定期的身体活动，这一水平的自行车出行比例每年可以挽救 412 条生命。由于死亡率的降低，相应地，奥地利平均每年节省的资金约为 4.05 亿欧元。"

（三）可达性和社会包容效益

可达性和社会包容效益被视为综合性城市绿色出行网络的重要优势。大规模城市地区以小汽车为基础的出行是存在缺陷的，因为：

（1）由于从成本/可用性到网络通行能力限制等各种因素，仅有少部分出行者通常可以在任何时间使用小汽车在城市中出行。

（2）大部分要承受其他人使用小汽车造成的各种外部弊端，从噪声到空气污染，再到交通事故和受困于交通拥堵。

在所有这些方面，绿色出行模式都为城市居民提供了各种正面的效益。居民群体都可以普遍地使用这些出行模式，不需要人们通过测试或者投资于昂贵的商品，并且具有非常低的外部效应。因此，它们有助于减少社会排斥（在更为偏远的农村地区未必是这种情况）并且是所有市民可以获得各种基本的商品和服务。

（四）更广泛的环境/生活质量效益

随着各国更加富裕，其民众受到了更好的教育，而且主要的全球性都市都在相互竞争投资和声誉，这些效益的重要性越来越受到重视。在此我们讨论的是提供适宜居住并且拥有高质量公共空间（包括其街道）的城市环境，这样的城市环境不被汽车交通左右，可以方便地获得商品和服务。

这样的城市正积极地进入第 2 节所述的发展过程第三阶段。例如，伦敦市市长在 2013 年 7 月宣布他支持的一项城市道路政策，这项政策特别强调了城市生活以及高质量的城市街道场所空间。这包括促进绿色出行模式，削弱常规道路交通的优势地位，可以通过进一步抑制交通流量或者提供新的道路（隧道中）来将交通流量从历史街区中转移出来（而不是像第一阶段那样），为常规交通增加道路通行能力。

高质量的公共领域也明显具有商业价值，可以吸引主要的国际客户来进行新的城市住宅、零售业和商业地产开发。例如，伦敦的主要开发商已经投入了大量资金来改善绿色模式到达其场地的通道（例如修建新的铁路车站和自行车网络），并且改善周围街道网络的外貌。

六、现代化的城市绿色交通系统构成

（一）步行

绿色出行的基础是步行。没有充足的步行基础设施支持，人们就不能往来于公共交通之间，即便是短途出行，也只能选择昂贵和低效的私人机动车出行。创建良好的步行环境需要关注交通系统中最为细致的设计。如果交通系统的设计考虑到了儿童、老人和残障人士的需求，就应当为步行提供良好的环境。

国家政府在促进步行方式方面可以发挥多种作用——它们应当建立道路安全制度和策略；它们应当采用和执行道路设计和安全标准，包括推广可以安全地容纳所有使用者的“完全街道”；它们应当要求地方政府制定考虑行人安全性的规划并优先采用，并且提供灵活、专用或者通过竞争吸引的资金来为改善行人出行环境投资，或者在这一领域进行这一创新性实践。

提供分隔带将快速或者高容量交通与非机动车流量分离是非常重要的。很多地方也采用通过交通减速措施来实现良好的安全性，例如：采用 30 km/h 限速区；通过障碍物、延伸等将街道变窄；使用抬高的人行道和十字路口平台等速度控制设施以及其他方法。欧洲和日本已经广泛地将这些方法作为改善步行和自行车环境并且降低城市噪声和污染的手段。现在世界各地越来越多的城市正在应用这一经验。

荷兰政府支持的自行车交通 CROW 设计手册和相关的荷兰道路设计标准，提供了很多其他国家的绿色交通倡导者改编的模型。瑞典在 20 世纪 90 年代后期通过了一项“零死亡远景”的政策框架，该框架的重点是通过将行人、非机动车道路使用者和车辆分离来降低他们所面临的风险。在不可能将机动车交通与其他道路使用者分离的地方，该项政策强调速度管理和安全的人行横道。

（二）自行车

自行车是最节约能源的出行方式，在很多现代富裕的欧洲和亚洲城市，它占到了所有出行总量的 1/4 到 1/2，以其往返于公共交通站点的大部分行程。为了使自行车成为健康和有吸引力的出行方式，地方部门给予自行车在交通中的优先地位是非常重要的。在主要道路上设立自行车专用车道和接合点，在与机动车共用的道路路段采取交通限速措施。在公共交通站点和车站优先保证自行车的停车场地。

由于自行车出行者处于危险或者使其感到不安全的任何一种障碍都可以阻碍人们选择自行车出行，自行车街道的精细设计对于最大限度地促进自行车出行是非常重要的。街道的照明、路面的平坦、街道排水构筑物的安全性和充足性以及维护、信息和标识的完整性、自行车路线的直接性和连通性、十字路口处理的安全性、保证在目的地能够停车以及其他因素，全都可以影响自行车出行者的选择。

为了自行车更好地出行，很多国家已经实施了“5E”计划：①基础设施工程；②促进自行车安全行驶和驾驶行为的教育；③鼓励促进自行车出行并且为增加自行车的使用设定目标；④实施交通法律；⑤为改善自行车出行进行评估和制定规划。

当自行车骑行者感觉交通环境存在危险时，可以预见自行车的使用将下降。人们已经发现强制佩戴头盔的法规也将减少自行车的使用，甚至可能使骑行自行车更加危险，因为这种强制要求会减少街道上自行车骑行者的临界量。当自行车占出行总量的20%～30%时，是最安全的。

如上述哥本哈根的案例研究所示，即使是在曾经急剧下降的地区，自行车出行也可以恢复到广泛地使用的程度，但是这需要在“5E”计划的所有方面进行不懈的努力。很多其他城市都曾经经历了广泛的自行车出行、随之大幅下降，后来又显著地恢复到较高自行车出行比例的循环，包括波特兰、俄勒冈州、加利福尼亚州的多个城市（例如圣巴巴拉市和戴维斯）、阿姆斯特丹、柏林和巴黎。

已经证明公用自行车系统对于扩大自行车出行是一项有价值的现代战略，这一系统使自行车可以根据需要在一个城市的不同邻近地区使用。自行车公用的实质很简单：任何人都可以在一个地方借用自行车，而在另一个地方归还，使点到点的人力交通成为可能。目前，全球已经有超过 400 个城市拥有了其自己的公共自行车系统，而且每年还有更多的项目开始实施。众多成功的系统都具有某些共同的特点，《交通与发展政策研究所（ITDP）自行车共用规划指南（2013 版）》指出了这些特点：

①在整个覆盖范围拥有密集的站点网络，站点之间的平均距离为 300 米；

②自行车舒适，适宜短途骑行，特殊设计的部件和自行车尺寸可以防止被盗窃和转售；

③完全自动化的上锁系统允许使用者在共用站点内外检查自行车；

④无线跟踪系统，例如无线射频识别设备（RFID）可以定位自行车借用和归还的地点，并且确定使用者；

⑤通过无线通信，例如通用分组无线业务（GPRS），对站点的占用率进行实施监控；

⑥通过包括 Web 网络、移动电话和/或者现场终端在内的各种平台，发布实时的使用者信息；

⑦鼓励短途出行的定价结构有助于使每辆自行车每天的出行次数达到最大限度。

（三）公共汽车和快速公交系统

绿色城市交通要求良好的公共交通，使人们可以比步行更远、更快地出行。在过去的一个世纪里，公共汽车在全球很多城市的交通系统中都发挥了越来越大的作用，尽管差距很大。公共汽车的尺寸有各种等级，从可能只能搭载十几名甚至更少乘客提供不定期辅助客运服务或者路线更为灵活的辅助客运服务的迷你型公共汽车到可以运载数百名乘客的大容量二节铰接式公共汽车（包括站立乘客）。但是，与有轨电车或者火车相比，大部分公共汽车都是以低容量在规定的道路上运行，采用相对低廉的公共汽车站点为乘客服务。公共汽车可以由私营或者国有运营商在有补贴或者没有补贴的情况下运营。

与搭载人数通常较低的私人机动车辆相比，搭乘人数相对较高的公共汽车可以以更高的燃油效率和高效的道路空间利用率来运输乘客。因此，世界各地的很多政府，尤其是欧洲、日本、韩国以及其他地区的政府，在使用街道空间方面给以公共汽车为基础的公共交通予优先权，并为公共交通运营提供了补贴。当公共汽车的搭乘人数较低时，它们具有低污染或者零污染、燃油经济和街道空间高效利用的优势。这就是为什么要调整和管理公共交通、停车、街道空间、票价以及土地使用，从而保证在交通系统中以补贴的价格和不同的优先权，以不同的形式提供最优的服务的原因。

不加以管理的公共交通，例如在亚洲、拉美和非洲的一些城市，通常会导致超竞争、拥堵、污染、低劣的服务质量以及街道空间的低效率使用。得到良好管理和补贴，并且具有适当的出行管理的公共交通，如欧洲和日本的很多城市中的公共交通，可以使步行、自行车和基于公共汽车的公共交通更具吸引力，在密集的城市地区成为驾驶私家车的替代选择。

国家政府通常并不在调整和管理城市公共汽车服务方面发挥直接作用，但是，在很多先进的经济体中国家政府为地方和省级政府提供财政支持，用于补贴公共汽车采购以及其他公共汽车系统资本支出或者运营。例如，美国政府提供资金支持各城市采购车辆以及对现有的公共交通进行维护以保持良好状态，并为小型和农村社区提供帮助。在欧洲共同体中，补贴的方法各国之间存在很大的差异，但是，很多国家政府都将征收的部分税收分配给各城市来支持公共交通资本投资。

最新的公共交通技术创新是快速公交系统（BRT），快速公交系统首先出现于20世纪70年代中期巴西的库里蒂巴。从那时起快速公交已经在全世界发展起来，遍布于数百个城市。在波哥大、哥伦比亚、中国广州以及越来越多的其他城市拥有了金质标准的快速公交。这样的快速公交综合了各种特性来提供基于公共汽车的公共交通服务，这样的服务与地铁系统相当，但却可以以很低的成本和在极短的时间周期来实现。

高标准的快速公交具有特殊的站点，在上车前收费，拥有通行权，并在车站拥有超车道，从而使公共汽车不受交通拥堵影响。这需要高质量的乘客信息系统、实时的公共汽车运营管理、品牌服务，而且公共汽车具有多个非常宽敞的车门，可以水平登车从而加快了乘客上下车的速度。这需要进行细致的服务规划，将中转和延误降至最低，根据需求，无论是每站皆停的还是快车服务，尽可能地一趟乘车抵达目的地。全球的数百个城市，从洛杉矶和克利夫兰到南斯、阿姆斯特丹和瑞典哥德堡都已经建立了结合众多金质标准快速公交特性的银质、铜质或者更基本的快速公交。在欧洲的很多出行通道，这样的系统已经被称为“高水平服务公共汽车（BHTS）”。

作为“新资本拨款项目”的一部分，美国运输部为各城市提供了资金支持来发展快速公交。基于成本效益的考核和严格的多方案分析，并以竞争性拨款为基础的这些拨款最多占到了新建快速公交和铁路系统开发成本的 80%（但是更常见的是一半左右）。

（四）铁路和轻轨系统

19 世纪中期铁路的发展为很多城市带来了爆炸性的发展，因为这种方式可以在有较大道路出行需求的地方，以适当的旅客人均成本在狭窄的道路中快速地运载大量的旅客。与保留通行权相当，铁路的发展是最为经济的。铁路可以在高架桥上建设，成本大约是地面施工的 2～5 倍。铁路也可以在地下建设，成本大约是地面施工的 10 倍。因为服务于多个车站的铁路枢纽站通常可以为广大的服务区域提供高水平的可达性，它们可以成为高密度经济发展的重要节点。

重轨通常包括可能使用内燃机或者电力推进方式推动客车车厢的火车头，可以服务于区域和长距离市场，而用于通勤的铁路系统偶尔可能使用自推进的客车车厢单元。重轨通常以更远的站点间隔用于长距离运输。轻轨在设计上仅用于城市使用，站点之间的间隔较近，主要用于较轻的负荷和更快的运输。电力推进的轻轨车辆以适宜的成本，提供了各种乘客输送能力。轻轨可能使用共享或者专有的通行权，高或低的平台装载以及多车厢或者单车厢列车。地面电车类似于轻轨，但是通常以较低的速度在混合交通条件中运行，主要用于非常短的行程。轻轨或者重轨地铁通常仅在保留的专用车道上运行，采用与地面等高登车、预付收费，服务频率高，根据环境采用较短或者适中的车站间隔。

在很多发达经济体中，国家政府在帮助城市为新建铁路或者快速公交线路融资方面发挥了作用，因为这些交通形式是有利于城市形态和更有利于经济发展的长期投资。但是，地方和州政府以及私营部门常常提供了大部分投资，通常这部分投资来源于房地产获利或者地方税收。

（五）汽车所有权共享和共享使用策略

从 20 世纪 90 年代开始，汽车共享俱乐部在欧洲城市开始发展起来，其成员可以共享使用自驾车辆。成员通常每月只需交纳很少的费用，而实际使用汽车时再只需按照每千米和/或者每小时支付费用。可以网上确定和预留汽车，会员可以使用“信用卡形式”的会员卡打开预留的车辆。成员可以得到在燃油快用尽时加油的经济激励。与拥有自己的小汽车相比，汽车共享大幅度地减少了个人需求，显著地降低了成员中小汽车的使用，使成员可以使用各种不同尺寸和类型的车辆，使得车辆得到了更好的利用。

小汽车共享可以使非常多的人能够使用得起小汽车，却不存在小汽车拥有率升高的危害。据估计每辆共享的小汽车可以替代大约 8～15 辆私家车。城市通常会通过提供免费的专用停车位来激励小汽车共享。

随着能够简化小汽车预留和定位的智能手机和卫星定位服务的发展，在过去十年里小汽车共享已经取得了令人惊讶的发展。在充满活力的新型流动性领域，发展小汽车共享的新形势和新商业模式正在涌现，例如纯电动汽车共享俱乐部、国家汽车共享俱乐部、自有品牌汽车共享，如宝马和“自由漂移”汽车（可以置留在任何地点）。“点对点”的小汽车共享也正在发展，这种模式允许私家车拥有者在不使用时将其小汽车“借给”其他人。保险、预留、支付和信用问题通过基于互联网的在线“点对点”服务来处理。

七、交通需求管理

（一）需求的驱动因素

本书开篇已说过，大部分出行都是一种派生需求（即人们不会为了出行而出行，而是为了到达特定的地点而出行）。然而，在实践中，出行行为的分析和建模都是假定出行是人们一种独立的需求。见图 3-3，该图展示了驱动商品和服务需求的因素，从而间接影响了出行需求。灰色部分被排除在目前的出行需求模型之外，仅保留了个人特性和出行行为之间简单的关系。

显然，对于出行需求的预测，这是缺少基本依据的，也没有提醒政策制定者如果总体出行需求受到限制，例如至少在中国这样大城市密度较高的国家，需要解决出行的基本驱动因素。类似地，物流产业如何看待工业生产和销售链中的所有成本？例如在需要运输的商品数量、库存规模和销售中心的数量和地点之间做到平衡。所以，交通运输规划者需要更为全面地了解城市中人们的移动以及与这些移动模式相关的生产和消费模式。

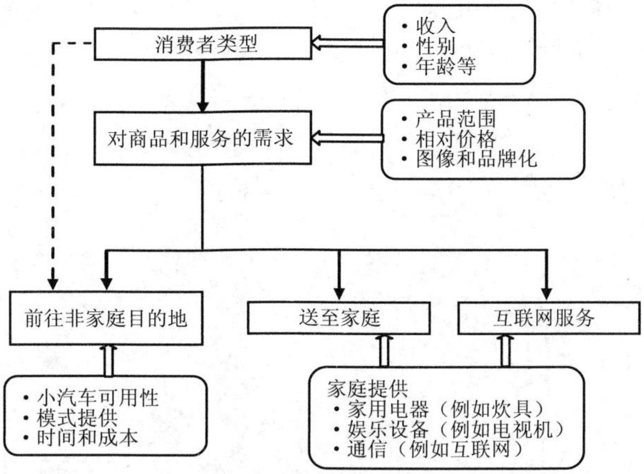

图 3-3　出行需求的基本驱动因素

（二）土地使用

城市土地使用模式是城市交通需求的主要决定因素，先进的城市土地使用政策可以在城市核心设计中减少交通出行需求。强有力的土地使用规划可以显著地降低流动性需求。

通过定位服务和在居民区附近就业，可以减少对流动性和小汽车的需求。分配给小汽车的城市空间（私用和公共停车位和道路）将决定未来的交通模式。在设计规划城区时，使城市具有高度的“可达性”，拥有高效（高密度）的公共交通以及方便的步行和自行车出行条件，这些是决定城市环境价值和吸引力的主要决定因素。

欧洲的房地产开发商越来越认识到一个地点的“可达性”决定了它的价值，他们越来越多地准备为改善可达性投入资金。

城市规划者需要为设计和实施强有力的城市规划政策提供培训、技能和政治支持，并且能够拒绝削弱高密度城市开发和改善流动性的巨大商业利益。

（三）小汽车拥有率

家庭小汽车拥有率，特别是小汽车的可用性对人们出行数量具有非常大的影响。它可以影响人们的出行次数，更重要的是影响每年的出行距离。随着小汽车拥有率的增长，每年出行的人均千米数通常也会同步增长，至少在我们遭遇所谓的“繁忙时段用车”现象之前会是这样。在出行的时间花费上也有较小的增长，见图 3-4。

小汽车拥有率的增长与个人出行的增长之间的关联，有两个原因，首先在本质上主要是主观原因，其次是客观原因：

（1）因为在每天的 24 小时中都可以使用，并且在大部分情况下可以“全程”使用，所以小汽车出行被认为是非常“方便的”；无论气候条件如何，都可以舒适地运载乘客，货物也可以方便地进行运输。出行变得“更容易”。

（2）小汽车出行与其替代的大部分出行方式（例如公共交通、自行车和步行）相比，都可以实现更快速的全程出行；所以出行距离增加的速度以及相应的车辆里程数，要比出行次数和出行时间增加的速度快得多。

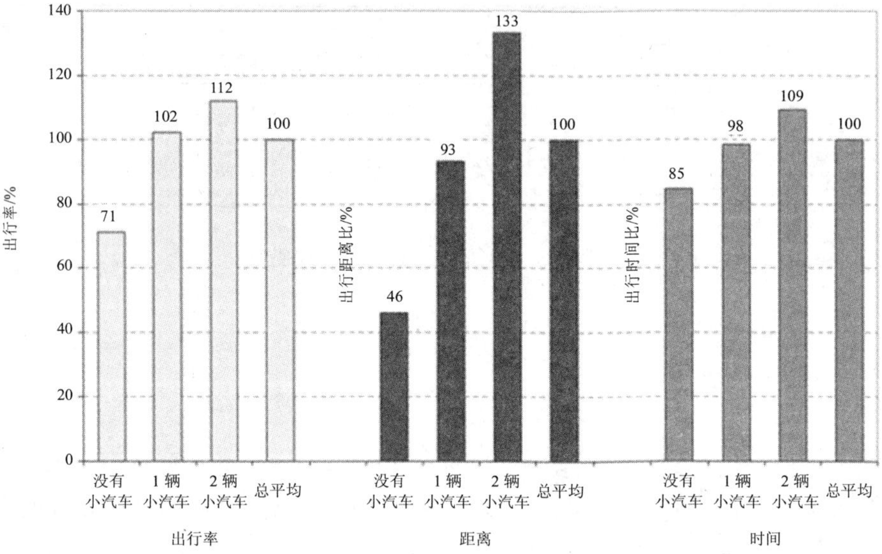

图 3-4　平均每人出行率、出行距离和出行时间随家庭小汽车拥有率的变化

（资料来源：《2012 年英国国家出行调查》表格 NTS0701。）

所以限制小汽车拥有率对出行的总体数量和对出行模式的选择都具有显著的影响。有各种方法来直接或者间接地用于限制小汽车拥有率。特别是：

（1）直接限制小汽车拥有率；例如百慕大限制每个家庭只能拥有一辆小汽车，而且在该群岛上没有租车服务。

（2）将小汽车的拥有率与居住区停车位数量关联起来；在东京，小汽车登记时要求所有者能够证明其拥有街道外的停车空间，而在伦敦这样更为密集的城市地区，有限的街道上和街道外居住区停车位起到了抑制小汽车拥有率以及小汽车使用的作用。

（3）高额的车辆登记税，例如新加坡和上海。

此外，一些国家将小汽车所有权税与车辆二氧化碳排放量关联起来，从而鼓励燃油效率更高的车辆。例如英国，每年的车辆消费税直接与二氧化碳排放量相关，而且一些地方当局将街道上居住区停车许可收费与这些排放量关联起来。

（四）停车控制

尽管停车政策及其实施是城市流动性政策和管理小汽车使用的核心，但是在城市流动性政策中常常被忽视。对于可以使用小汽车的人们来说，停车位的可用性和成本是其在某个特定行程中是否使用小汽车的主要决定因素。

停车政策必须整合于地方城市交通规划的远景和目标中。城市可以通过为小汽车共享、替代燃料、公共汽车和高效的城市物流提供免费的停车位和加油站，对这些模式给予有力的激励。

利用基于智能手机的解决方案，实施可变的停车定价（对于私家车和公共交通停车）越来越具有成本效益，同时可以成为一种重要的收入来支持公共交通、步行和自行车出行。

很多停车管理措施的不足包括：对非法停车的容忍和执法不力存在极其严重的危害；对公共空间私有化常常会削弱公共交通、步行和自行车出行的吸引力。

严肃的城市交通系统需要有效的停车管理和执行。

（五）对行驶车辆的限制

有三种主要的机制用于限制机动车在城市的不同区域的行驶，其适用性取决于政策目标以及城市的实际情况、社会和经济地理条件。

第一种机制是采取各种“实际”措施，这些城市将常规交通的道路容量限制在当地所规定的最大标准以下。这样的措施包括：

（1）限制行车道的宽度（通常同时将部分行车道空间重新分配给公共汽车或者自行车专用道，或者增加人行道的宽度）。

（2）为了避免网络超负荷，利用交通信号灯监控进入一个区域的交通流量。伦敦在特拉法加广场周围地区使用了这种方法（路口容量已经降低了 40%）来大幅度地改善公共空间，而苏黎世市中心的流量始终低于可能导致街面有轨电车和公共汽车服务延误的水平。

（3）重新配置部分街道网络使得不方便或者不可能驾车通过一个被认为环境敏感的区域。通常采用两种方法：①交通“单元”，通常位于大容量环状道路内部的内城和城市中心区被分为多个部分或者单元，只允许公共汽车、自行车骑行者和行人直接从一个单元运动到另一个单元；常规交通必须先驶入环状道路，然后再从环状道路驶入另一个单元。②交通“迷宫”，即利用禁止转弯、选择性地关闭路口以及关闭一条道路上单行街道的反向部分，使不可能直接地通过通常位于城市居民区中的联通良好的街道网络，从而分流主干路上的交通流量。

第二种机制基于各种不同的“管制”措施，这些措施利用信号以及不断得到电子出入控制技术支持的手段来控制进出某个区域的人。引入这样的措施通常是为了控制进入一个特定区域，但是也可以仅仅针对具体的街道（例如，大型购物街）；通常在一天中的某些时间段限制进入，例如，购物高峰，或者限制在夜间进入高密度居民区。

进入管制可以基于不同的标准：

①车辆类型（例如，仅限于公共汽车和自行车）；在非常特殊的情况下，可以仅限于行人。

②人员类型（例如，仅限于居民）。

③出行目的（例如，装载或者仅进入局部地区）。

④车辆的排放量（参见“低排放区”）。

第三种机制包括采用定价措施，即各种道路定价、拥堵费、道路使用收费或者城市通行费。每种情况中都涉及对使用部分城市交通网络的机动车进行收费。收费根据车辆类型、时间段等因素而不同，并且可能基于多项原则。特别是：

①点收费：针对通过网络中的特定点收费（例如，桥梁或者路口）。

②线收费：针对穿越某条区域线的收费（例如，奥斯陆收费环线）。

③面积收费：针对进入一个设定区域并且在该区域内行驶的收费（例如，伦敦拥堵费）。

④基于拥堵的收费：旨在将网络绩效维持在一定水平的可变收费（例如，新加坡的收费制度）。

对于停车控制，当局会有意识地结合实际措施以及管制和定价措施来实现其政策目标，与停车控制不同的是，城市当局倾向于采用这些措施类别中的一种或者两种来进行交通流量的控制。

（六）流动性管理

流动性管理（简称“MM”）的概念是通过改变出行者的态度和行为，促进可持续发展的交通来管理小汽车的使用需求。流动性管理的核心是类似信息和通信、服务组织以及协调不同合作方的活动这类“软”措施。“软”措施在城市交通中通常可以增强“硬”措施的效果（例如新的电车线路、新的道路和新的自行车车道）。流动性管理措施（相对于“硬”措施）不需要大规模的财政投入，却可以具有较高的效益成本比率。实例可以参见欧洲的流动性管理平台 www.epomm.eu。

尽管近些年来难以度量和评估，但是与拥有高成本基础设施的城市相比，流动性管理的成本效益（低成本）已经得到了广泛的认可。现在流动性管理在很多城市已经成为城市交通规划的必要组成部分。

基于选址的流动性规划是一种成功的流动性管理措施，其中雇主、医院、体育馆和教育机构（学校、大学等）确定和实施基于选址的规划，以管理和影响乘客的出行、往返于其地址之间的服务和货运。这样做的优点是将管理流动性的责任交给流量产生方自身，而不是将问题转交给城市当局，同时有助于在源头解决问题。

（七）活动/交通文化

越来越多的西方国家政府正在采用“行为改变”计划来鼓励更为可持续发展/健康的行为模式，不仅仅是在交通领域，也包括家庭能源使用、食品消费等。

在交通领域，重点是鼓励小汽车使用者转变为更为绿色的交通形式（公共交通、步行和自行车）。各种民意调查已经表明：大部分小汽车驾驶员承认不是所有的出行都必须使用小汽车，通常至少可以总共降低 10%，或者很容易转变为其他形式。英国的一项调查发现大约有一半的父母驾车送他们的子女去学校，这是城市出行中导致局部交通拥堵和空气污染的主要因素。如果有合理的替代方式，这些父母将不会自己驾车。

大部分计划都是基于“转变阶段”模型的，见图 3-5。这种模型承认行为的转变涉及态度的转变过程，常常还包括文化上的转变，在不同的阶段可以采取不同的方法。从最初的意识开始发展到实验试行的这个过程如果成功，将作为一种新的习惯性行为而被完全采纳。

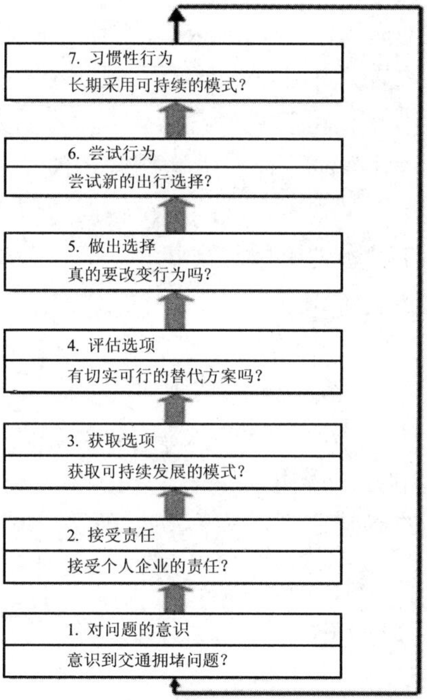

图 3-5　欧盟“TAPESTRY”项目中开发的“转变阶段”模型的一个例子

通常，早期的宣传活动可以提高对诸如污染和拥堵等问题的认识，强调使用小汽车的影响，并且鼓励人们为解决这些问题承担起个人责任。然后重点转移到更有针对性的消息、出行信息和措施上来，这些内容鼓励人们在前往学校或者工作地点时采用更为绿色的出行模式，或者促使人们在家中工作。这些活动通常会利用“精明的选择”这样的短语加以标记。尽管它们可以与拥堵收费这类更具强制性的措施一起引入，但是总体上它们鼓励自愿地行为转变，鼓励行为转变使人们更加了解替代选择。

这些活动中有很多已经进行了密切的监控，结果显示通常可以将小汽车出行次数和英里数降低 10%～15%，尽管在特殊情况下，在特定地点小汽车的使用可以减少超过 50%。

文化上的改变是取得成功的重要因素，包括利用行为榜样来鼓励人们思考问题，理解改变行为的可行性。例如在伦敦，现任市长不再乘坐其司机驾驶的小汽车，而是经常在伦敦中央区骑自行车以及乘坐公共交通，这向社会的各个阶层传递出了强有力的信息。

（八）低排放区

高的小汽车拥有和使用率，加上大部分欧洲城市稠密的特性，道路交通导致了严重的空气污染（尤其是氮氧化物和颗粒物），对人类健康具有恶劣的负面影响（呼吸系统疾病和早逝）。为了解决这些问题（并且为了符合欧洲空气质量标准），欧洲数以百计的城市正在城市地区实施低排放区（简称“LEZ”）政策，只有最为清洁的车辆才能驶入低排放区，未来几年还将出台更多的计划。

城市一般都是依据国家指南实施 LEZ，不是所有的欧洲国家都允许其城市实施 LEZ，一些城市更愿意采用各种综合政策来减轻道路交通污染（停车管理、公共交通优先等）。这些方案的技术细节各有不同，有些仅适用于货运车辆，其他的适用于小汽车和货运车辆。一些方案通过摄像头来执行，另一些通过上路检查来执行。预计在未来几年里将发展自动的电子识别卡。

LEZ 的一个特性是随着一般车辆类型构成的改善，这些方案的效率将下降，因此，趋向于每隔几年对方案规则进行一次修订。

低劣的设计方案会降低物流运营的效率，且增加提供公共交通的成本。良好的设计方案无疑可以激励使用者采用更清洁的车辆和燃油。LEZ 对拥堵、温室气体排放和道路安全具有更广泛的影响，但不太容易被理解。

八、绿色出行指标

“绿色出行”指标可以起到多种作用，并且可以供不同的公众使用。例如，可能包括交通运营商、地方市长或者国家政府、研究机构或者公众。其指标在以下方面发挥了越来越重要的作用：

（1）确定需要解决的优先问题（例如，城市中的空气污染）。

（2）使交通运营商可以利用客观指标（例如，延误度量值）和主观指标（例如，顾客的安全感知）来微调交通系统的运营。

（3）在管理者（例如，与支付相关的绩效）和更具政治性的指标（例如，提高标准）中激励高质量的绩效。

在此我们简要地讨论以下五种指标：①道路交通外部性（拥堵、污染等）；②绿色模式服务绩效—乘客体验；③系统效率；④公众对交通条件和政策的态度；⑤社会公平性。

（一）道路交通外部性

某些形式的外部性大体上相对易于度量（例如，空气质量或者交通事故），而像交通拥堵这样的其他外部性难以度量。

很多国家政府为空气污染设定了目标，包括一个限值以及每年可以超过这一标准的最大天数。例如，在欧盟范围内二氧化氮（NO_2）的限制值为每小时 200 μg/m^3，每年超过这一标准的次数不得高于 18 次。

尽管大部分国家都计算道路交通事故导致的死亡和严重伤害的数量，但是定义在以下方面是不同的：一是在事故发生多少天之内的死亡将被算为交通事故导致的死亡；二是对“严重”的定义。

国际上没有被普遍接受用于度量交通拥堵的方法，一些城市使用平均速度、静止状态的分钟数等。引入了拥堵费而减轻交通拥堵的伦敦是以额外出行时间的变化来度量交通拥堵的，度量指标为“出行速度”，见图 3-6。

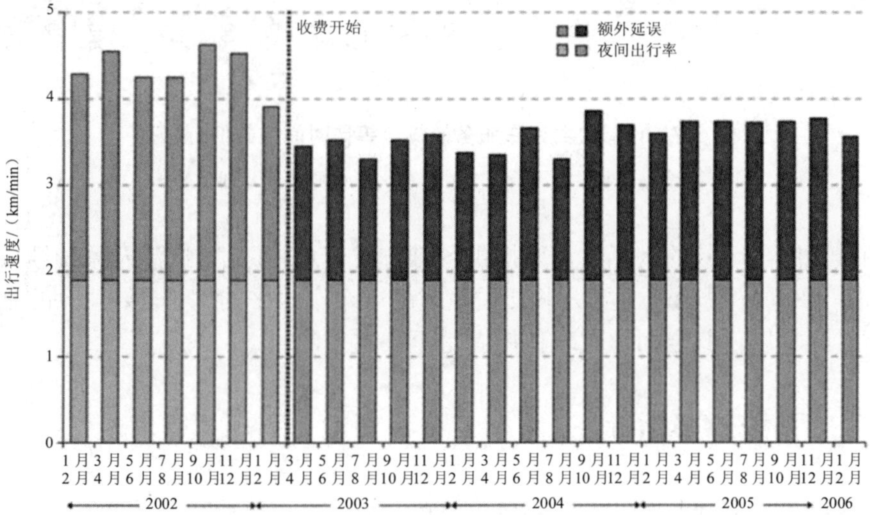

图 3-6　在收费时间里伦敦拥堵收费区之外的拥堵情况

（资料来源：《伦敦交通，年度监测报告》第四版）

（二）绿色模式服务绩效——乘客体验

很多城市里有客观和主观度量，已经开发出了非常先进的服务绩效方法。

在伦敦以及很多其他城市中的公共汽车和铁路网络中使用的一种度量方式是“额外等候时间”，见图 3-7。这种度量记录了旅客在等候一辆公共汽车或者火车时，超出其在服务准确按时达到时应当等候时间的平均时间；对于高频率服务，这个时间估计为前后两车时间间隔的一半，而对于低频率服务采用发布的时间表。这种度量的局限性是假定乘客可以登上到达的第一辆车，但是在高峰时段车辆非常拥挤时并非总是如此。

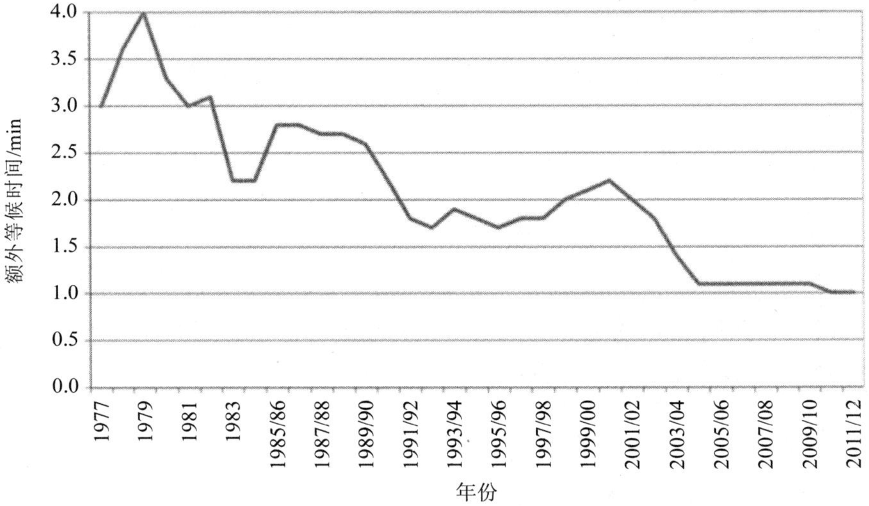

图 3-7　伦敦公共汽车服务的额外等待时间（越低=越好）

（资料来源：《汤姆·坎宁安为中国代表团所做的报告》，2013 年 9 月）

顾客对服务绩效的满意度可以提供各种方式信息，并且可以涉及系统绩效的不同方面。图 3-8 展示了伦敦主要公共交通模式的一个高水平的例子。要注意的是仔细选择使用者样本以使其全面地代表使用者是至关重要的。

（三）系统效率指标

这些度量更多地是关注交通系统总体的运营，而不是乘客对系统的体验：一个交通系统可能得到乘客的高度评价，但是在运营和经济上可能是低效的。指标包括：

①已排定的车辆运营公里数的比例；

②每辆车每天用于公共服务运营的小时数，一辆公共租用的自行车被使用的时间比例；

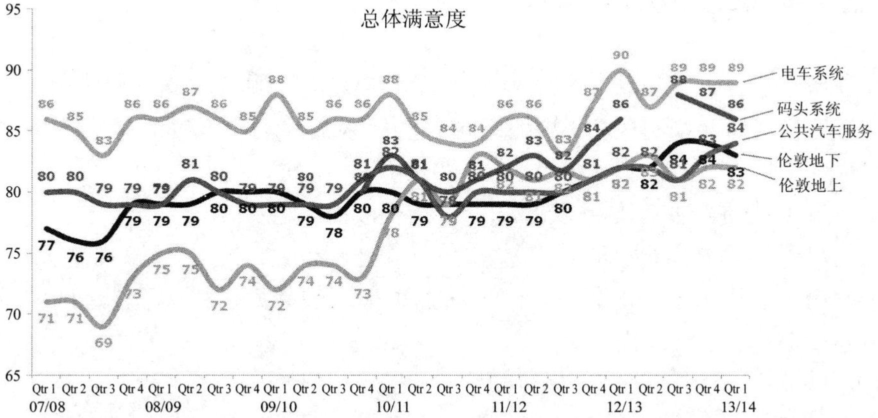

图 3-8　一段时间内顾客对伦敦公共交通模式的满意度

（资料来源：《朱莉·狄克逊为中国代表团所做的报告》，2013 年 9 月）

③载荷系数（每辆车的乘客数）；

④每乘客每公里的补贴。

（四）公众对交通条件和政策的态度

通常要了解公众的态度，既涉及当前城市交通系统的完备性，又涉及人们认为政府应当如何解决问题。

（1）媒体在影响公众观念方面起到了重要的作用，所以很常见的一种情况是对某事的一般态度可能被认为是负面的“问题”（例如，一般的交通拥堵），但是个人的感觉可能更多是正面的，所以要考虑到这种差别。

（2）公众的态度和观念可能与专业人士群体有相当大的不同，而且本质上就是相当复杂的。例如，在城市拥堵收费方面就有不同意见。①很多经济学家和工程师认为收费是“将外部性内在化”的一种方式，并且由人们为其导致的问题付费。②大部分小汽车驾驶员认为，拥堵是由其他人造成的，而不是他们自己，而且他们已经在更长的行车时间中付出了代价；他们觉得不应付费的事情而付费是不合理的（例如，拥堵）。③拥堵费不被认为是一种非常有效或者公平的降低交通拥堵的方法，而更好的交通服务则被认为是更为公平和更为有效的。④但是，很多人愿意接受对乘汽车出行者额外收费来改善公共交通服务。

（3）在欧洲一般而言倾向于改善非小汽车模式，而不是限制在城市中驾车出行，对于后者，也是以法规为主，而不是定价。

（五）社会公平性

很多城市承认儿童、老人和残障人士使用公共交通服务时支付能力有限，所以对他们降低票价或者免费。国家法规通常也强制要求为行动不便的人使用服务设施提供特殊的条件。

社会公平性的很多方面可以通过以下指标度量，包括：

①相对于不同人口群体在人口中的数量，他们使用绿色出行模式的次数。

②轮椅可以进出的车站、公共汽车站点和车辆的数量，以及可以进出的设施占网络的总体比例。

③在城市不同地区的不同人群对商品和服务的获取。

收入最低的 1/5 人口可以从家出发乘坐公共交通在 45 min 内到达适宜工作地点的比例；年龄在 65 岁以上的老人乘坐公共交通从家出发 30 min 内可以到医院的比例。

④居民区和社会群体受到外部性影响的不同程度。西方国家的城市中越穷的人越可能居住在可达性较差和污染更严重的地区。

在英国，居住在城市最贫困地区的儿童，被机动车事故致死或者严重伤害的可能性是居住在最富裕地区儿童的 5 倍；在欧洲城市中，空气污染严重的居民区居住的可能都是穷人。

九、公众参与和能力建设

公众参与城市交通规划正变得越来越普遍，但是这种参与的目的和性质在各城市之间与各国之间都有很多的差异。对于公众参与，城市和国家的官员都经验不足（除了人们向议会“抱怨”或者给媒体写信），并且可能非常惧怕。但是经验表明设计良好的参与过程可以具有非常积极的效果。

有多种旨在促进能力建设，帮助交通部门官员成功地参加公众参与活动并且从其他人的经验中受益的指南。请参见欧盟“指南地图”项目中的实例文件。

需要认识到公众参与关系到交通规划设计和实施过程的各个阶段。这通常包括：

①问题确定/目标设定：我们试图解决哪些问题以及设计的计划要实现什么目标？

②产生选项：可以如何解决问题以及如何满足目标？

③选项评估：每一种选项的优点和缺点是什么？

④选项选择：应当实施哪一个选项？

⑤建设：在建设/实施过程中？

⑥评估：方案/措施如何成功地解决了其期望解决的问题，或者满足其商定的目标？

在考虑公众参与时每个城市需要做出多个决策：

①谁来参与

②为什么他们参与

③他们如何参与

④他们何时参与

（一）谁来参与

有很多公众团体和大型私人机构对正在研究的特别的交通政策/投资在形式上是感兴趣的；这些机构可能包括其他政府部门和所有的私营公共汽车运营商和公共事业（例如，供水和供电）公司。

但是也有很多其他“利益相关方”群体可能会以某种形式受到交通建议的影响。这样的群体可能包括：

①出行者（乘坐公共汽车、铁路、小汽车、自行车和步行等）；

②当地居民和当地企业；

③旅游者和其他到当地的访客；

④代表特定人群的组织（例如，残障人士群体）；

⑤市民和环境团体以及各种非政府组织。

（二）为什么他们参与

当提出大型方案或者新类型的交通政策时，通常有咨询各种“法定”机构的法律要求。这种法律要求不断扩展，至少已经涵盖了前面第 2.1 节列出的部分群体。

例如：瑞典的城市议会和交通机构在法律上必须邀请公众参与方案设计和实施。英国和美国都有法律要求来保证进行足够的咨询，例如，美国要通过环境公正立法。

在英国，对政府机构曾经开展的咨询活动不满意的市民越来越多，可以通过要求法院裁决咨询程序是否充分来寻求“司法审查”。早期的案例集中于是否考虑到了所有受影响的群体；但是越来越多的法院也会裁决参与方法是否适当，而且（在有卫生服务条款的情况下）最近也曾裁决公共卫生机构没有充分地重视并为其提议的方案考虑理想的替代方案。

法院裁决的依据是国家法律，以及国家签署的国际公约，例如《奥胡斯公约》或者《联合国人权公约》。

但是在进行影响出行者、当地企业和居民等的日常生活的决策时，使他们参与进来也是出于最佳实践的原因，而不是出于法律或者道德原因。特别是：

①问题确定：交通使用者和当地居民/企业常常要比可能居住在城市其他地区的交通专业人士更了解当地存在的问题及其原因。

②目标设定：交通使用者和当地居民/企业将受到实施的交通政策/投资的深刻影

响，所以越来越普遍的做法是在为其地区设定目标和未来愿景时使这些群体参与进来。

③产生选项：尽管仍然很少见，但是已经有越来越多的证据表明利益相关方群体可以为解决已经确定的问题有效地提出解决方案的建议；特别是，他们可能提出这一领域受过培训的专业人员可能想不到的“非常规”的解决方案。

④选项评估：这可能是最常见的公众参与形式，在这个过程中，要求人们在一组解决问题/实现目标的可能选项中做出选择。这种方法鼓励当地的“认可”，但是这些意见在做出最终决策时可以起到多大作用，各城市之间是不同的。

⑤做出决策：很少由市民或者其他利益相关方群体做出最后的决策，通常是由当地或者国家的政治家以及其他公职官员做出的。但是一些城市实施了“参与式预算”，即当地社区获得（相对较少的）资金来用于他们选择的方案。

⑥建设：大型方案（例如，穿过市中心的轻轨新建方案）可能在数年或者数月里都是具有破坏性的，本地企业和居民的紧密参与对于将负面影响和不满降至最低，是非常重要的。这可能只是简单地定期提供关于将在何处进行当地工程施工的更新信息，或者积极地管理施工，以便将对当地社区的干扰降至最低。

⑦实施后评估：向使用者群体和当地企业和居民询问他们认为实施的方案/投资在解决前面的问题和满足目标方面是如何成功的，这种做法虽然不常见，但却是一种良好实践。这类信息可以用于“微调”方案，并且增加知识来改善未来类似的方案。

公众参与常常也会带来某些有价值的次级效益，特别是：

①参与产生选项的全过程可以帮助当地群体更好地理解交通专业人士们常常要面对的实际约束；

②当一个方案依赖于对新法规的“自愿”遵守（例如，没有或者只有有限的资源来执行）时，那么通过与使用者协商，并且在选项评估过程中得到支持的选项，更可能得到遵守。

（三）如何参与

一般地说，我们可以将公众“参与”分为四种程度，按照参与程度的升序排列，分别是：

①信息：将已经做出的决策告知人们（例如，在其附近地区建设新的地下线路）；并没有征求他们的意见。

②咨询：征求人们的意见，但是通常只是简单地征求他们同意还是不同意已经起草的建议，尽管常常也为他们提供某些选择要素（例如，在新环路的三条路线之间做出选择）。

③约请：通常是更具交互性的过程，在巧妙控制的小型分组会议中工作，规划者/设计者和利益相关方群体可以交换意见，并且尝试达到一定程度的一致。

④授权：社区被授予一定的权利来决定做出何种选择（例如，参与式预算方法）。

信息和咨询是利益相关方最常见的参与方式，尽管在越来越多受过教育和善于表达的人群中，倾向于更多地获得约请和授权。但是后者可能导致与某些地方政治家的关系紧张，这些政治家会认为他们代表其选民做出决策的传统地位受到了这个过程的挑战和侵蚀。

（四）何时参与

宝贵的经验告诉我们从一开始就要清楚在规划、设计和实施过程中利益相关方群体将受到什么影响。这将直接影响他们应当何时参与？

例如，如果已经做出了修建一个快速公交系统的决策，那么如果所有的细节都已经完成规划，那么唯一适合做的就是邀请与方案建设相关问题有关的人，或是只是简单地通知他们道路布局的变化和建设阶段的情况，或是与当地企业合作，例如，在建设过程将对当地客户和交货的干扰降至最低。

资源约束也需要考虑。随着城市当局开始从“信息”向“授权”发展，运行和分析这些过程的成果所需要的专业意见也在增加。一些当局也可能受到财政约束，这就要求在某个特定日期之前启动项目；就公众参与而言，这也可能限制了在可用时间里可以实现的目标。

但是很多西方城市的经验表明对于可能引起争议的方案，允许广泛的公众参与是值得的，否则当引入/建设的决策被宣布时，公众强烈的愤怒可能导致方案的推迟，导致付出巨大的代价。

十、总结

当各种政策跨越模式、机构和各级政府进行了协调时，城市绿色交通是最成功的，而为公共交通投入大量新的投资基本上是组织和管理问题，而单纯降低公共交通票价既不能解决交通问题，也不能长期地将出行需求从私人机动车转变到公共交通、步行和自行车。出行者将评估所有模式相互之间的竞争力。

很多因素可以导致绿色城市交通的失败，例如广泛分布而且低廉的停车、过度拥挤和不可靠的公共交通、自行车和步行不安全的普遍观念、位高权重或者富人们对绿色出行模式的回避以及新闻媒体对绿色出行的负面理解。

同样地，也有各种因素可以支持绿色城市交通的发展。这些因素包括使步行和自行车出行更为安全、更具合法性的显著改善、在交通中给予公共交通优先权、严格执行停车要求和交通法规、限制提供小汽车停车位并且增加小汽车停车的成本。它们包括消除阻碍行人和自行车骑行者沿着最直接的路线到达其目的地的物理障碍、在公共交通和活动中心的入口附近提供自行车停车位，以及为行人提供便利设施，例如沿着常用路线提供长椅、遮阴树和防雨罩。

中国的城市密度非常高，而目前小汽车拥有率较低，中国可以（如果决心这样）

选择从其他地区的错误中学习经验，建设城市流动性的绿色未来。不是所有的国际经验都符合中国国情，但是通过研究各国交通系统现代化的不同道路，可以获益良多。美国的经验就警告世人过度现代化的代价是多么高昂。现在，美国正处于恢复其城市流动性系统的平衡、扩展绿色出行选择的漫漫征程中，在超过半个世纪的时间里，在广大依赖于小汽车的城郊地区发展中，这些被系统地忽略了。由于2008年开始的大衰退，在依赖于小汽车的郊区，房地产价值下降了超过一半，而且目前也尚未恢复，而在具有良好绿色交通选项的城市和内环郊区，房地产价值大体上已经上升了，而且恢复很快。随着年轻人避免在以小汽车为导向的郊区生活，并且不断地聚集和停留在他们对小汽车依赖较低的地方，美国城市的平均人口密度在继续增长。

随着全球石油价格的继续升高，对小汽车依赖较低并且拥有更可靠的绿色交通选项的城市，将比依赖于小汽车的地区更具有竞争优势。随着空气污染、道路事故和温室气体排放的外部成本得到承认，并且被纳入到政策框架中，这一趋势更为确切。一旦形成了高水平的小汽车拥有率、道路建设和石油消费，这些重要工业的“游说力量”就会对很多西方国家交通政策的演变产生严重的影响。

这就是说，中国需要找到其自己的绿色城市交通可持续发展之路，认识到在土地市场、政治和经济结构以及近期城市发展形式方面的差异。由于在未来几十年里，将有数亿人口涌入中国的城市，如何管理城市化进程将对中国以及世界其他地区的经济和环境具有重要的影响。

如果目前中国的城市流动性发展趋势持续下去，将导致以低效、拥堵和污染为特征的越来越混乱的城市流动性。但是如果新的国家政策实现了紧凑、多用途和低碳增长，以及绿色城市交通的高水平使用，中国和所有人类的未来都将更加光明。

第四章　中国绿色出行社会调查与分析

一、调查组织实施情况

为了解掌握中国城市居民对“绿色出行”的基本认识与实践状况，课题组采取了网上问卷调查与城市大型社区“一对一”现场问卷调查的方式，对城市居民展开调查。调查问卷包含6个部分内容：第1部分为被调查群体信息；第2部分为出行方式；第3部分为出行偏好；第4部分为公交出行环境；第5部分为步行或自行车出行环境条件；第6部分为交通需求管理政策影响。

此外，还征求了调查对象对城市绿色出行提出改进意见和建议。

本分析报告主要针对网络调查对象。项目组将设计好的问卷利用搜狐调查（http://survey.sohu.com/list.php）网络调查平台，向全国范围的潜在调查对象实施问卷调查。选择网络调查平台的优势在于能够迅速且大范围的开展调查，方便经济，是一种高效的问卷调查方式，但不可避免的问题在于调查对象可能受到上网用户结构的影响，出现年龄、职业或者收入不均衡的问题。针对该问题，本项目还以社区居民现场问卷调查的方式，对网络问卷调查结果进行校核和比对，从而保证调查结果的有效性和权威性。

此次网络调查共收到有效问卷3 887份，在调查覆盖程度、问卷质量方面均达到预期目标。调查结果分析如下。

二、基础统计与分析

（一）被调查者基本信息

由于是网络调查的特殊性，被调查者的基本信息是用于衡量调查样本是否具有一定的普遍性，以及群体的有效性的重要依据。而且调查对象的基本信息将对后续的统计与分析具有重要作用。本次调查获取的调查对象基本信息包括5个项目：年龄、收入、职业、地区和拥有交通工具情况。

1．年龄比例

接受调查的 3 887 位样本中，年龄在 15～23 岁、24～30 岁和大于 55 岁的人数的被访者占少数，占样本总数的 20%，年龄在 31～40 岁和 41～55 岁的样本占 80%。关注城市绿色出行的年龄主要集中在年龄 31～40 岁和 41～55 岁之间的调查对象。接受调查的样本各年龄段数量及构成百分比，见表 4-1。

表 4-1　各年龄段数量及构成百分比

年龄段	人数/人	占比/%
15～23 岁	86	2.21
24～30 岁	377	9.70
31～40 岁	1 525	39.23
41～55 岁	1 557	40.06
>55 岁	342	8.80

为进一步分析调查对象的年龄构成情况，本项目将调查样本的年龄构成与 2010 年全国人口普查结果中的年龄构成情况进行对比，见表 4-2。从对比结果可以发现，此次调查获得的样本在低年龄段（15～23 岁）的百分比构成要低于全国水平，24～30 岁年龄段的百分比构成与全国水平持平，31～40 岁和 41～55 岁两个年龄段则远高于全国水平，高年龄段（大于 55 岁）又低于全国水平。这个现象与实际情况是符合的，因为低年龄段和高年龄段的居民上网普及程度受限于学业和年龄两个因素，因此能够参与网络调查的比例相对较低，而其余年龄段的居民则具备上网时间、上网技能等条件，因此可以参加网络调查的比例相对较高。这一现象同时也反映出网络调查的特性，并且表明本次调查的样本正好覆盖了目前居民出行的主体部分。因为处于 24～55 岁年龄段的居民占据城市居民出行的绝大部分，其多以通勤交通为主，故这些居民对绿色出行的认识和决策支持具有重要意义。

表 4-2　调查样本年龄构成与 2010 年人口普查占比情况

年龄段	百分比构成	
	样本分布/%	人口普查占比/%
15～23 岁	2.21	15.35
24～30 岁	9.70	10.70
31～40 岁	39.23	16.78
41～55 岁	40.06	22.45
>55 岁	8.80	18.09

2．职业特征

此次调查中，将职业分为教师、个体、公务员、医生、科研工作者、工人、司机、演员、企业雇员、厨师、电子商务、军人、农民、其他等 14 类，其余职业则根据调查对象实际情况进行选填。在实施数据分析过程中，对部分占比极低的职业构成进行了合并处理。接受调查对象的职业分布特征见图 4-1 和表 4-3 所示。其中职业为教师、公务员、企业雇员等在 10%以上，反映这些群体在问卷调查的参与度较高，也比较关心城市绿色出行这类的话题。

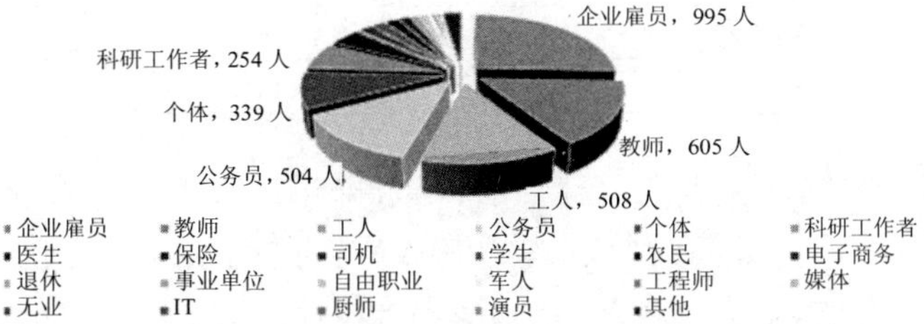

图 4-1 调查对象的职业构成

表 4-3 接受调查的网友职业分布特征

职业	人数/人	占比/%	职业	人数/人	占比/%
教师	605	15.56	电子商务	59	1.52
个体	339	8.72	军人	18	0.46
公务员	504	12.97	农民	66	1.70
医生	163	4.19	学生	71	1.83
科研工作者	254	6.53	自由职业	19	0.49
工人	508	13.07	事业单位	20	0.51
司机	74	1.90	IT	7	0.18
演员	3	0.08	保险	3	0.08
企业雇员	995	25.60	无业	9	0.23
厨师	5	0.13	工程师	15	0.39
媒体	10	0.26	退休	43	1.11
其他	97	2.50			

3. 收入特征

调查对象中，月收入在 800 元以下、801～1 500 元、9 001～35 000 元和大于 35 000 元的人数所占比例不到 20%，月收入 1 501～4 500 元和 4 501 元～9 000 元的调查对象占 84%。其中月收入 1 501～4 500 元占有一半以上。调查对象的收入构成情况，见表 4-4。

表 4-4 月收入数量及构成百分比

月收入/元	人数/人	占比/%
少于 800	113	2.91
801～1 500	186	4.79
1 501～4 500	2 184	56.19
4 501～9 000	1 070	27.53
9 001～35 000	300	7.72
大于 35 000	34	0.87

这一结果与我国居民收入总体情况一致，即极低收入和高收入人群所占比例相对较低，中间收入人群占大多数。同时，极低收入人群也难以具备接受网上调查的条件。根据此次调查，月收入为 1 501～4 500 元的群体是关注绿色出行的主要群体，这类人群也是城市居民的重要构成。

4．地区分布

调查对象所在地区以省一级为单位进行统计。根据调查结果，样本覆盖了我国 31 个省、直辖市、自治区，几乎所有的省级行政区具有参与调查的样本，尚缺乏香港特别行政区和澳门特别行政区的调查样本。调查样本所在地区构成情况见表 4-5。

从调查样本的区域分布情况来看，地域分布不均匀现象较为突出。其中北京市参与调查人数最多且为第二位山东的两倍，居前 7 位的省/市的参与人数比例占全部调查样本的 55%，并且这些省/市也恰好是 2012 年 GDP 总量在全国居前的省份。这也从一个侧面说明经济发达区域的居民在诸如绿色出行等公众问题的参与程度较高。调查样本主要分布区域，见图 4-2。

表 4-5 调查样本所在地区构成情况

地区	人数/人	占比/%	地区	人数/人	占比/%	地区	人数/人	占比/%
北京	620	15.95	辽宁	107	2.75	内蒙古	50	1.29
山东	346	8.90	福建	107	2.75	新疆	48	1.23
广东	323	8.31	山西	98	2.52	甘肃	41	1.05
江苏	263	6.77	陕西	98	2.52	云南	40	1.03
河北	209	5.38	江西	82	2.11	贵州	25	0.64
河南	195	5.02	黑龙	76	1.96	海南	18	0.46
浙江	166	4.27	吉林	69	1.78	青海	9	0.23
湖北	128	3.29	天津	63	1.62	宁夏	8	0.21
上海	124	3.19	重庆	56	1.44	西藏	2	0.05
广西	124	3.19	湖南	119	3.06	其他	39	1.00
安徽	122	3.14	四川	112	2.88			

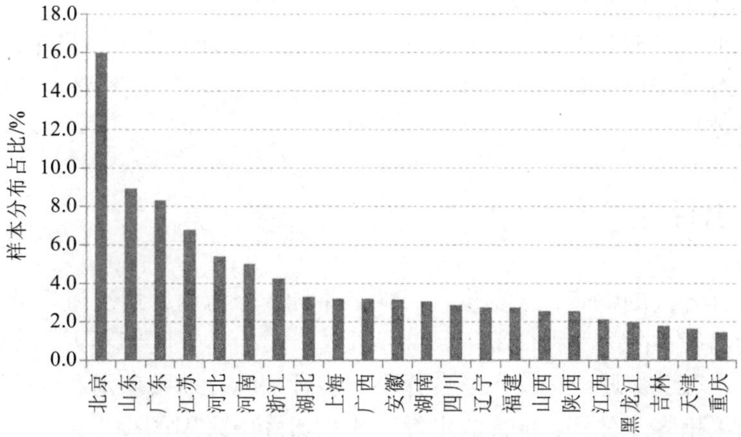

图 4-2 调查样本主要分布地区

5. 交通工具拥有特征

调查对象中，拥有自行车的人数最多，其次是拥有私家车的人数，极少数没有任何交通工具，接受调查的网友交通工具拥有人数数量及构成百分比，见表 4-6。从数据可以看出，拥有私人汽车的调查对象比例为 27.77%，这表明私人小汽车在我国城市居民生活中已经非常普及，小汽车出行逐步成为城市交通出行的常态化方式，而非十年前的“奢侈品”。高比例的机动车拥有量将成为绿色出行政策推行与实施的重要挑战。

表 4-6 交通工具拥有人数数量及构成百分比

交通工具	数量/人	占比/%
自行车	2 415	41.71
助动车	933	16.11
摩托车	571	9.86
私人汽车	1 608	27.77
其他	263	4.54

6. 主要结论

通过对调查对象的基本情况进行统计分析，可以得出以下初步结论：

①调查对象在年龄的分布上虽然不完全符合我国人口结构，但符合各个年龄段的实际情况，因此是可以信任的；

②调查对象职业分布满足我国大部分地区职业结构，教师、公务员、企业雇员三个职业群体所占比例较高；

③调查对象收入大体上符合我国国民收入结构，中等收入占据较高比例，低收入

和高收入人群参与比例相对较低；

④私人小汽车拥有率较高，有近半数的调查对象拥有私人小汽车；

⑤调查对象在地区分布上使得该调查有一定的全国性。但经济发达区域的调查人数比例相对较高。

（二）出行方式

对于出行方式的调查，根据出行目的的不同，分为两种情况进行分析：通勤出行和休闲购物出行。在这两种情况下，出行方式分布大体上区别不大。其出行方式主要有私人汽车、轨道交通或公交车、自行车和步行，但有细微差别。自行车的出行方式在通勤中的采用多于休闲；步行的出行方式在通勤中采用的少于休闲。接受调查的通勤出行和休闲出行方式人数数量及构成百分比，见表 4-7。

表 4-7　通勤的和休闲的出行方式人数数量及构成百分比

出行方式		私人汽车	出租车	轨道交通或公交车	摩托车	助动车	自行车	步行	其他
通勤	人数/人	1 211	545	2 096	353	688	1 620	1 918	19
	占比/%	14.33	6.45	24.80	4.18	8.14	19.17	22.70	0.22
休闲	人数/人	1 025	521	1 976	253	599	1 287	2 183	10
	占比/%	13.05	6.63	25.16	3.22	7.63	16.39	27.79	0.13

（三）出行偏好

关于出行偏好，为了得到较为直观的结果，从而深入了城市居民的机动车出行意愿以及对步行、自行车和私家车的态度，问卷中设计了 5 个项目的问题：

①假如您有私家车，什么因素会影响您的使用频率；

②假如您有购车计划，什么原因会促使您去买车；

③什么原因会使您选择步行与自行车出行；

④可接受的步行距离；

⑤可接受的自行车距离。

对上述出行偏好的调查结果分析如下。

1. 假如您有私家车，什么因素会影响您的使用频率

通过调查发现，影响私家车使用频率主要是拥堵程度（77.13%），其次是油价和停车位。值得注意的是，调查对象认为私家车使用附加费对私家车出行的影响程度相当低。接受调查的影响私家车使用频率人数数量及构成百分比，见表 4-8。由此可见，油价、停车位与停车费等因素在影响私家车出行方面占有较高比例。

表 4-8　影响私家车使用频率人数数量及构成百分比

影响因素	人数/人	占比/%
拥堵程度	2 998	44.42
油价	1 595	23.63
停车位	1 526	22.61
停车费	499	7.39
私家车使用附加费	131	1.94%

2．如您有购车计划，什么原因会促使您去买车

影响调查对象买私家车的主要原因是公交无法满足需要和公交出行时间长。可见更好地提高公交的服务，会大量减少调查对象买私家车。接受调查的影响私家车购买人数数量及构成情况，见表 4-9。

表 4-9　影响购车的因素分析

影响因素	人数/人	占比/%
公交难以满足家庭特色需求	2 583	46.42
公交出行时间长	1 952	35.23
公交不舒适	523	9.44
身份象征	482	8.70

3．什么原因会使您选择步行与自行车出行

锻炼身体、环境保护意识、距离较近是促使调查对象选择步行与自行车出行的主要原因。接受调查的影响选择步行与自行车出行人数数量及百分比构成，见表 4-10。

表 4-10　选择步行与自行车出行影响因素分析

影响因素	人数/人	占比/%
锻炼身体	1 380	35.50
距离较近	1 222	31.44
环境保护意识	964	24.80
经济原因	300	7.72

4．可接受的步行距离

调查对象基本上能接受 500 m 以上的步行路程，并且有 1/3 的人能接受 1 500 m 以上的步行距离。调查对象可接受的步行距离分布情况，见表 4-11。该结果有助于公交站点选址、公交换乘等交通规划与设计方面问题的研究。

表 4-11 可接受的步行距离分布情况

可接受的步行距离/m	人数/人	占比/%
50～100	19	0.49
101～500	286	7.36
501～1 000	892	22.95
1 001～1 500	1 386	35.66
大于 1 500	1 304	33.55

5. 可接受的自行车距离

调查对象基本上能接受 1 500 m 以上的自行车路程。并且有接近 20%的人能接受 10 000 m 以上的骑自行车的距离。可接受自行车距离分布情况，见表 4-12。

表 4-12 可接受的自行车距离分布情况

可接受的自行车距离/m	人数/个	占比/%
100～500	21	0.54
501～1 500	164	4.22
1 501～3 000	830	21.35
3 001～5 000	1 200	30.87
5 001～10 000	998	25.68
大于 10 000	674	17.34

6. 主要结论

根据出行偏好调查结果的分析，可以得出以下初步结论：

①拥堵程度是影响私家车出行的首要原因，经济原因（油价、停车位与停车费）等也同样对私家车使用情况产生重要影响；

②公交服务是影响调查对象购买私家车决定性原因，相当一部分调查对象认为公交无法满足出行需求，因而选择购买私家车出行；

③大多数调查对象能接受 1 500 m 以下的步行路程；

④大多数调查对象能接受 5 000 m 以下的自行车路程。

（四）公交出行环境满意度

由于公交系统的建设与提升是实现城市绿色交通系统的最大动力，因此调查对象对于公交出行环境的满意程度和对公交出行的接受程度对推动城市绿色出行具有重要意义和直接影响。问卷对公交出行满意度的调查分为 6 个内容：

①从您家到最近的公交站的时间；

②公交出行方式能否满足您的通勤需求；

③开小汽车还是开公交车快；

④公交车平均等待时间；

⑤公交车内设施设备条件与司乘服务态度；

⑥公交车的票价是否接受。

上述调查内容的结果分析如下。

1．从您家到最近的公交站的时间

绝大多数调查对象（90%）到最近的公交站的时间在 10 min 之内，近半数的调查对象花费 3～5 min 时间到达最近的公交车站（40.13%），其中 20.43%的调查对象少于 3 min，5～10 min 的 28.71%；大于 10 min 的 10.70%，见图 4-3。

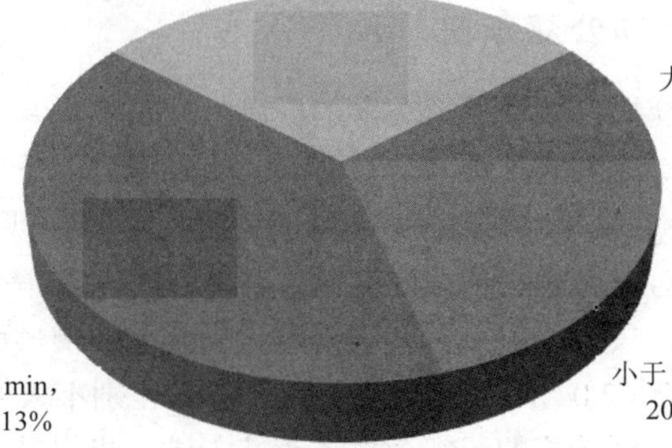

图 4-3　到公交站点时耗情况

2．公交出行方式能否满足您的通勤需求

公交出行方式能满足 75%的调查对象通勤需求的出行，其中不需转乘的比例为 37.69%，需要 1 次换乘的比例为 26.76%，需要 2 次换乘的比例为 11.24%。有 24.31%的调查对象认为公交出行方式不能满足其通勤出行需求。根据调查情况，可以看出目前我国城市公交总体水平状况一般，仅 1/3 的调查对象认为公交出行可以满足通勤交通需求，而还有近 1/3 的调查对象只基本满意于公交服务（受换乘次数影响）。因此，我国城市公交总体部务水平有待于进一步提升，尤其是早晚高峰服务于通勤交通时更需要改善，见图 4-4。

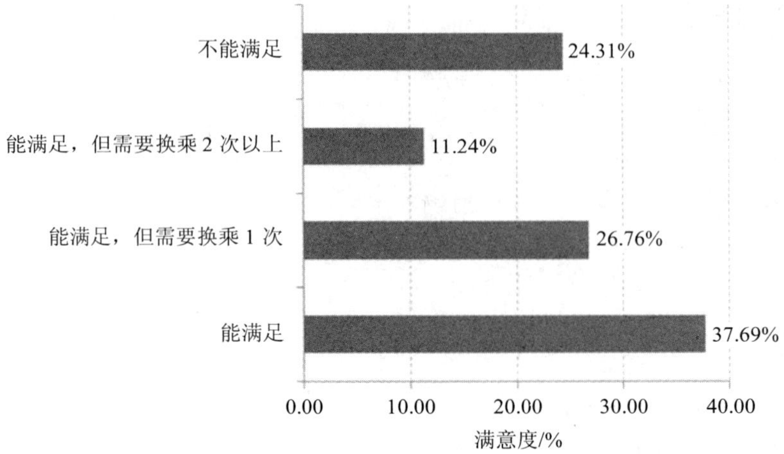

图 4-4　通勤公交出行满意程度

3. 开小汽车还是乘公交车快

开小汽车快还是公交快是大众普遍关注的问题，也是推行绿色出行政策的重要因素，如果公交出行的效率大大低于小汽车，那么公交主导的绿色出行体系难以与日渐增长的小汽车出行相抗衡。本次调查对该问题进行了调查，结果见图 4-5。其中，乘坐公交慢于小汽车是调查对象对这两种方式出行效率进行评价的基本态度。有 61.74%的调查对象认为小汽车快，只有 2.62%的调查对象认为公交车快，而且认为在通勤时间公交快的调查对象也只有 12.04%。此外，认为两种方式差别不大的比例为 23.59%。由此可见，当前我国城市公交系统的运行效率还有待于进一步提升，大多数调查对象均认为公交慢于小汽车出行，这不利于推行公交主导的城市绿色出行体系。该问题也从一个侧面反映出购买小汽车作为通勤工具的动因所在，在结果与 1.2.3 中问题 1 的结果一致，均反映出公交服务水平是影响购买小汽车和使用小汽车的重要原因，见图 4-5。

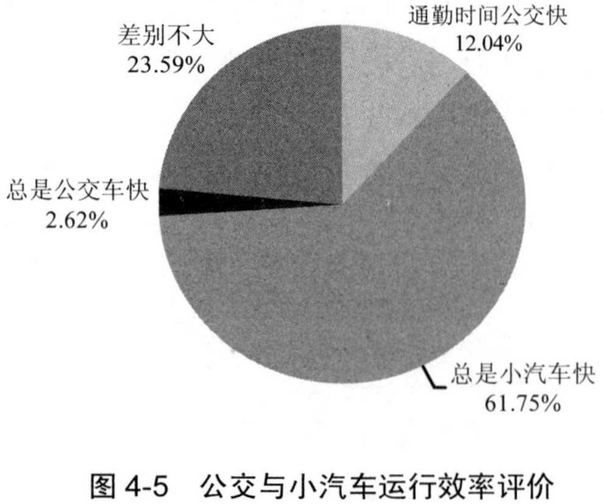

图 4-5　公交与小汽车运行效率评价

4．公交车平均等待时间

公交车平均等待时间是评价公交服务水平的重要指标。通过调查发现，我国城市当前的公交车平均等待时间均偏长，花费 10 min 左右的时间等车是较为常见的现象（58.97%）。等待时间在 5 min 以内的只占 16.13%，而等待 15 min 以上的却占 24.90%。

5．公交车内设施设备条件与司乘服务态度

调查对象对公交设施条件和司乘人员服务态度的满意程度，见图 4-6。从结果上看，调查对象对设施和服务总体上持满意态度，对二者都满意的调查对象占一半以上（51.92%），两者都不满意的只有 14.69%。对司乘服务的满意大于公交车内设施设备条件。只对设施设备条件满意的 11.81%；只对司乘服务满意的 21.58%。

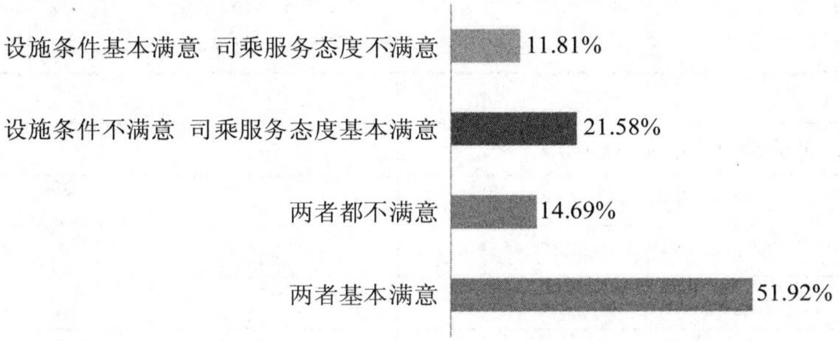

图 4-6　公交设施与服务满意程度

6．公交车的票价的接受程度

对于公交票价，调查对象基本都能接受（71.16%）这表明当前我国公交票价水平的合理性。但很少一部分能接受适当提价（6.64%）；相反则有相当一部分调查对象希望适当降低票价（22.18%）。这一结果与当前我国公交系统发展的实际水平以及居民出行需求相一致。

7．主要结论

根据调查结果，对于公交系统服务方面的调查主要结论包括：

①公交整体覆盖水平基本满足需求，但仍有待完善。

②公交服务水平需要进一步提升，一方面是公交设施和司乘人员服务成都需要改善；另一方面则需要提升公交运营效率，缩短公交出行时耗和等待时间对改善公交出行环境和服务水平具有重要意义。目前调查对象普遍认为公交出行效率低于私家车出行，这对推行绿色出行是一个不利的影响因素。

③目前公交票价处于合理水平，大多数调查对象对所在城市的公交票价持接受态度，但较为反对价格上涨，对降价预期表示接受。

（五）步行或自行车出行环境

由于步行和自行车是实现绿色城市交通出行的关键出行方式，因此问卷专门对步行的和自行车的出行环境条件进行调查，由此掌握各个城市的慢行交通系统的现状以及居民对此的认识情况。

1. 步行环境条件

对于步行环境，调查对象认为车辆或其他设施侵占步道、机动车不礼让步道或斑马线上的行人是影响步行环境的环境原因。通过调查发现，只有 17.19%的调查对象基本满意所在城市的步行环境。调查对象对步行环境不满意原因，见表 4-13。

表 4-13 调查对象对步行环境不满意原因

原因	人数/人	占比/%
车辆或其他设施侵占步道	2 567	32.92
机动车不礼让步道或斑马线上的行人	2 120	27.19
路面条件太差（不平整、有障碍物）	1 285	16.48
步道太窄	1 157	14.84
基本满意	668	8.57

2. 自行车出行环境条件

相对于步行环境条件，对自行车出行满意的调查对象则更少（14.95%），不满意的自行车出行环境条件比较普遍。对自行车出行环境条件不满意的有原因主要表现在与机动车的冲突方面，如无隔离设施、机动车不礼让非机动车等，该问题也是当前我国城市交通系统普遍存在的一个问题，机动车出行比例日益增加，非机动车有萎缩的趋势，并且道路设施建设和路权都向着机动车交通倾斜，导致非机动车的交通环境无法得到保障。自行车出行环境满意情况，见表 4-14。

表 4-14 自行车出行环境人数数量及构成百分比

原因	人数/人	占比/%
没有与机动车道的隔离设施，不安全	2 285	33.01
机动车不礼让自行车道的骑车人	2 250	32.51
自行车道太窄	1 806	26.09
基本满意	581	8.39

3. 主要结论

①作为绿色出行方式，改善步行和自行车的出行环境是非常迫切的；

②步行中机动车对步行环境的影响最为严重，如抢行、占道等，直接影响到步行出行的安全和效率；

③自行车出行环境相比步行环境要更差一些，自行车和机动车间的矛盾尤为突出，这也反映出当前我国城市交通现状；

④总体上看，步行和自行车出行环境的恶化主要是机动车数量的快速增长造成的，为减少机动车交通拥堵，道路设施建设、交通空间与路权分配等均向机动车倾斜，造成步行和非机动车环境无法得到改善；

⑤要实现推行绿色出行和构建绿色交通系统的目标，步行和自行车（非机动车）出行环境的改善是根本途径。

（六）交通需求管理政策影响

根据现在各国各城市使用的交通需求管理政策，问卷分 3 项对交通需求管理政策的影响进行调查：

①停车收费价位是否会影响您的私家车出行次数；

②拥堵区域停车费用增加是否会影响您到该区域的私家车出行；

③机动车限号与限购政策是否会影响到小汽车数量的增长。

1. 停车收费价位是否会影响您的私家车出行次数

停车收费价位对调查对象的影响正反各半，但有 5.09%的调查对象认为能接受适当提价，可见停车收费价位对私家车出行次数有一定影响。为保持这个态势应该适当提价。接受调查停车收费价位是否会影响您的私家车出行次数人数数量及构成百分比，见表 4-15。

表 4-15　停车收费价位对私家车出行的影响

影响情况	人数/人	占比/%
较贵，对私家车出行有影响	1 889	48.60
能接受，对私家车出行没有影响	1 798	46.26
适当提价也能接受	198	5.09

2. 拥堵区域停车费用增加是否会影响您到该区域的私家车出行

拥堵区域停车费用增加对调查对象的私家车出行影响正反各半，但有 6.79%的调查对象认为能接受适当提价，拥堵区域停车费用增加对私家车出行次数有一定影响。

为保持这个态势应该在拥堵区提高停车费。接受调查拥堵区域停车费用增加是否会影响您到该区域的私家车出行人数数量及构成百分比，见表 4-16。

表 4-16　拥堵区域停车费用增加对私家车出行的影响

原因	人数/人	占比/%
有影响	1 811	46.59
有一定影响	1 812	46.62
完全没有影响	264	6.79

3．机动车限号与限购政策是否会影响到小汽车数量的增长

调查对象认为限号与限购政策是同效的，认为限号有影响的 56.80%，限号没有影响的 13.87%；对于限购有影响的 23.13%，限购没有影响的 6.20%。这两项政策的有无影响均为 4∶1 左右。接受调查机动车限号与限购政策是否会影响到小汽车数量的增长人数数量及构成百分比，见表 4-17。

表 4-17　机动车限号与限购政策对小汽车数量的影响

影响情况	人数/人	占比/%
限号有一定影响，有人会考虑买第二辆	1 245	32.03
限号有一定影响，有人会选择不买车	963	24.77
限购有影响	899	23.13
限号没有影响	539	13.87
限购没有影响	241	6.20

4．主要结论

①无论是停车收费价位还是拥堵区域停车费用增加，这两项政策进本有一定影响，为保持这个态势都应该随时间保证经济调节杠杆的有效性；

②限号与限购政策是同效的，都会对私家车出行产生影响。

三、绿色出行关键影响因素分析

（一）不同收入群体分析

根据我国人口收入水平，问卷将收入水平划分为 4 个水平分别是少于 800 元/月、801～4 500 元/月、4 501～9 000 元/月、高于 9 000 元/月等统计。统计结果，

见表 4-18。低收入人群和高收入人群较少，中低收入人群数量集中，这些符合我国人口的收入结构。

表 4-18 收入水平统计表

收入水平/（元/月）	人数/人	占比/%
少于 800	113	2.91
801～4 500	2 370	60.97
4 501～9 000	1 070	27.53
高于 9 000	334	8.59

收入水平对居民绿色出行行为的影响情况分析如下。

1. 收入水平与拥有何种交通工具的相关分析

收入水平与拥有何种交通工具的统计结构，见表 4-19。随着调查对象收入的增加，自行车的拥有量逐步减少，相反，私家车的拥有量明显的逐步增加；而且少于 801 元/月的人群拥有自行车占总自行车拥有量的将近 60%，其与 801～4 500 元/月人群的差距远大于其他 3 个相近项之间的差距。对于摩托车、助动车，虽然少于 800 元/月人群的拥有量少于 801～4 500 元/月的人群，但之后也是随着调查对象收入的增加其拥有量逐步减少；少于 801 元/月的人群正是因为收入低而使其拥有摩托车、助动车量少，因此虽然少于 801 元/月的人群在摩托车、助动车拥有量少于 801～4 500 元/月的人群，但不影响摩托车、助动车拥有量规律。不拥有交通工具的人数在少于 801 元/月的人群中比重最大，而在其他三类收入群体占的比例几乎完全相同。可见收入水平完全决定调查对象拥有交通工具的能力，收入越高拥有的交通工具价值越高。

表 4-19 收入水平与拥有何种交通工具的统计结构

收入水平/（元/月）	自行车/辆	助动车/辆	摩托车/辆	私人汽车/辆	其他/辆
少于 800	77	14	12	15	17
801～4 500	1 503	656	444	757	155
4 501～9 000	662	214	99	593	68
高于 9 000	173	49	16	243	23

2. 收入水平与常用通勤出行方式的相关分析

收入水平与常用通勤出行方式的统计结构，见表 4-20。在收入逐渐增加的情况下：私人汽车的出行方式、出租车的出行方式逐渐增加；相反，步行、自行车的出行方式、摩托车的出行方式逐渐减少；而轨道交通或公交车的出行方式保持基本不变，可见公共交通是普遍被接受的出行方式，无论收入多少。

表 4-20 收入水平与常用通勤出行方式的统计结构

收入水平/（元/月）	私人汽车/次	出租车/次	轨道交通或公交车/次	摩托车/次	助动车/次	自行车/次	步行/次	其他/次
少于 800	16	11	66	10	9	56	70	
801～4 500	559	275	1 177	282	513	1 059	1 231	7
4 501～9 000	441	179	647	58	141	407	469	9
高于 9 000	195	80	206	3	25	98	148	3

3．收入水平与对公交、步行环境满意度的相关关系

收入水平与对公交满意度的统计结构，见表 4-21。随着收入的增加，仅对司乘服务态度不满意的程度总体上是减少的，801～4 500 元/月的人群满意度最高；仅对设施设备条件不满意的程度总体上是减少的，801～4 500 元/月的人群满意度最高；对两者都不满意的程度总体上是减少的；对两者都满意的程度总体上是增加的，少于 800 元/月人群满意度最高；两者都不满意的程度与两者都满意的程度的比值是减少的。总体上可以认为随着收入增加，调查对象对公共交通的满意程度是增加的。

表 4-21 收入水平与对公交、步行环境满意度的统计结构

收入水平/（元/月）	设施设备条件基本满意，司乘服务态度不满意/人	施设备条件不满意，司乘服务态度基本满意/人	两者都不满意/人	两者基本满意/人
少于 800	15	14	19	65
801～4 500	271	548	349	1 202
4 501～9 000	130	211	160	569
高于 9 000	43	66	43	182

收入水平与对步行环境满意度的统计结构，见表 4-22。收入的增加与对车辆或其他设施侵占步道设施的态度、机动车不礼让行人的满意度并无明显关联。步行道太窄对于少于 800 元/月人群影响较少，对其他群体的影响也是逐渐减少的。由此可见，经济收入与步行环境满意度的相关性并不明显。

表 4-22 收入水平与对步行环境满意度的统计结构

收入水平/（元/月）	车辆或其他设施侵占步道/人	步道太窄/人	路面条件太差/人	机动车不礼让步道或斑马线上的行人/人	基本满意/人
少于 800	66	27	38	48	21
801～4 500	1 562	723	798	1 288	384
4 501～9 000	724	309	346	611	190
高于 9 000	215	98	103	173	73

4．收入水平与购车意愿的相关分析

收入水平与购车意愿统计结构，见表 4-23。随着收入的增加：公交舒适度、公交出行时间长等因素对调查对象购车意愿的影响总体上呈现增加趋势，而身份象征因素与收入并无关联性；公交难以满足需要的影响总体上是减少的，考虑到少于 800 元/月人群多为学生，因此不影响总体规律。由此可见，随着收入增加，调查对象受公交舒适度和出行时间的影响越发明显，购车意愿也会随着公交服务情况发生变化。

表 4-23　收入水平与购车意愿统计结构

收入水平/（元/月）	公交不舒适/人	公交出行时间长/人	身份象征/人	公交难以满足家庭特色需求/人
少于 800	15	54	21	69
801～4 500	291	1 143	284	1 623
4 501～9 000	145	561	135	701
高于 9 000	72	194	42	190

5．不同收入水平对交通需求管理政策敏感性

不同收入水平对停车收费价位统计结构，见表 4-24。随着收入的增加，对停车收费价位认为价格较贵的比例总体呈现减少趋势；同等收入水平的调查对象，从影响私家车出行、无影响与接受提价呈现认可度降低的趋势。表明大部分调查对象均会对停车费的提价做出反应，并且不愿接收提高停车费。

表 4-24　不同收入水平对停车收费价位统计结构

收入水平/（元/月）	较贵，对私家车出行有影响/人	能接受，对私家车出行没有影响/人	适当提价也能接受/人
少于 800	61	46	5
801～4 500	1 086	1 172	111
4 501～9 000	579	433	58
高于 9 000	163	147	24

不同收入水平对拥堵区停车收费增加统计结构，见表 4-25。随着收入的增加，认为拥堵区域停车费用增加有影响的程度总体上是增加的；相同收入水平的调查对象，有影响、有一定影响到无影响三个选项的比例呈现下降趋势。通过此统计数据可以认为停车收费对不同收入人群的影响是显著的，即便是高收入人群也会受到该政策的影响。

表 4-25　不同收入水平对拥堵区停车收费增加统计结构

收入水平/（元/月）	有影响/人	有一定影响/人	完全没有影响/人
少于 800	49	58	6
801～4 500	1 099	1 133	138
4 501～9 000	510	474	86
高于 9 000	153	147	34

不同收入水平对限号限购统计结构，见表 4-26。随着收入的增加：认为“限号的有影响，有人会考虑买第二辆车”的调查对象在被访者中所占的比例是逐渐增加的，认为“限号没人买车”所占的比例是逐渐减少的，认为“限号没有影响的程度”总体上是逐渐减少的，认为“对于限购有影响”所占的比例是逐渐减少的，认为“限购没影响”所占的比例总体上是不变的。因此可以认为调查对象受限号限购政策的影响程度总体上是随着收入增加而减弱。

表 4-26　不同收入水平对限号限购统计结构

收入水平/（元/月）	限号有一定影响，有人会考虑买第二辆/人	限号有一定影响，有人会选择不买车/人	限号没有影响/人	限购有影响/人	限购没有影响/人
少于 800	29	34	14	32	4
801～4 500	713	622	323	551	—
4 501～9 000	360	255	155	243	57
高于 9 000	143	52	47	73	19

（二）不同交通工具群体分析

由于绿色交通中需要解决交通拥堵问题，而交通拥堵问题基本来自于小汽车的拥有量，因此分为三类拥有小汽车，拥有出小汽车外其他工具，不拥有交通工具。其统计结构，见表 4-27。

表 4-27　拥有交通工具统计结构

项别	人数/人	占比/%
有除小汽车之外的任一交通工具	3 065	78.85
有小汽车	1 608	41.37
没有任何交通工具	263	6.77

拥有不同交通工具与绿色出行关键问题的各种关联性分析如下。

1. 拥有不同交通工具与常用通勤出行方式的相关分析

拥有不同交通工具与常用通勤出行方式统计结构，见表 4-28。

表 4-28 拥有不同交通工具与常用通勤出行方式统计结构

类别	私人汽车/人	出租车/人	轨道交通或公交车/人	摩托车/人	助动车/人	自行车/人	步行/人	其他/人
有除小汽车之外的任一交通工具	706	395	1 630	334	665	1 521	1 538	13
有小汽车	1 162	167	709	80	208	573	695	11
没有任何交通工具	18	70	213	7	8	64	167	3

随着拥有交通工具的价值的增加，调查对象采用私家车通勤出行的比例逐渐增加，而出租车、轨道或公交车和步行是逐渐的减少的；没有任何交通工具的人群对出租车出行需求更大。由此可见调查对象通勤交通出行时较多选则各自所拥有的交通工具出行，特别是有车族多会选择自驾车出行的方式而非选择公交出行或者其他方式，这一点从出租车、轨道或公交车和步行的使用比例随着拥有交通工具价值的增加而逐渐减少也能看出。因此，从当前调查对象的通勤出行行为来看，偏向于小汽车的出行是一种趋势。

2. 拥有不同交通工具与常用休闲购物出行方式的相关分析

拥有不同交通工具与常用休闲购物出行方式统计结构，见表 4-29。

表 4-29 拥有不同交通工具与常用休闲购物出行方式统计结构

类别	私人汽车/人	出租车/人	轨道交通或公交车/人	摩托车/人	助动车/人	自行车/人	步行/人	其他/人
有除小汽车之外的任一交通工具	606	371	1 563	242	577	1 193	1 748	5
有小汽车	970	173	613	58	193	457	796	3
没有任何交通工具		62	199	3	6	47	174	3

随着拥有交通工具的价值的增加，调查对象在休闲购物出行时使用私家车出行的比例逐渐增加，而使用出租车、轨道或公交车和步行的比例则是逐渐减少。可见调查对象休闲购物出行时也倾向于使用所拥有的交通工具出行，有车族更倾向于使用私家车出行，这与通勤出行相类似。

3. 拥有不同交通工具与对公交、步行环境满意度的相关关系

拥有不同交通工具与对公交满意度统计结构，见表 4-30。随着拥有交通工具的价值的增加，仅对司乘服务态度不满意的程度呈现凸状关系，因此总体仅对司乘服务态度不满意的程度是减少的；仅对设施设备不满意的比例逐渐增加，单趋势不明显；两者都不满意的比例则是明显地逐渐增加，同时对两者基本满意的比例逐渐减少。因此可知，随着拥有交通工具价值的增加，调查对象对公交的满意程度逐渐降低，有车族对公交的满意度最低，这也验证了之前对买车动机调查的结果：公交舒适度低、出

行时间长成为购车的动机。

表 4-30 拥有不同交通工具与对公交满意度统计结构

类别	设施设备条件基本满意，司乘服务态度不满意/人	施设备条件不满意，司乘服务态度基本满意/人	两者都不满意/人	两者基本满意/人
有除小汽车之外的任一交通工具	373	653	430	1 609
有小汽车	174	354	273	807
没有任何交通工具	29	56	31	147

拥有不同交通工具与对步行环境满意度统计结构见表 4-31。随着拥有交通工具的价值的增加，车辆或其他设施侵占步道、步道太窄等因素的影响程度呈现凸形关系，路面条件太差呈现凹形关系，机动车不礼让步道或斑马线上的行人逐渐减少，基本满意逐渐降低。

表 4-31 拥有不同交通工具与对步行环境满意度统计结构

类别	车辆或其他设施侵占步道/人	步道太窄/人	路面条件太差/人	机动车不礼让步道或斑马线上的行人/人	基本满意/人
有除小汽车之外的任一交通工具	2 067	943	1 022	1 710	495
有小汽车	1 060	465	549	842	301
没有任何交通工具	169	71	92	155	48

4. 拥有不同交通工具对交通需求管理政策敏感性

拥有不同交通工具对停车收费价位统计结构，见表 4-32。随着拥有交通工具的价值的增加，调查对象对停车收费价位的态度也随之变化，有车族对停车费的接受程度随着价格增加而降低，且普遍对停车费价位持难以接受态度。由此可见，随着拥有交通工具的价值的增加，调查对象对停车收费价位的接受程度逐渐降低，有车族认为停车费对出行的影响会随着价位的增加而增加。

表 4-32 拥有不同交通工具对停车收费价位统计结构

类别	较贵，对私家车出行有影响/人	能接受，对私家车出行没有影响/人	适当提价也能接受/人
有除小汽车之外的任一交通工具	1 457	1 445	162
有小汽车	803	764	41
没有任何交通工具	138	106	18

拥有不同交通工具对拥堵区停车收费增加统计结构见表 4-33。随着拥有交通工具的价值的增加，调查对象对拥堵区域停车费用增加的态度，有影响的程度是逐渐的

加强的，有一定影响的是逐渐减弱的，而没有影响的程度是保持基本不变，因此总体上可以认为调查对象受拥堵区停车费的影响程度是逐渐增加的。

表 4-33 拥有不同交通工具对拥堵区停车收费增加统计结构

类别	有影响/人	有一定影响/人	完全没有影响/人
有除小汽车之外的任一交通工具	1 411	1 454	200
有小汽车	776	718	114
没有任何交通工具	108	136	19

拥有不同交通工具对限号限购统计结构见表 4-34。随着拥有交通工具的价值的增加，调查对象认为总体上限号的影响程度大于限购。但限购的影响程度逐渐的减少，但仍小于限购没有影响的比例减少的程度。而对于限号给有一定交通工具的调查对象影响程度最大，其次是有小汽车的。总体上看，限号和限购政策对居民出行会产生较大影响，会直接改变居民购车意愿和出行方式特性。

表 4-34 拥有不同交通工具对限号限购统计结构

类别	限号有一定影响，有人会考虑买第二辆/人	限号有一定影响，有人会选择不买车/人	限号没有影响/人	限购有影响/人	限购没有影响/人
有除小汽车之外的任一交通工具	960	776	433	703	193
有小汽车	583	348	218	368	91
没有任何交通工具	89	64	29	62	19

（三）不同就业状态群体分析

本项目根据城市居民的年龄和收入水平综合考虑，将从业状态分为三类：无收入、就业、退休。不同就业状态群体统计结构见表 4-35。从调查结果来看，就业人群数量占到绝对优势，可以认为就业人群是城市绿色交通的主体参与者。

表 4-35 不同就业状态群体统计结构

类别	人数/人	占比/%
无收入人群	141	3.63
就业人群	3 404	87.57
退休人群	342	8.80

以下针对不同就业状态群体与绿色出行关键问题的各种关联性进行分析。

1. 无收入人群、就业人群、退休人群与常用通勤出行方式的相关分析

无收入人群、就业人群、退休人群与常用通勤出行方式统计结构见表 4-36。按照从业状态，就业人群较多程度地使用私人汽车、出租车、摩托车和助动车作为通勤出行方式，特别是使用私人汽车；而较少的使用其他 3 种出行方式。这也验证了收入情况对出行方式的影响程度，与前述分析结果一致。

表 4-36 无收入人群、就业人群、退休人群与常用通勤出行方式统计结构

类别	私人汽车/人	出租车/人	轨道交通或公交车/人	摩托车/人	助动车/人	自行车/人	步行/人	其他/人
无收入人群	20	20	92	12	12	63	82	0
就业人群	1 110	489	1 788	325	628	1 390	1 626	18
退休人群	81	36	216	16	48	167	210	1

2. 无收入人群、就业人群、退休人群与常用休闲购物出行方式的相关分析

无收入人群、就业人群、退休人群与常用休闲购物出行方式统计结构见表 4-37。按照调查对象的从业的状态的发展，就业人群较多程度使用私人汽车、出租车、摩托车和助动车的休闲出行方式，特别是使用私人汽车，较少地使用其他 3 种出行方式，且出租车、摩托车的出行方式逐渐增加。该结果与通勤出行选择交通方式的相关性一致。

表 4-37 无收入人群、就业人群、退休人群与常用休闲购物出行方式统计结构

类别	私人汽车/人	出租车/人	轨道交通或公交车/人	摩托车/人	助动车/人	自行车/人	步行/人	其他/人
无收入人群	17	19	89	10	13	55	87	2
就业人群	940	465	1 689	230	540	1 075	1 870	5
退休人群	68	37	198	13	46	157	226	3

3. 无收入人群、就业人群、退休人群对公交、步行环境满意度的相关关系

无收入人群、就业人群、退休人群对公交满意度统计结构，见表 4-38。按照从业状态的发展，调查对象只对司乘服务不满程度逐渐减少；只对设施设备不满方面呈凸状关系，就业人群不满程度最大；而对两者都不满意上同样呈凸状关系就业人群不满程度最大；而对两者都满意上呈凹状关系，就业人群满意程度最小，退休人群满意程度最大；总体上，就业人群不满程度最大，特别是对设施设备不满，而无收入人群对设施司乘服务不满程度最大。

表 4-38　无收入人群、就业人群、退休人群与对公交满意度统计结构

类别	设施设备条件基本满意，司乘服务态度不满意/人	施设备条件不满意，司乘服务态度基本满意/人	两者都不满意/人	两者基本满意/人
无收入人群	28	17	20	78
就业人群	405	759	508	1 732
退休人群	28	63	43	208

收入人群、就业人群、退休人群对步行环境满意度统计结构，见表 4-39。

表 4-39　收入人群、就业人群、退休人群对步行环境满意度统计结构

类别	车辆或其他设施侵占步道/人	步道太窄/人	路面条件太差/人	机动车不礼让步道或斑马线上的行人/人	基本满意/人
无收入人群	75	34	48	58	36
就业人群	2 244	1 006	1 127	1 861	578
退休人群	248	117	110	201	54

4．无收入人群、就业人群、退休人群对交通需求管理政策敏感性

无收入人群、就业人群、退休人群对停车收费价位统计结构，见表 4-40。按照从业状态的变化，就业人群较为接受停车价位，但接受提价的程度最低。三类人群对停车收费价位的接受程度均随着价位上涨而降低。

表 4-40　无收入人群、就业人群、退休人群对停车收费价位统计结构

类别	较贵，对私家车出行有影响/人	能接受，对私家车出行没有影响/人	适当提价也能接受/人
无收入人群	75	57	8
就业人群	1 620	1 617	166
退休人群	194	124	24

无收入人群、就业人群、退休人群对拥堵区停车收费增加统计结构，见表 4-41。按照从业的状态，调查对象认为增加拥堵区停车费有影响方面，就业人群的选择比例最大对于加价无影响的选择比例逐渐增加。总体上看，拥堵区域停车费用增加对不同就业状态的调查对象均产生影响，并且这种影响与就业状态的相关性并不明显，可能就业人群更会关注这类停车需求管理政策，因为认为停车费增加无影响的人数仅占很小的比例。

表 4-41 无收入人群、就业人群、退休人群对拥堵区停车收费增加统计结构

类别	有影响/人	有一定影响/人	完全没有影响/人
无收入人群	63	72	6
就业人群	1 595	1 576	233
退休人群	153	164	25

无收入人群、就业人群、退休人群对限号限购统计结构，见表 4-42。按照调查对象的从业状态的发展，限号与限购的影响程度都在逐步的减少，限号的影响程度小于限购程度在无收入和就业两个人群上。而特别的是，就业人群在限号的情况下较多会考虑买第二辆小汽车，可以说明限购一定程度上优于限号的影响程度。

表 4-42 无收入人群、就业人群、退休人群对限号限购统计结构

类别	限号有一定影响，有人会考虑买第二辆/人	限号有一定影响，有人会选择不买车/人	限号没有影响/人	限购有影响/人	限购没有影响/人
无收入人群	42	40	17	37	5
就业人群	1 126	844	470	760	204
退休人群	77	79	52	102	32

（四）专项分析

1. 高收入人群与低收入人群在“公交出行是否能满足通勤需求”与“影响购车计划原因”的关联性及不同特点

高收入人群与低收入人群公交出行是否能满足通勤需求统计结构，见表 4-43。由之前的分析，随着收入增加，影响购车计划原因主要是公交不能满足出行的需要；由表 4-43 可知，随着收入增加，被调查者公交出行需要换乘的次数在逐步的增加，并且接受程度是在逐步增加的。

表 4-43 高收入人群与低收入人群公交出行是否能满足通勤需求统计结构

收入/（元/月）	能	不能	能，但需要换乘 1 次	能，但需要换乘 2 次以上	总计
少于 800	34	31	41	7	113
801～4 500	915	591	635	229	2 370
4 501～9 000	400	234	288	148	1 070
高于 9 000	116	89	76	53	334

2. 无车族与有车族在“公交出行是否能满足通勤需求”与“常用通勤方式”的关联性及不同特点

无车族与有车族公交出行是否能满足通勤需求统计结构，见表 4-44。有车族与无车族相比，公交出行能满足通勤需求在减少，而且不能满足通勤需求增加，需要换乘的也在减少。

表 4-44　无车族与有车族公交出行是否能满足通勤需求统计结构

类别	能/人	不能/人	需要换乘 1 次/人	需要换乘 2 次以上/人
有小汽车	504	502	376	226
有除小汽车之外的任一交通工具	1 485	975	1 028	431
没有任何交通工具	99	40	98	26

3. 高收入人群与低收入人群在“公交出行是否能满足通勤需求”与“常用通勤方式“的关联性

由于无论高收入还是低收入人群，其公交通勤方式占比基本不变，而且不能满足的程度基本也是不变，因此公交的出行方式的满足程度的提高将会带来所有收入群体的公交出行占比。

4. 高收入人群与低收入人群在“公交出行是否能满足通勤需求”与“影响购车计划原因”的关联性及不同特点

影响购车计划原因中“公交不舒服”和“时间长”，与公交出行是否能满足通勤需求中需要换乘次数的趋势是相一致，而与其他的因素关系不紧密。

5. 高收入人群与低收入人群在“公交出行是否能满足通勤需求”与“交通需求管理政策的态度”的关联性与不同特点

换乘次数的增加与调查对象接受停车收费价位、拥堵区收费增加的接受程度增加相一致，换乘次数的增加和“限号有一定影响、有人会考虑买第二辆”的增加以及限购影响程度的减少相一致的。这些说明换乘次数使得调查对象对交通需求管理政策的接受程度增强。

第五章 中国促进绿色出行的战略思路

一、中国城市绿色出行的目标设定

实现全面建成小康社会的目标，要求交通发展的成果惠及全体人民，加强和改善公共服务，首先要体现社会公平，保障所有群体的出行基本需求，其次尽可能满足民众优质出行服务需求：兼顾个性化的更高层次的出行服务需求。让处于温饱阶段的人群：走得了、走得安全；让小康阶段的人群：走得好、走得快、走得舒适；让富裕阶段的人群：以选择绿色出行为时尚，愿意放弃小汽车。

随着中国快速城镇化和机动化，交通拥堵、环境污染，能源紧缺等问题也日益突出，快速发展的新型城镇化，必须以提高民众的生活便利与舒适度为出发点和落脚点，坚持“集约、智能、绿色、低碳”方针，提高质量，趋利避害，遏制交通拥堵和环境污染为特征的“城市病”不断蔓延，建设经济、社会和环境协调发展的绿色宜居城市，创造人与自然和谐共存的环境。

二、中国促进城市绿色出行的愿景

中国政府明确提出未来要“走集约、智能、绿色、低碳的新型城镇化道路”。新型城镇化是建设生态文明、实现社会公平目标的重要平台。良好的城市交通系统有助于城市经济发展和社会公平，对环境影响小，可以将交通事故率，特别是危及行人的事故率降到最低。中国的城市绿色出行系统将具有四大特征：

①低排放的、有吸引力的、高运营效率的公共交通系统；

②适宜步行和自行车出行的良好条件及与公共交通系统的良好衔接；

③精心设计的在一定时间和地点对小汽车使用的管理措施；

④紧凑型/高密度，生态、宜居、和谐的城市发展格局。

这样一个城市交通系统将具有：绿色出行高吸引力。银行家、政府高官和清洁工都将愿意乘坐地铁、快速公交或公共汽车，以及步行和自行车出行；小汽车低使用率。公车规模和私家车用于通勤、购物等出行的需求最大限度减少，小汽车使用得到有效抑制。这就是中国城市绿色出行的愿景。

三、综合施策促进中国城市绿色出行

促进城市绿色出行，中国必须按照“公交引导城市发展、加大绿色出行供给、强化交通需求管理”三大原则，实施“避免、转移、改善、提高” 的策略，并根据中国城市规模与城市交通发展阶段特点，对中国城市促进绿色出行按四类实施分类指导。

（一）避免、转移、改善、提高

促进中国城市绿色出行、改善空气质量的策略可以概括为：“避免、转移、改善、提高”。

①“避免”是指：一是对出行的基本需求实行有效调节，尽量减少出行必要性的产生，消除或减少非必要的出行需求，减少刚性出行量；二是控制交通工具的燃料限值和尾气排放标准，采用清洁能源车辆，从源头上减少机动车尾气排放水平。

②“转移”是指：一是形成覆盖更广泛、衔接更顺畅、安全更可靠、服务更优质的城市公共交通系统，满足民众多样化的出行需求，促使民众在出行方式选择阶段，转移到优先选择公交、自行车/步行等绿色的出行方式上来；二是按照每位交通工具的使用者都应为其所产生的环境及经济消费支付相应费用的原则，使小汽车出行承担必须的高资源占用、高能耗、高排放外部成本，促使小汽车出行向绿色出行转移；三是使用行政、技术手段，影响交通参与者对交通方式、时间、地点、路线的选择，最大限度削减高峰流量，实现出行需求时间、空间的转移，促使供需平衡。

③“改善”是指：一是改善公共交通服务能力、装备水平、智能化管理水平和服务质量，“行车慢、候时长、乘车挤、信息差”等问题明显缓解，公共交通吸引力明显提升，使居民愿意乘公交、更多乘公交；二是改善自行车/步行等慢行交通的出行环境，保障自行车/步行的基本路权，推进慢行出行系统的发展：三是改善出租汽车信息化服务水平，改变以巡游为主的营运方式，提高出租车里程利用率，促进节能减排；四是改善城市公众出行信息服务，逐步整合公共交通、民航、铁路、公路等各种交通运输方式的信息资源，基本实现向社会提供全方位、跨方式、跨地区的一站式信息查询服务。

④“提高”是指：一是提高全社会公众对绿色出行的认识，加强促进绿色出行的社会公众参与力度，营造绿色出行的文化氛围；二是提高交通行业从业人员业务能力、责任心和文明建设水平，为绿色出行提供强有力的保障。

（二）实施分类指导

1．促进绿色出行——1 000 万以上人口规模城市的策略

坚持公交引导城市发展，建设国际公交都市；重点大力发展轨道交通或其他大容量公交；创新商务公交等个性化公交服务增加对小汽车出行者的吸引力；改善步行、自行车出行环境，加强慢行交通与公共交通的衔接；实施最严格的小汽车使用管理政策，建立交通拥堵与空气质量控制区，加大小汽车消费成本增加的心理预期。

目标：控制小汽车的总量及使用强度，促进都市各收入阶层出行从选择小汽出行车向选择“城市公共交通+自行车/步行”转变。

2．促进绿色出行——300 万～1 000 万人口规模城市的策略

坚持公交引导城市发展，建设国际公交都市；大力与城市相适应的大容量交通；加大常规公交的供给；改善步行、自行车出行环境，加强慢行交通与公共交通的衔接；实施严格的小汽车使用管理政策，加大小汽车消费成本增加的心理预期。

目标：缓解小汽车购买与使用的增长速度，保持绿色方式出行比例。

3．促进绿色出行——100 万～300 万人口规模城市的策略

坚持公交引导城市发展，建设国家公交都市；推荐 BRT，更多开设公交专用道，加大公共交通服务供给；改善和提升步行、自行车出行环境，鼓励 5 km 内选择非机动化方式通勤；实施必要的小汽车使用管理政策。

目标：增强公共交通与非机动化出行的吸引力，减缓小汽车购买与使用的增长速度。

4．促进绿色出行——100 万以下人口规模城市的策略

重点发展慢行交通，改善和提高步行、自行车出行环境；重点发展校车服务；保障公共交通基本服务供给；利用差异化停车政策适度控制小汽车使用。

目标：有效控制非机动化出行比例下降的趋势，减缓小汽车购买与使用的增长速度。

第六章　中国促进绿色出行的政策与措施研究

中国政府明确提出未来要“走集约、智能、绿色、低碳的新型城镇化道路”。促进城市绿色出行将成为中国城市走新型城镇化道路的重要抓手。尽管中国城市还普遍具有很高的绿色出行比例，但并未建立起现代化的城市绿色交通系统。这并不是中国政府缺少发展城市绿色交通的意识，更深层的原因是中国的城市与交通缺少协同发展机制，中央缺乏引导资金、地方公共交通的财政保障相对不足等。中国政府应按照“公交引导城市发展、加大绿色出行供给、强化交通需求管理”等三项原则，实施“避免、转移、改善、提高”策略。为此，中央政府需要认真审视促进城市绿色出行在中国发展战略绿色转型中的定位、政策与工作重点，高度重视政府跨部门职能与目标的协调与配合，通过财政杠杆加强中央对地方促进城市绿色出行的影响力，对中国城市促进绿色出行实施分类指导，强化对地方政府城市交通系统建设的监督、考核。具体建议如下：

1. 国务院在建设生态文明与走新型城镇化道路的国家战略框架下，出台《中国城市绿色出行实施纲要》，指导地方政府加强城市规划与交通、环境、土地利用规划的协调，加快建立现代城市绿色交通系统

中国特大城市和大城市在机动化程度相对较低的阶段就出现较为严重的交通拥堵与空气污染，很大原因是由于城市总体与交通、环境、土地利用等脱节。

建议国务院出台《中国城市绿色出行实施纲要》，指导城市建立现代化的绿色交通系统。该系统具有四个特征：①对不同社会阶层群体均具有吸引力的、低排放的、高运营效率的公共交通系统；②适宜步行和自行车出行与公交换乘的良好环境；③与城市发展相适应的小汽车使用管理措施；④高效土地利用的、生态宜居的城市发展布局。引导传统城市综合交通系统向现代绿色交通系统的转变，见表 6-1。纲要还将指导城市总体规划、综合交通规划、环境保护规划、土地利用规划的编制，并明确相关体制机制、财税、法规、绩效考核等纲领性要求。

表 6-1　传统城市综合交通规划与城市绿色出行规划的理念、目标、方法等比较

传统城市综合交通规划	⇔	城市绿色出行规划
理念：关注运输的供给	⇔	理念：关注人的出行需求
目标：交通流量、容量和速度	⇔	目标：可达性和生活质量
方法：政府授权专家编制规划	⇔	方法：重要利益相关者有效介入共同编制规划
技术应用：主要在交通领域	⇔	技术应用：跨部门、跨学科应用

传统城市综合交通规划	⇔	城市绿色出行规划
内容：基础设施是主要规划内容	⇔	内容：综合规划基础设施、市场、服务、机械、信息等，软硬件的协调配合
关注规模大成本高的项目	⇔	关注成本效益，逐步提升效率和优化
有限的影响评估	⇔	强化评价的影响并适时修正

2. 中央政府需确保地方城市能够筹集足够的、可持续的地方资金，使得城市公共交通企业有足够的资金支持，并针对某些项目提供专项资金

中国城市的绿色出行基础设施建设投入严重不足，中国很多城市实施低于成本的票价政策，但政府补贴又不能及时到位，公交企业无法得到足够的资金支持，难以持续保持高品质的、稳定的公共交通服务。

具体建议有：

①增加地方公共交通发展资金来源，并将其作为一种常态化的财政保障工具。资金来源包括地方所得税、销售税、与土地升值有关的税费、停车费、车牌拍卖费以及未来可能征收的相关费用（如拥堵收费等），道路使用者费、城市维护建设费等。

②中央政府明确对地方政府财政支持的引导性资金来源。一是中央对地方均衡性转移。即：在财政部每年度的“中央对地方均衡性转移支付办法”中增加“公共交通标准财政支出项”；二是建议国家设立“城市促进绿色出行引导性专项资金”。资金来源可考虑实施成品油税费改革形成的财政收入、车购税基期年以后的增量部分、国家拟加大排污费征收力度取得的增量资金等；三是从城市公共交通燃油补贴自 2009 年以后的增量部分中提取一定比例，用于奖励公共交通发展效果好的城市；四是改燃油税从量计征为从价计征，增加燃油税收入，并优化“增长性补助转移支付”资金分配公式。中央资金重点支持以下领域：大容量公共交通、慢行交通、综合客运枢纽等基础设施建设，节能型运输装备购置与更新，智能公交建设等领域，见专栏 6-1。

专栏 6-1　国际案例——美国联邦政府公共交通资金来源

美国联邦政府 1956 年设立“公路信托基金”，1982 年在该基金下设立了公共交通账户，把联邦燃油税从每加仑 4 美分提高到 9 美分，并规定把其中的 1 美分存入新设立的“公共交通账户”，该账户资金可支持公共交通基础设施建设所需资金的 50%以上，其余部分由州、城市二级政府承担。

③发改委、交通运输部、财政部加强对中国不同类型城市的公共交通成本核算与票制票价形成机制的分类指导，扭转过度追求低票价造成的城市公交企业严重亏损状况。通过将公共交通列入《国家计委和国务院有关部门定价目录》，将公共交通纳入全国政府定价行业成本监审体系，研究制定公共交通运价调价办法，指导地方政府通过政府与公交企业签订购买服务或特许经营合同的方式，保证公交企业有稳定的运营

资金，同时也约束公交企业按合同要求提供稳定的、高品质的公共交通服务，形成科学的成本—票价—补贴—服务质量联动机制。

④财政部建立促进绿色出行中央财政资金使用管理制度，加强资金使用的监管与绩效考核。确保该专项资金的申请与使用以提高城市绿色出行分担率为目标，与绿色出行相关规划进行捆绑，要求申请该资金的大型公共交通基础设施建设项目必须进行成本效益分析和考虑替代方案。

3．国务院制定“关于小汽车合理使用的指导意见”，指导不同类型城市综合运用各种政策工具，正确引导和调控小汽车的公平拥有与使用

中国许多城市的私人小汽车占用了更多的道路资源而在使用时的费用非常低，导致小汽车的高强度使用，造成交通拥堵与交通空气污染，降低了绿色出行方式的吸引力。

建议国务院制定“关于合理使用小汽车的指导意见”。核心内容包括：一是保证道路资源的公平分配和使用；二是改革公车制度，将公车的范围从行政机关扩大到事业单位、国有或国有控股企业的小轿车。严格控制公车的数量，加大公车使用的限制范围，在城市空气污染严重的情况下，实施公务车限行措施；三是采取差别化停车收费，对政府机关，企、事业单位及社会团体，取消内部的免费停车位，并按社会化停车收费标准进行收费；四是在特大、大城市积极推进拥堵区域、拥堵时段的小汽车使用收费，并根据城市需要实施合理的限购限行措施；五是指导不同类型城市因地制宜，选择与城市特点与交通发展阶段相适应的政策组合工具。

政策实施预期效果评估：《中国绿色出行调查分析》对合理使用小汽车政策实施的预期效果在网上做了调研：针对在拥堵区域实施提高停车费政策所做的预期调研显示，93%以上的受访者认为拥堵区域停车费用增加会对小汽车出行产生影响。说明实施差异化停车政策对抑制拥堵区域小汽车出行会有明显效果。针对实施限号限购的政策所做的调研显示，有约 80%的受访者认为限号限购政策会对小汽车增长产生影响。其中，认为限号会抑制小汽车增长的比例约为 25%，认为限号会促使人们买第二辆车的比例为 32%，提示政府要慎重实施限号政策。

4．健全机构，强化协调、绩效考核与问责机制，鼓励公众参与

中国各级政府无论中央还是地方，均缺乏促进绿色出行相关部门间的协调机制，同时，城市客运机构管理力量薄弱，以及缺乏监督、绩效考核与问责制度，导致城市规划与交通发展、环境保护以及土地利用等的政策缺乏一致性与连续性。

具体建议有：

①设立由副总理级领导牵头的促进城市绿色出行协调机制。负责全国城市（区域）绿色出行的战略、规划和制度的顶层设计以及缓解交通拥堵、改善全国空气质量等重大实践活动的组织协调，确保城市交通发展与土地利用、环境保护目标的一致性；强化经济区（长三角、珠三角、京津冀等）、城市群、都市圈等区域交通一体化规划与

交通需求管理政策协调职能。

②交通运输部组建城市客运管理局。该机构可作为国家促进城市绿色出行协调机制的办事机构。以加强区域交通规划与环境保护、土地利用的协调，强化交通拥堵与交通空气污染治理、智能公交等综合性职能，见专栏6-2。

专栏 6-2　国际案例——公共交通管理体制与改革

美国：联邦公共交通管理局（FTA）是美国运输部下属的13个职能机构之一，由约500人组成。FTA的愿景是通过领导工作、技术援助和财政资源，“引导美国实现高品质的公共交通，确保个人的机动性和社区的可居住性”。其管理职能不仅是指导公共交通系统自身建设与运营，还强化了交通需求管理，并确保公共交通发展与空气质量目标的一致性。

欧盟委员会：重组成立流动与交通总司，从平衡社会公平，环境质量和经济发展目标的角度履行职能。

③地方相应成立区域或城市促进绿色出行协调机制。在中央政府指导下，按照精简、统一、效能的原则，借鉴深圳、珠海经验，调整优化本辖区交通运输管理体制机制，推进有利于促进城市绿色出行的城市综合交通运输管理体制改革，强化拥堵与交通污染治理、交通信息整合利用、交通事故与交通应急事件处置、交通投融资及公交企业运营监管等综合与协调职能，见专栏6-3。

专栏 6-3　我国地方交通管理体制改革案例

珠海交通“大动作”：2013年3月，珠海市决定进行大改革，成立“市交通运输委员会”作为议事协调机构，召集人是分管交通的市领导，交委的委员分别由市交通运输局、港口管理局、公路局、发改局、财政局、人力资源和社会保障局、国土资源局、住规建局、海洋农渔和水务局等十多个部门共23人担任。

④强化绩效考核与问责机制，鼓励公众参与。国务院委托交通运输部建立国家中心城市绿色出行指数监测与发布机制，省级政府相应指导设区城市建立绿色出行指数监测与发布机制；组织相关部门开展中心城市公共交通发展水平绩效评价；将绿色出行水平评价结果作为政府官员绩效考核与升迁考评的依据。指导地方政府建立城市交通规划编制、交通需求管理政策制订（包括限行、限购、拥堵收费、设置低排放区等）的公众参与决策机制，见专栏6-4。

专栏 6-4　国际案例——公众参与交通拥堵政策实施决策

瑞典从20世纪90年开始提出在斯德哥尔摩交通拥堵严重的中心城区收取拥堵费的设想，2006 年斯德哥尔摩市开始试行拥堵收费，市中心交通拥堵情况得到有效缓解。试点一年后，斯德哥尔摩市采取全民公投的方式，决定是否继续实施拥堵收费政策，公投结果，52%的市民同意继续实施拥堵收费政策。从 2007 年起，瑞典通过立法允许地方政府根据城市需要收取拥堵税，目前，斯德哥尔摩市赞成拥堵收费的市民比例为 60%～70%，瑞典其他拥堵较为严重的城市也在酝酿通过全民公投方式实施拥堵收费政策。

5. 国家层面加快《城市公共交通条例》《大气污染防治法》等相关法律法规制修订工作，为各级政府依法履行促进绿色出行相关职责提供权威依据

中国一直缺乏城市公共交通领域的行业法规，导致城市发展与交通发展、环境保护脱节，中央和地方的交通与环保部门各自开展工作，缺少联动机制。《城市公共交通条例》《大气污染防治法》已经列入国务院立法工作计划。这是解决上述问题的一个很好机会。

具体建议有：

①加快出台《城市公共交通条例》。在条例中强化城市总体规划、控制性详细规划与城市公共交通规划的衔接；强制要求开展交通影响评价，并建立相应的惩罚机制；将交通需求管理作为城市公共交通规划内容之一等。

②在正在修订的《大气污染防治法》相关条款中强化对城市交通污染排放的控制要求。在城市交通规划中明确城市交通污染排放物的控制目标；建立城市交通污染监测体系；要求中央财政资金使用必须与城市交通污染排放控制目标实现情况挂钩，确保交通发展和环境空气质量目标保持一致等。允许地方政策实施拥堵收费、低排放区收费政策，收取费用用于步行、自行车或公共交通发展，见专栏 6-5。

专栏 6-5　国际案例——促进绿色出行相关法规

《联邦资助公路法》规定了交通规划的程序和组织安排，指定了大都市区域规划组织（MPO）的成员构成，并要求 MPO 秉承综合性、合作性和连续性（comprehensive，cooperative & continuing，3C）的规划原则，制订长期的区域性交通规划（MTP）、中期的大都市交通改进计划（MTIP）和年度的统一规划执行方案（UPWP），并将其作为获得联邦援助资金的前提条件。

6. 中央组织实施《城市促进绿色出行示范工程》，选择不同类型城市开展实践活动，总结经验，指导城市建立现代绿色交通系统

中国城市在城镇化和机动化快速发展的过程中，缺少促进绿色出行的成功实践用于指导城市建设现代化的绿色交通系统。

建议中央政府将国际经验与中国城市促进绿色出行实践相结合，组织实施城市绿色出行新方法、新途径的示范项目。国务院委托交通运输部牵头，组织相关部门选择典型城市开展以下试点实践活动：一是开展“城市道路资源优化配置”示范。选择典型城市新城区建设与老城区改造项目，对步行、自行车、公交与小汽车实施道路资源合理配置，让选择步行、自行车的人群出行更安全、舒适；二是实施“公交不堵”工程。优先保障公交路权，实现公交畅通。提高公共交通供给能力，建立差异化公共交通服务。让不同社会阶层的群体愿意乘坐公交车；三是设立“拥堵污染控制区”。在北京、上海等特大城市试点设立“拥堵污染控制区”，探索“拥堵污染控制区”的设立范围、收费标准等，编制《城市中心区拥堵污染限行区设立条件》等；四是试点建立“交通污染监测与发布机制”。选择京津冀、长三角地区及典型城市进行试点，见专栏 6-6。

专栏 6-6　国际案例——欧盟 Civitas 示范项目

欧盟组织并资助了 Civitas 示范项目，旨在重新制定交通政策措施以实现城市交通运输的更好更清洁发展。目前 Civitas 已经帮助 60 余个欧洲试点城市引进先进的环境友好型交通发展措施。项目超过 2 亿欧元的资金来源于欧盟的支持。英国、德国以及瑞典斯德哥尔摩、意大利米兰等城市分别实施了“街道空间重新分配”（把更多的道路资源分配给慢行和公共交通）、设置“拥堵收费区”和“低排放区”等政策措施，对促进绿色出行、治理交通拥堵与空气污染取得很好效果。德国依据法律开展了“无碳黑行动”，即通过设置“低排放区”来降低机动车污染。目前德国已有 54 个城市设置了“低排放区”，区域总面积达到 850 km^2。

公交不堵工程预期效果评估：《中国绿色出行调查分析》报告了影响私家车使用频率原因分析结果：影响私家车使用频率的因素主要是拥堵程度（77.13%）。由此可见，让公交不堵，使公共交通在通行的时间效率上比小汽车具有优势，是调整小汽车高强度使用的有效措施之一。《中国绿色出行调查分析》同时还调研了人们购买小汽车的原因：由于公交出行时间过长而选择购车的人数占到受访者的 35.2%。由此可见，让公交不堵，缩短出行时间，会有 35.2%的潜在购车者会放弃购车。

Chapter 1
Concepts of Urban Green Travel in China

1.1 Definition and Development Process

1.1.1 Definition of green travel

Compared to green travel, green travel behaviour is easier to define, it is generally believed by the industry to include not only the use of green travel modes, but also green travel habits, the selection of green vehicle models and green driving behaviour. Green travel modes usually refers to the preference for public transport, which offers low-energy-consuming and low-emission modes, and bike or walking. Green travel habit refers to people's voluntary decision to reduce unnecessary travel and, when travelling by car, to choose carpooling as much as possible. Selection of green vehicle models refers to the selection of hybrid, gas-fuelled and other low-emission and low-energy-consuming models when it is necessary to buy a car. Green driving habits means reducing energy consumption while driving by trying to avoid sudden braking when driving a motor vehicle, turning off the engine during a long wait and honking the horn less (Figure 1-1).

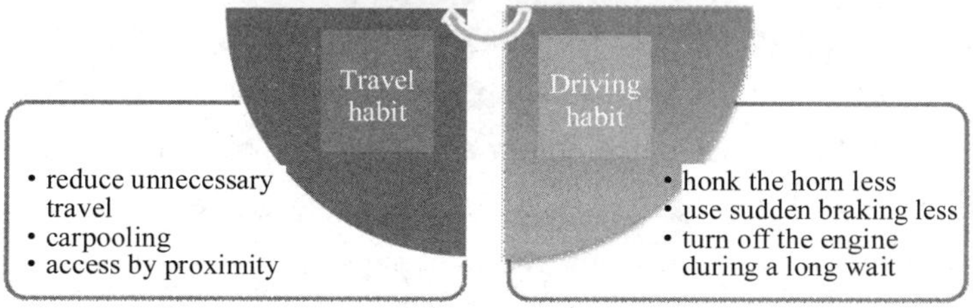

Figure 1-1 Diagram of green travel behaviours

There is not yet a standard definition of "green travel" acknowledged by academia. The one given by baike.baidu.com is "Green travel is adopting the travel mode that has the least environmental impact, i.e. the travel mode that saves energy, improves energy efficiency, reduces pollution and is conducive to health and efficiency. Taking public transport such as bus and subway more often, carpooling, driving in an environment-friendly way, walking or riding a bike – these are all called green travel as long as they can reduce energy consumption and pollution during travel." However, there are some limitations to define the "green travel" as individual behaviour based on the travel particularity and basic theory of green travel promotion policy and research.

"Clothing, food/water, housing and travel" are the indispensable necessities of life for all people at all social stages, but "travel" has marked differences from other daily needs. First of all, unlike clothing and food, travel is a social or external behaviour. In other words, the choise of travel mode directly affects other people. For instance, if people prefer traveling by car, especially large sized vehicles and honk the horn indiscreetly when driving, the resulting air and noise pollution affect a lot of other residents. Second, in terms of "clothing", people are usually only subject to factors that they can control, such as the choise of design, whether it suits oneself and whether one can afford it; whereas factors that relate to the selection of "travel" mode are very complicated. In addition to individual factors including personal preference and financial capability, many external factors also play a part. For instance, someone who prefers traveling by public transport may not be able to find a suitable bus near his/her workplace or residence; someone who likes traveling by bike has to abandon this choice because the bikeway is occupied by parked cars and the tailpipe emissions from motor vehicles is serious along the way; and someone who prefers traveling by car may turn to public transport because of serious traffic congestion, transport restriction by license number, high congestion charge, etc. (please see Figure 1-2 for factors that affect travel mode selection).

The above analysis shows that, as the selection of travel mode is subject to both personal preference and the influence and limitation of external factors, green travel shall be defined at two levels——the individual level and the systematic level. In other words, "green travel" shall be defined both in the broad sense and the narrow sense.

In the narrow sense, green travel can be defined as the green travel behaviours of individuals. It refers to a series of voluntary decisions made by travellers during the entire travel process that can help reduce energy and other resource consumption and mitigate various environmental pollutions. In the narrow-sense definition, there is only one behavioural agent—the traveller himself/herself.

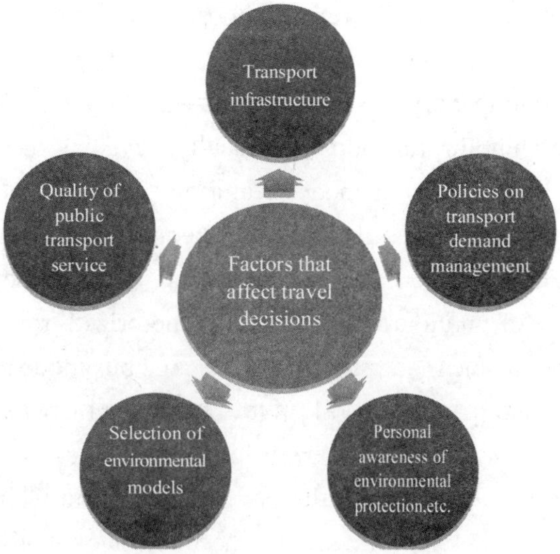

Figure 1-2 Factors that affect travel mode choice

In the broad sense, green travel can be defined as a government-led social project of building urban green transport system and guiding green travel behaviours, in which related actors take part and travellers make independent decisions. Its fundamental purpose is that by building a modern urban green transport system, the government can encourage and facilitate travellers of all social classes to consciously and voluntarily choose the "green travel" mode of "public transport + bike + walking", consciously choose green vehicles and green driving behaviour when it is necessary to use a car. Green travel in the broad sense involves a group of actors, mainly including but not limited to city government, public transport enterprises, participants of green travel modes, and related research, education and social organizations.

This broad concept of green travel has been adopted by the research team in this special policy study.

1.1.2 History development of urban green travel

Based on the analysis of how travel modes chosen by urban residents have changed in various countries, the development history of green travel can be roughly divided into 5 stages.

(1) Stage I: Non-motorized travel plays the main part

Characteristics: green travel modes such as walking and cycling are chosen involuntarily. This was the period before and at the beginning of the appearance of cars, when residents had to travel mainly in non-motorized ways. In 1985, for example, the per capita GDP in China was only USD294 and there were only 3 motor vehicles per 1,000 people. The bicycle mode share among all transport modes in Beijing was 62%, bus mode share 26%, and car only 5%. Therefore, choosing non-motorized travel modes at that time was a result of a lack of motorization.

(2) Stage II: Public transport + non-motorized travel play the main part

Characteristics: public transport is gradually develops in cities, especially megacities and large cities, and the travel modes featuring the combination of public transport and non-motorized travel take the main part in people's life. In 2005, for example, the per capita GDP in China rose to USD1,700, and there were 22 motor vehicles for every 1,000 people. The share of public transport and non-motorized travel modes reached over 70%, among which the bicycle mode share is 30.3%, and bus mode share is 29.8%.

(3) Stage III: Public transport and private cars are both in fast growth

In a period of fast economic growth, private vehicles are rapidly motorized as well. From 2006 to 2010, for example, the per capita GDP in China more than doubled from USD2,054 to USD4,421 in 4 years, and the number of motor vehicles per 1,000 people also more than doubled from 23 to 59. The bicycle mode share was 16.4%, dropped by 14% from 2005, with a 3% annual decline, bus mode share 38.7%, and car 34.2%, increasing respectively by 8.9% and 4.4% from 2005. The problem of urban transport congestion arose and increasingly worsened.

(4) Stage IV: Public transport and private cars are both in relatively stable growth with congestion as a common phenomenon

When economic development is at a high level, the growth rate of motorization is relatively stable. Take France as an example, in 2006, every 1,000 people had 595 private cars compared with 599 in 2010 without significant difference. During this time, the bus and motorization mode split increase rate remained low in developed countries, the public transport system was highly developed, urban congestion turned into a common phenomenon and the air quality worsened.

(5) Stage V: Modern green transport system has matured, with public transport + non-motorized transport playing the main part

Due to such factors as mature public transport development and worsening traffic congestion and air quality, people begin to actively adopt green travel modes, in other words, they begin to turn back to public transport and non-motorized travel. A typical example is London. During the last decade London focused on developing a modern green transport system that includes public transport + slow transport. The city re-allocated road space (building priority lanes for walking and cycling) to promote cycling and walking, and improved the public transport services. These measure have promoted the development of green transport. Also, the city implemented a low-emission zone and congestion area charging(2003), which helped increase the share of green travel 5% of the London citizens gave up cars to public transport; the share of bus (including trolley bus) increased by 40%; the annual share of metro increased 7%; the share of bicycle increased 90%.

1.2 Macro Environment and Opportunities for China to Promote Green Travel

1.2.1 Prosperous China required better urban mobility for all

To build a moderately prosperous society in all aspects for the benefit of over one billion people in China, we must meet the new expectation of improving the quality of travel services for the average person.

To realize the goal of building a moderately prosperous society in all aspects, we should ensure that the fruits of transport development are shared by all the people and strengthen and improve public services. First, we should embody the principle of social justice, protect the basic travel needs of all groups and try to satisfy the public's demand for high-quality travel services: give consideration to personalized travel services of higher quality.

The Chinese government has proposed the goal of "building a moderately prosperous society in all aspects" and doubling its 2010 GDP and per capita income for both urban and rural residents by the end of 2020. By the end of 2020, we should bring up per capita disposable income for urban residents should rise from 19,109 yuan in 2010 to 38,000 yuan and establish in due course a system for ensuring fairness in society featuring, among other things, equal rights, equal opportunities and fair rules for all. We should rationally differentiate between basic needs and non-basic needs, strive to meet basic needs and build a safety network that allows people to concentrate on economic production and life. We should strive to achieve full coverage, leave no institutional gaps and realize universal coverage for eligible residents. We should strive to achieve sustainability, adopt a step-by-step approach to reform, make overall plans and give priority to key issues, determine approriate security standards and do our very best to gradually improve the security level.

Transport issues are not only a major daily issues related to the vital interests of people but also difficult problems that all large cities in the world will commonly encounter. From the perspective of the law of observed transport development in the world, the total demand for transport in this period is still growing rapidly, the transport structure is escalating, the service requirements are getting stricter, and transportation demands have entered a period of rapid change, requiring the fruits of transport development to be shared by all people. "Putting users at the heart of transport policy", "Transport decides life and enriches life" and other concepts are widely recognized by people, the concepts and behaviours of people in choosing travel modes will change significantly, safe, reliable, convenient, comfortable and even personalized value preferences become enhanced, and increasingly stricter requirements are set for the form, content and quality of transport services (Table 1-1).

Table 1-1 Transport demand levels

Individual transport demands			Travel requirements
Level	Reflection	Main contents	
First level	Physiological needs	Food, clothing, accommodation and other basic living needs	Accessible
Second level	Security needs	Needs for physical security, living stability and freedom from suffering, threats or illness	Safe and reliable
Third level	Social contact needs	Needs for friendship, love and affiliation	Convenient and fast
Fourth level	Respect needs	Personal feeling of achievement or self-worth as well as recognition and respect of others to ourselves	Comfortable with multiple choice
Fifth level	Self-realization needs	Needs to maximize the potential, freedom and creativity	Freedom and personalization

According to Maslow's need-hierarchy theory, people's travel needs at the subsistence stage are mainly physiological and safety needs, i.e. basic travel needs to go faster and safely; people's travel needs at the well-off stage are social needs and respect needs, which requires good and comfortable travel services; people's travel needs at the wealthy stage are needs for freedom and individualized self-realization.

To build a moderately prosperous society in all aspects and meet people's new expectations to improve the quality of life and strengthen and improve public services and travel needs to benefit all people, we must first reflect social justice and safeguard the basic travel needs of all groups (including migrant workers and other floating population and people with disabilities and other vulnerable groups). In addition, we should continuously improve the quality and level of services to satisfy people's needs for high quality travel: give consideration to personalized travel service needs of higher levels.

1.2.2 Urban transport "diseases" need to be addressed

Adopting the new model of urbanization and building green liveable cities will inevitably require curbing the continuous spread of the "urban diseases" of featuring traffic congestion and environmental pollution.

With China's rapid urbanization and motorization, traffic congestion, environmental pollution, energy shortages and other problems have become increasingly serious. The rapid development of a new-type of urbanization must take improving people's living convenience and comfort as the starting point and end point, adhere to the guiding principle of "intensive, smart, green and low-carbon", improve quality, utilize the advantages and avoid the disadvantage, curb the continuous spread of the "urban diseases" featuring traffic congestion and environmental pollution, build green liveable cities with balanced economic, social and environmental development, and create the environment for harmonious coexistence of human and nature.

1.2.2.1 Characteristics of the development of urbanization in China

(1) Rapid increase of urbanization rate and continuous growth of urban population

China's urbanization rate increased from 29% in 1995 to 51.3% in 2011, and the total urban population increased from 351 million to 691 million, an increase of 96.9%, which means that a rural population equivalent to the population of the entire Beijing moves from rural areas to cities each year (Figure 1-3).

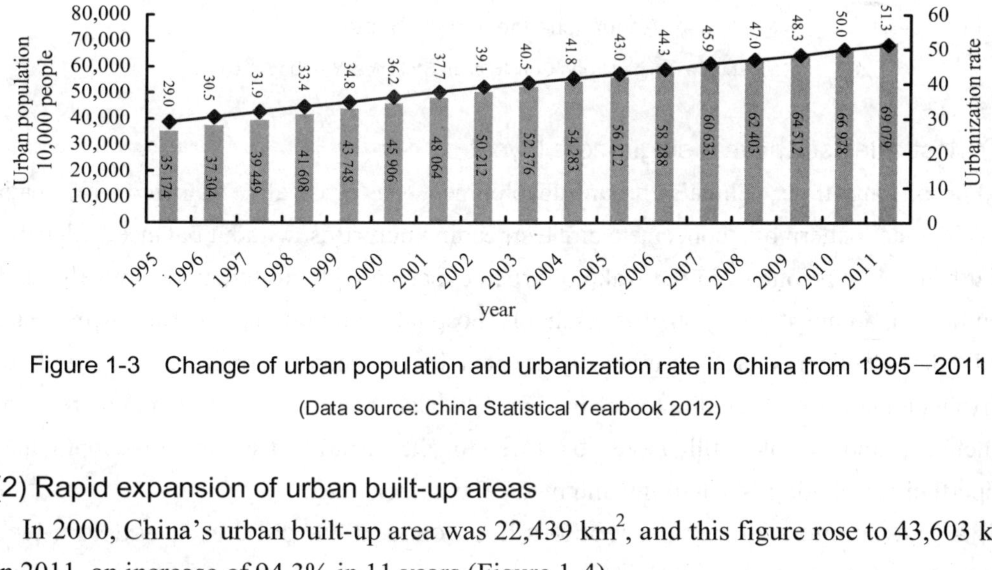

Figure 1-3 Change of urban population and urbanization rate in China from 1995—2011

(Data source: China Statistical Yearbook 2012)

(2) Rapid expansion of urban built-up areas

In 2000, China's urban built-up area was 22,439 km^2, and this figure rose to 43,603 km^2 in 2011, an increase of 94.3% in 11 years (Figure 1-4).

(3) Urban residents changing from "institutional workers" to "social people"

Before the reform and opening up, Chinese cities were societies with distinctive neighbourhood based social characteristics, and the work places and staff quarters in cities were generally linked together, and various living activities basically centred on units. Following a job transfer, the place of residence would also change. Urban residents' living radius was relatively small, and urban residents mainly travelled on foot and by bicycle. With the implementation of the market-oriented job reform, China has witnessed tremendous changes in the social structure. A large number of social members have changed from "institutional workers" into "social people", and they choose to purchase housing rather than rent them; more and more people work and live in different locations, social mobility within cities is intensified, and people's activity radius is expanding constantly.

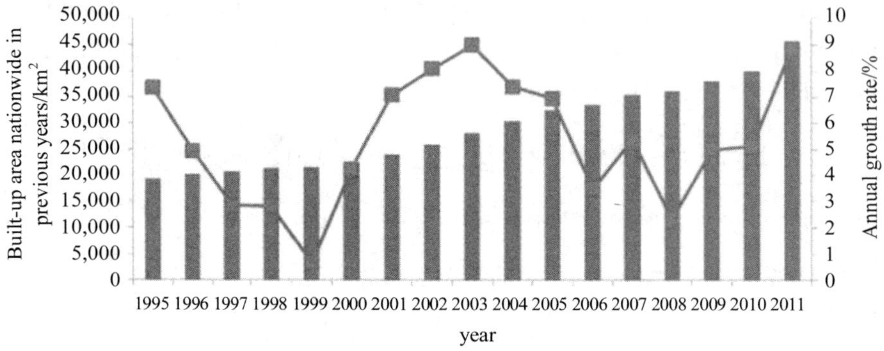

Figure 1-4 Urban built-up area nationwide during 1995—2011 and Annual change in growth rate

(Data source: China Urban Construction Statistical Yearbook 2011)

(4) Most cities still have a single-core layout

For a long time, China's urban development has basically followed the spatial development pattern of a concentric circle spreading outwards, without balanced allocation of urban public resources in the wake of urban expansion. Urban functions are still overly centralized; administration, business, schools, hospitals, cultural and entertainment centres and other public resources are mostly located in the central urban districts, with the surrounding areas and satellite towns having only basic housing, shopping and recreational functions, and people still have to flock to the central districts for employment opportunities, children's schooling and medical treatment, etc..

(5) A great number of migrant workers have caused the periodic "pendulum-type" and "migratory-bird-type" mobility

At present, China's urbanization rate has reached 51.27%, but the urban proportion only accounts for about 35%～38% of the total population. A large number of migrant workers have moved geographical transfer and career transition, but are not yet registered in the cities. Nearly 200 million people living in cities and towns have no urban registered permanent residence and do not enjoy the same treatment as urban residents; many migrant workers become "semi-urbanized" because they work in cities, but they only have rural registered permanent residences; the labour forces are in cities, but the families are in rural areas; their incomes are from cities, but their savings are in rural areas; they live in cities, but their roots are the rural areas. This has resulted in the periodic “pendulum-type” and “migratory-bird-type” mobility of a large number of migrant workers.

1.2.2.2 The impact of the characteristics of China’s urbanization on urban travel

The above characteristics of China’s urbanization has caused the following changes in urban residents’ travel:

(1) Rapid increase of people’s total travel needs

According to a transport survey in 2005, the travel rate in Beijing was 2.64 times/person·day and 2.5 to 3.0 times/person·day in other cities. Based on the scenario settings of macro-economic and social development, by 2020, the number of China's future urban trips will reach 951.7 billion in total, with an annual growth rate of 9.0% during 1998—2020 (Figure 1-5).

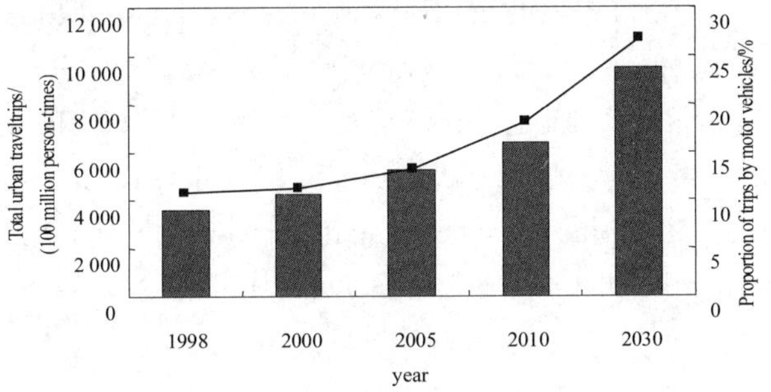

Figure 1-5 Chinese urban residents travel trend analysis chart

(Data source: Comprehensive Report on China Sustainable Development Energy and Carbon Emissions Scenarios Analysis)

(2) Expanding travel distance and urgent needs for motorized travel

The daily travel distance of Beijing citizens has increased from 8km in 2003 to 9.8km in 2008. According to *Survey Report on Urban Residents’ Choice of Travel Modes in China* (China Urban Consumer Rights Protection Union, 2011), Chinese residents' daily travel distances are mostly concentrated in the 3～8km range, which accounts for 52.9% of daily travel patterns. According to an acceptable walking distance of 1km and a suitable cycling distance of 3km, cycling and walking cannot meet the needs of most longer-distance travel. As motorized travel needs are growing, China’s urban societies have transformed into motorized societies.

(3) Huge transport pressure on central urban districts and serious daily “tidal flow” transport phenomena

Urban functions excessively gather in central districts, leading to huge transport pressure on central districts. For example, 50% of trips in Beijing occur within the Third Ring Road. It is expected that daily average trips in Beijing will reach 55million trips/day in 2015, while this figure will be 44 million trips/day within the Sixth Ring Road, with an average trip distance of 11 km.

Meanwhile, the daily "tidal flow" transport phenomena are serious, resulting in traffic congestion in many large cities that makes it difficult to enter the cities during the 7:00 ~ 9:00 am and leave the cities during 5:00 ~ 7:00 pm periods.

(4) Growing urban road area per capita still difficult to accommodate the rapid growth of cars

With the improvement of people's living quality and social and economic development in cities, people's consumption structure has undergone great changes, private car consumption has become increasingly common, and the private car population has grown rapidly, as shown in Figure 1-6. Taking Beijing as an example, it took only three years and nine months and two years and seven months for motor vehicle population to break through from 2 million to 3 million and from 3 million to 4 million, respectively; while Tokyo took 10 years and 12 years, respectively, to complete the same processes.During the same period, China's per capita average annual growth rate of urban road area was only 14.7%, lagging way behind the growth in car ownership.

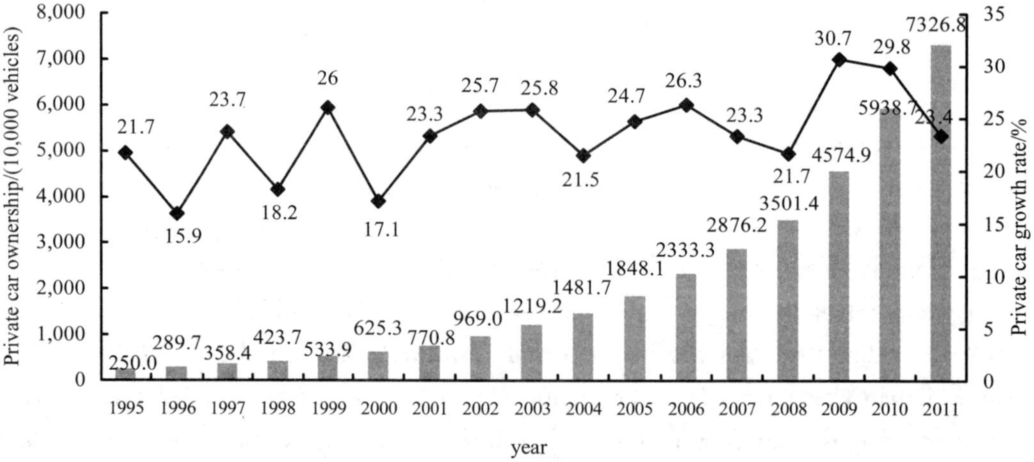

Figure 1-6 Change of private car ownership and growth rate in China during 1995—2011

With China's rapid urbanization and motorization, traffic congestion, environmental pollution, energy shortages and other problems have become increasingly serious. The rapid development of new-type urbanization must take improving people's living convenience and comfort as the starting point and end point. We should not only lay stress on "quantity" expansion, but also pay attention to the improvement of "quality", adhere to the "intensive, smart, green and low-carbon" policy, improve the quality, utilize the advantages and avoid the disadvantage, curb the continuous spread of the "urban diseases" featuring traffic congestion and environmental pollution, build green livable cities with balanced economic, social and environmental development, and create the environment for harmonious coexistence of people and nature.

1.2.3 Progress requires regulation and funding guarantees

The implementation of such an "ecological civilization" strategy as "energy saving and emission reduction" and "public transport priority" will require regulation, system and funding guarantees for green travel.

China government attaches great importance to the ecological civilization construction and exerts itself to promote green, circular and low-carbon development model, so as to form the environmental protection favouring spatial pattern, industry structure, production and lifestyles. Meanwhile, China government takes a series of major measures to support the financing and regulation and system construction to promote green travel and air quality improvement.

1.2.3.1 China State Council executive meeting puts forward 10 measures for air pollution control

On June 14, 2013, Premier Li Keqiang presided over the State Council executive meeting at which he deemed the air pollution control a major health issue and recognized that it requires long-term hard work to complete this complex system project. At the present time, it is vital to take hard measures through combining structure adjustment and optimization, innovation-driven force reinforcement as well as environmental and ecological protection, which aims to ensure the work's effectiveness. Besides, the ten measures to control air pollution issued are as follows:①Reduce pollutants and promote cleaner fuel oil products;② Strict control of the production capacity expansion of high energy-consuming and high-polluting industries;③Practice cleaning production with the key industries' emission of major air pollutants decreasing by over 30% by the end of 2017, and develop public transport;④Accelerate energy restructuring; ⑤Strengthen the restriction of indexes regarding energy saving and environmental protection; and no construction permit, land, loan or power and water supply shall be provided for any project that fails the energy saving and environmental protection assessments; ⑥Carry out new mechanisms for energy saving and emission reduction in conjunction with incentives and restrictions to intensify the reduction in pollutants;⑦ Accelerate the industry transformation and upgrading through the "Forced" mechanism of laws and standards, and reinforce punishments for illegal activities; ⑧Establish the regional joint prevention and control mechanism, and construct the responsibility assessment system concerning objectives of atmospheric environment improvement of each province (district, city); ⑨ Include the heavy-pollution weather into local governments' emergency management, and implement measures like limiting motor vehicles according to pollution levels etc.; ⑩Advocate economical green consumption ways and living habits and arouse the public's participation in environmental protection and supervision with the principle of "sharing same destiny and making efforts together".

1.2.3.2 Implementation Scheme of National Action on Energy Conservation and Emission Reduction

On August 28, 2007, the Notice on *Issuing the Implementation Scheme of National Action on Energy Conservation and Emission Reduction* (FGHZ [2007] No. 2132) was issued by the National Development and Reform Commission in conjunction with the Propaganda Department of the Central Committee of CPC, the Ministry of Education, Ministry of Science and Technology, ACFTU, Communist Youth League Central Committee, All-China Women's Federation (ACWF), China Association for Science and Technology, General Logistics Department (GLD) of the People's Liberation Army, General Office of NPC Standing Committee, General Office of CPPCC, as well as the Ministry of Finance, State-owned Assets Supervision and Administration Commission (SASAC), State Environmental Protection Agency (SEPA), Central Civilization Office, Government Offices Administration of the State Council and Administration Bureau for Organs Directly under the Authority of the CPC Central Committee, the aim of which is to foster the social participation in energy saving and emission reduction as well as combating climate change so as to form the work pattern of government taking lead, enterprises acting as the main body and the public pushing forward jointly.

It's clearly specified in the *Notice* that we should:Carry out green travel activities. The purchase plan of official vehicles should be updated quickly, and purchasing vehicles not in compliance with the standards and allocation is forbidden. Besides, the proportion of low-emission and clean-energy vehicles in official car fleets shall be improved. Official vehicles for government agencies should be taken off the roads according to the last license number and the pilot studies of official bicycles should be developed. Additionally, the office workers are required to drive less by one day per month and try to adopt the "135" travel mode principle, i.e. walking within 1 km, cycling within 3 km and traveling by public transport within 5 km. It is urgent to speed up the reform of the official vehicle system of chase and use.

1.2.3.3 The State Council *Guidance on Prioritizing Public Transport Development in Cities* as a significant program for promoting the priority development of urban public transport

The *Guidance of the State Council on Prioritizing Public Transport Development in Cities* (GuoFa [2012]No. 64), issued on December 26, 2012 by the State Council of China points out the necessity of prioritizing urban public transport to relieve traffic congestion, transform the urban transport development mode, improve people's quality of life and promote the government's public service level, which is also a strategic choice for the construction of resource-conserving and environmentally-friendly society. Moreover, a series of systematic instructions are proposed regarding; development concepts, principles, objectives, policies and mechanisms, making extensive policy and mechanism innovations. It demands:

(1) To set up the priority development concept

The public service function of urban public transport shall be highlighted, and public transport must take the first place in the urban transport development, with its targets specifically defined in layout planning, facility establishment, technical equipment and operation services. It is critical to enforce the necessary supporting measures and support innovation in systems and mechanisms in order to form a new pattern of priority development of urban public transport.

(2) To abide by the scientific development principle

It requires us to: offer convenience to the public, integrate connection, advocate green travel and adjust measures to local conditions.

(3) To implement the policy of accelerating development

It requires us to: strengthen planning regulation, accelerate infrastructure construction, intensify comprehensive development of land for public transport, increase government input, broaden investment channels, guarantee the priority of public transport and encourage the development of intelligent transport solutions.

(4) To establish the sustainable development mechanism

It requires us to: improve the price subsidy mechanism, perfect the technical standards system, promote integrated transport management, consolidate the safety management system, regulate major decision-making processes and set up a performance evaluation system.

1.2.3.4 China's Ministry of Transport's decision to enforce *The Guidance of the State Council on Prioritizing Urban Public Transport Development*

(1) Specifications are provided regarding how to effectively implement the Guidance of the State Council on Prioritizing Urban Public Transport Development

The public service function of urban public transport shall be highlighted and public transport must hold the first place in urban transport development, pushing the strategy of giving priority to urban public transport; it is necessary to guarantee the priority of urban public transport in areas such as facilities land, investment arrangement, distribution of road rights and fiscal, taxation supports etc. based on such principles as offering convenience to people, integrating connection, green travel and adaptation to local conditions, so as to bring forth the new situation of scientific priority development of urban public transport and make public transport people's first travel choice.

(2) The overall objective for China urban public transport development until 2020 is defined

The dominant position of public transport in urban transport will be generally established and the public transport service will become safe and reliable, convenient and efficient will also come into shape; the public transport's capacity to drive city development along with its service quality and continual development ability shall be improved fast to satisfy people's travel demands better.

(3) Major tasks for realizing overall objectives of China urban public transport are formulated

①It is essential to improve the planning control capacity, the service capability of public transport infrastructures, public transport service capabilities, and the public transport's safety assurance and intelligence level as well as the public transport enterprises' economic development; ②public-transport oriented cities and integrated management of urban transport are needed; ③systems of ticket, fare, price subsidy and public financial grant shall be perfected.

In addition, other guarantee measures are proposed like strengthening organizational leadership, improving laws and regulations, intensifying performance evaluation and service quality assessment, strengthening social supervision and the development of a public transport culture, etc..

1.2.3.5 Chinese Ministry of Environmental Protection priority on top-level policy for ecological civilization

On November 17, 2012, the third international seminar on traditional culture and ecological civilization of Chinese Society of Environmental Science was convened, where

Li Ganjie, Vice-Minister for Environmental Protection, pointed out we should pay attention to the top-level policy work of ecological civilization construction, and perfect the related laws and regulations, policies and systems, including:

Formulate and implement the system of ecological civilization target Index and assessment methods. Include such items as resource consumption, environmental damage and ecological benefit into the evaluation system of economic and social development; make ecological civilization requirements explicit in the objective system, assessment methods as well as system of incentives and penalties; include these items into the performance evaluation of local party committees and governments so as to form the long-term mechanism for constructing ecological civilization.

Make innovations in environmental and economy policies by promoting a green tax system and studying environmental tax collection. Improve the charging system for environmental protection through ways like raising charge standards for heavy metals and persistent organic pollutants; reform environmental price policies and encourage the development and utilization of environmentally-friendly technologies; establish the ecological compensation mechanism and promote regional harmonious and balanced development; based on major function zones and main ecological function zones to make development and ecological environment policies, differentiated standards for admittance into industries, eco-compensation mechanism, diversified environmental protection input mechanism and the pricing mechanism reflecting resource scarcity degrees.

1.2.3.6 The State Council has issued the Planning for the Development of Energy-saving and New-energy Automobile Industry (2012—2020)

The State Council issued on June 28, 2012 the *Planning for the Development of Energy-saving and New-energy Automobile Industry (2012—2020)* (GuoFa [2012]No. 22) of the State Council, specifying that the automobile industry is an important support for the national economy and plays a significant part in pushing national economy and social development. With China economy's continuing fast development and the accelerating urbanization, automobile demand will keep increasing for a long period of time in the future, automobile related problems of energy shortage and environmental pollution will tend to be more prominent. Therefore, cultivating and developing energy-saving and new-energy automobiles is not only the pressing task for relieving energy and environment pressures and for pushing forwarding the sustainable development of automobile industry, but also the strategic choice for accelerating the automobile industry's transformation and upgrading and for fostering new economic growth points and an international competitive advantages. It requires us to:

Take pure electricity driving as the major strategic orientation for the new-energy automobile development and the auto industry transformation. The current focus should be promoting the industrialization of purely electrical-driven and plug-in hybrid automobiles, popularizing non-plug-in hybrid automobiles and the energy-conserving internal combustion engine vehicles (ICEV), so as to improve the overall technological level of Chinese automobile industry.

Strengthen fiscal and tax support. The central finance shall provide appropriate financial support to the projects implementing technological innovations in energy-conserving and new-energy automobiles, and establish the technological innovation system of industry-universities-research cooperation; subsidies should be provided for public service pilots using energy-saving and new-energy vehicles and the private persons purchasing new-energy automobiles to encourage custumer purchases; the government shall act as the guiding role in increasing public agency's purchasing of energy-saving and new-energy vehicles, try to formulate incentive and penalty policies based on fuel consumption and perfect related laws and regulations.

Research and improve automobile tax policy system. Special attention should be paid to the research and implementation of supportive policies such as deduction and exemption of parking fee for new energy automobiles, a favourable policy for charging fees, etc.. When some regions implement such measures as license number restricted driving, vehicle quota license auction and quota index for vehicle purchase, new energy automobiles should enjoy correspondingly favourable policies.

1.2.4 Transport system developments will support urban green travel

China's construction of a comprehensive transport system as the foundation to adjust and optimize transport structure will provide important support and guarantee for green travel.

The state focuses on establishing a safe, convenient, economical, efficient and green comprehensive transport system, promoting the formation of a network system of matching and linking infrastructure; advanced, applicable, energy-conserving and environmental-friendly transportation equipment; intensive, efficient, economical and convenient transportation organization; as well as quick, convenient, fair and high-quality transportation services. It spares no effort to enhance transport service level, pay more attention to improving people's quality of life, and provides diversified transportation selections and high-quality transportation services for people, all of which will certainly strengthen the support and guarantee for achieving green travel.

The transportation industry takes the opportunity of the state super-ministry system reform to accelerate the promotion of green travel, cycling and low-carbon transportation development in the current and later periods; to implement adjustment and optimization of transport structure in the whole process of transportation infrastructure planning, design, construction, operation, maintenance and management; and promote the formation of a network system of matching and linking infrastructures, advanced, applicable, energy-conserving and environmental-friendly transportation equipment, intensive, efficient, economical and convenient transportation organization as well as quick, convenient, fair and high-quality transportation services to realize a "three-low and three-high" transport system (low consumption, low emission, low pollution, high effectiveness, high efficiency and high benefit) and lead and promote scientific development with green development.

1.2.4.1 Taking the opportunity of super-ministry system reform to accelerate the improvement of systems and mechanisms will provide a solid guarantee for green travel

The "Super-ministry system reform" of Chinese government aims to solve government system and mechanism contradiction and transfer organization function. This will enable the correct handling of the relationships among the government, enterprises and the society during green, cycling and low-carbon transportation development; adhering to simultaneous government guidance and market mechanisms, and forming collaborative promotion mechanisms with government-leading enterprises and public participation. It focuses on the goal of "basically establishing a green, cycling and low-carbon transportation system by 2020", it strengthens the target-oriented responsibility system, establishes a comprehensive evaluation and checking system for energy conservation and emission reduction work, strengthens the implementation and practically promotes green transportation development to achieve substantial progress. It vigorously promotes pilot project demonstration and special action, organizes and launches pilot sites of low-carbon transportation in provinces and cities, and creates a batch of green transport demonstration projects; at the same time, it requires us to promote ministry-province cooperative mechanisms, improve fund guarantee mechanisms, makes full use of market mechanism, and improve propaganda and communication mechanism. The implementation of the above series of policies for improving the systems and mechanisms will certainly accelerate the speed of the development of green travel.

1.2.4.2 Strengthen the link between intercity transportation and urban transportation

We should promote construction of comprehensive transport systems, pay more attention to improving people's livelihood, provide diversified transport choices and more convenient transport services for people, and construct a multi-level public passenger transport network system. We should strengthen the links between intercity transportation and urban transportation, especially the links between suburban railway and urban public transport, and pay attention to the construction of relevant infrastructures and supporting service facilities. Interurban railways should pass through the inner city and constitute the framework of passenger transport in inner cities, urban areas and suburban areas, which will enhance urban public transport capability and service level and greatly promote green travel. (Related Link 1-1)

Related Link 1-1

Suburb railway system enhances urban public transport capability

To support the transportation demands of 8,000 ~ 9,000km^2 area of the third stage in the process of city development, multi-level comprehensive transportation system is established during structural adjustment of global cities, including a large-scale interurban railway system together with a high-density urban railway network.

◆The New York Metropolitan Region includes interurban railways of about 3,000km apart from the metro of 370km, and the interurban railway mainly serves the commuting passenger flow in some areas of Long Island, Connecticut and New Jersey.

◆The railway network of the Paris Region is nearly 1,500km in length, including regional rapid rail and interurban railway of nearly 1,300km, which serve an area of 12,000km^2 and connect 7 provinces around Paris.

◆The London Metropolitan Area has a metro of 408km and a supporting suburban and interurban railway of 3,650km. The railway system shares a lot of long-distance commuting trips, of which nearly half is access to the central London.

◆The Tokyo Metropolitan Area has a railway network of over 2,300km, including a suburban/inter-urban railway system of over 1,900km, which connects most areas of Kanagawa, Saitama and Chiba around Tokyo Prefecture and mainly serves commuting passenger flow from these three regions to Tokyo Prefecture.

Data source: *Giving Priority to Development of Public Transport is the Fundamental Way of Solving transportation Problems of Large Cities* by Liu Xiaoming, 2011, the report of urban transport management and develop trend.

1.2.4.3 Constructing integrated passenger transport hubs

A comprehensive passenger transport hub based on the construction of urban public transport interchange stations takes into account the urban development trend, land utilization property and linking of infrastructures of various transportation modes, and constitutes an organic integrity together with local urban transportation; It provides convenient, quick, safe and comfortable transport services in terms of each step of a journey, realizing the effective linking of various transportation modes, and effectively connecting main line railways, local highways, aviation and urban rail transit, ground public transport as well as automobile and bike parking and store layout. All of these will enhance the function and efficiency of a comprehensive interchange hub and provide forceful guarantee for a convenient and highly efficient interchange.

1.2.5 Popularization and application of advanced and applicable technologies giving priority to information technology will provide strong technical support to green travel

As science and technology advances in information technology, has been widely incorporated into the planning, reconnaissance, design, construction, operation and management of transportation, the popularization and application of advanced transportation technologies and products will promote both technological transformation of traditional industries and transportation information and smart infrastucture, and comprehensively enhance the technological level and competitiveness of the transportation industry, thus providing strong and forceful technical support to green travel.

1.2.5.1 Modern model test and transport database technology can greatly enhance the scientific level of decision-making

Development of transportation engineering theory and supporting systematic, complete and accurate data can enable the construction of models for transportation planning, design, management and control in terms of macroscopic, mesoscopic and microscopic views; the models can be integrated with urban transportation business to establish "parallel" and "experimental" systems and enhance the scientific basis and efficiency of urban transportation problem decision-making. We should realize the idea of urban transportation planning and construction transforming from the demand-following pattern of passively enhancing supply capability to a supply-leading pattern of actively optimizing resource allocation, and realizing the harmonious development of various transportation modes by promoting modes with high efficiency, low energy consumption and low emissions.

1.2.5.2 Three-dimensional transportation facility design and construction technology in large cities

Breakthroughs in underground engineering design theory and construction technology enable the provision of deep-level rapid transit systems in large cities. Large scale and three-dimensional hub planning design and construction technology and safety design and construction technology of transportation infrastructures will fundamentally change the traditional surface level ground transportation pattern, providing technical support for constructing a three-dimensional and modern transport system with a multi-structure of main rail transit and auxiliary ground public transport and private transport, as well as the integration of elevated, ground and underground transportation.

1.2.5.3 Modern mechanical, electronic, material, communication and control

Modern transportation equipment highly integrates mechanical, electronic, material, communication, control and other new technologies, which provide technical support for quick, efficient, energy-conserving, environmental-friendly and safe transportation equipment. This is mainly reflected in:

Traction technology and moving block technology of modern high-power rail transit transportation equipment are adopted to shorten the running interval, optimize the safety operation of trains and promote the advancement of full-automatic control system technology and other rail transit transportation equipment and control technologies, which have enhanced transport capacity and efficiency of rail transit and realized the more flexible operation of trains.

Recent progress has been made in innovation in technologies including the core technologies of power batteries, drive motors and electronic control systems that influence the development of new energy automobiles; the technology of key components and parts of new type clean energy automobiles, as well as the manufacture, storage and transportation and filling technology of clean energy for new type automobiles, laying a solid foundation for the manufacturing of new energy automobiles.

1.2.5.4 Modern intelligent and information technology can deliver improved urban transportation management

Intelligent transportation systems effectively integrate advanced information technology, data communication transmission technology, electronic sensor technology, electronic control technology and computer processing technology to form a real-time, accurate and highly efficient comprehensive transportation management system. This covers the vehicle control system, transportation surveillance and control system, commercial vehicle height management system, traveling information system, automatic fare collection system and advanced communication system. Being open, dynamic and real-time in nature, an intelligent transportation system is capable of ensuring space-time distribution regularities for passenger flows and uses scientific dispatching management methods and tools of transport resources. This can solve complex urban transportation problems, enable transportation system management to develop from single mode to collaborative optimization and control with multi-modes, and realize the efficient link-up of different urban transportation modes in both time and spatial dimensions to enhance the operating efficiency of the whole system.

1.2.5.5 Emergency technology can contribute to prevention, all-around monitoring and control, quick response and efficient handling of urban transportation safety problems

Enhanced prevention, all-around monitoring and control, quick response and efficient handling abilities of transportation emergencies, and promotion of transportation safety emergency procedures all help to transform the safety strategy from a traditional passive response system to an active security system through installing hazard source identification, production mechanism of accidents, all-around monitoring and controlling, risk evaluation, accident prevention and control measures as well as emergency rescue and other technical measures.

1.2.5.6 Improved dynamic and real-time transportation information service

The development of digital communications, smart-phone, LBS (Location Based Service) and other information technologies provide practicable application and are instruments for providing personalized transport service information. Information sharing and resource integration among transportation information collection systems, and modelling information processing based on holographic, refined transportation information service technology, covering urban public transport and other transportation modes and the urban road transportation management system can provide all-around, more comprehensive, more accurate and more timely travel information for travellers and deliver personalised travel information services.

At the same time, strengthen international scientific and technological cooperation and learn from international experiences to realize more effective and successful ideas, technologies, methods and actions for promoting green travel in China.

1.2.6 Improving social and public moral quality as well as change their concepts will significantly promote the implementation of green travel

Various activities can be conducted by society, the public and the media in order to advocate, disseminate and practice green and low-carbon travel, as well as people's voluntary actions in practicing the low-carbon living choices and choosing green travel modes and create a favourable social environment for the update of green travel and put it into practice.

Traffic congestion, wanting to buy a car but cannot get a license plate, and spending the longest time in the world on commuting for work have caused extreme inconvenience to people's normal work and life. All these, among others, have awakened people from all walks of life in China to feel concerned for and worried about the living environment. "Urban development is first and foremost the development of people" and "Cities Make Better Lives" are not just lip service. Promoting green travel requires the participation of the public, bringing the green travel concept into every household, and making green travel a voluntary action of the whole society—this has become an aspiration of Chinese society and the public.

1.2.6.1 All walks of life contribute ideas and exert efforts to promote green travel

All walks of life have contributed ideas and exerted efforts to promote green travel in different ways. For instance.

(1) In March 2012, China National Democratic Construction Association (CNDCA) put forward the *Proposal on Harnessing Urban Traffic Congestion* at the 5th session of the 11th National Committee of the Chinese People's Political Consultative Conference (CPPCC)

According to the proposal, many cities have suffered from worsening traffic congestion in recent years, and the consequent social cost, which is rising by dramatically, has directly impacted the cities' healthy development and overall competitiveness, and seriously impeded sustainable urban development. Analysis points out the following causes for urban traffic congestion: private cars have increased in a rapid yet disorderly manner; the travel environment for public transport and cycling is poor and needs to be improved; new problems have kept emerging such as the right of way for road access, signal priority right and parking management; the legal system for public transport priority needs improving. China does not yet have a uniform legal system to guarantee the development of public transport, which results in the absence of regulations and instability of policies the govern the planning, construction, operation and management of public transport, as a result public transport development is highly random; the management system is not consistent, and there is not a strong policy framework in place to conduct systematic urban transportation management and to coordinate the various departments in their management duties. The proposal also made specific policy suggestions to encourage green travel, implement a cycling rejuvenation program and adopt appropriate economic measures to restrain excessive car use.

(2) The Chinese Academy of Social Sciences (CASS) published the *Green Book of Eco-cities: The Report on the Development of China's Eco-cities (2013)* on June 20, 2013, which proposed to develop a green transport system in cities

According to the report, in 2011—2012, a lot of events and problems concerning eco-city development appeared in China, which are worthy of close attention and profound reflection. Experiences and lessons learned should be further summarized to broaden the thinking on eco-city development. One issue is how to address the relationship between the rapid increase of cars and eco-city development. Before car-based transportation becomes the dominant travel mode in urban transportation, we should grasp the initiative of regulation and the best opportunity for management in order to properly handle the urban problems caused by cars. First, make reasonable city planning on the principle of "proximity", control city size and build compact cities; second, develop a urban green transport system with priority given, in order to walking, cycling, railway, rail transit, bus public transport, car and truck; third, summarize the experience of the pilot cities where energy-saving and new-energy cars have been promoted on a demonstration basis, and rapidly develop energy-saving and new-energy cars as well as intelligent transportation systems.

(3) Urban transportation experts all air their views to push green travel

Qiu Baoxing, former vice-minister of Ministry of Hosing and Urban-Rural Development(MOHURD): transportation demand management is an essential and effective means for international metropolises to cope with transportation problems. Traffic congestion can only be mitigated by controlling unnecessary demand for car-based transportation and encouraging more efficient, energy-saving and environment-friendly public transport, e-biking, cycling and walking.

Zhao Jie, director of Transportation Institute of China Academy of Urban Planning and Design: China's current travel structure is getting increasingly unhealthy, and the "dominance" of motor vehicles is serious. "All facilities are installed in order to make motor vehicle transport more efficient." He emphasized that all transport modes must be encouraged to develop in a balanced manner in order to realize green transportation. "City streets are not only the passageways for vehicles. What's more important is to make the public feel safe, comfortable and cosy when walking on the street". By doing so, we can really prompt low-carbon travel. At present close attention should be paid to how to guide the public to accept green travel modes such as public transport tools, walking and cycling with transportation policies and plans.

Pan Haixiao, Professor and Doctoral supervisor at the Department of Urban Planning, Tongji University: what is green transportation? It means no excessive consumption while ensuring people's affluence and development. It is necessary to establish an urban spatial plan oriented to green transportation. The current plans allows maximal convenience for car use but makes it inconvenient for all other transport modes. In other words, we focus on cars. People drive not because they choose to, but because the environment that we design makes driving the most convenient mode. Researches on urban transportation today should make a fundamental change from focusing on smooth car travel to focusing on the timeliness and human friendliness of travel.

Tang Dagang, Director of Vehicle Emission Control Center, MOEP: it's difficult to commute in cities and the public is dissatisfied with public transport; traveling by private car has increased at extra-high speed in cities; there is no prospect for the obvious improvement in traffic congestion, and existing measures aimed to relieve traffic congestion and protect the environment, such as restriction of car travel based on license number and restriction of car purchase, have limited effects and are subject to much criticism. Suggestion: the central government should set up a special body for "Green Transportation Development and Management for Urbanization", which will make forward-looking master plans suitable for the development of new modes appropriate China's national conditions, roll out preferential policies and funds to encourage and stimulate urban public transport development, and apply economic means to effectively restrict the use of private vehicles in transportation-intensive areas.

Mao Baohua, Director and doctoral supervisor of China Integrated Transport Research Centre, Beijing Jiaotong University and Doctoral Supervisor: to advocate green travel, the balanced development of all transport modes should be realized by establishing a scientific, rational and comprehensive urban transportation system, and form a clear position on private transportation development in downtown areas. If it's impossible to control car purchase, the policy should be published to guide civilian, but the premise is the public transport capacity should be improved.

Yang Tao, head of Nanjing Urban Transportation Planning Research Institute, Professor and Doctoral Supervisor: as the fundamental role of urban transport is to meet the travel needs of people and vehicles, only having roads is not enough. We need a scientific and reasonable travel system, which not only includes public transport, but also allows for motor vehicles, cycling, walking and parking – it is a comprehensive system. I think the government should address and solve these issues based on an integrated and people-first concept.

1.2.6.2 Places nationwide all express their initiatives to become a pilot, advocator and pioneer of green travel

Multiple provincial and municipal governments in China have issued proposals of initiative to become the pilot, advocator and pioneer of green travel. The proposal of initiative calls for the following:

(1) Demonstrate green travel

Do not take official vehicles or private cars except for necessary business activities; commute by walking, cycling or public transport.

(2) Be an advocator of green travel

Communicate the benefits of green travel among relatives, friends and colleagues, as well as issues caused by cars, such as environmental pollution and urban traffic congestion; urge "car buyers" to buy low-emission, low-fuel-consuming and low-pollution cars and "car owners" to drive one day less every week and choose a more environment-friendly travel mode.

(3) Be a pioneer of green travel

Take a personal part in green travel, uphold the travel concept of "don't cycle if you can walk, don't take a bus if you can cycle, and don't drive if you can take a bus", and extend the "Green Travel Day" activity into everyday life.

1.2.6.3 Green Commuting Fund vigorously implements activities to promote green travel

The "Green Commuting Fund" of China Association for NGO Cooperation, known as CANGO Green Commuting Fund, is a non-profit environmental fund registered at the Ministry of Civil Affairs in 2009 and affiliated to CANGO. As a public offering funding, the CANGO Green Commuting Fund accepts donations and sponsorship from domestic and foreign social organizations, enterprises and institutions as well as individuals, and works with environmental non-profit organizations both in China and abroad to promote the "green travel" concept—everyone chooses a green travel mode and all practice the low-carbon living philosophy. CANGO Green Commuting Fund has carried out a series of "green travel" activities, and has successfully cooperated with BOCOG (Beijing Organizing Committee for the Olympic Games) and Shanghai EXPO Coordination Bureau to launch the Beijing Olympic Games Green Travel Program and Expo Green Travel Program.

1.2.6.4 2013 Energy Conservation in Transportation Week is themed with "Green & Low-carbon Transport for Everyone"

Lately, 14 ministries and commissions including NDRC and the Ministry of Transport issued a joint circular that the National Energy Conservation Week in 2013 would be held in June 15—21 and themed "Practice Energy Conservation & Low Carbon to Build a Beautiful Home". Transportation departments will carry out the campaign themed "Green & Low-carbon transportation with Everyone" to strongly disseminate the concept of green and low-carbon transportation, propagandize the benefits of a green and low-carbon transportation system, and urge the public to opt for green travel. Leveraged on industrial media such as *China Communications News* as well as central and local media, we should vigorously publicize the achievements made by industry-wise energy conservation and emission reduction, as well as colourful contents of the Energy Conservation Week. The whole industry is required to take this year's Energy Conservation Week and related activities as an opportunity to achieve good results with the "Green & Low-carbon transport for Everyone" campaign.

1.3 Comparison of the Conditions for Promoting Green Travel between China and Developed Countries

1.3.1 Comparison of economic development level

From 1985 to 2011, China's per capita GDP increased fastest compared with India, South Korea, Poland, the US and Japan, but although it increased from USD 294 to USD 5,413.57, the absolute amount is still far less than that of developed countries (Figure 1-7).

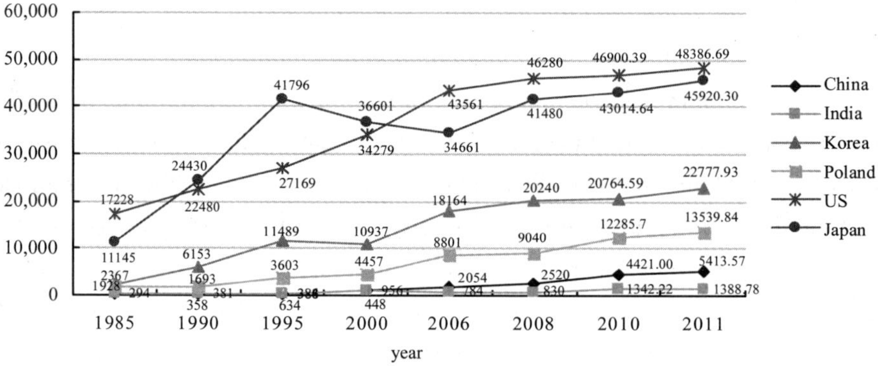

Figure 1-7 Economic growth rates of developed and developing countries (per capita GDP, USD)

According to estimates, it will take China 10～30 years to reach the current level of developed countries if it's per capita GDP maintains an annual growth rate of 7%～12%. Limited by the level of economic development, city governments in China have relatively insufficient fiscal capacity to develop public transport (Chapter 3 for details).

1.3.2 Comparison of urbanization level and variation trend of transport demand

China's urbanization rate doubled from 26.4% in 1990 to 36.2% in 2009, and increased from 36.20% in 2000 to 46.10% in 2009, rising by 10 percentage points in 9 just years. In comparison, as developed countries have basically completed their urbanization drive, the urbanization rate changed from 79.60% in 2000 to 80.70% in 2009 in North America, from

71.60% to 72.80% in Europe and from 65.20% to 66.60% in Japan, all rising by less than 2 percentage points (Figure 1-8).

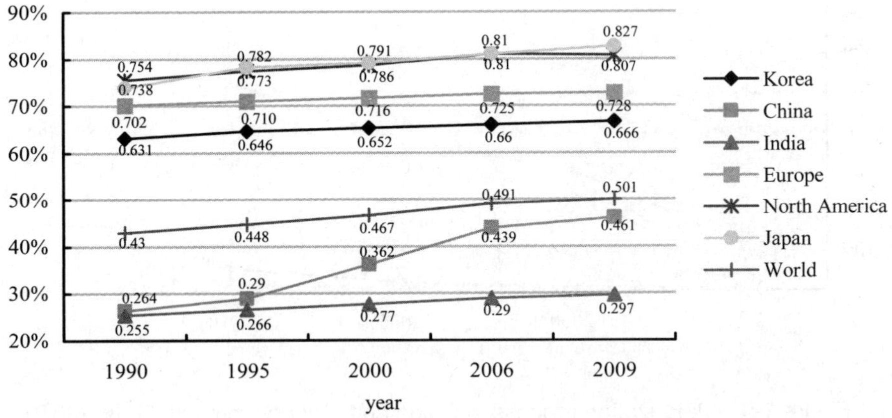

Figure 1-8 Urbanization process in different countries and regions in 1990—2009

This shows that as the urbanization process steadies, the travel demand increase in developed countries is relatively gentle, whereas China's urbanization is in a rapid-increasing period, so China's travel demand will be on the rise for a long time to come. The rapid urbanization process in China will be the main driver and reason for the rapid increase in urban travel demand, and put tremendous pressure on the urban public transport system in Chinese cities.

1.3.3 Comparison of motorization level

Data show that motorization is still at a low level in China but it rises at a fast pace. In 2010, the motorization rate in China was 59 motor vehicles/1000 people, more than twice as much as in 2006. As the car prices go down and people have higher ability to pay Chinese people are very enthusiastic about buying private cars, and the ratio of household car ownership will keep rising. In comparison, developed countries have arrived at a stage when the growth rate of motorization is relatively stable. In 2006—2010, motorization rate in the United States remained around 800 motor vehicles/1000 people, while that in Japan and France remained at 590～600 motor vehicles/1000 people, all staying around their respective equilibrium value without great change.

This shows that although the current car ownership per 1,000 people in China is much less than in developed countries, China will presumably reach the current level in such countries as the US and Japan in about 20～30 years without effective control.

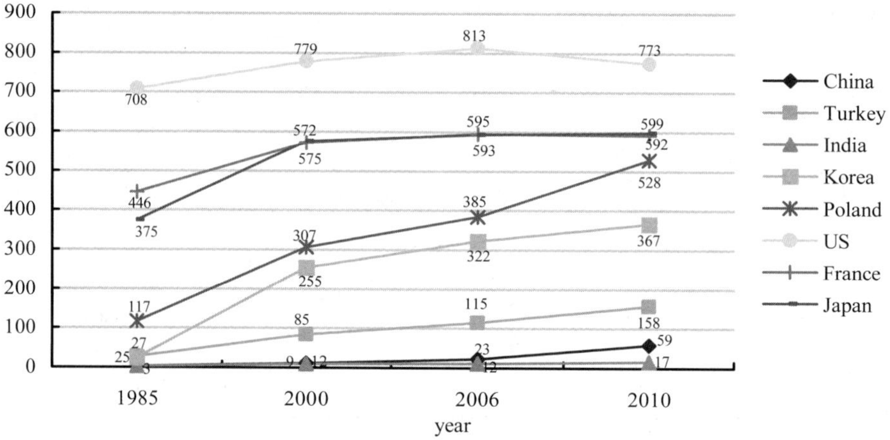

Figure 1-9 Motorization process in China and other countries in 1985–2010

Note: 2010 data for the number of cars per 1,000 people

1.3.4 Comparison of the capability to provide green travel service

(1) Per capita road area in cities

As of the end of 2011, China had 309,000km of urban road with a road area of 5,630 million square meters; per capita road length in cities was 0.76m, and per capita road area was $13.8m^2$, which was still low compared with $15\sim20m^2$ in foreign cities (Figure 1-10).

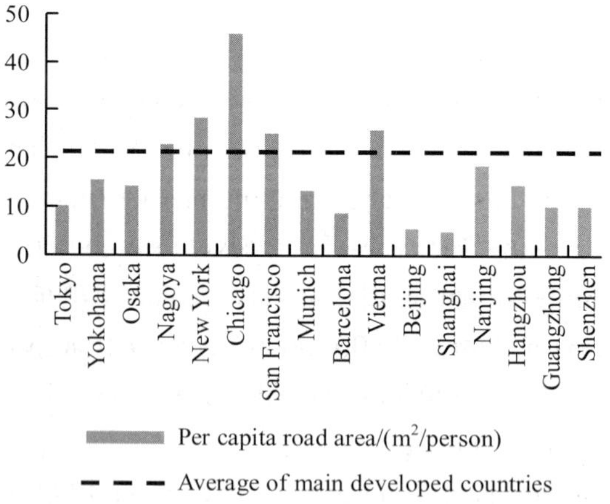

Figure 1-10 Per capita road area in major domestic and foreign cities

Note: figure from Architects Club of Archina

(2) Share rate and service level of public transport in motorized travel

Minister of Transport Yang Chuantang said during China's first Public Transport Week held in Sept. 16-20, 2013 that "at present, the share rate of public transport in large cities in China is about 20% on average, much lower than in developed countries." Compared with other cities worldwide, Chinese cities not only feature a low mode share of public transport, but the accessibility, comfort and safety of public transport services also lags far behind that in developed countries, so that travel by public transport in general is not so attractive. In contrast, the public transport system in developed countries is quite attractive to people of different social classes.

(3) Share rate and service level of non-motorized travel

Constrained by economic development level and an inadequate capability to develop public transport, China still features a very high ratio of travel on foot and by bike (Figure 1-11), but this ratio is showing a quick declining under the impact of continuously increasing private cars. On the contrary, after public transport system has developed into a mature state, developed countries have turned to emphasize travel on foot and by bike, and allocated the larger part of road resources to non-motorized transport, of which the share consequently begins to rise.

1.3.5 Comparison of consumption habits and preference

China has just begun to enter the period of moderate prosperity, and Chinese people have just freed themselves from worries about food and clothing, so they urgently need to improve the quality of their lives and enjoy the comfort and convenience brought by motorized travel. This, combined with their weak awareness of environmental protection, makes it difficult to limit their ownership and use of private cars now, either in reason or in sentiment. Chinese people have a traditional preference for ostentation and vanity, and traffic congestion and air pollution is less severe in medium-sized and small cities, so private cars are used notably more often in China than in cities of developed countries with the similar levels of travel demand. In comparison, in European and American countries where there is a strong awareness of environmental protection, it is easier for the public to understand and support the implementation of TDM (transportation demand management) policies and the promotion of travel on foot and by bike.

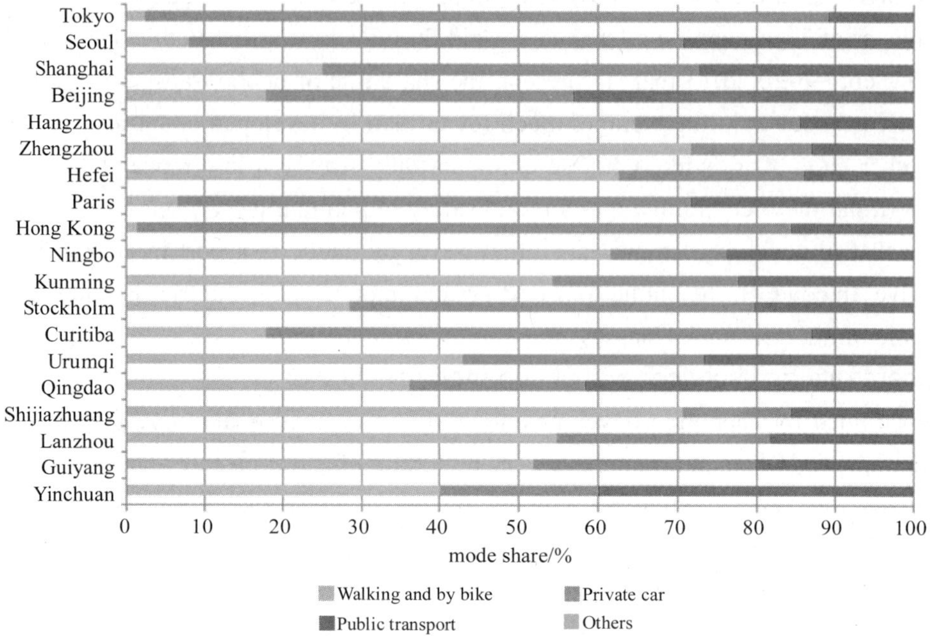

Figure 1-11 Comparison of mode share of walking, bike, public transport and private car in cities of China and developed countries

1.4 Development Stage and Connotations of Green Travel in China

1.4.1 Stage of green travel in China

According to the theory of the green travel development stages and based on the comparison in the degree of motorization and development level of urban public transport between China and developed countries, a judgment can be made that in general, cities in China are at a "stage when travel by private car is growing rapidly", while cities in developed countries are at a "stage where public transport development and increase of private car are relatively stable" (Figure 1-12).

1.4.2 Connotations of green travel in China

The characteristics of the current stage of China's green travel, and the differences in basic conditions from developed countries, determine that urban green travel in China has some speacial. As a result, the concept of green travel in China should take the nation's strategic requirements, the cities' request for sustainable development and the guarantee of citizen rights and interests into account.

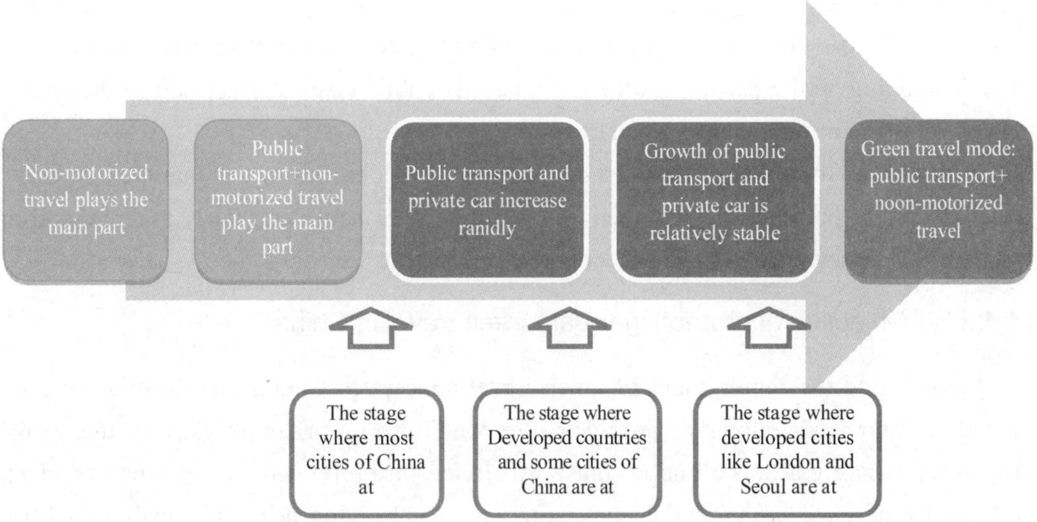

Figure 1-12 Stage of green travel of cities in China and developed countries

At national level: promoting green travel should be part of the national strategic requirement made by the central government to develop eco-civilization, take the path of a new type of urbanization and increase the equal access of public services.

At city level: promoting green travel should facilitate urban sustainable development, help mitigate urban traffic congestion, improve urban air quality and enhance the vitality of the cities.

At public level: promoting green travel should ensure urban citizens' rights and interests in public service, physical health and transport safety, and ensure the accessibility, convenience, safety and comfort of basic travel services.

Based on the above principles, a definition of green travel in China is provided below, covering its concept, objective, characteristics and relationship with urban sustainable development, participants in green travel and their roles.

1.4.2.1 Key concept of green travel in China

Drawing on international experiences, the fundamental starting point of Chinese cities in promoting green travel when the supply of basic public transport services is gravely insufficient and uneven is as follows: to ensure fair and reasonable access for people of different social classes to urban road resources, and move faster to increase equal access to basic public transport services. Therefore, the key concept of green travel in China is safeguarding social equity, encouraging public participation and striving for win-win and sustained development of all parties.

Safeguarding social equity means that every urban citizen can have equal access to public transport services, and each travel mode can be equally distributed to the necessary resources and also obligated to pay corresponding fees for the use of such resources.

Encouraging public participation means that the public takes a larger part in the process of deciding and implementing green travel.

Striving for win-win and sustained development of all parties means that the interests of relevant bodies participating in green travel can be reasonably and fairly assured, and the green travel campaign can have sustainable development.

1.4.2.2 Objective of promoting urban green travel in China

According to the requirement of green travel concept in China, the objective of green travel in China is as follows: to provide better conditions for urban pedestrians and cyclists in China, ensure that basic public transport services are provided for all urban residents, effectively mitigate urban traffic congestion, keep improving urban air quality, and urge Chinese cities to initiate the urban layout aiming at eco-friendliness, liveability and sustainable development.

1.4.2.3 Characteristics of green travel in China

Aspirations for green travel in China have four major characteristics:

First, green travel service is available for low-income groups and the service charge is affordable;

Second, the experience of green travel service is safe, reliable and convenient both for a banker and for a supermarket salesperson;

Third, among all travel modes green travel mode has the least impact on urban environment, and is the healthiest way for citizens;

Fourth, green travel has increasing positive influences on the social and economic growth and vitality of cities.

1.4.2.4 Relationship between promoting green travel and sustainable urban development

Promoting urban green travel helps reducing urban traffic congestion because walking and cycling occupy less road resources, and public transport also occupies less road resources because of the larger transport capacity compared with cars. Promoting urban green travel could help improve air quality because of less pollutants emissions per travel unit. The parallel improvement in traffic congestion and air quality can obviously improve the operating efficiency of urban transport, enhance the city's image for habitability, and make the city more competitive and attractive, thus boosting its sustainable development.

1.4.2.5 Relevant participants in promoting green travel and their roles

(1) Governments at various levels and their roles

Government is the leader in promoting green travel. Government policy is not only the direct factor that influences travellers' decisions, but also indirectly influences their decisions through its guidance on public transport service providers, automakers and other related entities. Key government functions include the following: strengthening the capability to supply public transport, improving the environment and conditions for cycling and walking, enhancing the operating efficiency of existing public transport systems, and strongly promoting public participation. All functions of the city government related with green travel should aim at attracting active public participation, and all evaluations of green travel results should focus on the assessment of public perceptions and attitudes.

(2) Travellers (the public) and their roles

The general public is the practitioner in promoting green travel. How well green travel is popularized depends on the degree of public involvement, therefore the general public is the decisive factor for the popularization of green travel. Actively taking part in the policy development and practice relevant to promoting green urban travel ensure that green travel better reflects social equity, and improves the relationship between the government and the public, and ensures the successful implementation of green travel relevant policies. The public's active involvement in public transport service evaluation helps to improve service quality, upgrade service capacity, and hence promote the sustainability of green travel.

(3) Public transport service providers (public transport enterprises) and their roles

Public transport enterprises are an important actor in green travel and a key factor that affects the attractiveness of green travel. Since public transport is a public service, the ticket fares cannot cover the operation cost and profits of the public transport companies at the same time. Therefore, the service quality of public transport not only depends on an efficient management of the public transport company, but also on sufficient subsidy from the government. The public transport company is responsible for providing quality services according to the basic standards of public transport services required by the government, on the premise of receiving sufficient subsidy from the government to do so.

(4) Other relevant bodies and their roles

As promoting green travel is a systematic project, its implementation involves other economic entities and non-profit organizations, and their participation is also an indispensable force for promoting green travel. Relevant bodies include association of enterprises, non-profit organizations, research and education institutes, IT service providers and automakers. The association of enterprises is a bridge to link the government, public transport enterprises, IT service providers, automakers and the public; non-profit organizations form an important force for intensifying public participation, strengthening government supervision and promoting the popularization of green travel modes; IT service providers and automakers are the important technical and service providers for promoting green travel modes, and research and education institutes are government think tanks with a major influence on government decisions.

Chapter 2
Status Quo and Challenges in China's Green Travel

2.1 Status Quo of Green Travel

2.1.1 Status quo of public transport development

2.1.1.1 Capability to supply public transport

(1) Share rate of public transport in motorized travel

The mode share of public transport in the large cities of China is about 20% of all modes on average. Table 2-1 is a summary of the share rate of public transport in motorized travel in megacities and large cities of China where public transport development is at a high level.

Table 2-1 Share rate of public transport in motorized travel in some central and prefecture-level cities in China

No.	City	Share rate of public transport in motorized travel/%	Remark
Central cities			
2	Shanghai	65.70	
3	Chongqing	63.60	
5	Lanzhou	62.87	
11	Wuhan	53.15	
13	Nanjing	53.00	
14	Beijing	52.29	
18	Tianjin	47.90	
20	Shenzhen	46.90	
25	Chengdu	43.00	
26	Xi'an	42.33	
27	Changchun	41.20	year 2011
31	Changsha	34.10	

No.	City	Share rate of public transport in motorized travel/%	Remark
Prefecture-level cities			
1	Xinxiang	48.50	
2	Suzhou	47.69	
3	Tianshui	47.40	
4	Zhuzhou	42.42	
5	Wenzhou	39.69	
6	Liuzhou	38.00	
7	Baoding	30.30	
8	Wuhu	22.00	

(2) Infrastructure

● Terminals and station facilities

As of the end of 2012, the total area of public transport terminals (including bus and trolley) was 56,676,000m^2 across China, including 9,731,000m^2 maintenance area and 46,945,000m^2 parking areas. The average area per public transport vehicle in China was 107.3m^2/standard vehicle, which was about 58.0% of the recommended area (200m^2/standard vehicle) in the industry standard *Code of Engineering Design for Urban Road Public Transport Stations, Terminals and Depots* (CJJ/T15-2011) and increased by 5.7% from 2011. The area of public transport terminals in 36 central cities accounted for 45.4% of the total terminal area in China, and the average area per vehicle in 19 cities was higher than the national average, such as 315.3m^2/standard vehicle and 230.9 m^2/standard vehicle in Shijiazhuang and Changsha respectively, both of which were above the industry standard recommended value (200m^2/standard vehicle).

● Length of public transport lane

As of the end of 2011, except for Hainan, Chongqing, Tibet, Gansu and Qinghai, all other 26 provinces (autonomous regions and municipalities directly under the central government) in China had opened public transport lanes, totalling 4,425.6km, with a year-on-year growth of 18.8%. 32 out of 36 central cities nationwide had opened public transport lanes, totalling to 3,067.2km and accounting for 69.3% of China's total length of public transport lanes. The length of public transport lane in Chinese cities is on a par with that in foreign cities, but the ratio of the length of public transport lane to the total length of urban road is quite low, less than 5% in most cities (Figure 2-1).

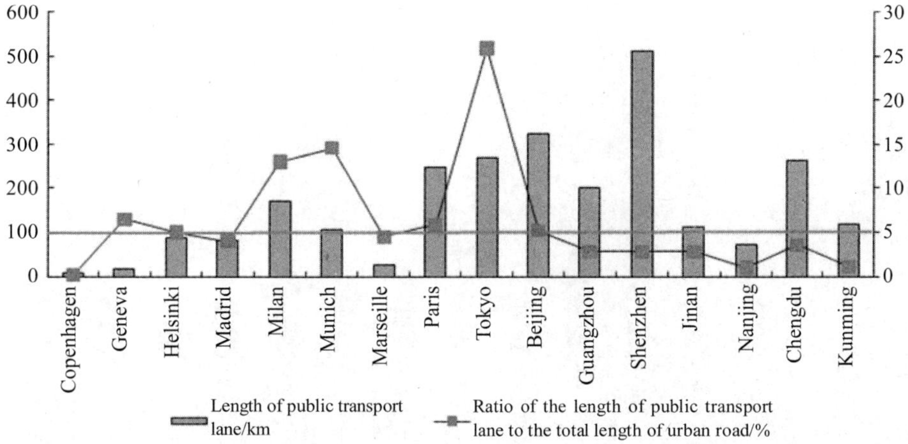

Figure 2-1 Length and deployment of public transport lanes in domestic and foreign cities

Note: data of 2011 is for cities in Chinese mainland and data of 2007 is for the foreign cities.

- Length of rail transit network

As of the end of 2012, there were 58 urban rail transit lines nationwide, totalling 1,698.7km, including 46 subway lines with the total length of 1,403.1km, which accounted for 82.6% of China's total length of urban rail transit lines; 5 light rail lines with the total length of 172.2km; 2 monorail lines with the total length of 54.8km; 4 trolley lines with the total length of 39.5km and 1 maglev line with the total length of 29.1km. Beijing and Shanghai had 15 and 12 urban rail transit lines respectively, each totalling 372.0km and 454.1km. Compared with foreign cities, China's urban rail transit has developed quickly, with its operating length ranking among the top, but the per capita operating length is low. The operating length of rail transit per 1 million people in China in 2011 was equivalent to the 2005-2007 level overseas (Figure 2-2).

(3) Operating vehicles

There were 559,000 standard vehicles of urban public transport nationwide in 2012 (including bus, trolley and rail transit vehicles), and every 10,000 urban residents had 13.7 standard public transport vehicles on average across China, rising by 2.9% compared with 2011.

- Bus and trolley

As of the end of 2012, there were 475,000 public buses and trolleys nationwide (equivalent to 528,000 standard vehicles), including 3,975 BRT vehicles. Every 10,000 urban residents in China had 12.9 standard public transport vehicles; in 30 out of 36 central cities, the public bus/trolley ownership of urban residents was above the national average level, with Chengdu, Ningbo, Hangzhou, Xi'an and Haikou being the top 5.

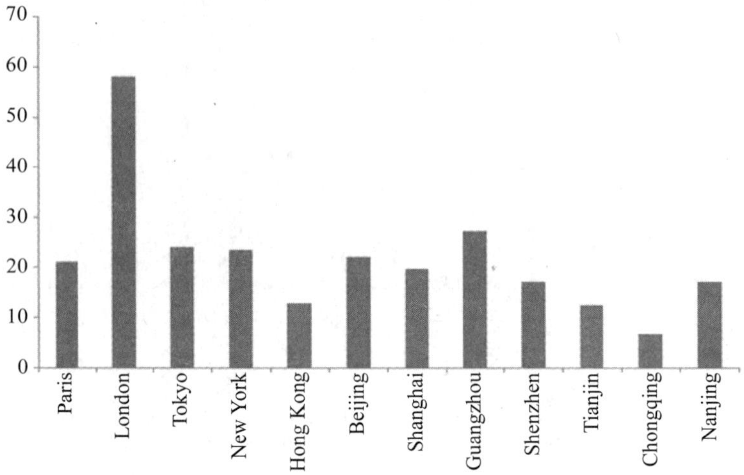

Figure 2-2 Length and deployment of public transport lanes in domestic and foreign cities

Note: data of 2011 is for cities in Chinese mainland and data of 2005-2007 for the foreign cities.

When categorized by fuel, there were altogether 13,426 new energy vehicles of public transport nationwide, taking up 2.8% of the total number of public transport vehicles. The 1,722 BEVs and 11,704 hybrid vehicles accounted for 12.8% and 87.2% of the total number of new energy vehicles respectively. Shenzhen had 10,743 new energy vehicles, the most among the 36 central cities.

Table 2-2 Categorization of public bus/trolley by fuel in China in 2012

Quantity \ Category	Gas	Ethanol gas	Diesel	LPG	NG	Bi-fuel	Trolley	BEV	Hybrid	Others
Number of vehicles	23,778	9,735	306,465	8,884	86,379	24,528	1,696	1,722	11,704	—
Percentage in the total /%	5.0	2.0	64.5	1.9	18.2	5.2	0.4	0.4	2.5	—

Note: data from 2012 Annual Report on Urban Passenger Transport Development in China.

- Rail transit vehicles

As of the end of 2012, there were 12,611 operating vehicles of urban rail transit nationwide, equivalent to 30,672 standard vehicles, up 26.1% from 2011. This included 11,225 subway vehicles, 1,247 light rail vehicles, 125 trolleys and 14 maglev vehicles, with an average 2,260 vehicles in operation every day. Beijing, Shanghai and Guangzhou had the highest numbers of urban rail transit vehicles, making up 64.4% of the national total.

- Ferry

As of the end of 2011, there were 590 ferry boats of urban passenger transport nationwide, declining by 44.4% from 2010.

2.1.1.2 Public transport service level

Green travel service level is mainly reflected in two aspects – service capability and service quality.

(1) Safety level

With the accelerated motorization in recent years, transportation accidents happen frequently, causing increasing direct economic losses. According to statistics, 219,521 transportation accidents happened in 2010 nationwide, resulting in 65,225 deaths and direct property losses worth RMB 926,335,000. Road transportation accidents in the 36 central cities caused direct property losses of RMB 224,688,000, accounting for 25.3% of China's total direct economic losses caused by road transportation accidents, and resulted in 3.2 deaths per 10,000 vehicles. According to the nature of motor vehicle use, transportation accidents involving private vehicles ranked high, with the number of accidents, number of deaths and direct property losses accounting for 59.46%, 49.73% and 43.99% of the total number of motor vehicle accidents, respectively. Non-production and non-operation vehicles came next, while the accident rate for public transport was relatively low (Figure 2-3). 3,195 road transportation accidents of public transport happened in 2010, causing 799 deaths, injury of 3,753 people and direct property loss of RMB 8,781,000 Yuan.

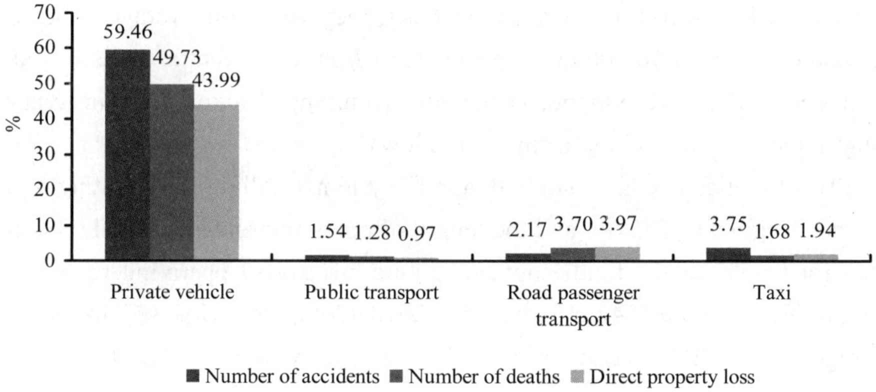

Figure 2-3 Percentages of transportation accidents of private vehicles and of passenger transport vehicles in total number of motor vehicle transportation accidents in China in 2010

Note: data from 2010 Annual Report on Road transportation Accidents of the People's Republic of China.

According to CCICED's investigation of public bus/trolley operation in nine cities in China in 2011, Shijiazhuang had the highest safety of public bus/trolley operation in 2010 whereas Urumqi had the lowest (Figure 2-4).

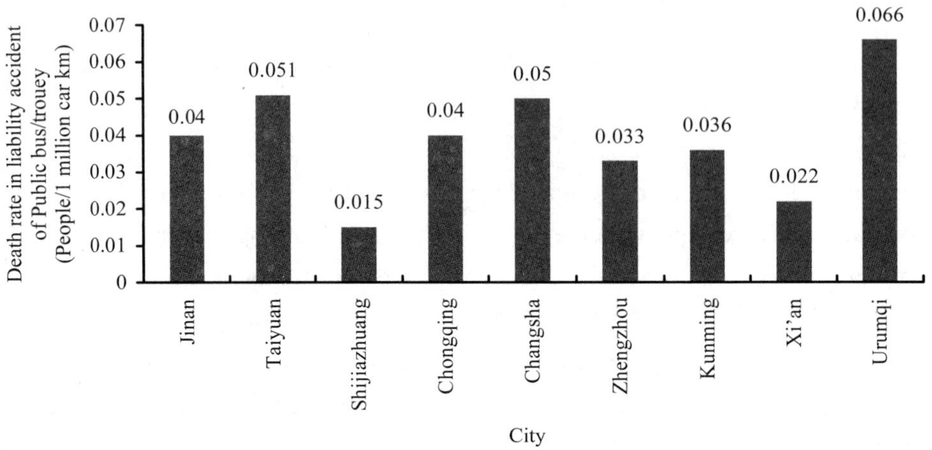

Figure 2-4 2010 death rate per 1 million public bus/trolley in investigated cities

Note: City investigation.

(2) Service accessibility

- Operating routes

As of the end of 2011, there were 35,884 public bus/trolley routes nationwide, and every 10,000 urban residents in China had 0.9 public bus/trolley route. The total length of public bus/trolley routes in China reached 673,000km, averaging 18.6km per route, and every 10,000 urban residents had 17.1km public bus/trolley route on average. The length of public transport route per 10,000 urban residents in 7 out of 36 central cities was above the national average. They are Ningbo, Hangzhou, Kunming, Haikou, Tianjin, Xiamen and Nanchang(in the order of ranking from high to low).

As of 2011, 13 cities in China had built a BRT system, totalling 35 operating routes. The total corridor length was 575km, and the length of operating routes reached 988km, which accounted for 0.15% of the total length of public bus/trolley operating routes in China, increasing by 92.2% to be 474km longer than 2010. Compared with BRT in foreign cities, the coverage rate of BRT special lanes in Chinese cities was lower than the average level overseas, and the construction of bus stations in different cities varied greatly. Only 4 Chinese cities had provided signal priority at intersections for BRT systems.

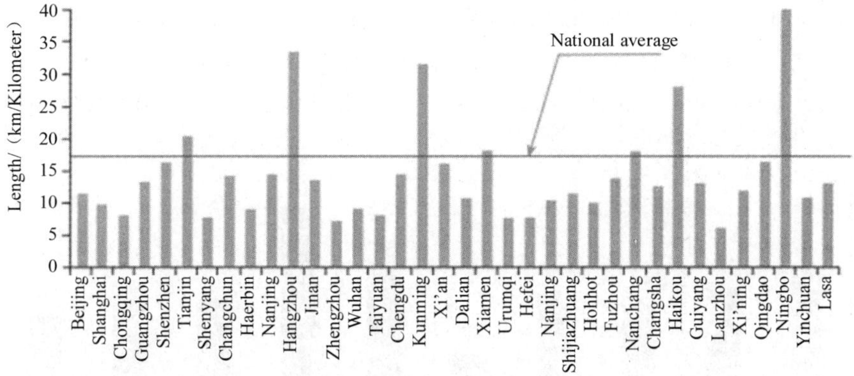

Figure 2-5　Length of public transport route per 10,000 urban residents in 36 central cities in 2011

Note: data from 2012 Annual Report on Urban Passenger Transport Development in China.

- Density of public bus/trolley network

According to CCICED's investigation of public bus/trolley operation in certain cities in China in 2011, Shijiazhuang had the highest density of public bus/trolley network (3.4km/km^2) in the city downtown and Urumqi had the lowest (1.4km/km^2) in 2010 (Figure 2-6). According to the "Design Specification of Urban Road Transport Planning",the density of the public transport network in city downtown should be 3~4km/km^2, but only Shijiazhuang and Zhengzhou of all investigated cities reached this level. Based on the generally low density of public bus/trolley network in city downtown areas, it can be inferred that the density in suburban areas was even lower, that the public transport service provided for residents when they travelled by public bus/trolley was at a low level, and that basic public transport routes were insufficient.

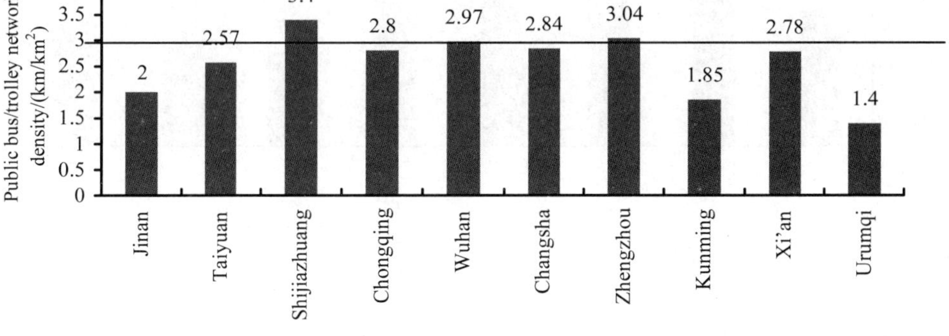

Figure 2-6　2010 public bus/trolley network density in investigated cities

Source of data: City investigation.

- Percentage of public bus/trolley network

According to CCICED's investigation of public bus/trolley operation in certain cities in China in 2011, Zhengzhou had the highest percentage (78.00%) of public bus/trolley network in city downtown in 2010, while Urumqi had the lowest (29.40%) (Figure 2-7).

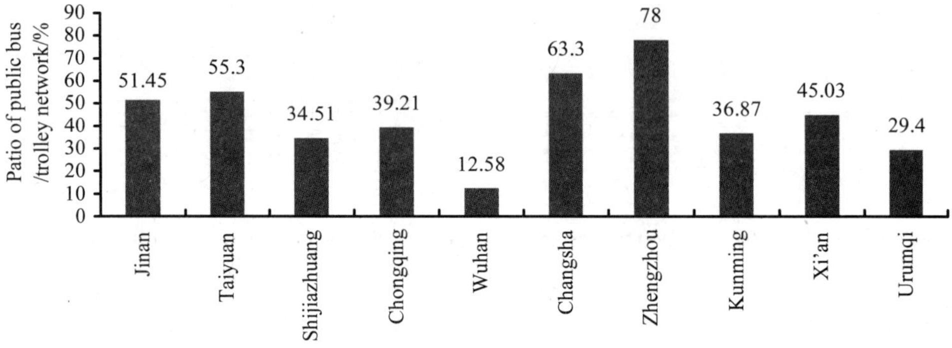

Figure 2-7 2010 percentage of public bus/trolley routes in investigated cities

Source of data: City investigation.

(3) Convenience level

- Punctuality rate

According to CCICED's investigation of public bus/trolley operation in certain cities in China in 2011, Wuhan had the highest punctuality rate (82.0%) regarding the departure and arrival at last station of public bus/trolley in 2010, while Zhengzhou had the lowest (36%) (Figure 2-8).

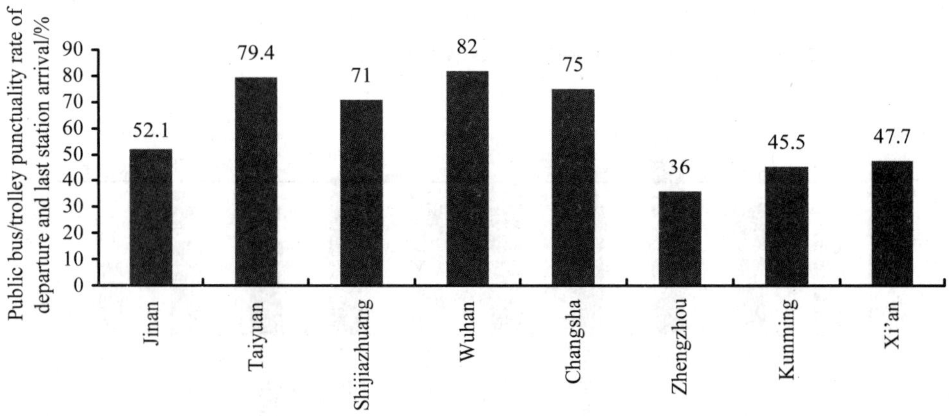

Figure 2-8 2010 punctuality rate regarding the departure and arrival at last station of public bus/trolley in investigated cities

Source of data: City investigation.

- 500-meter coverage rate of public transport stops

According to CCICED's investigation of the public transport operation in certain cities in China in 2011, Jinan had the highest 500-meter area coverage rate (92.7%) of public transport stops in 2010, while Chongqing had the lowest (75.5%) (Figure 2-9). According to *Passenger Transport Service for Bus/trolleybus* (GB/T22484—2009), 500-meter coverage rate of public transport stops in built-up urban areas should be no lower than 90%. Only Jinan and Shijiazhuang of all investigated cities met the requirement, while most cities fell short of it, and many residents had to cover a longer distance to get to public transport stops.

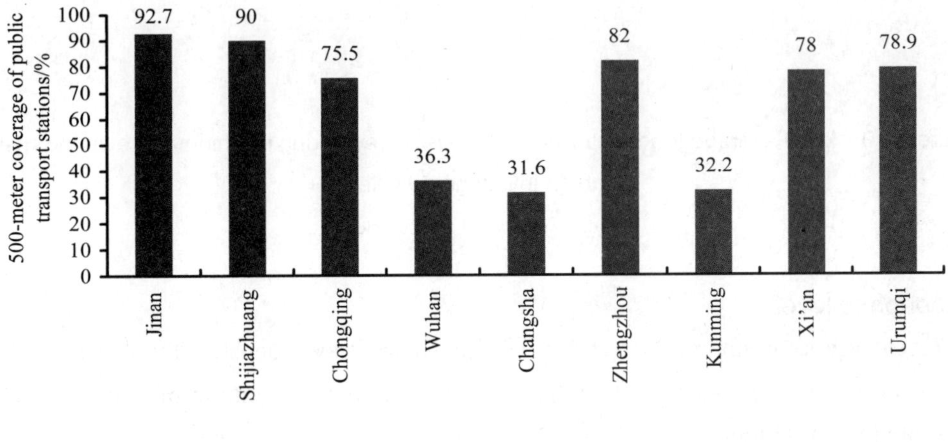

Figure 2-9 2010 500-meter coverage rate of public transport stops in investigated cities

Source of data: city investigation.

Besides, according to CCICED's special investigation of "Chinese urban residents' green travel behaviours" in 2013, the current average waiting time for public transport in Chinese cities is rather long, and it is common to spend about 10 minutes waiting, accounting for 58.97% of the surveyed groups. Only 16.13% of the surveyed groups spend less than 5 minutes waiting for public transport, while 24.90% spend more than 15 minutes waiting.

(4) Comfort level

According to CCICED's investigation of the public transport operation in certain cities in China in 2011, Taiyuan had the highest average load factor (115.7%) of urban public bus/trolley during morning and evening rush hours, while Changsha had the lowest (77.1%) (Figure 2-10). According to *Passenger Transport Service for Bus/trolleybus* (GB/T22484—2009), average load factor during rush hours should not be higher than 80%. Only Jinan and Changsha among the investigated cities met this requirement, while most cities had higher average load factor, indicating that the comfort of public bus/trolley during morning and evening rush hours was at a low level, and the bus/trolley was quite crowded.

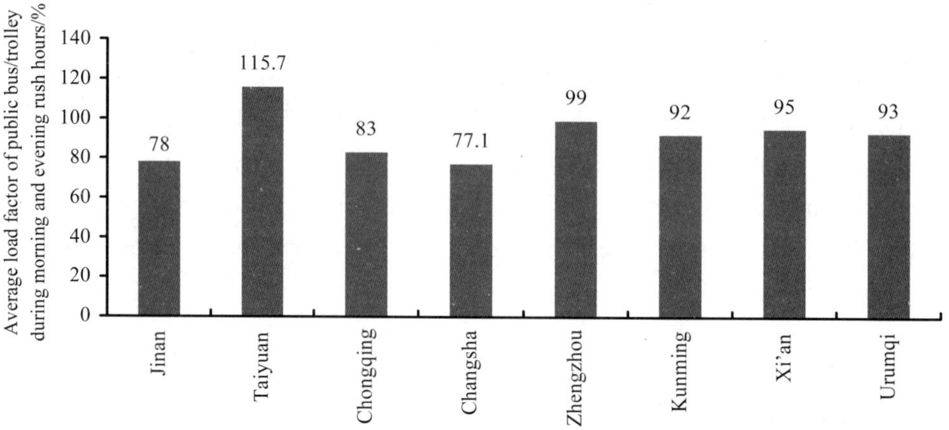

Figure 2-10 2010 average load factor of public bus/trolley during morning and evening rush hours in investigated cities

Source of data: City investigation.

(5) Economic level

In recent years, urban residents have had increasing travel demand for work and life, and transport spending has consequently taken up a rising percentage of their per capita disposable income (Figure 2-11).

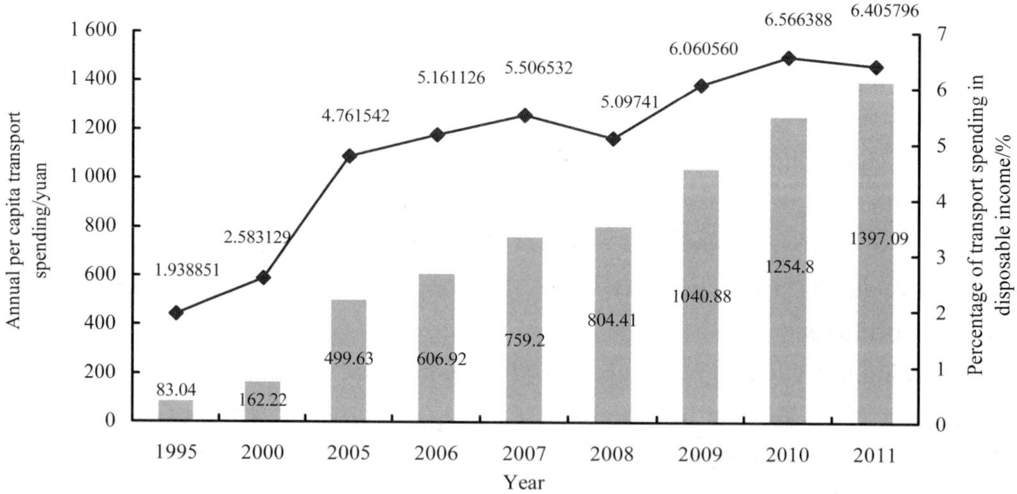

Figure 2-11 Urban residents' transport spending in 1995-2011

Source of data: China Statistical Yearbook in past years.

According to CCICED's special investigation of "Chinese urban residents' green travel behaviours" in 2013, 71.2% of the respondents said they could accept the current public transport fare, 6.6% could accept a proper fare increase, while 22.2% hope the fare could reasonably drop.

(6) Energy consumption

Fast development of motorization will definitely lead to rising energy consumption. At present, transport fuel consumption already takes up 1/3 of China's total fuel consumption, and transport energy consumption has become one of the key issues that has a significant impact on national energy strategy (Figure 2-12). Therefore, the Ministry of Transport issued the *Guiding Thoughts on Building Low-carbon Transport System* and *Work Plan for Pilot Project of Building Low-carbon Transport System* in February 2011, specifying the medium and long-term goals of energy conservation and emission reduction for urban passenger transport – by 2015 and 2020, the energy consumption of urban passenger transport per unit person time will reduce by 18% and 26% respectively from 2005.

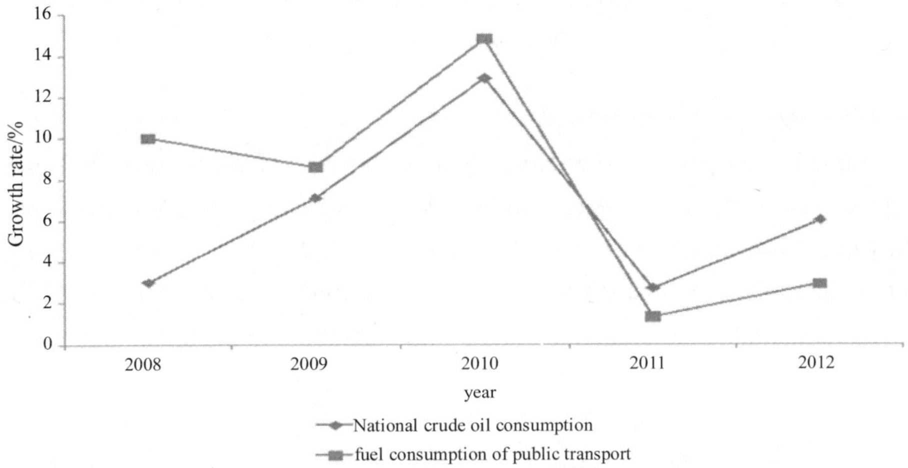

Figure 2-12　National crude oil consumption and fuel consumption of public transport

Advocated and supported by the Central Government and the Ministry of Transport, local governments have taken active steps to reduce transport energy consumption by working out green transport plans, purchasing new energy vehicles, improving vehicle technology and strengthening the publicity and training for energy conservation and emission reduction. Shanghai, for example, has established and improved the limit verification system regarding the fuel consumption of road transport vehicles, in order to strictly control high-energy-consuming vehicles from entering the operation market.

As of the end of 2011, there were 7,831 new energy vehicles among public bus/trolleys nationwide, with a year-on-year increase of 176.5%. According to CCICED's investigation of the public transport in certain cities in China in 2011, Urumqi had the highest ratio of green public transport vehicles in 2010, already up to 99.8% (Figure 2-13).

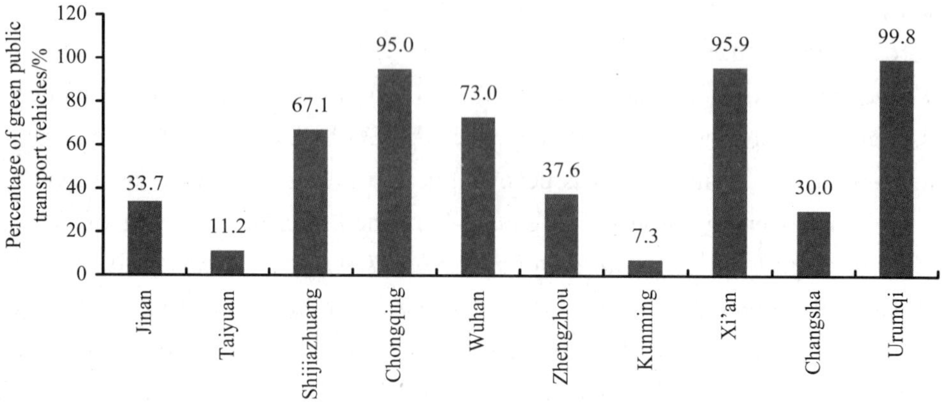

Figure 2-13 2010 ratio of green public transport vehicles in investigated cities

Source of data: city investigation.

(7) Environmental protection level

Urban public transport vehicles have obvious advantages in environmental protection. Taking CO_2 emission for example, carbon emission intensity of regular bus is only 1/8 of car, that of rail transit is about 1/20 of car and that of BRT is even lower (Figure 2-14). Therefore, an urban low-carbon transport system with public transport is an effective way to promote green travel and realize sustainable development of urban transport.

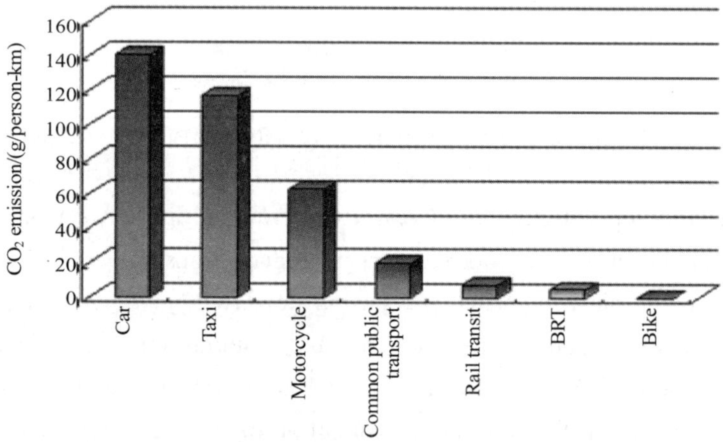

Figure 2-14 Comparison of CO_2 emission among different transport modes

To improve the city environment and reduce transport-related pollution, governments and industry authorities at all levels have strongly urged the use of low-emission vehicles. As of the end of 2011, public buses adopting Guo III (equivalent to the "Euro" standards)and higher emission standards accounted for 58.0% of the total number of public transport vehicles nationwide (Figure 2-15).

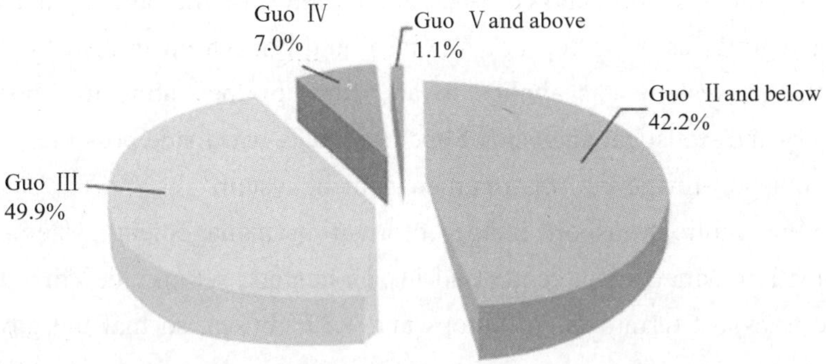

Figure 2-15 2011 categorization of public buses by emission standard in China

Source of data: 2011 Annual Report on Urban Passenger Transport Development in China.

(8) Information level

Currently, major cities in China are all adopting the latest information technology to build intelligent transport management systems, GIS route management systems and other systems, and have implemented visualized public transport enquiries by installing e-map and e-stop boards and realized automatic vehicle dispatching by applying GPS. Cities like Beijing, Shanghai, Guangzhou and Shenzhen are speeding up the application of information integration technology, and have established urban transport operation monitoring centres that cover multiple transport modes including public transport, rail transit, taxi, intercity coach and aviation.

Beijing has set up the TOCC, which, on the basis of integration, connection and sharing, had integrated more than 2,800 items of data, connected with more than 6,000 videos and installed 13 application systems as of 2010, primarily establishing a new-generation comprehensive transport management system that integrates such transport modes as rail transit, road public transport and taxi, monitoring and dispatching of urban road and highway, as well as statistical analysis, meteorological support and emergency command. This realizes the overall planning, coordination and cooperation of city-wide comprehensive transport system, establishes a regular coordination and management system for comprehensive transport, and serves as an important guarantee for mitigating traffic congestion and improving transport efficiency and safety. As regards urban public transport, this is mainly reflected in the following:

- Intelligent public transport dispatching system

Set up a 3-tiered operation organization and dispatching system, adopt a 3-tiered management structure, and cover public transport groups, 9 key operation branches (5 sub-centers), 190 fleets and 537 routes. Realize e-operation organization and management through IC card identification and GPS-assisted monitoring, thus achieving an information management regime featuring top-down control and bottom-up information flow. At the end of 2010, this system was applied to all routes of the public transport group, and real-time query and statistical analysis of operation data was made possible.

- Public transport image information management system

Establish the public transport image information management system, including 1 image information management center and 11 sub-centers; set up video monitoring system in 60 public transport terminals, 750 stops and 1,377 buses, so that the government and related parties can share image resources, effectively obtain information about passenger flow, operation and safety, and provide technical support for dispatching command and safety management.

- Public transport vehicle GPS monitoring and dispatching system

Set up the GPS monitoring system for operating vehicles in order to have a real-time and dynamic grasp of the operating status of public transport vehicles and improve operation organization, dispatching command and management level. At present, 14,906 operating vehicles are monitored by the public transport group, accounting for 51% of the total.

- Urban rail transit operation

Work out the development plan for rail transit information and point out the direction of development. Complete the OA system upgrading and revision, improve its functions and formulate administrations, intensify training of its use and speed up application promotion. Complete the conceptual design and bidding for a video conference system. Establish and gradually improve the information-based integrated management and monitoring platform in the Beijing Rail Transit Command Center (Figure 2-16).

The self-service ticket machines and IC card for public transport have spread and developed rapidly in China. As of October 2011, more than 400 cities across China had established IC card systems of various scopes, all municipalities, over 90% of the provincial capitals and more than 110 prefecture-level cities were covered by an IC card system, and in all 220 million IC cards and nearly 90 million new-generation intelligent CPU cards had been issued. At the same time, the interconnectivity of public transport cards among different cities has been constantly promoted. The Yangtze River Delta and Pearl River Delta proposed a regional interconnection quite early and already realized one-way or two-way interconnection among certain cities. The “Lingnantong” card of

Figure 2-16 Beijing Transport Industry Data Resource Management, Sharing and Exchange Platform

Guangdong province could be used in 12 cities in the province, such as Guangzhou and Foshan, in 2011, and is currently the largest interconnected cross-region IC card system for public transport in China. The "Shangdutong" card of Henan province can also be used in Zhengzhou and its surrounding cities like Kaifeng, Xuchang and Zhumadian (Figure 2-17).

Figure 2-17 "Lingnantong" of Guangdong province

(9) Satisfaction

According to CCICED's investigation of the public transport operation in certain cities in China in 2011, Shijiazhuang had the highest passenger satisfaction (96.0%) for urban public transport in 2010 while Urumqi had the lowest (50.4%) (Figure 2-18). According to the requirements specified in *Passenger Transport Service for Bus/trolleybus* (GB/T22484—2009), the passenger satisfaction for urban public transport in

Urumqi, out of all investigated cities, was below standard and great efforts must be made to improve the quality of public transport service. Most cities had done well in this regard and their residents were quite satisfied with public transport service, but only Shijiazhuang excelled.

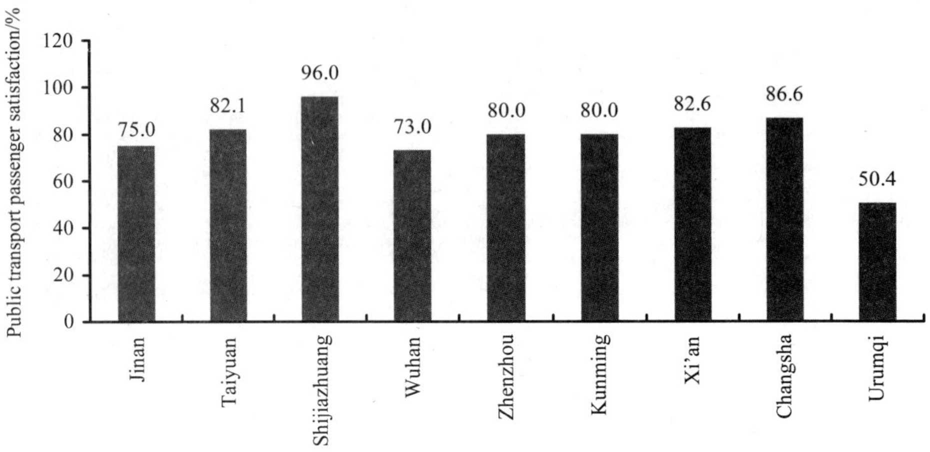

Figure 2-18 2010 passenger satisfaction for public transport in investigated cities

Source of data: city investigation.

Note: data of 2012 is for Taiyuan.

2.1.2 Development status of non-motorized transport such as walking and cycling

2.1.2.1 Bicycle

Bike has long been a main transport mode in cities in China, but with the expansion of cities and the increase in people's travel distance, they have been more demand for motorized travel, and the ratio of travel by bike keeps falling.

However, as the international concept of low-carbon, environment-friendly and healthy life is getting increasingly popular with people in recent years, bike has regained ground for its multiple advantages such as zero pollution, low cost, convenience, flexibility and the ability to meet modern urban residents' requirements for travel comfort and convenience. As a result, many cities in China have incorporated bike into their public transport system to solve the "last kilometre" difficulty, so as to achieve low-carbon travel and improve the urban environment, and city governments have also intensified support for travel by bike. Statistics show that since Hangzhou launched the bike renting service in 2008, more than 60 cities nationwide have deployed a public bike system, which is gradually popularized in cities and plays an important role in promoting green travel. To support travel by bike, many cities have set up bikeways, special green bike lanes and barricades on eligible roads to improve the environment for travel by bike and make it safer to do so (Figure 2-19 and Figure 2-20).

Figure 2-19 (a) Special bike lane in Guizhou

Figure 2-19 (b) Special bike lane in Wuhan

To encourage the use of bike and facilitate bike parking, city governments and transport authorities have set up special bike parking lots at scenic spots, bus stations, subway stations, large shopping malls and schools etc..

Figure 2-20 (a) Bike parking lot at Daxuecheng Station of Chongqing Subway Line 1

Figure 2-20 (b) Bike parking lot at a some shopping centre in Shenyang

The improvement of infrastructure for travel by bike and people's increasing awareness of green and healthy travel have effectively stimulated their use of bike. According to CCICED's special investigation of "Chinese urban residents' green travel behaviours" in 2013, travel by bike accounted for 19.2% in overall travel for commuting and 16.4% in overall travel for leisure. Take Hangzhou and Wuhan for example. Public bike renting hit 87,182,000 person times in Hangzhou in 2011, daily renting exceeded 230,000 person times, and each bike was rented more than 5 times a day on average. This makes the public bike project in Hangzhou one of the biggest and most successful public bike projects in the world. Since 2009 when Wuhan launched the free public bike service, it has deployed 90,000 bikes accumulatively and issued more than 1 million free public bike cards. As of the end of 2011, about 90,390,000 trips had been made by public bike. Please see Table 2-3 for public bike deployment in typical cities in China.

Table 2-3 Public bike deployment in some main cities in China

City name	Time of launch	Coverage	No. of bikes	Note
Hangzhou	2008-07	In the city	65,000	Government investment, resource trade-in, enterprise operation, government guidance, company operation, policy guarantee, public participation, government subsidy, IC card system
	2010-09	Xiaoshan	4,000	
Wuhan	2009-05	In the city	90,000	Government subsidy + resource trade-in, Wuhan-style enterprise operation: government takes the lead, free for citizens, undertaken by enterprises, public participation, market-based operation – the mode of marketization of public service
	2012-03	City government	2,000	Public bike specifically for official use
Beijing	2012-06	Pilot project in Dongcheng district	8,000	50,000 bikes are planned for Phase I, to be completed by 2015
	2012-06	Ministry of Transport	50	MOT employees will use public bike for official activities, taking the lead to practice green and low-carbon travel
	2012-06	Daxing district	3,600	

City name	Time of launch	Coverage	No. of bikes	Note
Shenzhen	2011-12	Yantian	5,000	
	2010-09	Shekou	400	
	2012-07	Longgang	5,000	
Shanghai	2009-05	Minhang district	19,000	
	2010-06	Yangpu district	1,000	
	2010-03	Songjiang district	1,000	
Guangzhou	2010-06	3 areas in the city	15,000	
Zhuzhou	2011-05	In the city	20,000	Government investment, enterprise operation, no advertisement, shaft-driven 3-speed bike, listed by Ministry of Housing and Urban-rural Development as "demonstration project for urban transport system for walking and cycling"
Foshan	2010-08	Main areas	13,000	High turnover rate nationwide, 10 bike times/day

Source of data: data from network.

2.1.2.2 Walking

Walking is the most fundamental and direct travel mode of the human race. It was once misunderstood as the "most primitive and inefficient" travel mode because it requires physical strength. Especially in recent years, with the fast growth of urban economy, acceleration of urbanization, extension of travel distance and increase in motor vehicles, the environment for walking keeps worsening, and walking is made increasingly difficult because of the occupation of road resources for walking by motor vehicles, walking safety issue and the deteriorating quality of the urban street environment. While people rely heavily on cars for travel and enjoy the convenient travel brought about by technological progress, they are also troubled by traffic congestion, disorderly expansion of cities and the worsening living environment. Taking Zhengzhou and Hefei for instance, the ratio of all travel made on foot in Zhengzhou dropped by 2.2 percentage points in 2010 from 2000, and this ratio in Hefei dropped by 5.3 percentage points in 2011 from 2002 (Figure 2-21).

In recent years, the conditions for walking and cycling are improved because of the promotion of green travel and the changes on people's idea about travel and life style. Cities improved road construction and planning, walking and cycling safety, set up protective fences for safe travel, realized separation between people and vehicles (Figure 2-22). These actions greatly promote green travel among the public (figure 2-21).

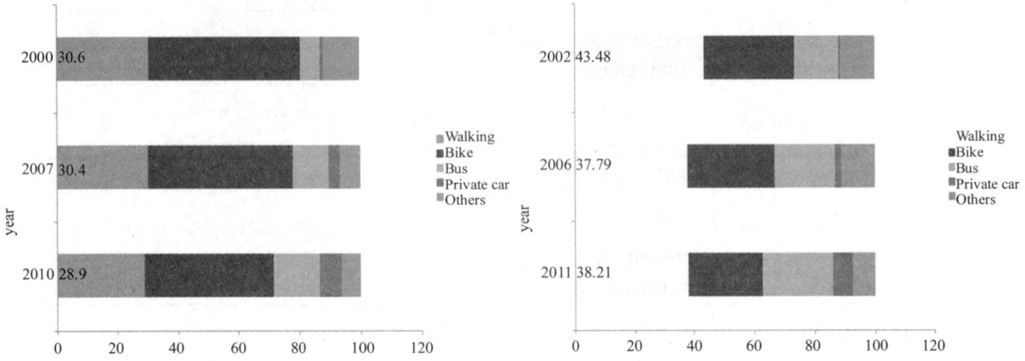

(a) Zhengzhou (b) Hefei

Figure 2-21 Change in share rate of residents' travel modes

Figure 2-22 (a) Pedestrian street on Harbin's Central Avenue

Figure 2-22 (b) Pedestrian street at Qianmen, Beijing

2.1.3 Public participation in green travel

The public is the main subject of daily travel, so only with their extensive participation can the advantages of green travel be maximized and the goal of green travel achieved. The general public is both the practitioner and the biggest beneficiary of green travel. In recent years, with the wide popularization of the green travel concept and people's rising environmental awareness, public participation in green travel has progressed both in depth and breadth. Sporadic individual actions in the past have evolved into organized voluntary action, and the motor vehicle use has been replaced by travel modes that can save energy, improve energy efficiency, reduce pollution, benefit health and improve efficiency. In general, actions of groups promoting green travel have received close attention from the public, and based on this opportunity, supporting activities initiated by various social organizations or government have been carried out like as mushrooms after the spring rain.

2.1.4 Actions taken by government and non-profit organizations to promote green travel

2.1.4.1 Activities organized by government

Building a resource-conserving and environment-friendly society is the basic state policy strictly implemented by the Chinese government. The *Guidance on Prioritizing Public Transport Development in Cities by the State Council* (Guo Fa [2012] No.64) contains the specific instruction to "advocate green travel and energetically strengthen the publicity and guidance of public transport and green travel". Governments at all levels play a communicating and guiding role in promoting green travel, and also provide necessary facilities and equipment for green travel.

At state level: taking the opportunity of the "demonstration city project for public transport", the Ministry of Transport (MOT) plays a leading role in supporting green travel by prioritizing the development of urban public transport. Shenzhen took the initiative to sign a cooperation agreement with the MOT, and 14 cities including Wuhan, Changsha and Dalian were approved to be the first group of pilot cities for a public transport demonstration. Application for second-group pilot projects are under way.

At local level: In September 2011, the Beijing government issued the *Plan for Green Beijing Development and Construction during the 12th Five-year Period*, specifying objectives such as the following: share rate of public transport will be increased to 50%, ratio of travel by bike in central downtown shall be kept around 18%, and efforts must be made to keep the share of travel by car under 25%.

In August 2012, *Strategic Plan for Green Xiangyang Development* was approved, making Xiangyang the first prefecture-level city in China to map out strategic plans for green development. Later, cities like Dalian and Nanjing successively issued plans related to green city development.

To guide of urban transport development, local governments have adopted administrative and economic measures to manage transport demands in order to curb the strong rising trend of private cars and more rationally guide the increase of cars. In December 2010, for instance, the Beijing government started to implement a license-plate lottery to control the number of private cars within a reasonable range. Besides, cities like Shanghai and Guangzhou have also adopted other measures successively to guide the development of green travel.

The support of governments at all levels for green travel is also reflected in the construction of green travel facilities, provision of equipment and road planning. A lot of cities, represented by Hangzhou, have promoted the public bike service system, and Guangdong initiated green road planning and construction, so as to facilitate cyclers and ensure their right of way.

2.1.4.2 Activities organized by non-profit organizations

Non-profit organizations that started very early to promote green travel are represented by China Association for NGO Cooperation (hereinafter referred to as CANGO). In 2006, CANGO and the US Environmental Defence jointly initiated the "Green Travel" campaign in Beijing. In April 2009, it founded the CANGO Green Commuting Fund, promoting the green travel concept by means of a publicly offered fund. Ever since 2006, CANGO NGO has regularly organized many relevant activities.

In June 2006, CANGO and Environmental Defence issued a joint initiative in Beijing to the whole society, calling on everyone to choose "green travel" for a blue sky in Beijing and for our own health.

In 2007, to welcome the 2008 Beijing Olympic Games, CANGO held the "Green Travel, Green Olympics" event in Beijing, calling on all Beijing-based chambers of commerce, associations and organizations to contribute to improving the transportation situation in Beijing, improving air quality and reducing GHG emissions.

In April 2008, the "green travel online calculator" initiated by CANGO officially came online, becoming China's first online platform to facilitate personal voluntary efforts to reduce carbon emissions. It helps people to understand the carbon emissions generated in our daily life – from clothing, food, housing and travel.

In 2009, to welcome the 2010 Shanghai World Expo, the CANGO Green Commuting Fund carried out the "Expo Green Travel" event and released their carbon calculator and low-carbon transportation card at the same time, aiming to create a smooth travel environment for the Expo and communicate the concept of "green Expo".

In 2010, to welcome the Guangzhou Asian Games, CANGO carried out the "Enjoy Green Travel; Embrace Passionate Asian Games" event to promote green travel modes and advocate the low-carbon living concept.

In 2011, CANGO held the "Low-carbon Universiade; Green Travel" campaign in Shenzhen to support the Universiade, promote the green travel concept and reduce transportation-induced carbon emissions during the Universiade.

In November 2011, to display the enthusiasm of Chinese non-profit organizations for environmental protection, CANGO exhibited the results of its "New Youths; New Prospects; Low-carbon South Africa Let's Go!" campaign at the Global Climate Change

Conference held in Durban, South Africa, drawing extensive attention to the environmental movement in the Chinese non-government sector.

Moreover, green travel activities organized by NGOs are also widely carried out in campus and communities, and are further spreading to the whole society. For instance, the "Cool China – Low-carbon Action Plan for All" is an activity that targets schools, communities and enterprises to advocate low-carbon life. The purpose is to call for voluntary actions to reduce CO_2 emissions in personal and family lives, explore effective forms of low-carbon community and life, expand its influence through networks, newspapers, TV and other media, raise the public awareness to voluntarily reduce carbon emissions and protect the environment, accumulate public experience in carbon emission reduction, and contribute to mitigating global climate change and achieving China's goal of carbon emission reduction.

After long years of urban motorization, Western developed countries have a different understanding of the green travel concept, and China has adopted and drawn on the green travel activities held overseas. In 1998, the "Car Free Day" event was held in Paris and 34 other cities in France, which soon struck a chord in other countries worldwide. As of 2006, about 1,500 cities in 37 countries across the globe had joined this event. China's Car Free Day event started in 2007 and is taking effect step by step. As of the end of 2011, 149 cities nationwide had committed to this event. Although it is just an event held one day every year, it has done a good job in spreading the concept of green transport such as public transport, walking and cycling. It has also raised public awareness of sustainable transport development in cities, thus improving the efficiency of resource utilization and travel environment.

2.1.4.3 Activities organized by cross-region governments and non-profit organizations

The promotion of the green travel concept is not just a "solo" action taken by government or a non-profit organization. It requires the coordination and close cooperation between non-profit organizations, between government and non-profit organizations and even between different regional governments and non-profit organizations. In this way all the organizations and departments can form a united force to jointly promote the uptake of green travel modes.

In 2006, CANGO and US Environmental Defence initiated the "Green Travel" campaign in Beijing.

In 2009, Shanghai Environmental Protection Bureau, Bureau of Shanghai World Expo Coordination and US Environmental Defence jointly held the Expo Green Travel event, and wrote the *China 2010 Shanghai World Expo Green Travel Report* as one of the important achievements of the event. The *Report* made an evaluation and summary of the environmental benefits generated by the transport strategy during the Shanghai Expo and provided valuable suggestions. In the end, it also expressed hopes for raising the public's environmental awareness.

2.1.5 Effects of promoting green travel

With the publicity and promotion of green travel in various places in recent years, green travel has yielded sound social, economic and environmental effects, playing a major role in raising urban transport efficiency, ensuring people's travel, mitigating urban traffic congestion and saving energy and reducing emissions in urban transport.

Take Shanghai for instance. By the end of 2011, the actual transport capacity of Shanghai subway lines reached 466 train sets and 2,899 carriages, up 282% and 317% from 2005 respectively. The subway resources were mainly concentrated in central downtown within the outer ring road, whereas single extension lines to suburb lines played the main part outside the outer ring road. The rail transit network density inside the inner ring road reached 1.14km/km^2, average station spacing was 1.2km, and service coverage in the 600m radius of a station was 68%, which primarily constituted a networked operation of rail transit with significantly improved transfer convenience and accessibility. With regard to public bus/trolley, there were 1,202 operating routes with a total length of 22,906km and 16,589 vehicles. Compared with 2005, the number of operating routes was increased by 28%, its length increased by 5% and the number of vehicles decreased by 8%. Regional public transport has progressed rapidly. Public transport accessibility reached 100% in suburban administrative villages except for the roads and bridges that are not suitable for public transport access. For all bus/trolley stations inside the inner ring road of Shanghai, service coverage within 300m radius hit 94% and that within 500m radius reached 100%. City-wide station density was 3.1/km^2, and 161.8km special lanes for public transport were built in the downtown area.

Convenient and fast public transport has attracted more residents to use it, so passenger volumes on public transport have kept rising, and the ratio of travel by public transport has increased steadily. This ratio has increased in the central downtown, where the times of travel by public transport account for 37.1% of the total travel times and 49.9% of the total travel time share using a vehicle. The ratio of travel by public transport is even higher for commuting, whereby public transport accounts for 47% of the total travel times. Public transport not only guarantees people's daily travel but also effectively mitigates urban traffic congestion.

In terms of travel expenditure by residents, the cost of travel by public transport is on the decrease. Ever since the policy of discounted fare policy was implemented, it has generated remarkable social benefits to an increasing number of people. A daily average of 3,061,000 passengers enjoyed a preferential ride in 2011, an increase of 7.9% from 2010 and accounting for 18.3% of the total daily average passenger volume by public transport in the whole city. This included 2,486,000 preferential transfers, up 6.8% and 575,000 free rides by people aged over 70, up 13.1%. In 2011, every ride on the rail transit cost RMB 2.4, down by 14% from 2005, and every ride on bus/trolley cost RMB 1.8, down by 5% from 2005. Apart from the money cost, the time cost of travel was also reduced as the overall public transport efficiency was further improved. In 2011, the average travel distance by public transport was 8.5km in Shanghai, and the time spent on public transport travel was 50.8 minutes/trip, including 16.7 minutes/time for connection and 34.1 minutes in the vehicle. Compared with 2004, 7.2 minutes were saved from the total time spent on travel, down by 12%.

Regarding energy consumption, more than 60% of urban residents chose to travel on low-carbon modes such as by public transport or on foot in 2011, accounting for 37.1% and 25.7% of total travel respectively. Only 10% residents chose to travel by private car. The various energy sources accumulatively consumed by public transport were equivalent to 947,000 tonnes of standard coal, showing a downward trend in the total consumption. Rail transit consumed 448,100 tonnes of standard coal and public bus/trolley 498,900 tonnes. In 2011, up to 3,321 passengers were transported by public transport in Shanghai for every tonne of standard coal on average, 162 more than in 2010 with the energy efficiency improved by 5.1%.

At the same time, Shanghai also actively carried out the "Car Free Day" event in order to call for green and low-carbon travel. The 2011 "Car Free Day" event, which was organized by Shanghai CPC Committee, was attended by the Vice Mayor, with other parties including the Municipal Civilization Office, Shanghai Construction and Transportation Committee, colleges and bike communities as the participants, totalled over 450 people. The "Car Free Day" campaign is aimed to encourage citizens to pay more attention to and choose green travel modes featured by low energy consumption, low pollution and low emission, uphold and communicate the low-carbon transport concept and post-car civilization, and promote the development of a sustainable urban transport systems.

In the meantime, the public bike system in Hangzhou has also yielded sound social and economic benefits, and made progress in promoting energy conservation and emission reduction in the city, building a low-carbon city, upholding green travel, raising the urban quality, improving its image and advancing the residents' health. According to statistics, the public bike system in Hangzhou started trial operation on May 1, 2008 and began official operation on September 16 of that year. Since then, its coverage, number of bikes and time of renting all stand high in the world rankings. In particular, the implementation of "one-hour free use" has made free more than 91.2% of public bike renting since the system came online. This "green and trendy" travel mode is being accepted by more and more residents, which changes their way of travel from motorized to green modes.

Hangzhou's public bike system has generated remarkable effects on improving energy conservation and emission reduction. Primary estimate shows that the average renting time of public bike is about 0.56 hour. Assume a travel distance of 2km every time a bike is rented and based on the renting volume of 126,680,000 person times shown in the system, this leads to an accumulative travel distance of 253,360,000km. Suppose this distance is covered by a private car, assume fuel consumption of 10L/100km given the transportation conditions in the city, and the density of gas is 0.725kg/L, this means about 18,368.6 tonnes of fuel is saved. Suppose 2.3kg less CO_2 is emitted for every litre of saved gas, altogether 58,273 tonnes CO_2 emissions can be reduced in a year.

2.2 Problems in Urban and Transport Development and Their Effects

2.2.1 Prominent problems in urban and transport development

2.2.1.1 Extensive urbanization results in growth spurt of transport demand

Fast urbanization results in the rapid increase of the urban population (including temporary resident population) in a short time period, along with a sharp increase in transport demand. Fast urbanization also results in the expansion of the city area, so the average travel distance keeps growing. One result of the extensive urbanization is that key functional zones in most cities in China only support a single land use function, so that most jobs exist in a very limited working area in the city, and job opportunities are too concentrated. As a result, there is a time and space imbalance between urban employment and residences. The phenomenon that new residents work and live in different places far from each other and the living areas and business areas are not well matched is seriouce, and the "tidal flow" phenomenon in commuting is getting ever more notable (Figure 2-23 and Figure 2-24).

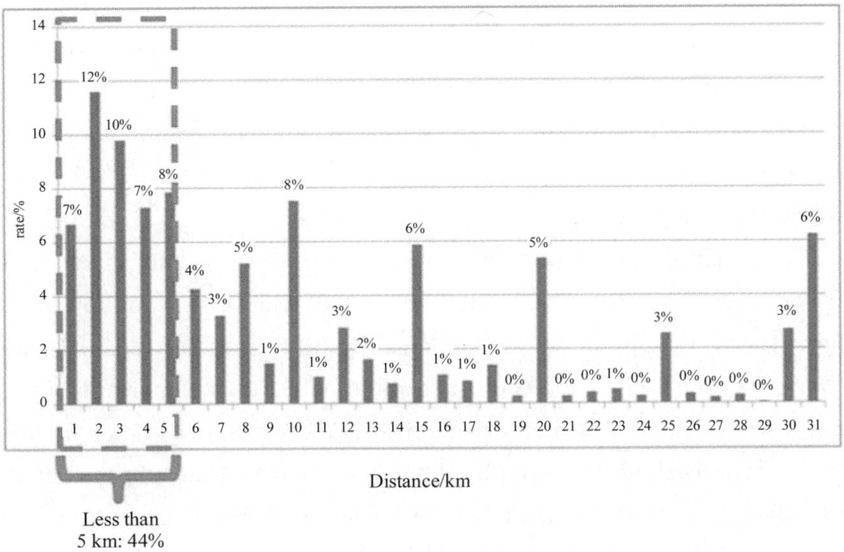

Figure 2-23 Car trip distance distribution in Beijing

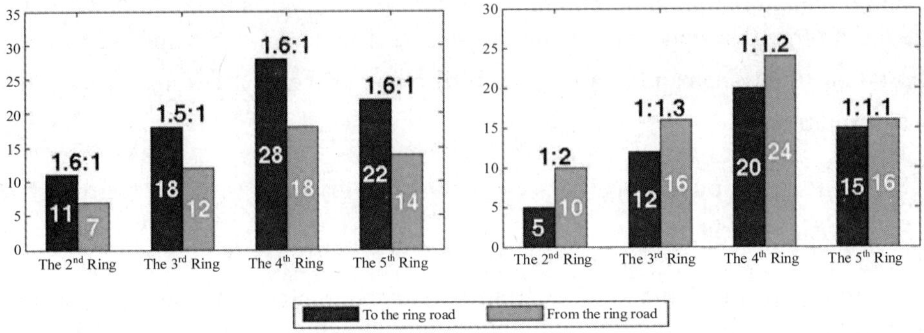

Figure 2-24 Peak period car trip volume assess to downtown during in Beijing

2.2.1.2 Auto consumption featuring "three highs" results in serious traffic congestion and environmental pollution

As of the end of 2012, the vehicle fleetin in China reached 240 million units, including 121 million cars. The increase in the urban vehicle fleet was especially obvious in that it exceeded 1 million units in 18 cities nationwide. Fast urbanization led to fast motorization. First, the number of motor vehicles increases at a high rate. There were 53.08 million private cars in 2012, increasing by 22.8% from 2011 and the number is expected to exceed 80 million in 2020. In Beijing, for instance, it took 48 years for the vehicle fleet to hit 1 million for the first time, but only 1.5 years to hit the 5th 1 million, which would have been even shorter had Beijing not implemented the car purchase restrictions. With cars increasing at such a fast pace, transport infrastructure construction will never catch up with their transport demand. Second, motor vehicles are used at high intensity. Take Beijing for example. Every car travels 45km a day on average now, as opposed to 19km in Tokyo, 30km in London, 39km in Hong Kong and 43km in Los Angeles. This is an important reason why traffic congestion in Beijing is worse than in Tokyo even though it has fewer cars than Tokyo. Third, the areas where motor vehicles are used are highly concentrated. Take Beijing for instance. In 2010, more than 70% of Beijing's 4.8 million motor vehicles were concentrated within the 6th Ring Road, causing serious regional and periodic congestion. Compared with developed countries, although the fuel consumption per capital in China is low, it is rising fast. Let's take a look at the structure of urban transport energy consumption. Take Beijing for example. Public transport and rail transit shared 42.8% of motorized travel in 2005, consuming 11% of transport energy consumption, while though cars also shared 42.8% of motorized travel, their energy consumption took up as much as 70.2%. In summary, CO_2 emission intensity from public transport is only 1/8 of cars, and energy consumption by public transport during rush hour is only 1/6 of cars. The feature of the "three highs" of Chinese urban motor vehicles not only imposes tremendous pressure on the urban road system by causing urban traffic congestion and aggravating the transportation supply-demand conflict, but is also one of the key reasons for the worsening urban air pollution.

2.2.1.3 Public transport service level is not high and unable to meet urban residents basic needs of travel

Public transport in China's urban transport system faces the common problem of insufficient service supply and low service quality. Data in *China Green Investigation* show that travel by public transport can only meet the commuting needs of 75% respondents, 37.69% of whom do not need to transfer, 26.76% need to transfer once and 11.24% need to transfer twice.

Related Link 2-1 Traffic congestion is the biggest problem in urban transport

Reports show that over 70% residents consider traffic congestion the biggest problem in urban transport.

According to a survey, 71.9% residents nationally believe that city transportation is congested. The survey indicates that more than 80% of the residents in Beijing, Guangzhou and Tianjin (86.7%, 84.1% and 80.4%, respectively) think the transportation in their own cities is congested. In Shanghai, Wuhan, Shenzhen, Ningbo and Xi'an, a larger percentage than average believe the transportation in their cities is congested. Residents in cities like Beijing, Shanghai, Tianjin and Guangzhou spend 30~60 minutes on travel every day. Particularly in Beijing, 15.9% residents spend 1.5 hours on daily travel, much higher than in other cities.

Source: "Survey Report on Chinese Urban Residents' Selection of Travel Mode" by the China Urban Consumer Rights Protection Union.

As the supply of urban public transport service cannot catch up with the rapid expansion of cities, after some large-scale residential communities are completed, public transport capacity cannot increase in time even though the system is established. For other new residential communities with smaller scale, public transport service usually cannot catch up in time either. The low coverage of public transport service, insufficient transport capacity and low service level indicate that equal access to basic urban public transport service is not well ensured, and residents of different types and in different urban areas cannot enjoy equal public transport service. Besides, the different public transport operation and management departments do not share their data, and city government does not have a unified travel information service platform, so many information services are provided by passenger transport operators or terminal operators themselves. As a result, the travel information service of urban public transport is fragmented. In particular, it is difficult to acquire cross-mode and dynamic travel information during various travel periods, which causes the public to wait too long for public transport vehicles due to the lack of accurate and dynamic information. This seriously impairs the comfort that the public experiences in travel service and weakens their will to travel by public transport.

2.2.1.4 Infrastructure for non-motorized transport is in serious shortage and the share rate of non-motorized travel keeps falling

In many cities in China, cars take up most of the urban road resources and sidewalk and bikeway resources are inadequate. In the past, under the wrong concept of "putting car first to ensure its smooth transportation", some city governments even increased the transportation capacity of motor vehicles by reducing sidewalks and bikeways, which further squeezed road resources for walking and cycling, and encouraged modal shift to cars. Moreover, due to the lack of a necessary regime and means of supervision and enforcement, the occupation of sidewalks and bikeways by cars is also increasingly severe, and is especially prominent in megacities. As a result, the travel rights and interests of walkers and cyclists are not effectively protected. In addition, the early plans made by many cities in China set a rather low level for parking facilities for various types of land uses, so the auxiliary parking lots cannot meet parking demand at all. Basic as well as public parking spots in the residential areas of old districts are in serious shortage, as a result a lot of motor vehicles are parked on public roads, leaving no room for walkers and bicyclers.

Given the worsening environment for non-motorized travel, the mode share rate of non-motorized travel suffers a general decline in Chinese cities. Take Beijing for instance. The ratio of cycling in Beijing slumped from 62.7% in 1986 to 16% now, whereas the ratio of travel by car climbed by 47.4% from 23.2% to 34.2%. The deteriorating environment for walking and non-motorized travel also reflects the unfairness between non-motorized and motorized travel in the provision of road space.

2.2.1.5 Over-standard configuration and excessive use of official cars severely impairs social equity

The excessive use of official cars occupies vast road resources and aggravates transportation related pollution. Investigation shows that one of the main reasons for urban traffic congestion is the long travel time and long travel distance of official cars. Usually official cars are large and medium sized models, which have high fuel consumption. Because of the serious use and abuse of official cars for private purposes, the average annual driving mileage remains high, wasting a lot of energy. In Beijing for instance, the average travel times of official cars in working days is 2.75, which is 1.1 times of private cars. And the average travel times of official cars in non-working days is 1.97, most of which is used for private purpose.

2.2.1.6 Cultivation of green travel culture is not enough and public participation is poor

First, there are not enough channels for public participation. Channels for promoting the public participation in green travel are usually activities held or organized by the government or NGOs, which usually are based on large-scale projects such as the Olympic Games, Asian Games, World Expo and Universiade. However, large-scale projects are held only periodically and cannot be sustained, so channels for the public to participate in green travel suffer from such drawbacks as poor continuity and lack of long-term mechanism, and are hard to turn green travel activities into regular public travel habits.

Second, public participation is not in-depth. The main reason for this is the poor communication platforms for public participation in the development of plans and policies related to in green travel. At present, the development of urban transport plans does not have a mechanism for the public to participate in depth in the comparison and selection, and the formulation and implementation of transport demand management policies.So far they only involve public opinion through the media without any real communication and interaction.

Third, publicity for green travel culture is not enough. Quite a number of urban residents in China take the car as a symbol of social status and wealth, which leads to the continuous rise of the car fleet and car use. The notion that every vehicle user should pay for the environmental and resource consumption caused by his/her use of their vehicle accordingly has not been widely acknowledged. The government's role in green travel is mainly reflected in infrastructure planning and construction as well as operating efficiency management, whereas its role in building the culture to encourage green travel and guiding public participation is relatively weak. Public actions mostly stop at cultivating and stimulating people's environmental awareness, and the publicity and inculcation of a green travel culture is usually carried out in large cities and large projects, but is not so popular in medium-sized and small cities. Also, there is lack of a long-term mechanism for popularizing green travel culture.

2.2.2 Adverse effects caused by urban transport problems

2.2.2.1 Threats to people's basic travel, health, and safety

Firstly, low-income groups mainly travel by public transport and non-motorized modes, and thus suffer more the inconveniences of travelling by overcrowded public transport. Among 50 cities in China, the average commuting time in Beijing is 52 minutes, (the highest of all cities); the average commuting time in Guangzhou is 48 minutes, Shanghai 47 minutes, and Shenzhen 46 minutes. Heavy congestion increases people's commuting time, and harms people's quality of life. Secondly, motor vehicle exhaust pollution is the main source of air pollution in the cities of China and a key cause of haze pollution, and serious congestion aggravates exhaust pollutant discharge. The 2012 Motor Vehicle Pollution Control Report issued by the Ministry of Environmental Protection shows that, in 2011, total emissions of the four major pollutants (CO, HC, NO_x, PM) from transportation were 46 million tons, of which emissions of NO_x and PM from vehicles contributed more than 90%, and the emissions of CO and HC from vehicles were more than 70%. In early 2013, large-scale haze hovered above central and eastern China, covering approximately a third of the territory of China; from Beijing and Tianjin to Shijiazhuang and from Zhengzhou and Nantong to Guiyang. The air pollution index frequently exceeded the scope of the AQI measurement instrument (the $PM_{2.5}$ value was close to 1,000) and nearly half of the 74 key monitoring cities suffered from serious pollution. Haze pollution has seriously affected the health of urban residents, disproportionately affecting the low-income groups who adopt non-motorized travel modes(Column 2-1 Related Link 1).

Box 2-1 Air pollution has severely harmed Beijing citizen's health

Air pollution causes more respiratory and cardiovascular diseases. The outpatient service takes in 9,000 cases each day, and the peak number can reach 10,000. Among all the cases, nearly half go to the department of medicine, and nearly 60% are for respiratory diseases. Recent data of two days from Beijing Red Cross Emergency Rescue Centre (999) show that there have been 51 pulmonary infection cases, 5 tracheitis and asthma cases, and 86 cardiovascular cases.

Cheng Xiaodong (Motor Industry Analysis Specialist, NDRC Price Monitoring Center).

According to the statistics, the number of road accidents in 2010 was 219,521, with the fatalities reaching 65,225, the number of fatalities per ten thousand vehicles being 3.2. The total direct economic cost was RMB 926.335 million Yuan, among which, the total direct economic cost of road accidents happened in central cities of China was RMB 224.68 million Yuan, occupying 25.3% of the total. As shown in Figure 2-25, in the top six countries by vehicle population such as the United States, Italy, Germany, Japan, Russia and China, China already tops the list of deaths due to traffic accidents.

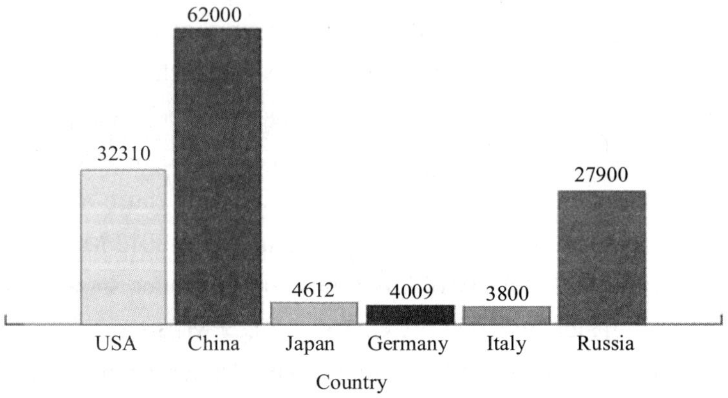

Figure 2-25 Road accident fatalities

2.2.2.2 Reducing the efficiency of urban operation and causing economic losses

According to the *China's New-urbanization Report 2010* issued by the Chinese Academy of Sciences Daily, traffic congestion time in Beijing had grown from 3.5 hours in 2008 to 5 hours in 2012, seriously affecting the operational efficiency of the city. Due to congestion, the transport system has become increasingly vulnerable, abnormal weather conditions and transportation accidents have often caused massive traffic jams and even the collapse of the transport systems in the whole city. On September 17, 2010, five days before the Mid-Autumn Festival, due to heavy rain, 143 road sections in Beijing suffered from congestion in the evening peak hours, causing traffic congestion of nearly nine hours. The latest research of Niu Wenyuan, chief scientist, counsellor of the State Council, shows that due to traffic congestion and management problems, China's 15 largest cities suffer a daily loss of nearly 1 billion Yuan (12 million €). As shown in Figure 2-26, the economic costs of congestion in first-tier cities such as Beijing, Shanghai and Guangzhou are significantly higher than those of second-tier cities such as Chongqing and Xi'an.

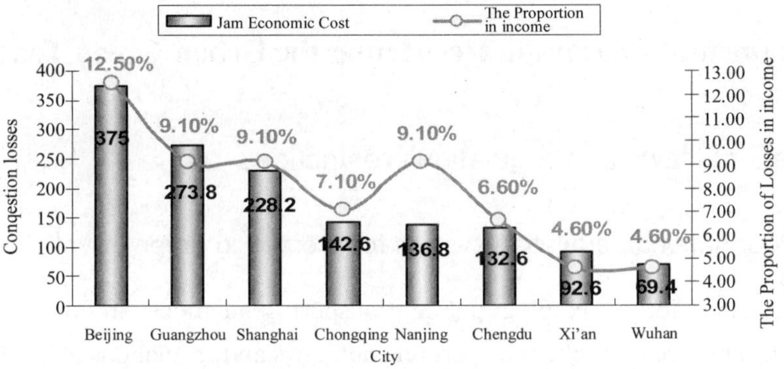

Figure 2-26 Congestion Costs in Chinese Cities

2.2.2.3 Increasing energy consumption and intensifying energy shortage

In recent years, energy consumption by transport has been growing rapidly, and traffic congestion is one of the central causes of the rapid increase of transport energy consumption. Transport, industry sectors and construction are the three sectors which consume the most energy. According to the forecast, the proportion of energy consumption by industry sectors of total energy consumption will gradually decline from 72.7% in 2000 to 56.7%～58.7% in 2020, and the proportion of energy consumption by transport will increase from 11.1% in 2000 to 16.3%～17.1% in 2020. At present, road transport fuel consumption is 40～50 million tonnes, accounting for a third of total oil consumption. By 2020, the transport sector will become China's largest oil consumer, accounting for about 55%～60% of total oil consumption.

2.2.2.4 Non-motorized transport is made less attractive and green travel promotion is restricted

The insufficient green travel infrastructure and low service quality dampens the public enthusiasm for participating in green travel. On the one hand, many urban residents are far away from public transport stations, so they cannot receive basic public transport services, or their commuting needs during rush hours cannot be met due to too many transfers, low punctuality rate and long distance, consequently a lot of them choose to buy a car instead of taking public transport. On the other hand, the environment for non-motorized travel is poor, urban air pollution keeps worsening, bikeways and sidewalks are occupied and travel safety cannot be ensured. As a result, people who only travel a short distance do not want to walk or ride a bike, but prefer bus or car. This indicates that insufficient capacity and quality of green travel modes has become a main bottleneck that restricts the promotion of green travel modes.

2.3 Fundamental Reasons in Restricting the Urban Green Travel in China

2.3.1 National laws and regulations restrictions

2.3.1.1 Poor national regulation system for promoting green travel

The procedures for developing public transport regulations are over complicated, esulting in the absence of public transport relevant laws and regulations. Therefore, there is a lack of legal reference for public transport planning, construction, operation, and management in cities and regional areas; the development of local prioritizing of public transport policies lacks legal support; city needs on land, funding, road rights, and operational subsidies annot be satisfied; the policies for developing urban public transport are random; and so the prioritization of public transport cannot be successfully implemented.

2.3.1.2 Relevant national regulations cannot address current issues on development concept and change of environment

Clause 17 of the *Urban and Rural Planning Law* stipulates that "overall city planning and town planning should include the following contents: development layout of city and town, division of functional zones, land use arrangement, comprehensive transport system, areas where construction is prohibited, restricted or suitable, various special plans, etc.". However, it does not specify comprehensive transport system as a special plan under the overall city plan, nor does it make clear the crucial relationship of a comprehensive transport system with urban spatial layout, land use and environmental protection.

The current *Law of Air Pollution Prevention and Management of 2000* cannot meet the need for air pollution control in China: ①the law was released in 2000, when the main air pollutant was from burning energy fuels, and the focus of the law was to control sulphur ioxide. With the rapid development of motorization, the vehicle exhaust has become a ajor source of the air pollutant. However, the law of 2000 does not make specific equirements on the NO_x emissions from vehicles and ships, and there is no efficient onitoring mechanism. ②The law of 2000 lacks provision of access mechanism for vehicle energy consumption and emission. ③The law of 2000 also lacks requirements on development of omprehensive working mechanism. The central government is responsible for setting up a limit on the total emission volume, while local government is only responsible for meeting the limit. The rights, responsibilities and benefits are not clearly divided, and the local governments are not motivated to fully meet the requirements.

2.3.2 Factors restricting urban and transport planning

2.3.2.1 Lack of strong relevance between planning

(1) City plans and transport plans are not closely related

The role of transport plan is not clear within the city plan, and the concept of TOD (Transit-Oriented Development) and that transport and city should co-develop in harmony are not truly reflected. For instance, the traditional mono-centric concentrated and compact layout of cities is good for the efficient integration of functions, but the over-concentration of functions in the central area results in a surging peak period transportation load. On the other hand, developing new towns outside the central area can divert some pressure from there, but if the nature of land use and functional layout are not adjusted simultaneously, auxiliary functions and facilities will not be able to follow up the former, and employment and residence will not be matched. This will not relieve the transportation pressure in the central area, but will generate a large amount of "tidal flow" transportation, seriously lowering the resilience and stability of the urban transport system.

(2) There is not a goal-compatible assessment for the transport plan, land use plan and environmental protection plan

Transport plans in China barely take environmental protection and efficient land utilization into account, or the three of them do not have compatible goals, so the transport plan and land use plan are "seemingly in harmony but actually at odds". Considering the cycle mechanism among land use, transport demand and transport supply, then the land use plan and transport plan are symbiotic. A scientific planning process requires that the two of them complement each other in content and overlap in layers, and that the whole process as well as every stage in the process of each should display interaction. However, the urban transport plan and land use plan in China are usually formulated separately, the former always coming after the latter, leading to the lack of interrelation between the two, and developments that are car-oriented.

2.3.2.2 Planning cannot meet current development needs

On the one hand, the *Urban and Rural Planning Law of the People's Republic of China* stipulates that the overall city plan should include the plan for a comprehensive urban transport system, which, however, is usually replaced by a more limited road plan during its formulation. This shows that more attention is given to the layout and configuration of road facilities, whereas the operation and organization of transportation flow and the role of buses, taxis and walking and cycling as users of the road network are overlooked, and the interaction between transport modes and land uses is not taken into account.

On the other hand, a comprehensive urban transport planning is the most important way to ensuring the overall deployment and coordination of transport policies, but in the current urban planning system, the urban transport planning has the following defects: blurred positioning, unclear internal relation, chaotic layers, overlapping between strategic plan and implementing plan, lack of organic connection with the city plan, and the contents of the plan cannot be reflected in the overall city plan and detailed plan. The transport planning usually becomes an auxiliary planning supporting the proposed urban land use layout and cannot play its role of guiding development of the city.

2.3.2.3 Lack of scientific planning methods

(1) Static prediction cannot adapt to rapid development of cities

Land use is the "source" and transport is the "flow". Transport is supplied because there is demand – there is a one-way causal relationship assumed here. But convenient transport supply, in return, will further boost exploitation and utilization of city land – also a causal relationship. The interaction of the three constitutes an inseparable cycle, which will never stop as long as cities are being constructed and developed, until the demand for transport supply is saturated. This requires that transport demand prediction should not only interact with land use, but also consider the feedback effects of transport supply. Theoretically, this requires cyclic adjustment and reasonable prediction of transport supply. However, in real-world transport planning, the so-called dynamic transport demand prediction has not been realized, and transport supply prediction is usually limited to forecasting demand for specific road schemes in response to new developments.

From this perspective, the unreliability of transport demand prediction is inevitable. Once old problems are fixed, new ones will follow closely, not to mention that it is impossible to solve all the old ones. The relation between transport supply and demand in urban transport system is beyond the supply-demand balance. From the moment when the transport plan was adopted in China, we have always focussed on transport demand prediction, and the thinking that "prediction + scheme = transport plan" still exists in the mind of most planners today. Even in teaching materials on city planning published in the 21st century, the contents under the title "methods of transport planning" are all about the "4-step" prediction—or rather, extrapolation. While transport demand prediction given a proposed land use pattern has drawn extensive attention, transport supply prediction—whereby sustainable transport systems are used to shape demand—is cast into oblivion. Demand is statically predicted and supply and demand can never reach a sustainable "balance".

(2) The simple mathematical forecasting model is overly relied on and the process does not take into account wider influences on travel demand

Existing planning models usually overlook some rational thinking in the traveller's travel decisions, and only establish a quantitative relation between demand and the planning object; and assume that this quantitative relation, once established, will not change as a result of changes in use of time, policies on energy use, regional development policies as well as economic and industrial structure. In other words, the planning models are more about mathematic logic and extrapolation. Only when the wider economic and social system that drives people's activities is grasped can we truly understand the pattern of residents' travel and subsequently make reasonable transport planning.

(3)In-depth public participation is absent in planning formulation

In light of S·R·Arnstein's view that public participation in city planning is divided into 3 types and 8 levels, China is at the stage of "informing", which is a low level. This does not mean that the public is not enthusiastic about city planning, but that the planning authority or other departments rarely publish relevant information to the public, so citizens have no chance to take part in the decision-making of the plan. Even if the public is able to design feasible opinions, the planning authority just refuses to accept their work for various reasons, making publishing planning-related information just a formality. Although some departments responsible for planning involve non-planning experts and representatives in discussing the plans, it is hard to determine whether those experts and representatives can represent and voice the public opinion. The public does not take a big part in city planning, and their supervision of planning execution is almost out of the question, so that a lot of social resources are channelled to "vanity projects".

(4) A scientific and standard guidance for planning formulation is absent

This results in content randomness, great disparity in terms of scope of planning, term and depth of content, and misplaced and confusing overall function of the transport system. The existence of these problems makes the urban transport planning more like a study rather than a true planning, and it neither plays a guiding role in shaping sustainable cities nor is good as the basis for planning execution.

2.3.2.4 Lack of standard planning drafting, approval, and implementation procedures

(1) On the review and approval procedures of the plan

The plan for a comprehensive urban transport system, which is incorporated in the city master plan, is approved by the higher-level government for implementation as part of the city master plan. However, there is not a legal review and verification procedure for the separately formulated comprehensive urban transport plan and the review procedures stipulated in government documents are not mandatory.

(2) On planning execution

At present, the experience that the formulated plan cannot be put in place is a common problem in cities around China. Although it is specified in the existing *Urban Planning Law* that the administrative body responsible for the execution and management of city plan is the planning authority, the current planning management system makes it hard to correct leaders' deviations in their thinking of city development, and to highlight the guiding role of the city master plan and the execution of its legal force. At the same time, there are situations that weaken the enforcement of city planning. As cities develop, the requirements for planning enforcement becoming greater, tasks are getting more arduous and important, but the enforcement power is getting weaker. During government restructuring, many local governments either abolish the planning department or improperly reduce planning staff, which results in weak enforcement of plans or even an enforcement vacuum. There is a conflict between the need for intensifying planning enforcement and insufficient enforcement powers.

(3) On supervision of planning execution

There is not an effective and timely supervisory mechanism for the execution of urban transport planning in China. The *Urban Planning Law* stipulates that "the city's planning authority has the right to supervise and examine whether projects in the planned zone conform to requirements of the plan", which shows that supervision and examination are also the duty of the planning authority. However, in the current system, the said authority cannot supervise and check urban and rural planning. The main form of planning management and supervision now is through public opinion, but that inevitably lags behind, so problems are only exposed when they have already appeared and have become quite serious. The media and public opinion can stop some non-conforming construction projects and solve some problems, but losses cannot be retrieved.

2.3.3 Fiscal and tax policies

2.3.3.1 Central fiscal budget for public transport is insufficient

For a long time, local city finances have taken the main responsibility for paying for urban public transport development, while direct investment from the central finance is only through the fuel tax subsidy. The annual central finance investment in transport focuses on the construction of road and railway arteries as well as countryside roads, and only a tiny part goes to public transport infrastructure, which again is focused on purchasing new energy vehicles and advanced information systems, so this can hardly meet the capital needed for developing the public transport infrastructure nationwide. Besides, economic development in eastern, central and western China is uneven, and the resulting disparity in financial capacity has a direct impact on the effective implementation of the strategy to prioritize urban public transport, the development of which is in a positive correlation to the city's financial capability. Take Dingxi of Gansu Province for instance, a city where we conducted a field investigation in 2009. In the short-term plan for public transport development of Dingxi, the number of public transport vehicles per 10,000 people was planned to reach 5 standard vehicles by 2010, while this indicator in large cities like Shenzhen and Chengdu for the same period was much higher.

2.3.3.2 Structure of fiscal input in public transport is irrational

At present, the annual fiscal input to transport from central and local governments focuses on the construction of road and railway artery as well as countryside road. In particular, fixed-asset investment in urban construction mostly goes to infrastructure such as roads and bridges. During the 11th Five-year Period(2006—2010), less than 15% of the fixed-asset investment in urban public utility construction was for public transport infrastructure. In 2008, the proportion of public transport investment made in 20 out of the 36 central cities was lower than 10%, and the proportion in 5 cities was in 10%～20%.

2.3.3.3 A stable growth mechanism for fiscal contribution to urban public transport is lacking

Transport has always been a key area for fiscal investment at all levels, but this never places enough stress on urban public transport. In addition to the insufficient quantity, fiscal input in urban public transport also lacks a stable growth mechanism. The main reason is that there is only a single source of fiscal fund for public transport development at all levels, which is largely restricted by the fiscal budget. Therefore, it cannot satisfy the capital need arising from the rapid development of urban public transport.

2.3.3.4 No standard pricing and subsidy mechanism for urban public transportfare

Since the implementation of the urban public transport priority strategy, most city governments in China have implemented a policy where the public transport fare is lower than its operating cost, i.e. the low-ticket-fare policy, which lowers people's travel cost and in this way pushes up the mode share of public transport.

However, not raising the fare of urban public transport does not reflect the cost-based pricing principle and greatly affects the operation of urban public transport enterprises. Meanwhile, due to the low fare, fare exemption or reduction for special groups and assumption of government mandatory task, public transport enterprises generally suffer a policy-driven loss. Since there is no standard and unified cost accounting system, such policy-driven loss cannot be accurately calculated, so the verification of public fiscal subsidy and the efficiency of its use cannot be established.

2.3.3.5 There is not enough capital funding to encourage energy conservation and emission reduction, and guidance needs to be strengthened

At the state level, a special fund for transport energy conservation and emission reduction was not set up until 2011, and has an inadequate amount for achieving its objectives. Despite the annual increment of more than RMB 200 million, that is just a drop in the ocean for the vast transport industry. The current form of subsidy – "substituting reward for subsidy" – has obvious defects as well, and impairs the role of the fund in effective macro guidance. The scope of subsidy should be inclined toward urban transport. At the local level, only few regions such as Beijing and Jiangsu have set up a special fund for transport energy conservation and emission reduction, while most cities lack the special fund to guide enterprises to work faster to deliver reductions.

2.3.4 Restricting factors of policies relevant to TDM

2.3.4.1 Lack of legal basis for charging policies

Rationally, guiding the growth and use of cars through economic means is an important way to effectively regulate urban transport demands. However, China has not issued any law or regulation that specifies the legality of license plate auctions, traffic congestion charges and other measures, as a result of which the implementation of relevant policies lacks any legal basis.

2.3.4.2 The charging standard needs further clarification

At present, the charging standard for differentiated parking and other demand management measures are decided by local governments, and the central government has not issued any guidance on such a charging standard. As a result, this standard varies greatly from city to city, and sometimes the charge is too high or is not raised as incomes grow.

2.3.4.3 Methods of using the charges need improving

How the income from the license plate auction is used has always been a hot topic in Chinese society. Although local governments irregularly disclose how such income is spent, agreement on a long-term mechanism for the use of this money, needs improving. As the use of the capital is not open and transparent enough, a public supervision system is urgently needed.

2.3.4.4 TDM relies heavily on administrative tools

Although administrative measures such as the license plate lottery and transportation control by license number have restrained the excessive growth of cars to some extent and guided their rational use, administrative measures alone can hardly solve urban traffic congestion and promote travel green fundamentally. Successful experience of typical foreign cities in governing traffic congestion shows that making full use of economic means and applying multiple other measures is the only solution for optimizing urban residents' travel mode and improving air quality. Success requires a comprehensive "package" approach.

2.3.5 Restricting factors of limited intelligent transport and information

China's urban transport system is not widely equipped with intelligent transport and information applications, which restrains its efficient operation to some extent, aggravates the imbalance between public transport supply and demand, and fails to provide urban residents with satisfactory travel information services. As information resources are segmented, those obtained by different departments cannot be shared or integrated, so it is hard to provide the public with complete and uniform travel information. In addition, key elements in travel information are missing or unreliable. As China has not established a networked, multi-layer and unified system of transport information services, the service provided is limited, and there is not a uniform and continuous information service for different transport modes, so travellers can hardly enjoy real convenience. At best, the travel information service is discontinuous. Information services are provided in many cities, but most of them provide local information as city-wide coverage cannot be achieved.

2.3.6 Restricting factors of technology standard development

Technical standards (codes and guides) based on advanced concepts, reliable technology and operability are effective tools for government departments to promote urban green travel, and also an important approach to modernizing the urban passenger transport industry. Governments in developed countries attach great importance to the role of technical standards (codes and guides), which have indeed guided, advanced and supported government management and company operations. In comparison, the establishment of an urban passenger transport standard system is still at an early stage in China.

As urban passenger transport has developed rapidly in recent years, a range of new ideas, methods, service requirements and technical achievements have appeared one after another, such as TOD land use planning, BRT systems, public bike systems, intelligent public transport, operating cost regulation, service quality evaluation and assessment, and transport impact evaluation of major urban projects. However, due to the absence of unified and authoritative national or industry standards, codes or guides, urban transport system development in China is relatively patchy and varied. Standards, codes and technical guides that are absent now include the following: guidance on comprehensive urban transport planning formulated with the concept that the goals of "transit-oriented city", transport development and urban development, and environmental protection are compatible; a technical standard of urban road design and the rational distribution of space/capacity for different transport modes and street activities; a bus lane design standard; a bus priority signal design standard; a design standard for sidewalks and bikeways; a standard for the measurement and statistical analysis of urban transport pollution (including exhaust gas, noise, etc.), and so on.

2.3.7 Restricting factors of institutions and systems

After two major state-level reforms of transport in 2008 and 2013, an basic and comprehensive transport management architecture has been established in China, whereby most government functions concerning the comprehensive urban transport system are optimized. Nevertheless, with the changing macro environment for urban transport development, the disharmony between fast urbanization and urban transport development, and the conflict between urban transport development and social equity and environmental protection are gradually exposed and aggravated. The function of urban passenger transport management and the corresponding system and institutions have become unsuitable for urban transport development and begin to restrict the promotion of green travel modes. This is mainly reflected as follows:

2.3.7.1 Function positioning

Improving conditions for non-motorized travel is an important step taken by the government to promote green travel; promoting urban intelligent transport system is a key means to transform urban transport development mode use, to use transport resource stock more efficiently and to improve urban transport information services; and good energy conservation management and statistics in urban transport is an underpinning force to control transport related air pollution. In general, relevant departments of the State Council or local governments have not given enough stress on the above functions, and these problems will be further verified in the following elaboration of institutional problems.

2.3.7.2 Organizational setup

First, regarding a city's comprehensive passenger transport system, which has the greatest impact, wide coverage and close relation to city space layout in the city's social and economic operation system, there is not a specific unit in Ministry of Transport of the People's Republic of China (MOT) to strategically guide, supervise, manage and assess local governments.

Second, environmental protection, energy conservation and emission reduction in transport belong respectively to the Comprehensive Planning Department and Policy & Regulation Department of MOT. Therefore, the goals of one department are disconnected from those of the other, the guiding role of the central fund is dispersed, and the influence of national policy is weakened.

Third, the MOT, Ministry of Public Security, MOHURD, Ministry of Industry and Information Technology (MIIT) and Ministry of Science and Technology (MOST) all have responsibility for some functions of urban intelligent transport management. Therefore, there is no unified development plan and holistic management at the state level, and the development and management of urban intelligent transport systems are affected by multiple ministries. The MOT does not have a specific division for intelligent transport management either, so information enhancement work is scattered arcoss various departments. The result of such multi-ministry management is that implemented systems are independent from each other without linkages, so it is hard to share and effectively utilize data, the travel information service is inconsistent, and people do not receive comprehensive, effective and reliable travel information service.

Fourth, the reform of local transport authorities is not well carried out in practice. A lot of transport functions are still distributed among several bureaus, which leads to the inevitable result that different bureaus just pass the buck to each other when it comes to complaints about urban transport services, and few problems get resolved.

2.3.7.3 Lack of coordinating system

A weak coordinating system is a key factor that restricts the promotion of green travel. There is a lack of coordination in relevant areas such as laws and planning, TDM policies, fiscal policies, public transport prioritizing policies, energy conservation and environmental protection, etc.. The different departments are not working together enough. Key examples can be found in:

(1) Insufficient coordination within public transport prioritizing policies

In China's government system, the implementation of the "public transport priority" strategy involves multiple government departments. For instance, construction authorities are responsible for the planning, designing and construction of important infrastructure like urban road networks and public transport terminals, on which public transport development depends;, authorities for public security and traffic management are responsible for setting priority signals for public transport and monitoring and managing the traffic order of bus lanes; and the MOT is responsible for guiding the operation of public transport enterprises. The resulting problems are as follows: there is weak compatibility and correlation between the relevant laws and regulations and central fiscal policies; there is no coordination concerning the performance assessment of city governments; no effective linkage exists between the national goal for transport development and for air quality control. There is no systematic guidance on the implementation of policies on the comprehensive exploitation and utilization of urban transport lands; and, in the process of developing urban public transport, its planning, construction, operation and management are all disconnected from each other, making it hard to implement the public transport priority strategy in a holistic and all-round way.

(2) Insufficient coordination between transport and environmental protection

Due to the rapid increase of the vehicle fleet in recent years, social problems like traffic congestion and vehicle emissions have become prominent, but administrative authorities, such as urban transport planning, traffic management and traffic pollution control, only think about their respective jurisdiction when formulating and enforcing regulations. They do not think in terms of coordinating transport with environment, and there is not an all-sided and multi-angle management regime that takes into account the need for the coordinated development between urban transport and environment. It is because of the absence of such a regime that top-level design and plans, corresponding policies, action plans and demonstration projects are all absent, so there is no effective instrument to carry out urban transport pollution and haze control.

(3) Lack of sharing system on travel information

The different departments do not have an efficient data sharing system, which prevents the effective utilization of the collective data resource. This problem can also be found between divisions and even within the same department.

2.3.8 Restricting factors of government capacity and performance evaluation

At the state level, first of all, there is no service that focusses on capacity building for sustainable urban transport development. This is not good for encouraging city governments to establish an urban transport development philosophy based on "people first" rather than "cars first", and for them to actively change the urban transport development model. Second, the central government does not examine and evaluate the performance of key cities regarding equal access to basic public transport services, implementation of public transport priority, implementation of state policies on energy conservation and environmental protection in urban transport, and the social, economic and environmental impacts caused by urban transport on the city. As a result, the central government cannot discover in a timely and precise way the weaknesses and problems which exist in the promotion of urban green travel, and it cannot provide pertinent and effective guidance to and supervision of local governments. Third, when central fiscal funds (e.g. fuel tax subsidy, fund for the construction of comprehensive passenger transport hub, etc.) are transferred to local governments, there are no systematic and scientific indicators for their use, nor is there any performance assessment of how it is used; so it is hard for the central fiscal funds to play their due guiding role in urban public transport development, and they cannot be used efficiently. Fourth, Low administrative capacity. The government transport management department has only limited power over transport pollution control. There is a lack of a road transport emission monitoring network, and a joint reporting system on urban transport pollution indicators. Therefore the government cannot conduct efficient monitoring of urban transport pollution and emissions, nor can it establish a long-term mechanism to monitor urban transport pollution.

At the local level, city governments do not have scientific methods to assess the performance of public transport-related authorities. Some authorities are incompetent in enforcement, which affects the implementation of policies concerning public transport priority. Specific reflections are as follows:

First, there is no assessment of how or how well the goals (e.g. modal share rate of green travel, basic service level of public transport, energy conservation and emission reduction in urban passenger transport, etc.) set out in the urban public transport development plan are being achieved, and the plan does not have strong authority.

Second, there is no assessment of whether,or how well,subsidies for public transport operations are is granted. Consequently, public transport enterprises in many cities cannot receive subsidies in time to cover their policy-driven losses, thus impacting their standard of operation.

Third, there is not a standard way to check satisfaction with public transport; the depth, breadth, timeliness and reliability of local user satisfaction surveys cannot be assured, and the system for public supervision and assessment cannot be put into practice.

2.3.9 Summary

2.3.9.1 Top-level design including national laws, regulations and strategic plans for urban transport development is lacking

Despite the fact that green travel features in a high proportion of Chinese cities in general, no systematic vision has been formulated to develop a modern urban green transport system. Top-level design, such as national laws and regulations as well as strategic plans, is lacking for urban transport development; the function and position of urban transport in city development is unclear; the goals of urban transport development are disjointed from environmental protection and efficient land utilization – all these factors force urban transport to passively adapt to the needs of city development: the "car first" concept is popular, and priority rights for the allocation of urban road resources are obviously given to motor vehicles. As a result, road resources for non-motorized transport are constantly eroded, and cities have fallen into a vicious cycle that the more roads that are built, the worse traffic congestion becomes, and the road-based green mode alternatives are less and less attractive.

2.3.9.2 Fiscal and tax policy support from governments at all levels is not strong enough

Specific reflections are as follows: first, compared with the national requirement to promote green travel, national support to green travel in the form of fiscal and tax policy is relatively weak, and the total amount of central fiscal input to public transport financing is insufficient. Second, the structure of fiscal input to transport is not rational. Input to urban public transport financing is not enough compared with that provided for road infrastructure, while the several tens of billions of fuel subsidy provided by central finance have not been well used to guide investment in green urban transport systems. Third, there is not a stable growth mechanism for fiscal input in urban public transport, mainly because the fiscal funds at all levels for public transport development come from limited sources and are largely restricted by the fiscal budget, so they cannot satisfy the magnitude of the need arising from the rapid development of urban public transport. Fourth, a standard pricing and subsidy mechanism for supporting urban public transport fares is lacking. Some cities have not established a scientific mechanism that links cost, fare, subsidy, service quality and operating efficiency altogether, but simply and excessively pursue a "low fare" policy. However, as city governments have limited financial capability, public transport enterprises generally suffer a policy-driven loss yet do not receive subsidy in time and in the full amount, which subsequently affects the quality of the public transport service which they can provide and sustain.

2.3.9.3 City governments do not attach enough importance to transport demand management

The speed of motorization growth in China is unprecedented in the world, at over 20% in the past 5 years. Under the tremendous pressure caused by the fast growth of motorization, tier-1 cities in China, such as Beijing, Shanghai, Guangzhou and Shenzhen, have implemented a series of transport demand management measures, such as differentiated parking charges, license plate lottery, license plate quota auction, traffic control by license number and off-peak work time, which have delivered good results. However, governments of many tier-2 cities have not fully understood how important transport demand management is, believing that it is unnecessary as long as there is no serious congestion in the city. Other cities do not dare to adopt the necessary transport demand management measures due to social pressure. Moreover, there are no state-level laws and regulations on transport demand management, and no policy guidance from the central government either on charging, the use of charged fees or the supervision of their use, which affect the implementation of transport demand management policies to some extent.

2.3.9.4 Local government's administrative capacity is insufficient and its performance assessment system is not well-developed

Relevant departments of the central government proposed the guiding idea of prioritizing the development of urban public transport long ago, but transport development in cities has still taken the wrong direction amid fast urbanization and motorization. The main reasons for this mistaken direction are that the capability of city governments,the decision making and administration needs to be improved; cross-department coordination mechanisms are not well-developed; no strict performance assessment is conducted for policy implementation, and there is no public participation etc..

Specific reflections are as follows: in most cities, city development and land use configuration based around high capacity public transport stays as a concept and a slogan. In practice, transport plans are developed at the "supply-oriented" level supporting car-oriented developments and are not coordinated with environmental protection and land utilization; policies on prioritizing public transport development, including fiscal support, priority right of way and land use, are not implemented in most tier-2 cities. The management function of the transport authority is segmented and there is neither a mechanism nor motivation for cross-department coordination. As to the establishment of a performance assessment system, although the *Guidance on Prioritizing Public Transport Development in Cities by the State Council* (Guo Fa [2012] No.64) makes it clear that "a system to evaluate the performance of urban public transport development should be put in place", to put this into practice and reality is difficult because public transport development involves multiple departments, and the central government does not have a coordination mechanism for promoting green travel and prioritizing public transport development.

2.4 Severe Challenges in Promoting Green Travel

The Chinese government is showing the world its vision of China's future new type of urbanization. The current vehicle fleet in Chinese cities is still generally low and non-motorized travel still plays the major role in medium-sized and especially small cities. All these conditions provide a special and rare opportunity for Chinese cities to foster more economic and efficient urban green travel modes, and give China the chance to become an example or trend-setter in this field for all developing countries in the world and even for developed countries.

However, the development of China's urban passenger transport is at a critical stage where public transport supply cannot meet public travel needs, fast motorization is increasing private travel modal share, and the share of non-motorized travel modes (walking, cycling, etc.) is decreasing rapidly. At present China's green travel policy is facing tremendous pressure and difficulty. This is because China is experiencing fast urbanization and its own car-oriented urban transport development pressures, and there are problems with government financial investment, government managing abilities, managing performance, and public involvement. The serious challenges China is facing in promoting green travel cannot be underestimated, and the central and local governments need enough wisdom, courage and dedication to cope with these challenges.

2.4.1 Conflict between rising transportation demands brought about by rapid urbanization and insufficient public transport supply is difficult to solve in the short term

China's urbanization rate is proceeding at the unprecedented speed of an average 1.35

percent per year. The traditional urban transport system in China is used to its role of passively adapting to urban development demand, so it is not well prepared to actively cope with the transportation demand caused by rapid urbanization. As a result, the fast growth of travel demand arising from rapid urbanization cannot be matched by the growth in urban public transport supply capacity; the total public transport supply is inadequate, coverage of public transport and speed cannot meet the requirements for an equal distribution of basic public services, and the public transport service is not attractive compared with car travel. All these have obstructed the popularization of public transport-based green travel modes.

A report issued by the State Statistics Bureau shows that China has seen fast urbanization since the Sixteenth National Congress of the Communist Party of China. From 2002 to 2011. As of the end of 2012, China's urbanization rate reached 52.1%, higher than the world average. Although this figure still falls far behind North America and Korea's 81%, Europe's 72% and Japan's 66% in 2006, the urbanization growth rate of China is unprecedented. Based on this trend, China's urbanization drive will maintain a high-speed growth for a very long time to come, and the tremendous pressure imposed by fast urbanization on urban transportation is self-evident. As China's urbanization is developed in a very extensive way, the concept of "guiding urban development with transportation" is seriously overlooked in city master planning. With the rapid urbanization progress, urban transportation demand has experienced explosive growth and shown more such characteristics as abrupt surge in total travel volume, higher travel frequency, longer distance and diverse travel needs.

To solve the supply-demand conflict in urban public transportation in the short term and provide a foundation for popularizing green travel modes, the main difficulties are as follows: first, the urban spatial structure and industrial layout are basically already formed in megacities and big cities where the urbanization rate is over 60%, so the best time to practice "guiding urban development with transportation" has missed, but urbanization is continuing and transportation demand is still rising along with it. Second, public transport especially high-capacity public transport, must be prioritized in order to meet the surging transport demand, but high-capacity transport infrastructure such as subway, light rail and BRT entails huge investment and a long construction period, so they cannot be completed in the short term, and consequently they are unable to exert immediate effects on relieving the pressure on urban road transportation. Third, increasingly serious urban traffic congestion has reduced the operating efficiency of road-based public transport and restrained the increase in public transport capacity supply and service improvement. Excessive use of private cars and the Chinese-style extensive use of official vehicles put an overwhelming load on the limited urban transportation resources and are worsening traffic congestion, which, in turn, makes public transport even less efficient and attractive. Therefore, efforts to increase public transport supply capacity, improve service and make public transport more attractive have met the major bottleneck of traffic congestion.

The new central government has realized the multiple drawbacks in China's current urbanization mode, and has timely put forward the policy of "Road of Intensive, Smart, Green and Low-Carbon New-type Urbanization", creating an excellent opportunity to transform the urban transportation development approach. However, in cities across China, especially megacities and large cities, the difficulties of providing a continuous increase in public transport supply and controlling the expansion of urban traffic congestion still constitute double pressures on the endeavour to promote green travel. Because of this, even though the most rigorous transport demand management measures have been adopted and the strongest policies on public transport priority development have been implemented in China in recent years, first-tier cities like Shenzhen and Shanghai remain very careful and cautious when determining their target for two indexes—the modal share of urban public transport in motorized transportation and the running speed of public transport—in their white papers of urban transportation, either published or being developed.

2.4.2 The conflict between the fast-rising consumer demand for cars and the call for green travel will remain for a long time

China's green travel campaign is in essence a race to provide green travel service supply capacity against the increasing private car consumption, a grand competition of the attractiveness between green travel modes and the private car mode. In most cities of China, some people with the ability to buy a car are still wondering which kind of transportation mode to choose. If the green travel environment cannot be continuously and considerably improved; if a sufficiently attractive green travel service system cannot be provided for those potential car consumers; if resolute and effective guiding and controlling policies strong enough to influence car consumption are not adopted to correctly address the relation between car ownership and car use and strengthen the guidance given to megacities, large cities and medium and small cities regarding rational car use, then the positive trend in the car modal share will be hard to suppress, and Chinese cities will miss the best opportunity to foster green travel and forit to become the dominant travel mode.

China is in a period when consumer needs for cars are growing rapidly. Compared with car ownership in Europe and America, the current car ownership by Chinese urban and rural residents is still very low. By the end of 2012, every 1,000 Chinese people had 89.2 cars, far smaller than the 813 cars in America, 595 in Japan and 322 in Korea in 2006. However, China's motorization is rising at an unprecedented speed, over 20% in the past 5 years.

For the next period, many reasons will lead to the sustained rapid increase of car ownership in China, especially in medium and small cities. Some experts predicted that there will be more than 150 million motor vehicles in China by 2020, and that ownership will keep rising at a fast pace afterwards to probably hit 250 million by 2030. There are several reasons. First, the convenience of the car, mainly its speed, comfort and ease of travel, can easily meet the needs for free and personalized travel, which is the primary reason why people buy cars. Second, the car industry is China's pillar industry whether at present or in the foreseeable future. As car prices keep falling and people's incomes and consumption levels keep rising, then cars will evolve from a luxury product to become general goods and enter common households, and the residents in medium and small cities will form a huge customer base. Third, insufficient public transport supply, the special travel needs of families, people's perception of the car as a symbol of status as well as many other factors serve as a catalyst to car ownership increase in Chinese cities. Fourth, a large proportion of the vehicles running on urban roads are official vehicles, of which many are used for private purposes. Private car owners usually try to avoid using cars in order to save money, but official vehicles are used as much as possible because the expenses are not borne by any individual. This is an important contributor to the fast increase of car ownership and car km in Chinese cities.

When analysing the existing problems in urban transportation systems, we generalize the characteristics of car ownership and use in China as a "three high" phenomenon—high-speed increase in the number of motor vehicles, high-intensity use of motor vehicles, high-density concentrated areas for motor vehicle use. The "three high" phenomenon of cars not only results in urban traffic congestion, aggravates transport supply-demand conflicts and places tremendous pressure on the urban road system, but also is one of the important reasons for the worsening urban air pollution. If the current ownership growth rate and pattern of car use continue, then transportation infrastructure construction will never catch up with car transportation demand.

Our current public transport and non-motorized transport service levels are far from satisfactory. According to the *China Green Travel Survey,* regarding the question "if you plan to buy a car, what are your reasons to do so?", several answers are provided in the questionnaire (table 2-4)—"public transport cannot meet family's special travel needs", "public transport takes too much time", "public transport isn't comfortable" and "having a car is a symbol of status". Results show that "public transport cannot meet family's special travel needs" ranks first, followed by "public transport takes too much time".

Table 2-4　Analysis of factors that influence car purchase

Influencing Factors	Number of people	Proportion/%
Public transport cannot meet family's special travel needs	2,583	46.42
Public transport takes too much time	1,952	35.23
Public transport isn't comfortable	523	9.44
Having a car is a symbol of status	482	8.70

When asked whether it is faster to drive or to take a public transport mode (Figure 2-27), 61.74% of respondents think driving is faster, only 2.62% respondents believe public transport is always faster, and only 12.04% respondents believe public transport is faster during the commuting period.

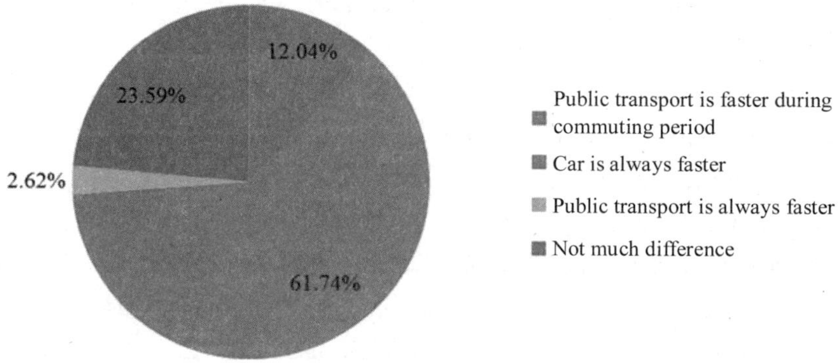

Figure 2-27　Comment on the efficiency of public transport and car

Before car-based transportation becomes the dominant travel mode in Chinese cities, we should grasp the initiative through regulation and better management to energetically foster green travel modes, continuously and considerably improve the green travel environment, and provide a sufficiently attractive green travel service for potential car consumers. We should adopt resolute and effective guiding and controlling policies that are strong enough to influence car consumption to not only protect people's wish for an equal chance to own a car, but also effectively curb the "three high" phenomenon. We should also strengthen guidance to megacities, large cities and medium and small cities regarding rational car use, so as to suppress the rising modal share of car transport, and win the grand competition of attractiveness between green travel modes and private car mode.

2.4.3 It is an arduous task to promote non-motorized travel and curb the current rapid decline of the non-motorized modal share

Non-motorized travel still figures dominantly in most Chinese cities. In Hangzhou, Zhengzhou, Hefei and other provincial capitals that have a population of 3～10 million, non-motorized travel has a modal share of over 60%. The share is even higher in small and medium-sized cities. Even in Shanghai, a city with a population of more than 10 million, non-motorized travel has a share of over 25%. However, the ever increasing car consumption has resulted in a quick fall of the non-motorized modal share in Chinese cities, up to 10% in Beijing, Hefei, Changsha and other cities over the past 10 years. To check the declining trend, Chinese cities are facing multiple difficulties, including worsening travel ambience which is not likely to be improved in a short term, long distances between workplaces and residences that pose much difficulty for the promotion of non-motorized commuting modes, and insufficient importance attached to non-motorized travel by the governments of medium-sized cities.

Statistics in the Survey Report of Green Travel in China show that among cities with a population of over 10 million, the modal share of non-motorized travel in Beijing and Shanghai is more than twice that in Tokyo or Seoul; and that among cities with a population of 3～10 million, the share in Hangzhou, Zhengzhou, Kunming and other eastern, central or western cities in China are ten times more than that in Paris or Hong Kong; and that among cities with a population of over 1 million, the share in Qingdao, Shijiazhuang, Guiyang and other big cities in central or western China is more than twice that both in Curitiba in Brazil, one of the emerging economies, and in Stockholm, a city in an European country with good development of green travel. In principle, the high modal share of non-motorized travel is something that Chinese people should be proud of. However, an analysis of historical data shows a grim picture. The modal share of non-motorized travel has been declining quickly over the past 10 years in cities of the above-mentioned three sizes, respectively having a population of over 10 million, 3～10 million, and over 1 million.

Report of Green Travel in China shows that the encroaching of vehicles or other facilities upon sidewalks, and motor vehicles showing no consideration to pedestrians on sidewalks or zebra stripes are the two main reasons that affecting the attractiveness of walking. Only 17.19% of respondents are basically satisfied with their local walking environment. Respondents' discontent with walk environment is shown in Table 2-5.

Table 2-5 Respondents' discontent with their walking environment

Reason	Number of people	Proportion/%
Encroaching of vehicles or other facilities upon sidewalk	2,567	32.92
Motor vehicles showing no priority to pedestrians on sidewalk or zebra stripes	2,120	27.19
Poor road condition (uneven or blocked by obstacles)	1,285	16.48
Narrow sidewalk	1,157	14.84
Basically satisfied	668	8.57

Only 14.95% of respondents are satisfied with bike ambience, even fewer than those who are satisfied with walk ambience. Discontent with bike ambience mainly relates to motor vehicles, including no separate cycling lane, and motor vehicles showing no consideration to non-motor vehicles. Respondents' discontent with the cycling environment is shown in Table 2-6.

Table 2-6 Number and proportion of respondents traveling by Bike

Reason	Number of people	Proportion/%
No separate cycling lane, thus not safe	2,285	33.01
Motor vehicles showing no priority to cyclists in the bike lane	2,250	32.51
Narrow cycling lane	1,806	26.09
Basically satisfied	581	8.39

To curb the rapid decline of non-motorized modal share, governments of different levels have to face the following tough challenges:

Firstly, it will take a long time to improve or restore a good street ambience for non-motorized travel. Affected by a "vehicle oriented" conception in large cities in China, preference has been given to motor vehicles in building or upgrading urban roads and transport facilities, so they have had right of way. Spaces for cycling lanes and sidewalks were not set aside on new urban roads; what's worse, to make room for more vehicle lanes in old urban areas, cycling lanes and sidewalks have been arbitrarily removed or narrowed. The current road infrastructure and non-motorized travel environment are unlikely to be able to curb the decline of non-motorized travel population. Although some cities have begun to attach importance to infrastructure for non-motorized travel and the improvement of the non-motorized travel ambience, it will still be very difficult to improve or restore the environment for non-motorized travel in some old urban areas. To overcome such difficulty, both a strong will, vision, and detalled planning by local governments are needed. However, considering the current speed of infrastructure construction and environment improvement for non-motorized travel, it is very unlikely that those who are traveling by bus or private cars will choose non-motorized modes instead.

Secondly, the current space layout and industrial arrangement in many large cities pose a difficulty for the promotion of non-motorized travel. Such layouts and arrangements in many Chinese cities have resulted in long distances between workplaces and residences. In addition, most people of low or medium income are living in the suburbs where public education and shopping facilities are inadequate. Thus, they have to travel downtown for their needs. Walk or bike will take too much time and be very inconvenient in the bad weather.

Thirdly, governments of small and medium-sized cities are not attaching adequate importance to the improvement of the non-motorized travel environment. Many of them are still keen on expanding urban areas and building roads for motor vehicles. Moreover, a large number of non-motorized stravellers who can afford a car are being pushed by the less developed public transport services towards traveling by private cars.

2.4.4 Governments of all levels are facing huge pressure in finding funding for the construction and operation of green travel infrastructure

To promote green travel, governments of different levels need to give strong financial support to infrastructure construction and operation of public transport. However, as China is still a developing country, public spending is insufficient, especially in central and western regions where local governments have less revenue revenve. Therefore, the Chinese national government needs to take resolute and effective measures (as it has done in public education, medical care, public culture, environmental protection and other fields), to charge appropriately for the use of cars as they are less efficient users of road space and cause heavy pollution and high consumption of resources and energy. This will provide a sustained and steadily increasing fund to develop green travel.

A comparison of economic development data between China and foreign countries shows that although China's GDP per capita increased by over 20 times from 1985 to 2011, it is still more than 10 times less that of such developed countries as the US and Japan. A transnational study shows that China's total public spending accounts for only 25.1% of its GDP, much lower than that of OECD high-income and upper-middle-income countries of 41.6% and 33.1% respectively. With a lower GDP per capita, China's public spending thus accounts for a smaller percentage of GDP compared with those upper-middle-income countries. Therefore, it is a fact that China has inadequate funds for public spending.

However, governments of all levels are under heavy financial pressure if they try to promote green travel due to the national condition that the funds for public spending are inadequate. Firstly, except for such first-tier cities as Beijing, Shanghai, Guangzhou,

Shenzhen, and other developed eastern cities, there are still a considerable number of cities in China that have insufficient general revenues. According to The 12th Five-year Plan(2011—2015) for National Economic and Social Development of People's Republic of China, local governments shall provide basic public services in nine areas, namely public education, social services, social security, medical care, family planning, housing security, public culture, infrastructure, and environmental protection. However, the general revenues of many Chinese cities are far from adequate for them to provide the required basic public services. In some western provinces, local general revenues are not even enough to cover the payroll of public servants.Thus their provision of basic public services has to rely mainly on transfer payments from the central government. Under such circumstance, they are less likely to secure adequate funds to promote green travel. Secondly, in cities with sufficient finance revenues, where traffic congestion and the contradiction between supply and need of urban transport services are not severe, local governments have prioritized public education, social security, medical care, housing security and other areas they deem in more urgent need of funds. Therefore, few funds are being invested in public transport, and especially in non-motorized transportation. Surveyors have visited a few cities with high GDP per capita in China, including Shantou, Zhuhai, Tangshan, Dongguan etc., and found that they invest too little in the construction and operation of public transport infrastructure, given their high finance revenues. To change such a situation, resolute and effective measures must be taken to ensure each transport user pays for the urban transport resources he/she uses, as well as environmental consequences (in particular traffic congestion and pollution).

2.4.5 China's current systems and mechanisms, as well as the decision-making and policy implementing capacity of city governments cannot satisfy the urgent need to promote green travel in an integrated way

To promote green travel and prioritize urban public transport development is a complicated social system project. Departments of central government have long issued guiding opinions on prioritizing urban public transport development. However, in the process of China's urbanization and development of motorized transport, many cities are working in a wrong direction. For example, the disconnection of patterns of urban spatial structure and industrial arrangement from transport development, the pursuit of unimpeded vehicle flow rather than "transport convenience" in urban transportation management, and the inconsistency between public transport development patterns and city orientation. All these faults result from inappropriate allocation of department functions, flawed inter-department coordination mechanisms, bad decision-making and management of local government, the lack of strict performance appraisal on policy implementation, and the absence of public participation in such appraisals. As China's institutional reform in various fields has entered a "deep water zone", every reform is facing great resistance. The enhancement of administrative capacity and the establishment of mechanisms for performance appraisal and public participation need a step-by-step process. All these negative factors will hinder local government's effort to prioritize public transport development as required by the central government as a basic national policy, and its formulation and implementation of policies to promote green travel.

In the early 21st century, the central government realized that with quickened economic and social development, in particular urbanization in China, traffic congestion and transport inconvenience were becoming all the more acute in some cities, and had been affecting urban development and living standard of local residents. On September 23, 2005, the State Council distributed the *Guiding Opinions on Prioritizing Urban Public Transport Development* that was jointly proposed by the Ministry of Construction, National Development and Reform Commission, Ministry of Science and Technology, Ministry of Public Security, Ministry of Finance, and Ministry of Land and Resources (hereinafter referred to as the *Guiding Opinions*). In the *Guiding Opinions*, "prioritizing urban public transport development" is referred to as "a complicated social system project", and also "an important measure to better utilize transportation resources and ease traffic congestion". The *Guiding Opinions* also requires "local governments to conduct a thorough study of current transportation condition, needs and prospect, and establish a public transport-oriented principle for urban development and land allocation by prioritizing public transport development, formulating and implementing comprehensive plans of urban transport system, of public transport, and of rail transit development, and allocating and utilizing transport resources in a scientific way." "Stations and supporting facilities should be rationally planned and set up; more urban transfer stations should be built; intelligent public transport system and bus transport should be promoted; urban rail transit should be developed in an orderly way; mass rapid bus system should be developed in an appropriate way, and prioritisation of public transport should be ensured." Five measures, namely "providing financial support, regulating subsidies, adjusting passenger transport price, adopting land allocating system, and increasing research funds", are proposed to give support to the policy of prioritizing urban public transport development. "Public transport administrative authorities and other relevant authorities" are required to "earnestly implement relevant policies and measures, and make sure prioritizing public transport development is an important component of local government's effort to ensure convenient urban transportation, build an exemplary city of green travel, and improve human living environment."

Nevertheless, nearly ten years after the *Guiding Opinions* was issued, public transport-oriented urban development and land allocation are still no more than a concept and slogan; supporting policies, including financial support, preferential treatment with respect to right of way and land use, have not been implemented in most second-tier cities. There are a few reasons. Firstly, progress is restrained by the administrative systems and mechanisms. The *Guiding Opinions* requires that the policies be implemented jointly by the Ministry of Construction, National Development and Reform Commission, Ministry of Science and Technology, Ministry of Public Security, Ministry of Finance, and Ministry of Land and Resources, and that the Ministry of Construction should function as a leader. However, as a ministry with the same administrative power to the other five Minstries involved, the Ministry of Construction could not have adequately coordinated, supervised or inspected implementation of the *Guiding Opinions*, which made it impossible for relevant policies to be implemented in a timely and effective way. The lack of an effective coordinating authority and a powerful urban passenger transport administration is the root cause of the ineffective implementation of the *Guiding Opinions*. Secondly, lack of performance appraisal mechanism. *The Guiding Opinions* failed to provide a nationally unified appraisal method with respect to prioritizing public transport development. As unimpeded vehicle flow is set as the appraisal target, urban transport administration is "vehicle oriented" rather than "human oriented". Coupled with limited finance input of local governments, the policies were not fully implemented by local governments and relevant authorities. Thirdly, local governments have not fully realized the significance of prioritizing public transport development. Even if they have, the inability to make decisions on a scientific basis and to formulate policies and measures in light of local characteristics, has delayed the implementation of that national policy, i.e. prioritizing public transport development.

In December 2012, the central government issued "*Guiding Opinions of the State Council on Prioritizing Urban Public Transport Development*" (also named as the "GuoFa [2012] No. 64 Document"), calling for "the adoption of a performance appraisal system for urban public transport development". This requirement reflects the central government's determination to urge local governments to unswervingly implement the basic national policy—prioritizing urban public transport development.

However, the difficulty against and resistance to the implementation of the GuoFa [2012] No.64 Document cannot be underestimated. Firstly, although "the adoption of a performance appraisal system for urban public transport development" is specifically called for by the GuoFa [2012] No.64 Document, the involvement of multiple government departments and the lack of a coordinating body with respect to promotion of green travel and prioritizing public transport development have made the adoption of a performance appraisal system difficult. Secondly, the administrative ability of local governments cannot be enhanced overnight. Local top officials need a period of time before they can accept advanced concepts, fully understand the intention of the central government, and at last issue local policies and measures to ensure the implementation of the GuoFa [2012] No.64 Document. Moreover, officials in the implementing authorities also need some time to fully understand the national policy, learn necessary methods and skills, and enhance their abilities in practical work. Thirdly, the experience of Singapore and the US shows that to promote green travel, there must be in place a professional management authority that has specific duties, adequate power and is capable of strongly pushing the policies. Except in Shenzhen, full authority over urban transport is still not assigned to transport management authorities in many Chinese cities. Urban transport management authorities of many cities admire Shenzhen's practice of a unified transport administration, but when it comes to their local reform, they experience strong resistance. Even though an urban transport commission responsible for management of different modes of transport has been set up in Shanghai, Beijing and other cities, it is not given responsibility for such functions as the comprehensive planning of urban transport, planning of active mobility, or adopting intelligent transport systems.

Chapter 3

International Experiences – with Emphasis on Case Studies and Evidence

3.1 Introduction

This is a chapter on the positive international experiences from urban transport policies that China's political leaders on the central and local levels may wish to consider.

A good urban transport system contributes to economic development and social equity with low impact on the environment and minimal accidents rates particularly for the vulnerable.

China's urban transport system does not live up to this vision. Congestion is rampant. Air pollution has severe health effects for the population as a whole. People with lower incomes are disproportionally affected by a bad environment for walking and cycling. Relying on public transport also gives them fewer transportation choices, severe overcrowding and growing travel time burdens. China's urban transport system is on the wrong path.

China's cities share this path with many other cities. However, Singapore, and Seoul in Asia; London, Paris, Munich, Stockholm and Zurich in Europe; and Vancouver, Portland and New York City in North America among others are all working on another and a greener path. This chapter is about ideas that these experiences could give China's central and local political leaders.

A Chinese "green path" would have a high capacity and well integrated public transport system; excellent conditions for walking and cycling; well-designed restraints on car use; and a land use policy that encourages compact cities.

This Chinese "green path" requires consistent efforts over many years, large amounts of financial resources as well as thoughtfully designed and well managed governance of a multitude of organizations on both central and local levels.

This chapter explores four areas:

- Political leadership;
- Organization;

- Finance;
- Methods of accountability for local decision-makers.

These four areas depend on each other. The first two need emphasizing. Organization is key. Nothing will happen without careful organization, which in turn will require strong and dedicated local political leadership. However, city political leaders cannot achieve the "green path" by themselves. Central government must set the "green path" Framework Conditions for city political leaders. This chapter explores how this could be done.

3.2 International Transport Policy Development Trends

The timing of economic development and the associated rapid growth in car ownership differs by several decades from one part of the world to another, but the associated evolution of urban transport policy shows many similarities. There appears to be a generic "transport policy development cycle" common to most major cities around the world.

To date, international evidence suggests that there are three, sequential stages (Figure 3-1) – although elements of previous stages may persist in smaller urban areas and in rural areas within the same country.

Figure 3-1 shows two developments over time: The continuing growth in car ownership (dotted line), and the policy emphasis given to accommodating car use in cities (solid line).

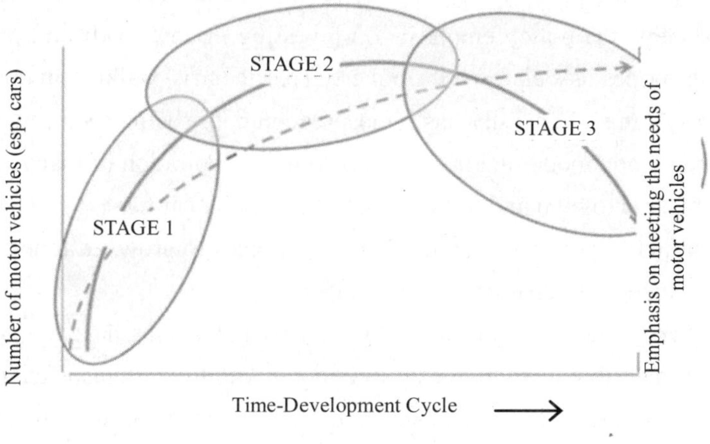

Figure 3-1 Typical Transport Policy Development Cycle

Source: Own production.

(1) Stage One– Low but growing car ownership

In Stage 1, car ownership is low but growing rapidly in the city and the policy focus is on catering for this growth. This involves:

①Focussing investment on new high capacity urban roads and motorways, and on providing substantial amounts of parking space, both on and off street.

②Re-allocating road space away from buses, trams (where they exist) and the "slow modes" (cycling and walking), which at this time are associated with lack of economic development, to focus on the needs of motor vehicles, particularly cars.

③Associated "de-investment" or lack of investment, in public transport modes, walking and cycling; and taking away space from traditional street economic activities in favour of carriageway widening and on-street parking provision.

④Use of cycling and walking also declines, due to safety concerns and deteriorating network conditions, as motor traffic increasingly dominates urban roads. This also affects "last mile" access to existing bus and rail services.

Taken together, these various policies usually have the consequence that public transport becomes unprofitable and requires large subsidies to continue operating, due to deteriorating operating conditions and declines in patronage. Action from government can take the form of providing a substantial investment stream for public transport subsidy (e.g. using some of the national Road Trust Fund income in the USA in the 1960s; or cross subsidising urban public transport from profits made from other municipal services, such as electricity companies in Germany), or by deregulating and privatising bus services (as in the UK in the 1980s).

While this early growth in car ownership predominantly benefits the rich and powerful members of society, the policy emphasis on investing in new roads and parking facilities, while rejecting modes associated with poverty (particularly walking and cycling, and old on-street tram systems), generally has widespread support being seen as a positive sign of city development and "modernization". It also reflects aspiration of many citizens that, one day they will be able to own and travel around the city by car too.

However, in time, as car ownership and use continues to grow, attitudes to providing for unlimited car use begin to change, for two reasons:

① It becomes evident that it is not physically, financially or socially and environmentally possible to cater for unlimited car use: there is insufficient space to keep constructing new roads and car parks, without unacceptable levels of housing demolition, and traffic congestion continues to deteriorate despite substantial car-oriented investments.

②The external costs of high levels of car use become increasingly apparent:

- Air pollution deteriorates and becomes a threat to public health;
- Noise levels also rise and can cause public health concerns;
- Traffic accidents increase;
- CO_2 levels increase rapidly, and the physical appearance of the city becomes less and less attractive, due to car dominance in historical areas and the visual impact of

elevated motorways.

(2) Stage Two – Providing for the movement of people

Now transport policy begins to move on to Stage 2, where thinking shifts and the primary emphasis changes from further accommodating flows of motor vehicles to providing for the movement of people in cities. This typically has several policy components:

①Much greater investment in public transport services, through the upgrading and construction of new metro, light rail and suburban railway lines, and/or the construction of BRT (Bus rapid Transit) networks.

②Restrictions on on-street parking, to provide space for bus lanes and to generally reduce traffic congestion, combined with some off-street parking controls to limit the number of car trips attracted to congested areas of the city (in conjunction with improved rail access).

③Use of traffic design and management measures to reduce traffic accidents, for example through speed control measures in residential areas and improved pedestrian crossing facilities.

④Restrictions on car access to certain areas of the city during the day, particularly to reduce air pollution and local traffic congestion; either through regulation or pricing.

⑤Working with major employers and other trip attractors, to encourage peak spreading of trips and to help in promoting non-car modes of transport.

This stage usually signifies the end of major road construction projects in the city that are designed to increase vehicle traffic capacity.

Not all cities have moved from Stage 1 to Stage 2 (for example, low density cities such as Houston in the USA), but most do. Some have now progressed on to Stage 3, starting with some East Coast cities in the USA in the early 1990s and cities such as London in the early 2000s.

(3) Stage Three – From mobility to accessibility

Stage 3 is associated with a switch in emphasis from movement to activity, and from mobility to accessibility. This is associated with:

A greater emphasis on the improved physical appearance of cities and on urban quality of life.

Removing some of the more obtrusive urban highway schemes (e.g. in Seoul), or placing them underground (e.g. Boston), both in order to improve the environment and to encourage new housing and economic development.

Active encouragement of cycling and walking, through improved facilities, partly to meet transport objectives (e.g. improved air quality), but also to meet other policy objectives (e.g. physical activity to reduce obesity).

Encouraging policies which "reduce the need to travel", from high density, mixed use developments, to encouraging use of the internet for banking, shopping and working.

"Reclaiming of road space" away from general traffic to support more sustainable transport modes and the reestablishment of street economic and social activities.

While Stage 1 and Stage 2 seems to represent a policy evolution which can be seen in most large cities, irrespective of administrative structures, Stage 3 appears to be associated with cities with strong devolved powers from central government and with very strong city mayors who have popular support among their citizens – and cities which have witnessed the failure of Stage 1 and then Stage 2 to meet their aspirations.

This switch to Stage 3 has, for example, been supported by mayors in New York, Seoul, Taipei, London and many other European cities. Ultimately, it depends on city vision and on attitudes and priorities. It is a brave and visionary mayor who is prepared to remove major urban road capacity – in the face of strong beliefs that this will "bring traffic to a halt" in the city – but evidence shows that doing so can unlock city development and enhance quality of life, providing that adequate public transport movement capacity is in place (Figure 3-2).

Figure 3-2 Cheonggyecheon Seoul: Before and after removal of elevated expressway

In the case of London, since 2000 such policies have reduced overall road capacity for general transportation by 10% across the city as a whole, and by around 30% in Central London, resulting in a 10% drop in road transportation across London.

3.3 The Challenge of Organizing Green Urban Travel

3.3.1 A city management challenge

Global experience shows that cities cannot successfully address the many challenges of modern urban transport systems – congestion, pollution, affordability, equity of access – simply by building more transportation capacity. The cities that have most successfully addressed these issues integrate transport supply measures with travel demand management and on-going coordination of transport and land use plans and policies. They adopt a change of philosophy that seeks to better organize and manage existing transport services and infrastructure. Development of major new physical transport infrastructure capacity is only one element in a larger framework that seeks first to improve efficiency and avoid adverse impacts. Green urban travel demands good information services for both travellers and service providers. It demands coordination across modes, agencies, and jurisdictions. It demands effective enforcement of regulations and incentives that encourage more seamless intermodal transport of people and goods.

Transport is a derived demand, a means towards an end. With the exception of the generally small portion of travel conducted for its own sake, for leisure, travel is undertaken to satisfy other needs. Transport enables people to access resources for daily living, gainful employment, education and health services, and recreation. Transport moves resources themselves to where they can be transformed from raw materials into finished products, consumable or capital goods, or into waste and recycling. The patterns and demand for transport is largely a function of the patterns of land use and the economic activities that are enabled by spatial agglomeration and specialization of labour and resource markets in one place or another.

3.3.2 Transport-Land use coordination

The most efficient transport systems are generally those that are built to support efficient and well managed land use plans that encourage compact, mixed-use development, with a well-balanced distribution jobs, housing, and services in relatively close proximity to each other. Singapore, Hong Kong SAR, Copenhagen, the Dutch Randstad region, and Vancouver, British Colombia, exemplify different expressions of contemporary international best practice in integrated transport-land use planning. Some of the least efficient transport systems today are those that have evolved in response to unplanned low density sprawl or to enforced high levels of separation of housing from employment. Johannesburg, Nairobi, and Houston, Texas, illustrate some of these tendencies.

Cities can develop only with supporting transport networks that enable people and goods to congregate compactly for efficiencies of scale and proximity, while accessing broader markets at an acceptable cost. Because transport services generally operate in the urban spatial commons of streets and highways, regulated by official or unofficial authorities and powers, these emerge over time. Cities and transport systems inevitably evolve together as an accumulation of many collective and individual choices about where to invest resources in land development and transport infrastructure and services.

3.3.3 Green travel – a new paradigm

Green travel is as much a change of philosophy as a package of measures. For much of the second half of the 20th century, transportation planning and engineering in parts of the world followed a philosophy of "predict-and-provide," taking past travel trends as a logical predictor of future travel demand and then seeking to build enough roads to keep up with transportation growth. Many cities have tried for a time to build their way out of congestion, adding flyovers or tearing down vast neighbourhoods to expand roads. Inevitably, this has promoted rapid transportation growth that has filled the expanded highways with congestion and increased average trip length, time wasted in transportation, air and water pollution, and the share of GDP devoted to transport.

Today, there is an emerging consensus that the most appropriate paradigm to address transportation problems is "avoid-shift-improve". This seeks to minimize the need for wasteful mobility through smarter land use planning that avoids unnecessary separation of uses, to shift travel as much as practical to higher efficiency and lower impact modes – such as walking, cycling, public transport, and rail, and to improve the remaining transport by promoting cleaner, more efficient vehicles, fuels, and network operations. This is a transition that many cities have gone through in recent decades, for example Copenhagen, where cycling, by both design and policy, has increased the share of trips made by city residents from 10% to 50% in recent decades, as discussed in the accompanying box.

Box 3-1 Copenhagen: Bicycle Friendly by Policy and Design

In Copenhagen, Denmark, bicycles accounted for more than half of all trips in the 1930s and 1940s. But with rising affluence and motorization in the 1950s, as cycle paths were no longer added to new roads and bike lanes were curtailed at many intersections in favour of cars, bike use began to fall into decline. By the late 1960s and early 1970s, only 10% of trips were by bicycle. With the energy crises of the 1970s and increasing environmentalism, cycling began to draw renewed popular and political support. The initiation of Car Free Sundays by the government led many citizens to appreciate how nice things could be with less transportation. White crosses were painted by citizens in places where cyclists had been killed, amplifying popular awareness of the need for safer cycling infrastructure.

Concurrently, national planning reforms were initiated to give citizens an opportunity to directly influence new planning and zoning laws in their communities, and this led to widespread pressure for creation of cycle tracks. While some separate cycle tracks had been constructed much earlier, they did not become the norm until the early 1980s. The preference of planners until then had been to avoid interfering with car transportation on the main roads and to push cycling to the back streets of residential areas, but the most cyclists preferred more direct routes. Though not eager, politicians gradually took up building cycle tracks on main roads and began to develop its first coordinated strategies for increasing cycling in the city. They took out a lot of parking spaces and car lanes along every major arterial road across the city and created a network of integrated cycle-ways.

As a result, cycling has constantly grown, reaching 41% by 2004 and 50% by 2010 for residents living within the city of Copenhagen. In the 18 municipalities that make up the Copenhagen metropolitan region (Hovedstadsområdet) an area of approximately 350 km^2 and a population of 1.2 million, 21 % of all trips were by bicycle by 2011. Since the 1980s the network of cycle tracks and paths within the city of Copenhagen has almost doubled in length to 397 km in 2010.

3.3.4 The need for an integrated approach

One of the key challenges of green urban transport is to organize integrated public transport so that travellers can have as seamless and high quality a travel experience as possible while operators have opportunities to boost efficiency and minimize the costs of service provision. This is a balancing act and requires attention to schedules, fares, terminals, and access, as well as coordination between different operators and modes.

International experience suggests there is no single ideal model for organizing public transport, but governments have a vital role to play in establishing appropriate frameworks, accountability, planning mechanisms, operating strategies, and performance monitoring. In some cases, such as New York City, centralized regional authority models have proven effective for public transport provision. In others, such as in many German cities, decentralized operators coordinated through overlapping networks of public transport provider associations have proven their worth. In some cases monopoly service providers deliver strong, long-term performance. In others, public-private partnerships are employed to contract out services of various types with performance based contracts under public oversight. Where governments exercise little or no regulatory authority over public transport provision – such as in Sub-Saharan Africa and many lower income cities of Asia and Latin America – hyper competition, underinvestment, and overall low public transport system performance are common.

Effective inter-modalism anywhere requires detailed attention both to transfers and to the "last kilometre." The best of services fail if they do not connect to where people and goods need to start and end trips, or if there are poor connections along the way.

Governments can play a key role in organizing and regulating terminals and controlling access. It is important to ensure safe and comfortable waiting areas, easy-to-follow routing and passenger information systems, and appropriately sized facilities for transfers. Overcrowding in stations leads to high levels of inefficiency for both operators and passengers. Efficient service routing can do much to reduce unnecessary transfers and boost door-to-door public transport travel speed. Local and express services – which skip stops – are often warranted in corridors with high demand to increase public transport competitiveness with private motor vehicle transport. Public transport vehicles need to be given priority in transportation especially in congested areas where there is significant public transport demand. This can take the form of reserved bus lanes, queue jumper lanes, or transportation signal pre-emption systems. Enforcement of parking and bus priority should be stringent.

Joint public-private partnership development of terminal areas is a best practice that boosts public transport use and can generate private investment that pays for high quality public transport infrastructure. As intermodal terminals typically have high locational advantage and significant numbers of people passing, they can be highly attractive for high density retail, office, and residential development. Hong Kong SAR, Singapore, the State of Mexico, Washington D.C., and many European cities have used real estate value capture strategies to help finance public transport station and terminal development.

Efficient fare collection systems that increase the share of trips made using prepaid fare media can also boost system efficiency and travel speed, reducing boarding and alighting time per passenger. The adoption of common fare media that is accepted across multiple service operators, as in the Netherlands, which has a nation-wide fare card, also increases public transport convenience and use. Governments play a key role in organizing public transport financing and fare collection frameworks.

Providing high quality cycling and walking networks in the areas around public transport stops and stations – the catchment area for services – is vital to successful green transport. This is not a central government responsibility, but should be given close attention by both local governments and public transport operators. Transportation calming, improvements in intersection design to make it safe and attractive to cross roads, good lighting, facility maintenance, enforcement of parking restrictions, and attention to other details is required. Secure bicycle parking and bicycle sharing or rental opportunities at public transport stops are also keys to boosting public transport use and utility. Many good examples of this can be found in Japanese and European cities, from Amsterdam to Tokyo.

Enhancing the means for the public to voice their satisfaction about transportation services they use and to provide them with opportunities to influence the planning process at a neighbourhood level is common in much of the European Community and North America. This can be valuable in identifying ways to improve public transport service integration and access.

Box 3-2 Freiburg, Germany: Integrated Public Transport Planning

Authorities in Freiburg, Germany, since the early 1970s have given priority to transportation avoidance and to walking, cycling, and public transport in their mobility plan, which is updated every 10 years. Most people live within 500 meters of a tram stop and by policy, trains appear every 7.5 minutes during rush hour. In 1984 a city-wide Environment Card was introduced for 38DM (US$13 at that time), allowing unlimited use of public transport in the city. In 1991, this was replaced by a Regio Card, which today costs 47 Euros (US$61) a month, which allows unlimited use of public transport in the entire city region on 2,900 km of routes with 17 operating companies, and on the German Rail system. It is policy that any ticket for a concert, sports event, fair, or big conference in Freiburg also serves as a ticket for public transport. The city has developed 9,000 bicycle parking spaces at public transport stations and 400 km of cycle ways, along with strong bicycle promotion programs. The city has undergone extensive pedestrianisation and for most streets allowing cars, the speed limit is 30 km/h. On some streets cars can travel no faster than walking speed and children are allowed to play in the streets. Residents may apply for such status for their street by requesting it of the city's Department of Civil Engineering. The city has strong controls on parking supply both on- and off-street and encourages car-sharing. Residents who are members of a car-sharing club automatically receive a yearly public transport pass and a 50% discount on national railway tickets. Due to these policies, over the last three decades, the number of bicycle trips tripled, public transport ridership doubled, and the share of trips by automobile declined from 38% to 32%. Since 1990, motorization rates have levelled-off and per-capita CO_2 emissions from transport have fallen—despite strong economic growth.

3.4 The Role of National and Local Authorities/Governments

3.4.1 The need for national urban mobility policy framework

Green urban transport systems depend most importantly on local and regional governments taking the lead to prioritize green travel modes in planning, operations, and in various interactions with businesses, investors, and the public. Green urban transport can be strongly facilitated or held back, but not forced into reality, by national government action. National policy typically has its primary impact in shaping the frameworks for regulation of motor vehicles and fuels, transport pricing and taxation. In countries that have been most successful in developing green urban transport, national governments also set the rules for transport and land use planning and coordination and support performance measurement and accountability.

While state or provincial governments in some countries, such as the U.S., play an important role, national governments are in the best position to create common legal and regulatory systems to guide effective intergovernmental and inter-sectorial relationships supporting urban green transport. The most effective national government transport policies are supported by national funding programs that avoid unfunded mandates and that reward and encourage responsible action by lower levels of government.

In Europe, the European Union(EU) has common standards for motor vehicles and fuels that are enforced by the 28 national governments. The EV also establishes air quality standards that require air pollution monitoring and compliance, enforced by fines on national governments. National governments vary in their approach to land use controls and transport planning. Across the European Union, one finds varying levels of requirements and incentives for the development of urban mobility plans. Major transport projects, like other major public works, generally must undergo environmental assessment and cost-effectiveness analysis to evaluate direct and indirect impacts and identify potential ways of minimizing adverse impacts, to satisfy national laws and standards and EC guidelines. Development of major new public transport investments in Europe is usually directed by local and regional authorities in compliance with national transport planning requirements.

Box 3-3 German National Policy: Integrated Strategies Promoting Green Transport

In Germany, the central government encourages more sustainable transport through various policies and programs. Federal taxes and regulation make car use more expensive, encouraging the production and purchase of less polluting vehicles. The central government provides dedicated funding and subsidies for public transport investments.

Many central government transport funds can be used for investments in walking and cycling. National regulations guide land-use planning by requiring various levels of government to cooperate and discouraging sprawl. The central government provides strategic leadership and integration of transport and land-use policies across all levels of government, starting at the federal level with the consolidated Federal Ministry of Transport, Building and Urban Affairs.

The German government has kept limited access highways out of cities, protecting neighbourhood quality of life and reducing induced urban transportation growth. German state and central governments jointly develop the Federal Transport Plan, which delineates the federal transport strategy which since 1973, has included goals such as combating transportation fatalities, reducing transport energy use, limiting vehicle emissions, and preserving open space. Since the mid-1970s, the central government has encouraged the coordination of transport planning across modes and jurisdictional boundaries. The German central government has provided dedicated matching funds to state and local governments for public transport capital investments—if projects are part of local comprehensive transport plans, comply with land-use plans, and address the needs of the disabled and the elderly.

The German central government only plays a minor role in promoting walking and cycling—mainly limited to federal transportation laws protecting cyclists and pedestrians and making their safety an integral part of the German driver's license test. Most innovations, such as car-free pedestrian zones and integrated city-wide cycling networks were pioneered and then widely implemented at the local level. The federal government supported these efforts with technical guidance and flexible funding mechanisms, which allowed municipalities to divert highway funds towards non-motorized modes.

In Germany, central, state, regional, and local governments interact in a bottom-up and top-down land-use planning process organized around cooperation and mediation. Lower levels of government participate in the preparation of plans at the next higher level of land-use planning. Municipalities contribute to plans at the regional level, regional representatives provide input into state plans, and state officials are represented at the federal level. Once plans are made, lower levels of government are bound by the regulations, goals, and objectives outlined in that plan. The lower the level of government, the more detailed the content of the plan. Central government involvement in spatial planning is limited to defining the legal framework for planning, ensuring consistency of planning techniques, and—in collaboration with the states—setting broad strategic goals for spatial development, such as sustainability. Moreover, the federal government regularly publishes a report outlining trends, challenges, and projections for spatial development in Germany.

3.4.2 Implementation at the local level

Municipal governments draw up the actual land-use plans and decide where different uses are to be built. Local plans are restricted by regional and state plans and must be in compliance with federal land use, transport, and environmental laws. At each level of government land-use planning is explicitly coordinated with housing, transport, and environmental plans and neighbouring jurisdictions are mandated to seek input from each other, requiring states, regions and municipalities to collaborate with their peers. The right to develop property is highly circumscribed. New development is limited by law to areas immediately adjacent to already built-up areas, with exceptions on a case by case basis. Even in the case of private land, developers and the municipality must convince higher levels of government to permit development of areas not adjacent to already existing settlements. Federal policies set the framework, but most policies that make transport more sustainable were developed and implemented on the local level.

Box3-4 US Transport Policy: Towards Inter-modalism and Accountability

The U.S. pursued very car-oriented transport policies through much of the 20th century, cumulating in the development of the Interstate Highway System which was 90% financed by the federal government in the 1950s–1970s. Public transport systems, which grew up financed by real estate development in the early 20th century, by the 1950s–1960s were in a state of sharp decline. Public transport ridership fell in response to underinvestment coincident with massive growth in motor vehicle ownership fuelled by subsidies for suburban sprawl development, financial incentives for car ownership and use, and other anti-urban policies. Walking and cycling, which had been common, fell into disuse outside central city areas as new developments build roads without sidewalks, without safe street crossings, and with ever greater separation between homes, shops, and workplaces.

Starting in the late 1960s, in response to widespread urban riots across America, federal urban and transport policies began to shift. Until that time, the Highway Trust Fund, funded by a federal tax on trucks and motor fuels, had been devoted 100% to road building. In the late 1960s and early 1970s, a series of laws were passed to rein in the excesses of the road builders, who had blighted, severed, or destroyed hundreds of urban neighbourhoods. These new laws provided new protections to parks, recreation areas, historic and cultural resources, to air and water quality. The National Environmental Policy Act (NEPA) required the agency sponsor for any major federal action that might have adverse consequences for the environment or communities to consider alternatives that might mitigate or avoid serious adverse impacts. NEPA required agencies to consideration of direct, indirect, and cumulative impacts of proposed actions and it required consultation with resource agencies and opportunities for advance public notice and comment. In the 1970s and 1980s, ever increasing amounts of Highway Trust Fund revenues were also diverted to public transportation investments first by giving states flexibility in how these funds might be used and second by setting aside a portion of these revenues in a Transit Trust Fund, allocated both by formula and competition to states and cities for public transport.

With the Clean Air Act (CAA), the US federal government required all states with areas in nonattainment of health-based national ambient air quality standards (NAAQS) to prepare State Implementation Plans (SIPs) demonstrating how they would achieve the NAAQS by deadlines set in the law. The law required emission monitoring and reporting, estimation of baseline emission inventories, and adoption of air pollution emission budgets controlling both stationary and mobile sources. The 1990 CAA Amendments required fiscally-constrained 20-year transportation investment plans and short-term transportation improvement programs to demonstrate conformity to the mobile source emission budgets in SIPs and to show they would not prevent timely attainment of the NAAQS.

The 1991 Intermodal Surface Transportation Efficiency Act (ISTEA), a sweeping reform of federal transportation law, introduced extensive state and metropolitan planning requirements, including coordination with land use and natural resource plans, expanded public involvement in planning, and new flexibility to use federal funds to meet local needs, with greater equality in the matching requirements for local funding for different project types. ISTEA required states to develop management systems to monitor and address congestion, public transport, pavement management, safety, bridges, and inter-modalism with performance measures, data collection and analysis, evaluation of appropriate strategies, and evaluation of the effectiveness of implemented strategies.

The national transport reforms of the 1990s helped stem sprawl and slow what had been inexorable growth in per capita vehicle-km travelled (VKT). By 2004 VKT/capita peaked and in 2013 was 8% below its peak, following 13 years of decline. Public transport ridership, which had been falling sharply for decades, rebounded, and by 2012 was back to nearly the same levels as in 1957. While demographic trends may account for some of this change, it is noteworthy that the population density of U.S. urban areas, after sharply declining for decades until about 1990, has increased since then.

Air pollution overall and from transportation is down significantly, although near-road fine particulate soot pollution from motor vehicle exhaust remains a problem in many areas. Thanks to legal actions by civil society organizations to enforce the Clean Air Act, the US Environmental Protection Agency recently ordered states to undertake improved monitoring of near road emission concentrations to provide a basis for renewed clean-up plans to address that issue. The Clean Air Act's citizens suit provision is one of its more important features. It gives standing to members of the public to seek judicial relief if the federal government fails to enforce provisions of the law and reimburses legal expenses of the plaintiffs if they are successful in their claims.

While much of the US remains very car-dependent, the federal transport and environmental law reforms of recent decades have played a major role in curbing sprawl development and reviving healthy urbanization and urban redevelopment. Every year more

Americans are now living in places where walking, cycling, and public transport are viable options and where local governments are taking action to curb car use and parking.

3.5 Local and National Funding of Sustainable Urban Mobility

3.5.1 Funding transport systems

The funding of transport systems is linked to issues of institutional organization and responsibilities. It is a crucial question to decide at what level different responsibilities should lie, and it is essential that the institution that carries a certain responsibility also has a sustainable and efficient source of funding to cover the costs of this responsibility. Funding may partly come from the transport sector, such as road tolls, fuel taxes or railway charges. But almost always additional funding needs to come from general taxation, i.e. tax sources outside the transport sector, such as income taxes, sales taxes, corporate taxes and property taxes. This is because the question of how transport should be priced is completely separate from the question of how transport should be funded. The question of fair and efficient transport pricing is about achieving efficient use of resources: prices may for example be used for reducing congestion, emissions, accidents and crowding. The revenues that arise from transport prices (e.g. public transport fares, fuel taxes, parking charges etc.) will usually not cover the costs of investments, maintenance and operations of the transport systems, as will be explained below. Hence, additional funding sources are needed.

How to find these additional sources is a separate question. Generally speaking, one should try to find funding sources that are as sustainable and non-distortionary as possible. Sustainable means that they should be long-term streams of revenue, and preferably as predictable as possible. The opposite extreme is one-off revenues, e.g. sales of property or land. Non-distortionary means that the negative consequences of the tax should be as limited as possible. Taxing something means that people will do or consume less of it. For example, taxing wages may mean that people will work a little fewer hours; taxing the value of buildings may mean that construction decreases. Some distortionary effects are often unavoidable, but one of the goals of fiscal policy is to minimize distortions, in order to keep the economy efficient.

Some efficient funding sources happen to be found in the transport sector. Fuel taxes would be the prime example, since it is often a relatively sustainable and non-distortionary tax base. But most countries treat revenues from fuel taxes just like any other tax revenue, that is, they do not earmark it for spending on roads or within the transport sector. In the past, it was more common that fuel taxes were earmarked for road investments and maintenance, and this is still the case in some countries. But it has become less and less common, since it has often created problems. In relatively immature road transport systems, there are often large investment needs but relatively low transportation volumes. Hence, fuel tax revenues either tend to be too small to cover investment needs, or they need to be so high that their distortionary effect (discouraging transport and hence trade and commuting) becomes a significant problem. In mature road transport systems, it is the other way around: investment and maintenance needs are typically small while transportation levels are high, so spending all fuel tax revenues on road investments and maintenance will be a waste of money – they could have been put to better use elsewhere in the economy. Again, the essential insight is that the question of finding efficient funding sources is separate both from the question of transport pricing and the question of transport spending.

In the next section, we give a brief overview how different parts of the transport system are usually funded. This is obviously difficult to generalize, since it varies a lot between countries, but some common patterns are possible to discern in most developed countries. After this brief descriptive introduction, different transport pricing instruments are discussed in the last section.

3.5.2 An overview of funding mechanisms and responsibilities

Most countries split the responsibility for the transport system between the national level and the local/regional level. The national level is typically responsible for interurban roads and railways (with either public or private operators), while the local/regional level is responsible for urban transport systems. Still, the national level in most countries provides some or all of the funding for major infrastructure investments also in urban transport systems. Different countries have different processes for appropriating such national infrastructure grants, but there is usually some combination of rule-based regulations and discretionary or application-based funding decisions. Table 3-1 and Table 3-2 below provides some examples of how national funding grants can be allocated.

Table 3-1 National funding for local transport systems A

	Brazil	Colombia	France	Germany
Programme or Legislation	Growth Acceleration Programme - Mobility in Large Cities	Urban Transport National Programme	Call for proposal on "urban Transport" in the context of the Grenelle Act	Municipal Transport Financing Law(GVFG)
Managing Agency	Ministry of Cities	Ministry of Transport	Central government: National Ministry of Ecology, Sustainable Development and Energy	Ministry of Transport, Building and Urban Development

	Brazil	Colombia	France	Germany
Scope	Mass transit only	Mass transit only. Bus fleet, specialized infrastructure and, fare collection and control systems	Infragtructure projects dedicated to the implementation of high-level of service sustainable urban transport projects (metro, tram, BRTs)	Local roads. traim, railways, interchange stations, modern busses, etc.
Eligible modes	BRT, LRT, Metro, Suburban rail	BRT for Integrated Mass Transit Systems (IMTS); and System integration for Public Transport Strategic Systems (PTSS)	High-level of service sustainable urban transport modes	All modes (except national railways)
Eligibility	Larger cities only	IMTS:cities w/population Greater than 600000 inhabitants: and PTSS: cities w/population between 250 000～600 000 inhabitants	Tha National Ministry of Ecology, Sustainable Development and Energy selects the projects (selection process remains Unclear)	All cities,provinces/ states submit proposals and support cities in preparation of projects
Authorisation	Individual calls for projects	Multiple-year programme	Multiple-year programme	Multiple year, since 1971,current phase running until 2019
Award types	Loans, Combinations	Co-financing grants	Grants up to 25% of the cost of the infrastructure project	Grants
Recipients	State and city governments	Local governments (municipalities)	Urban Transport Authorities	Urban transport authorities and public transport operators

Source: "Financing Sustainable Urban Transport", GIZ and EMBARQ report.

Table 3-2 National funding for local transport systems B

India	Mexico	UK	US
Jawaharlal Nehru Urban Renewal Mission (JnNURM)	Federal Support Programme for Mass Transit (PROTRAM)	1. Local Sustainable Transport Fund 2. Major Schemes Programme	New Starts/Small Starts, Surface Transport Program, CMAQ, SOGR, TIFIA
Ministry of Urban Development (MoUD)	National Bank of Public Works and Services (BANOBRAS)	Department for Transport	Federal Transit Authority, Federal Highway Administration

India	Mexico	UK	US
All types of urban infrastructure	Mass transit only. Infrastructure. control systems, executive projects and fare collection	1. Finances local infrastructure projects(and not inter-urban journeys) 2. Finances local/regional infrastructure projects	Public transport infrastructure & vehicles, maintenance, access facilities, pedestrian, bicycle, safety
BRT, road widening, flyover, etc.	Primarily BRT, LRT, Metro and Suburban Rail systemss	No limit on type of measures, except for major rail. passenger transport or road infrastructure enhancements. Cycling infrastructure and programmes can also be supported	All modes except intercity railways. Varies by specific funding programme
Large cities with population over 1 million inhabitants and also special cities like state capital, cities with high inflow tourist - a total of 65 cities	Cities with a population above 500 000	Any English local transport authority outside London	Varies by specific programme All cities with a population above 50 000; states administer capital and operating grants for rural areas
Multiple - 7 year programme that ended on 31 March 2012	Multiple - year programme	Multiple-year 2011-2015	Funds are available for starting year plus two years (total of three years)
Grants	Grants and loans	Grant(GBP 210m in total between 2011 and 2015)	Grants, loans, or combination of both
Municipal Corporation/ Development Authority (Public agencies)	State and municipal governments	Any English local transport authority outside London	Public bodies and agencies (transit authorities and other state and local public bodies and agencies there of) including states, municipalities, and other political subdivisions of states

Source: "Financing Sustainable Urban Transport", GIZ and EMBARQ report.

Most countries require some degree of local co-funding, with the level depending on project characteristics and economic capacity of the city. Table 3-3 below shows some examples of funding responsibility shares between national and local levels for public transport infrastructure.

Table 3-3 National and local funding shares for public transport infrastructure investments

	Brazil	Colombia	France	Germany	India	Mexico	UK	US
Maximum national funding share	95%	40%(min) ~ 70%(max)	20%~ 25% (varies by mode)	60%~ 90%	35% ~ 90%	Up to 50%	No maximum national funding share, although local authorities are strongly advised to contribute with own financial resources	80% but for many large scale public transport projects. match is in principle only 50%
Minimum private participation	No	10%	No	No	No	34%	No	No
Minimum local govemments participation	5%	30%	No	No	No	Not in general, but minimum requirement for planning studies (at least 50%)	No	20% for roads but in principle 50% for maior new public transport projects

Source: "Financing Sustainable Urban Transport", GIZ and EMBARQ report.

(1) Interurban roads

In most countries, the national government is responsible for interurban roads. They are usually funded through general taxation (national income and sales taxes). In a few countries, road tolls are an important revenue source. Some countries earmark fuel taxes to road spending, but this is becoming less and less common.

(2) Interurban railways

In Europe, rail transport is an important mode for both freight and person transport. National governments are usually responsible for constructing and maintaining the rail networks, but in most countries, operators are independent, profit-maximizing companies, either private or state-owned. This means that user charges (fares and freight rates) cover operation costs and is generally well above marginal costs. National governments charge the operators to cover parts of the maintenance costs; usually, railway charges do not cover the full maintenance cost, which means that rail transport is subsidized by the taxpayers. Investment costs, and usually parts of maintenance costs, are covered by general taxation.

In the United States, rail passenger transport is of very little importance except in the highly urbanized Washington-to-Boston Northeast Corridor. In 2007, rail accounted for 28% of ton-km, but only 11% of tons moved and 3.5% of total value, reflecting rail's cost-effectiveness in hauling heavier, lower-value commodities, such as coal and grain, as well as automobiles and some containerized freight, over long distances. U.S. freight rail is most competitive for shipments over 700 km. The truck and railway sectors were deregulated in 1980, leading to major reorganisation and cost-efficiencies. Five large class-one private railway companies provide the bulk of service, complemented by a number of smaller regional and local short line carriers.

(3) Public transport

The responsibility for public transport usually lies with a regional or local institution, such as a city or a metropolitan planning organization. It is common that fares cover around 30%～70% of operational costs, with the rest covered by some general taxation source, for example regional income tax (most common in Europe) or property tax (most common in the US). Investment costs are added on top of this. Major investments often get additional national funding, since regional levels seldom have ample resources for major investments.

Although subsidies to public transport operations seem to be the most common, there are several countries where public transport operates without subsidies. In some cases, private operators or public agencies are still able to provide high-quality services that attract substantial market shares, but it seems more common that operators then tend to provide low-quality services. On the other hand, high subsidy rates mean that operators have little incentives to be customer-oriented, since fare revenues are not important. Hence, most countries have opted for a balance between fare and taxation funding.

Some countries have earmarked taxes for public transport financing. France is a prime example, with a special employer tax earmarked for urban public transport.

(4) Local transport

Local transport consists of city streets, bicycle lanes, walking etc.. It is also connected to public transport supply, since buses use city streets and metro stations need to be integrated in urban planning. Local transport systems are inextricable linked to general urban planning, so most city transportation offices are either merged with urban planning offices or cooperate closely with them.

Local transport is usually funded by local income tax in Europe. In the US, local property and sales taxes are the important tax sources. User charges such as congestion charges and parking charges may pay for a small part of total spending, but can only make up a small fraction of total costs.

3.5.3 Taxes and pricing in the transport sector

There are many kinds of transport pricing instruments: fuel taxes, parking charges, public transport fares, vehicle taxes and vehicle purchase taxes, railway charges, road tolls and so on. Pricing transport is all about striking the right balance, in order to achieve an efficient use of resources, both in the transport system and in the rest of the economy. If transport is too expensive, resources will be underused; as a consequence, housing and labour markets will work less efficiently, and trade and specialization will not realize its full potential. If transport is too cheap, the transport system will be overused and high levels of congestion, crowding and emissions will follow. Moreover, the apparent need for transport investments will be higher than what is actually efficient, since demand is inflated by artificially low transport costs.

The general principle for efficient pricing of transport services – whether road transport or public transport – is that prices should equal marginal social costs. The "marginal" cost means the cost caused by the last additional traveller. Marginal social costs consist of two components: marginal production costs and marginal external costs. The marginal production cost is the marginal cost for providing the service, such as marginal maintenance and operations costs. Marginal production costs for transport services are often very low: for example, the increased operations cost of carrying an extra passenger on a train is almost zero, and the increase in road maintenance costs of one more car on a road is usually very low. Note that the marginal cost (the cost caused by one extra traveller) is very different from the total cost of providing the service, which may be substantial. Building and maintaining a road, or building and operating a railway connection, is very costly: but the marginal cost of extra travellers is often negligible. This is the foundation of the so-called cost recovery problem of transport services: efficient prices will usually not cover the total cost of providing the service. It is a special case of the problem of increasing returns to scale, which occurs whenever there are substantial fixed costs for providing a service. This is the main reason why transport services usually need funding from additional sources as well, in addition to revenues from various user charges such as fares, road tolls and fuel taxes.

The second component of the marginal social cost of transport is less tangible. It comprises the external costs, i.e. the costs that users impose on other people: emissions, accidents, noise and congestion. Getting the prices right is necessary to cope with the problems caused by external costs. It is for example not enough to provide good alternatives to road transport (e.g. public transport, walking, cycling) to reduce road congestion to an efficient level. Neither will road investments be sufficient or efficient. Getting the prices right creates a virtuous circle for transport investments: if prices are right (which usually means charging road traffic and subsidizing public transport), then less road investments are needed, and more public transport investments become viable.

In practice, road transport is often under-priced because road users seldom pay their external costs – congestion, accidents, emissions etc.. Moreover, they seldom pay the full production costs either, since this includes the value of the land used for roads and parking spaces. This value is often extremely high in urban environments. The common failure to charge car users the full cost of driving is a subsidy to drivers from the rest of society. Since car use is usually proportional to income (rich people are more likely to own a car, and they usually drive longer distances), this means that under-pricing road transport is regressive: it is a transfer from the poor to the rich. Hence, pricing instruments such as congestion charges, parking charges, fuel taxes and differentiated vehicle purchase taxes will usually be progressive, i.e. they transfer value from the rich to the poor.

Despite efforts to reform road transport pricing in the EU, to require users to pay a price, which reflects marginal social costs, it has not been possible to agree on a new pricing philosophy.

The following sections deal with various pricing instruments for, in turn, public transport, road transport, and road vehicles.

(1) Public transport pricing

Efficient public transport fares should cover marginal operations costs, but not fixed costs. As pointed out above, this means that additional revenues will be needed to cover fixed costs (including investment costs). Fares should also reflect costs for crowding and road congestion. Crowding in the public transport systems is an external cost: each individual traveller does not take the additional crowding he causes into account. This means that fares should be higher whenever crowding is a problem. On the other hand, fares should also take into account that there is often un-priced road congestion, and assuming it is possible to entice drivers to switch to public transport, it is rational to decrease fares to make them do so. Striking the right balance between crowding and road congestion is difficult, and different cities have reached different solutions.

In most cities, however, the considerations above have led to realizations that public transport should be subsidized. Typical subsidy rates are around 30%～70% of operations costs. Investment costs usually come on top of that.

From an efficiency point of view, fares should be differentiated with respect to crowding levels, road congestion levels and marginal operations costs. This means that fares should vary with respect to time of day and travel distance. In practice, however, most cities have various types of flat-fare passes which allows unlimited travel, priced so low that most regular users use them. The logic behind this is often that it is an efficient way to create loyal customers, and in particular entice car commuters to switch to become public transport commuters. But as crowding is becoming an increasing problem in many cities, the problem of unlimited flat-fare systems is receiving increasing attention, and more and more cities are looking into differentiating fares with respect to time of day and distance. An important example is London, which now has a fairly differentiated system in both time and space, primarily to reduce the intense crowding during peak hours.

Public transport fares can also be subsidized for equity reasons. However, it is usually more efficient to use direct transfers to the poor, for two reasons: not only poor people use public transport (that should at least be the ambition!), so some of the subsidies will go to relatively well-off people; and the poor may need other things more than travel, so general subsidies will often create more value to them than directed, earmarked ones.

(2) Fuel taxes

From an efficiency perspective, fuel taxes should reflect average costs of emissions, accidents and road maintenance. It is a rather blunt pricing instrument since it cannot be differentiated with respect to time, place or vehicle type. It is, however, almost directly proportional to carbon emissions, so it is the preferred instrument to control carbon emissions.

From a fiscal perspective, however, it is a relatively good source of tax revenues: it is easy to implement and the collection cost is low. Moreover, it is a relatively stable tax base, since total fuel consumption only varies moderately with business cycles and fuel prices. Nearly all developed countries have some form of fuel tax, and it is often a substantial source of tax revenues. Usually, it is a national tax, but in some large federal countries (notably the US) it is a state tax. In most European countries, fuel tax revenues nowadays exceed spending on roads, since road systems are relatively mature and fuel taxes high.

Some countries dedicate fuel tax revenues for transport investments and maintenance, but this is becoming less common as road systems become more mature and investment needs decrease. In the US fuel taxes are often earmarked for road spending to some extent (the regulations vary across states), but since fuel taxes are usually low, they tend to generate less revenues than needed for road maintenance. Another problem with earmarking fuel tax revenues is that one often wants national transport spending to be countercyclical (i.e. spend more money on transport investments and maintenance in the low part of the cycle, since resources are then underutilized, prices are lower and as a macroeconomic stimulus), and fuel tax revenues tend to have the opposite cycle – highest in economic boom periods.

(3) Parking taxes and charges

From an efficiency perspective, the price for parking should reflect the value of urban land. Using land for parking incurs opportunity cost, i.e. a loss equal to the value of alternative uses of the land. In urban environments, this value is often very high, since the land could be used for buildings, traffic, buses or bicycles instead. Free or cheap parking is a subsidy to car users, and as was pointed out above, it is usually regressive. Free or cheap parking is also an important driver of urban sprawl and excessive traffic growth, with the usual consequences in the form of congestion and emissions. There are also other hidden costs of free or cheap parking. Street parking hinders traffic – cars, buses and bicycles. If buildings need to be accompanied by parking spaces, this drives up the total cost of construction (which also tends to be regressive: non-car users pay higher costs for their housing, without any benefit for it). Generous supply of parking spaces also increases the effective space between buildings, making it less attractive to walk or cycle.

The City of Nottingham in the UK has implemented a parking tax called a Workplace Parking Levey, paid by employers (including private companies), who provide parking facilities for staff. The tax is an incentive for employers to reduce the urban space allocated to parking. The revenue is used to improve public transport in the city.

The above indicates that parking charges are a very important policy instrument, with profound consequences also for congestion, emissions and urban planning in general. Fortunately, it is usually easy to implement – far easier than implementing congestion charges, for example. Parking charges require almost no technological investment, except for efficient parking control.

Nearly all cities in developed countries put a price on parking. It is nearly always the city that is responsible for deciding the price and collecting revenues. Parking control is nearly always carried out by either special civil servants (parking attendants) or contracted out to private companies. It is very uncommon that parking control is a task for the ordinary police.

(4) Congestion charges

Since congestion is highly nonlinear in traffic volumes, a relatively small traffic reduction usually causes substantial congestion reductions. Many cities witness that the common 10%～15% reduction of car traffic during holidays yields significantly better traffic flow. Hence, congestion charging schemes often aim for such relatively small traffic reductions – around 15 % or so, and mostly during rush hours.

It is still a fairly common misconception that car drivers are not cost-sensitive. A host of studies all over the world have shown that this is wrong: car drivers do in fact respond to price incentives. The easier it is to avoid the charges, the larger the effect will be; hence, charges should vary in time and space to reflect congestion. Another misconception is that drivers' only possible response is to switch to public transport. In fact, there are many ways to adapt to charges: other departure times, other destinations, fewer trips, other routes, car-pooling, trip chaining etc.. Perhaps surprisingly, studies have shown that many car drivers won't even know they have adapted; adapting is a continuous process with several smaller steps, many of which occur at the almost subconscious level.

One of the main economic advantages with using pricing to reduce congestion is that the most valuable traffic gets prioritized. Those vehicles which represent the highest value of time, and where changing mode, time or destination is most difficult to change, will stay on the road, while the vehicles that have lower values of time and have better alternative options will change. This increases the overall efficiency of the transport system, with important secondary efficiency gains in the overall economy – labour markets, housing markets, trade and specialization.

Congestion pricing has been successfully implemented in several cities, such as London, Stockholm, Gothenburg, Milan, Singapore, etc., and to some extent in Norway (e.g. Oslo, Bergen and Trondheim). Congestion pricing is used in the US in the so-called "value pricing" systems, where one or several lanes are priced on a highway. There are several variants of efficient road pricing technology, which allows cost-efficient, free-flow identification and billing of vehicles. Congestion pricing is usually progressive, since high-income groups usually drive more in central urban areas in rush hours. Public acceptability is often a problem before implementation, but the examples of London, Stockholm and Milan have shown that public acceptability tends to increase substantially after the implementation, after benefits have appeared.

From a fiscal perspective, congestion pricing is seldom an important funding source, except as a relatively minor addition. Collection costs are usually a substantial fraction of revenues, and since only a fraction of total traffic is affected, revenue volumes are relatively small compared to total investment needs.

(5) Road tolls

Road tolls differ from congestion pricing in that they are unrelated to congestion levels and levied purely for fiscal purpose. Some countries use road tolls extensively for funding highway investments, while other countries do not use them at all. It can be seen as a fair way to pay for highways, since actual users pay the road investment and operations costs. But from an efficiency point of view, there are several disadvantages. Since the toll is higher than the marginal social cost, the highway capacity is underused, and often transportation tends to spill over onto other roads where ideally transportation should be lower. The prime example is France, where new highways have often been built to reduce transportation on local roads, but where charges on the new highways have caused heavy transportation to use the old(less efficient,less safe) local roads instead. Contractual agreements may cause future problems if one wants to build competing roads or railways, since this causes toll revenues to fall. This is particularly troublesome if the right to the revenues is owned by a toll road concessionaire.

In some cases, however, road tolls may be an efficient source of revenue. This occurs when the cost elasticity of transportation is low and there are few competing roads (which means that the efficiency loss from pricing is low), and where the institutional context is such that the planning entity keeps future freedom of planning. Usually, however, road tolls only make a relatively small part of total investment and maintenance costs, even there are exceptions in some countries (such as parts of the US and Italy).

(6) Vehicle purchase taxes

Vehicle purchase taxes are common in many countries. It is almost always a national tax. Such taxes may have different purposes: a pure revenue source, to restrain overall growth in car ownership, or as a way to influence vehicle characteristics (if they are differentiated with respect to vehicle characteristics such as fuel efficiency or safety). As a way to restrain overall growth in car ownership, they work similar to auction systems for ownership permits. Many European countries have substantial purchase taxes to restrain car ownership, for example Norway and Denmark, where the purchase tax added to the price of the car can be as high as 100%.

Differentiating vehicle purchase taxes with respect to characteristics such as safety and fuel efficiency is the most direct and effective way to influence such characteristics. Purchase taxes can reflect external accident costs: heavier cars can be taxed higher, since they expose other drivers to higher risks. They can also be differentiated with respect to fuel efficiency: thirsty cars can pay a higher tax. This is often an extremely efficient way to stimulate fuel efficiency in the long run, partly because consumers tend to undervalue fuel efficiency, and partly because fuel taxes are often lower than they should from a pure efficiency perspective.

Differentiated vehicle purchase taxes can either be a revenue source, or revenue neutral. The latter type of taxing schemes is sometimes called “bonus-malus” systems (Latin for “good-bad”): some cars get more expensive while others get cheaper, while the average purchase price is unchanged. The prime example is the French system, where it has had profound effects on the average fuel efficiency of new cars.

Vehicle purchase taxes are usually a relatively modest addition to overall tax revenues. Even if it can be viewed as a fair source of transport funding, since it is a sort of “user pays” tax, most countries have opted for taxing fuel instead, since this is both a more stable tax base and even more closely tied to the actual use of roads.

(7) Vehicle quota systems

Vehicle quota systems (VQS) are being adopted in a growing number of cities, especially in China. The first VQS was in Singapore in 1990, followed by Shanghai in the mid-1990s. A VQS is complementary to vehicle purchase taxes and requires those who wish to purchase a motor vehicle to first obtain a permit to do so.

In Singapore these are called a "Certificate of Entitlement (COE)," and provide the right to own a motor vehicle of a certain size class for a period of 10 years. The number of COEs issued is determined by government policy to manage the growth of the overall motor vehicle fleet. Prior to 2009, the motor vehicle growth rate was capped at 3% per year, then cut to 1.5% annually until 2012, and now is set at 0.5% a year. COEs are issued through a periodic open bidding system, using a Dutch auction to determine the clearing price, set at $1 higher than the lowest unsuccessful high bid for the available COEs. At the end of 10 years, a COE can be revalidated for another 5 or 10 years by paying the prevailing rate. COEs have ranged widely in price, but in recent years have been valued at S$50,000 to over S$150,000, essentially two to three times the non-taxed base cost of the motor vehicle itself on the global market. This makes the VQS a modest but not insignificant contributor to Singapore's revenues related to transportation, although revenues are treated as general government resources.

A VQS, as applied in Singapore, can encourage purchase and use of smaller, cleaner, newer motor vehicles as well as restraining the number of vehicles in use at any given time in an area. It can encourage retirement or export of older, more polluting vehicles. But these effects can be lost if the VQS does not differentiate by vehicle size or technology. If a VQS employs a lottery, rather than an auction, as in Beijing, to distribute COEs, there will be no revenue produced for government and it may foster a black market for motor vehicles.

(8) Vehicle ownership taxes

Vehicle ownership taxes are not very effective as a policy instrument. It mainly affects second-hand car prices – not the characteristics of the total vehicle fleet. It is sometimes useful for encouraging scrapping of old (polluting) cars, however. To this effect, several countries have imposed higher vehicle taxes on older cars, for example cars without catalytic emission control.

Vehicle ownership taxes are a kind of "user pays" tax, and can hence be seen as a fair source for funding transport. Most countries, however, have opted for using fuel taxes instead, since this is more closely connect to actual road use. Hence, it is seldom an important tax base.

3.5.4 Funding sources outside the transport sector

Most of the funding for the transport system comes from sources outside the transport system, as has been pointed out above. In this section, other common funding sources are listed very briefly.

Any funding source must stand the test of being sustainable (predictable and persistent in the long run) and efficient (not discouraging production, such as working or entrepreneurship). Moreover, collection costs should be low. Many countries also use taxes to discourage "bads" such as tobacco, alcohol and emissions. This has the dual purpose of reducing the negative consequences of such activities while simultaneously raising revenues.

(1) Income and sales taxes

Income and sales taxes are by far the most important public revenue sources in virtually all developed countries. They are broad and predictable, and have low collection costs. Usually, several governmental levels can impose their own income and/or sales tax, i.e. there are often both national, regional and local income and/or sales taxes. In general, sales (or value-added) taxes are less distortionary than income taxes. On the other hand, income taxes can be more equitable, since the tax rate can be progressive (the tax rate can increase with higher income levels). Sales taxes can be differentiated to discourage consumption of "bad items", such as tobacco and alcohol, etc..

(2) Property taxes

Property taxes are an important source of infrastructure funding in some countries, notably the US, where 70% of local tax revenues come from property taxes. In most other countries, however, it is a minor tax source; on average, it accounts for around 5% of total tax revenues in developed countries. Some countries have variants of property taxes; for example, France has a special employer tax in areas with good public transport accessibility, which is used to partially fund public transport operations and investments.

Property tax is particularly well suited for funding infrastructure and transport, since it is a way to recoup some the value of created by transport services. Providing transport services will increase the value of properties served, and this value will accrue to the property owners. Hence, public funding of transport services will transfer values from tax payers to property owners. Taxing property values is a way to at least partially recoup these values. Hence, this is often called "value capture" taxation.

Ideally, taxes should be put on the value of land rather than on the total value of the property (land plus buildings). This is because the supply of land is essentially fixed, so the distortionary effect of taxing land values is very small. In effect, taxing land rather than buildings will encourage using valuable land efficiently, increasing the density of cities. This will tend to promote space-efficient modes of transport such as public transport, cycling and walking. Taxing the total value of property, on the other hand, will tend to encourage urban sprawl, since it encourages construction at the urban fringe where property values are lower. Urban sprawl, in turn, tends to promote car transportation, creating congestion and emission problems.

Taxing land instead of, or at a higher rate than, buildings is often called two-rate taxation, since one tax rate is applied to land values, and another, lower rate to the building values. It has been applied in a number of US cities, but is still rather uncommon. The main practical problem is separating the value of land from that of the buildings on it. This can be done using econometric methods, but this is sometimes seen as not being transparent enough.

Many economists argue that the property taxes should increase in importance in countries where it is still a minor tax base, and then especially in the form of land taxes.

3.6 The Wider Benefits of Green Travel

Policies which promote Green Travel modes not only help to address the negative externalities associated with urban car-based transport systems (such as traffic congestion, air pollution, noise, transportation accidents and high levels of CO_2 emissions), but can also actively promote wider economic and social objectives – often under the responsibility of other national ministries and agencies.

Four such positive externalities are briefly reviewed in this section:

- Agglomeration benefits;
- Health benefits;
- Accessibility and social inclusion benefits;
- Wider quality of environment/life benefits.

3.6.1 Agglomeration benefits

It is well established that urban size and density stimulates productivity. There are strong positive correlations between urban density and all types of productivity measures – wages, employment rates, profit margins, number of patents and so on. The reasons that firms and people become more productive in high-density areas are often summarized in the catch-phrase sharing, matching and learning. "Sharing" refers to firms and people being able to share common resources, such as education or production facilities. "Matching" refers to the phenomenon that better accessibility implies more efficient job search markets. With increasing specialisation of employment markets, this enables a better match between jobs and skilled employees, and increases employment competition. It also enables a better match between, for example, innovators and their financiers and customers. "Learning" refers to the interchange of information, ideas, skills and competence.

For these reasons, successful companies in many sectors are attracted to high-accessibility locations, where they are often prepared to pay higher rental costs and higher wages. In principle, agglomeration benefits can arise from speeding up road as well as rail access, but only high-capacity public transport and good walking conditions can efficiently provide high accessibility in high-density environments, due to prohibitive space requirements for highways and parking.

Box3-5 Crossrail Appraisal Study

Crossrail involves the construction of a major new rail line across central London, connecting existing suburban lines that currently terminate on the edge of the central area. The scheme costs in excess of £15bn.

The net present value of conventional user benefits (time savings, reduction in crowding on existing lines, etc.) over a 60 year period were estimated at £12.8bn in February 2005 prices. When wider economic benefits were estimated, in particular the move to more productive jobs and the productivity benefits of higher density employment, then the impacts on GDP were estimated at between £19.8bn and £66.7bn, using low, medium and high growth scenarios.

This shows that in high employment density, high productivity areas, these wider economic benefits from rail investment in particular can be substantially higher than the conventional transport economic benefits.

3.6.2 Health benefits

These directly relate to improvements in air quality, reductions in noise levels, and reductions in the numbers and severity of transportation accidents. But, in addition, two other health benefits are associated with the promotion of Green Travel modes:

The high quality access it provides to health care facilities for all sections of the population enables the health sector to better meet its objectives. In the UK, for example, people who cannot easily access health care facilities are less likely to consult a doctor – and so eventually require expensive medical treatment when symptoms become severe – or may fail to turn up for a doctor or hospital appointment, thereby wasting valuable resources.

Use of Green Travel modes helps to offset the rapid growth in obesity in most developed and many developing countries. While this is most directly the case where people walk or cycle, it also applies to a lesser extent with the use of public transport, as people usually access bus stops and railway stations on foot.

Box3-6 The positive side-effects of active travel

The health benefits of "active travel" (i.e. walking and cycling) are increasingly being recognised and incorporated into transport appraisal of green travel initiatives.

A recent Australian study (Mulley et al., 2013) estimated potential benefits to individual travellers of using active modes at AUS$1.68 per km on foot and AUS$1.12 per km for cycling, in terms of extended life (mortality) and a fitter life (morbidity). This excludes cost savings to the health service and the benefits of reductions in traffic congestion and air pollution.

The World Health Organisation has produced a Health Economic Assessment Tool (HEAT) to estimate the benefits of providing dedicated walking or cycling infrastructure. See: *http://www.euro.who.int/HEAT*. "The modal share of cycling in Austria is currently 5%, with an average trip length of 2 km. Calculations made with the HEAT for cycling tool estimate that this level of cycling saves 412 lives every year owing to regular physical activity. The corresponding average annual savings for Austria from this reduced mortality are estimated to amount to €405 million."

3.6.3 Accessibility and social inclusion benefits

These are recognised as being important advantages of providing comprehensive urban Green Travel networks. By its nature, car-based travel in larger urban areas tends to be discriminatory in nature, since:

①Only a minority of travellers are usually able at any one time to make city journeys by car, due to a range of factors from cost/availability to limits on network capacity;

②Most people suffer a range of external dis-benefits of other people's car use, from noise and air pollution, to transportation accidents and being caught in traffic congestion.

In both these respects, Green Travel modes provide a range of positive benefits to the urban population as a whole. They are generally accessible to all population sub-groups, do not require people to pass tests or invest in costly goods, and have much lower levels of externalities. They therefore help to reduce social exclusion – which would not necessarily be the case in remoter rural areas – and enable all groups of citizens to access a basic range of goods and services.

3.6.4 Wider quality of environment/life benefits

These are being seen as increasing in importance, as countries become richer and their populations better educated, and leading global cities compete with each other for investment and kudos. Here we are talking about providing city environments which are pleasant to be in and have high quality public spaces (including their streets), and are not dominated by motor transportation but provide good access to goods and services – both retail and entertainment.

Such cities are actively engaged in Stage 3 of the development process outlined in section 2. In London, for example, the mayor announced his support in July 2013 for an urban roads policy which places particular emphasis on city living and a high quality of "place" space on urban streets. This involves promoting Green Travel modes and reducing the dominance of general road transportation, either through further transportation restraint or providing new roads (in tunnel) to displace transportation from historical streets – not, as under Stage 1 thinking, to increase road capacity for general transportation.

There is also evidence of the commercial value of high quality public realm in attracting leading international tenants to new urban housing, retail and office-based developments. Major developers in London, for example, have contributed large sums of money to improve access to their sites by Green Travel modes (e.g. building new railway stations and cycle networks), and to improve the physical appearance of the surrounding street network.

3.7 Measures to Improve Green Travel Provision

3.7.1 Walking

The foundation of green travel is walking. Without adequate infrastructure and support for walking, people cannot get to and from public transport and they face costly and inefficient use of private motor vehicles for even short trips. Creating a sound walking environment requires attention to the most fine grain details of the transport system. If a transport system is designed with the needs of children, the elderly, and people with disabilities, it will provide a good environment for walking.

There are a number of roles for national governments in promoting walking. They should create road safety institutions and strategies. They should adopt and enforce road design and safety standards, including promotion of "Complete Streets" which safely accommodate all users. They should adopt planning requirements that require local governments to give priority to pedestrians and their safety, and provide flexible, dedicated, or competitive funding to enable local governments to invest in pedestrian improvements or demonstrations of innovative practices in this area.

It is important to provide sidewalks and bicycle paths to separate high speed or high volume transportation from non-motorized transportation. But in many places it is possible to achieve good safety with transportation calming, using such approaches as 30km/hour speed limit zones, street narrowing through chokers, bulb-outs, speed control devices such as raised sidewalks and intersection tables, and other approaches. These have been widely adopted in Europe and Japan as a means of improving the walking and cycling environment and reducing noise and pollution in cities. An increasing number of cities worldwide are now adapting this experience.

The Dutch government supported CROW Design Manual for Bicycle transportation and related Dutch road design standards provide models that green transport advocates from many other countries have adapted. Sweden adopted a Vision Zero policy framework in the late 1990s focused on reducing the risks facing pedestrians and non-motorised road users by separating them from vehicles. Where it is impossible to separate motorised transportation from other road users, the policy emphasises speed management and safe crossing.

3.7.2 Cycling

Cycling is the most energy-efficient mode of human transport and in many modern, wealthy European and Asian cities, it accounts for a quarter to half of all trips overall and for a major share of access trips to and from public transportation. For cycling to be a robust and attractive means of travel, it is vital that local authorities give it priority in transportation, with dedicated cycleways and special junction treatments on major corridors and transportation calming in areas where it shares street space with motor transportation. Secure bicycle parking should be given priority at public transport stops and stations.

To maximize cycling, it is important to pay attention to the fine grain details of door-to-door journey characteristics, as any single major barrier which puts cyclists in peril or makes them feel unsafe can impede people from making a trip by bicycle. Street lighting, pavement smoothness, the safety and adequacy of street drainage structures and maintenance, the soundness of information and signage, the directness and connectivity of cycling routes, the safety of intersection treatments, security of parking at destinations, and other factors can all influence potential cyclist travel choices.

Many countries have followed the "5 Es" program for better cycling: ①Engineering of infrastructure; ② Education to promote safe cycling and driving behavior; ③ Encouragement to promote cycling and establish goals for increasing cycling use; ④ Enforcement of transportation laws, and ⑤Evaluation and planning for improved cycling.

Where cyclists feel endangered by transportation, one can expect the use of bicycles to decline. Mandatory bicycle helmet laws have been found to also reduce in use of cycling and can even make cycling more dangerous by reducing the critical mass of bicyclists on streets. Cycling is safest where at least 20%～30% of all trips are by bicycle as there is both safety and legitimacy in numbers.

As the earlier case study of Copenhagen illustrated, even where cycling has declined sharply it can be brought back into wide currency, but this takes a sustained effort across all of the "5 Es". Many other cities have gone through this cycle of widespread cycling, followed by significant decline, followed by restoration of significantly higher levels of cycling, including Portland, Oregon, various cities in California (e.g., Santa Barbara and Davis), Amsterdam, Berlin, and Paris.

Public bicycle systems have proven to be a valuable modern strategy for expanding cycling, by making bikes available across many neighbourhoods of a city on demand. The essence of bike share remains simple: Anyone can pick up a bike in one place and return it to another, making point-to-point, human-powered transportation feasible. Today, more than 400 cities around the globe have their own bike-share systems and more programs are starting every year. Many of the most successful systems share certain common features, identified in the *ITDP Bike Sharing Planning Guide* (2013):

①A dense network of stations across the coverage area, with an average spacing of 300 meters between stations;

②Comfortable, commuter-style bicycles with specially designed parts and sizes that discourage theft and resale;

③A fully automated locking system that allows users to check bicycles in or out of bike-share stations;

④A wireless tracking system, such as radio-frequency identification devices (RFIDs) that locates where a bicycle is picked up and returned and identifies the user;

⑤Real-time monitoring of station occupancy rates through wireless communications, such as general packet radio service (GPRS);

⑥Real-time user information through various platforms, including the web, mobile phones and/or on-site terminals;

⑦Pricing structures that incentivize short trips helping to maximize the number of trips per bicycle per day.

3.7.3 Bus and BRT systems

Green urban transport requires good public transport so people can travel farther and faster than they can walk. For the past century, buses have played a growing role in the transport systems of many cities across the world, although this varies widely. Buses come in a wide assortment of sizes, from mini-buses that may carry a dozen or fewer passengers and offer non-scheduled paratransit service or even flexible route paratransit service, to high capacity double articulated buses that can carry several hundred passengers (including standees). But most buses operate with low capacity compared with trams or trains and operate on conventional roads, with relatively inexpensive bus stops to serve passengers. Buses may be operated by private or public sector operators, with or without subsidies.

Relatively full buses carry people with much greater fuel efficiency and efficiency in the use of road space compared to private motor vehicles with their typically low vehicle occupancy. As a result, many governments around the world, especially in Europe, Japan, Korea, and elsewhere, give bus based public transport priority in the use of street space and provide public subsidies for public transport operations. When buses operate at low occupancy, they may provide little or no pollution, fuel economy, or street space efficiency benefits. This is a good reason for regulating and managing public transport, parking, street space, fares, and land use to help ensure an optimal provision of service by different modes at varying prices and with varying priority in the transportation system.

Totally unregulated public transport, as in some parts of Asia, Latin America, and Africa, often produces hyper-competition, congestion, pollution, poor service quality, and low efficiency in the use of street space. Well regulated and subsidized public transport with appropriate travel demand management, as in many cities of Europe and Japan, can make walking, cycling, and bus-based public transport attractive alternatives to driving a private car within dense urban areas.

National governments usually play no direct role in regulating or managing urban bus services, but in many advanced economies they provide local or provincial governments with financial support that subsidizes bus procurement and other bus system capital expenditures or operations. For example, the U.S. provides grants to enable cities to purchase vehicles and to support a state-of-good repair of existing public transportation, as well as operating assistance to small and rural communities. In the European Community, subsidy practices vary widely from country to country, but many national governments collect tax revenues that are distributed back to cities to support public transport capital investments.

A recent innovation in public transport technology is Bus Rapid Transit (BRT), which was first developed by Curitiba, Brazil in the mid-1970s. Since then BRT has been growing worldwide, spreading to hundreds of cities. Examples of gold standard BRT can be found in Bogota, Colombia, Guangzhou, China, and a growing number of other cities. Such BRT integrates a various features to produce bus-based public transport services that are the equal of metro systems but which can be delivered at a fraction of the cost and in a very short time period.

Gold standard BRT includes special stations with pre-board fare collection, with reserved rights-of-way so buses are not caught in traffic congestion, with passing lanes at stations. It requires high quality passenger information systems, real-time bus operations management, branding of services, and extra wide multiple doors on buses, with level boarding to expedite passenger access and egress. It requires careful service planning to minimize transfers and delays and maximize one-seat rides, with both local and express services as demand warrants. Hundreds of cities worldwide, from Los Angeles and Cleveland to Nantes, Amsterdam, and Gothenburg, Sweden, have developed BRT at silver, bronze, or more basic levels, incorporating many of the features of gold standard BRT. In a number of European travel corridors such systems have been called "Buses with a High Level of Service (BHTS)."

The U.S. Department of Transportation offers capital grants to cities to develop BRT as part of its New Starts and Small Starts Capital Grants Programs. These provide up to 80% (but more typically about half) of the cost of new BRT and rail system development on a competitive grant basis, subject to consideration of cost-effectiveness and a stringent alternatives analysis process.

3.7.4 Rail and LRT systems

The development of railways in the mid-19th century brought about an explosion of urban development in many cities, as this mode can move large numbers of passengers quickly in narrow corridors at a modest cost per passenger where there is intense corridor travel demand. Railways can be developed most inexpensively at grade in reserved rights-of-way. At roughly 2 to 5 times the ground level cost, railways can be built on elevated sections. At roughly 10 times the ground level cost, railways can be built underground. Because rail terminals serving multiple stations usually provide very high levels of accessibility to a wide service area, they can become important nodes for high density economic development.

Heavy rail usually involves a locomotive, which may use diesel or electric propulsion, pulling passenger cars, although commuter rail systems may use self-propelled electric passenger car units, and can serve both regional and longer distance markets. Heavy rail usually serves longer distance movements with greater station spacing. Light rail is designed for urban use only and focuses on lighter loads for faster movement, with shorter spacing between stations. Electrically propelled LRT vehicles provide a wide range of passenger capabilities and performance characteristics at moderate costs. Light rail may use shared or exclusive rights-of-way, high or low platform loading and multi-car trains or single cars. Streetcars are similar to LRT, but typically operate in mixed transportation conditions at lower speeds, serving mostly very short trips. Light or heavy Metros typically operate solely on reserved rights-of-way, with at grade boarding, pre-paid fare collection, and high service frequency, with short or intermediate station spacing, depending on circumstances.In many advanced economies, national governments play a role in helping cities finance major new rail or BRT lines, recognizing these as more costly long-term investments which shape urban form and economic development. But local and state governments and the private sector often provide a major part of the financing, frequently depending on real estate value capture or local taxes to recover costs.

3.7.5 Car ownership sharing and shared use strategies

Since the mid 1990's car sharing clubs started to develop in European cities to allow member to share use of a fleet of self-drive vehicles. Members often pay a small monthly fee and pay per kilometre and/or per hour for actual car use. Cars are located and reserved online, reserved cars are opened by the members "credit card style" membership card. Members are offered financial incentives to refuel cars when they are running low. Car sharing can dramatically reduce the annual costs to individuals compared to owning their own car, dramatically reduces car use amongst members, gives member access to a range of different sizes and types of vehicles and make much better use of the vehicles themselves.

Car sharing can make car use affordable to a much greater number of people – without the disadvantages of car ownership. It is estimated that each car sharing car replaces about 8～15 private cars. Cities often provide incentives to car sharing through the provision of free dedicated parking spaces.

In the last decade there has been a startling growth in car sharing, assisted by the developments in smart phones and satellite location services that simplify the reservation and location of cars. New forms of car sharing are developing and new business models are emerging in a very dynamic new mobility sector e.g. electric only car share clubs, national car share clubs, own brand car sharing e.g. BMW and "free floating" cars (that can be left anywhere).

"Peer to peer" car sharing is also developing which allows private car owners to "rent out" their car to other private individuals when they do not need the car. The insurance, reservation, payment and trust issues are handled by the online "peer to peer" internet based services.

Ride share is also expanding where drivers "sell" spaces in their cars for future journeys – in return for a share of the costs. Ride share websites match "drivers" with spare seats and "riders" looking for transportation. These services reduce costs of travel for drivers and make better use of vehicles and infrastructure.

Car sharing in Europe and the USA is flourishing against the backdrop of high levels of car ownership. The potential for car sharing in countries with low levels of car ownership is well worth exploring. The potential for car sharing to reduce of car use, improve mobility for people with low incomes and improve use of vehicles and infrastructure is huge.

Car sharing needs to be seen as an important green travel mode in China along with public transport, walking and cycling.

3.8 Managing Transport Demand

3.8.1 Drivers of demand

Text books on travel start by noting that most travel is a derived demand (i.e. people don't travel for the sake of it, but do so to reach specific locations). Yet, in practice, the analysis and modelling of travel behaviour is based on the assumption that travel is something that people demand in its own right. This can be seen in Figure 3-3, which illustrates the factors which drive the demand for goods and services, and so indirectly influence travel demand. Those in grey are excluded from current travel demand models, leaving only a simplistic relationship between person characteristics and travel behaviour.

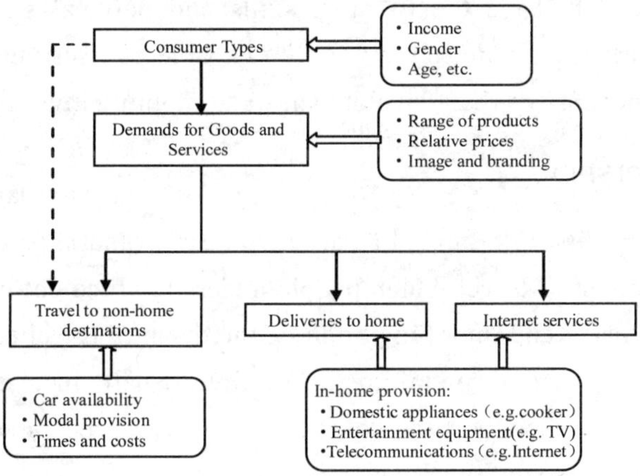

Figure 3-3 The underlying drivers of travel demand

This is significant, both in terms of the poor underlying basis for travel demand forecasting, but also in not alerting policymakers to the underlying drivers of demand which would need to be addressed if there is a wish to limit overall travel demand, at least in higher density megacities in countries such as China. In a similar way to how the logistics industry looks at all costs in an industry's production and distribution chain – making trade-offs, for example, between the amount of goods transport required, the size of stock holdings and the number and location of distribution centres – so transport planners need to take a more comprehensive look at the movement of people in cities and the production and consumption patterns associated with these movement patterns.

3.8.2 Land use

Urban land use patterns are the primary determinant of urban mobility demand, and advanced urban land use policy places reducing transport demand at the heart of urban design. Strong land use planning can significantly reduce the demand for mobility.

By locating services and employment close to residential areas, this can reduce the demand for mobility and cars. The allocation of urban space to cars (private and public parking and roads) will determine future transport patterns. Alternatively designing urban areas so they have a high degree of "accessibility" with efficient (high density) public transport as well as easy walking and cycling are key determinants in determining the value and attractiveness of an urban environment.

European property developers increasingly understand that the "accessibility" of a site determines its value and are increasingly prepared to contribute to funding green travel forms of accessibility improvements.

City planners need to have the training, skills and political support to design and implement strong urban planning policy and be capable of resisting the strong interests that will oppose high density urban developments and mobility investments.

3.8.3 Car ownership

Household car ownership – and, in particular, car availability - has a very strong influence on the amount of travel which people undertake. It can affect both the numbers of trips that people make and, more importantly, the distance travelled per annum. As car ownership increases, annual person kilometres of travel usually increase in parallel (Figure 3-4) – at least until we encounter the so-called "peak car" phenomena[①]. There are also smaller increases in time spent travelling.

There are two reasons for the association between rising car ownership and the growth in personal travel, the first is more subjective in nature and the second more objective:

Car travel is described as being very "convenient", as a result of being available 24 hours per day and offering a "door-to-door"service in most cases; passengers can be carried in comfort, regardless of weather conditions, and goods can also easily be transported. Travel becomes "easier".

---

① Many economically advanced countries, including Japan, USA and UK, have experienced since the late 1990s an aggregate leveling off in the average annual distance travelled per person by car, despite continuing increases in GDP and, in some cases, increases in car ownership. This follows half a century of steadily increasing car kilometres. The reasons for this change in behaviour are not clear, but in part are associated with reductions in car travel by younger males.

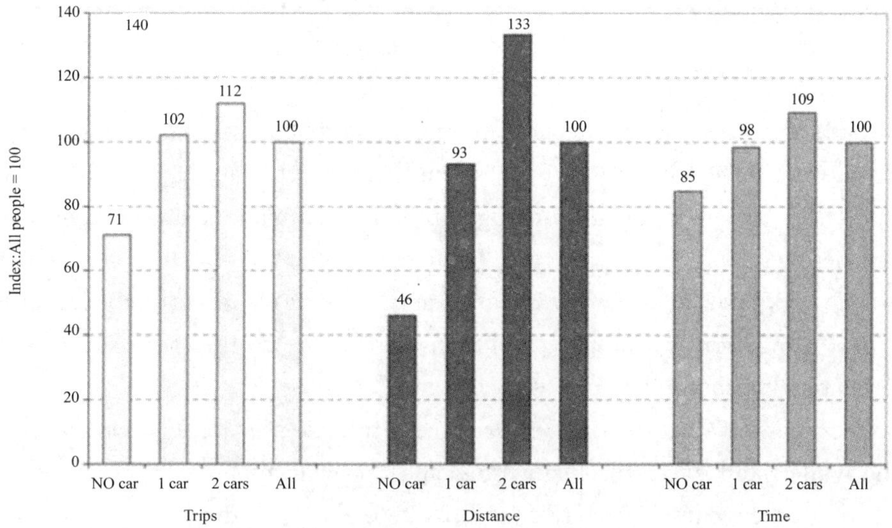

Figure 3-4 Variations in average person trip rates, distance travelled and time spent travelling, by household car ownership

Source: GB National Travel Survey 2012, from Table NTS0701.

Car travel enables faster door-to-door travel than most of the modes it displaces (i.e. public transport, cycling and walking); so that travel distances – and hence vehicle kilometres – increase at a much faster rate than trips or travel times.

So limiting car ownership can have a significant impact, both on the overall volume of travel and on choice of travel mode. Various methods are used to limit car ownership, directly or indirectly. In particular:

Directly limiting car ownership; for example, in Bermuda households are limited to one car, and there are no hire cars on the island.

Relating car ownership to residential parking provision; in Tokyo car registration requires that the owner can demonstrate that they have access to an off-street parking space, while in denser urban areas like Inner London the limited availability of on- and off-street residential parking acts as a disincentive to car ownership – and to car use.

High vehicle registration taxes, such as in Singapore and Shanghai.

In addition, some countries relate car ownership taxation to vehicle CO_2 emissions, and so encourage the purchase of more fuel efficient vehicles. In the UK, for example, annual Vehicle Excise Duty is directly related to CO_2 emissions, and some local authorities relate on-street residential parking permit charges to these emission levels.

3.8.4 Parking controls

Although parking policy and its implementation are central to urban mobility policy and managing car use, they are often neglected in urban mobility policy. For people with access to cars the availability and cost of parking are the primary determinants of car use for a particular trip.

The parking policy must be integrated within the broader vision and targets of the local urban transport plan. Cities can give a strong incentive to car sharing, alternative fuels, buses and efficient urban logistics through providing free parking and fuelling stations for these modes.

Variable parking pricing (for private and public parking) is increasingly cost effective to implement using smart phone based solutions and can be an important revenue stream to support public transport, walking and cycling.

The weakness of many parking management measures is weak enforcement – illegal parking while often tolerated is dangerous and a privatisation of public space and often reduces the attractiveness of public transport walking and cycling.

A serious urban transport system needs effective parking management and enforcement.

3.8.5 Restraining moving transportation

There are three broad mechanisms for restraining the movement of motor vehicles in different parts of an urban area, their applicability depending on policy objectives and the physical, social and economic geography of the city.

The first is based on a range of "physical" measures which limit the amount of road capacity for general transportation below the maximum which could be provided in that locality. Such measures include:

①Restrictions in the width of the carriageway (often in association with reallocating some carriageway space for a bus or cycle lane, or an increase in footway width).

②Using transportation signals to meter the amount of transportation accessing an area, in order to avoid an overloaded network. Such a technique is used in London in the area around Trafalgar Square (where junction capacity has been reduced by 40% to provide a greatly improved public space), and in Zurich where transportation in the city centre is kept below the point where it would delay on-street tram and bus services.

③Reconfiguring part of the street network to make it unattractive or impossible to drive through an area that is considered to be environmentally sensitive. Two techniques are commonly used:

- Transportation "cells", where the inner city and city centre areas, typically within a high capacity ring road, are divided into sectors or cells, and direct movement from one to another is limited to buses, cyclists and pedestrians; general transportation has to move out to the ring road and access another sector from there.
- Transportation "mazes", in which a well-connected street network, typically in a

residential area of the city, is modified using banned turns, selected junctions closures and sections of opposing one-way street along a road to make it impractical to pass directly through the area in order to by-pass transportation queues on the major roads.

- The second group is based on a diverse range of "regulatory"measures by using signals and electronic backed-up technology to control the number of people who have access to an area. Such measures are usually introduced to control access to a defined area, but can also apply just to particular streets (e.g. a major shopping street); they are often limited to certain times of day, such as during shopping hours, or at night in high density residential areas.

Regulated access can be based on different criteria:

①The type of vehicle (e.g. buses and cycles only); in the extreme case, this might be limited to pedestrians only.

②The type of person (e.g. residents only).

③The purpose of the trip (e.g. loading, or local access only).

④The emissions of the vehicle (see under Low Emission Zones).

The third group involves the use of pricing measures, variously known as road pricing, congestion charging, road user charging, or urban tolling. In each case this involves the charging of motor vehicles for using parts of the urban road Network. Charging can vary by type of vehicle, time of day, etc. and may be based on several principles. In particular:

①Point charging: for passing particular points on the network (e.g. bridge or junction).

②Cordon charging: a charge for crossing a cordon line (e.g. Oslo toll ring).

③Area charging: a charge for accessing and moving within a defined area (e.g. London congestion charge).

④Congestion-based charge: a variable charge designed to maintain a certain level of network performance (e.g. Singapore charging scheme).

Unlike parking controls, where authorities consciously combine physical, regulatory and pricing measures to achieve their policy objectives, city authorities tend to introduce moving transportation controls using one, or possibly two, of these categories of measures.

3.8.6 Mobility Management

Mobility Management[①](MM) is a concept to promote sustainable transport and manage the demand for car use by changing travellers' attitudes and behaviour. At the core of Mobility Management are "soft" measures like information and communication, organising services and coordinating activities of different partners. "Soft" measures most often enhance the effectiveness of "hard" measures within urban transport (e.g., new tram lines, new roads

① See for instance the European Platform for mobility management, www.epomm.eu.

and new bike lanes). Mobility Management measures (in comparison to "hard" measures) do not necessarily require large financial investments and may have a high benefit-cost ratio. See for instance the European Platform for Mobility Management, www.epomm.eu.

Although hard to measure and evaluate in recent years, the cost effectiveness of Mobility Management (low cost) compared to infrastructure measures with high costs has been widely recognised. Mobility Management is now a required element of urban transport plans in many cities.

One successful type of Mobility Management measure are site based mobility plans, where employers, hospitals, sports stadia and educational establishments (schools, universities etc.) develop and implement site based plans to manage and influence the movement of passengers, servicing and freight to and from their sites. This has the advantage of giving responsibility for managing mobility to the transportation generator itself – rather than transferring the problem to the city authorities – and helps solve the problem at source.

3.8.7 Campaigns/mobility culture

Increasingly Western governments are employing "behaviour change" programmes to encourage more sustainable/healthy behaviour patterns, not just in the transport sector, but also involving home energy use, food consumption, etc..

In the transport sector, the focus is on encouraging car users to switch to greener modes of transport (public transport, walking and cycling). Various attitude surveys have shown that most car drivers acknowledge that not all travel by car is essential – typically at least 10% could be dropped altogether or easily switched to other modes. One UK survey found that around half the parents who drive their children to school – an urban journey which is a major source of local traffic congestion and air pollution – would prefer not to, if a reasonable modal alternative existed.

Most programmes are based on a form of "stages of change" model (Figure 3-5) which recognises that behaviour change involves a process of attitude and often cultural change, with different techniques contributing to different stages. The process goes from initial awareness to experimentation and – if successful - full adoption as a new habitual behaviour.

Typically, early advertising campaigns raise awareness of problems (e.g. air pollution and congestion), highlight the contribution of car use, and encourage people to take personal responsibility for addressing the problem. The emphasis then switches to more targeted messages, travel information and measures which encourage a switch to greener travel modes, usually based around travel to school or to workplaces, or by targeting people in their homes. These initiatives are often branded using phrases such as "Smarter Choices". In the main, they encourage voluntary behaviour change, although they can be introduced alongside more coercive measures such as congestion charging, to encourage behaviour change and make people more aware of alternatives.

Many of these initiatives have been closely monitored, and typically achieve a 10%～15% reduction in car trips and car mileage; although in exceptional circumstances reductions in car use at particular sites can exceed 50%.

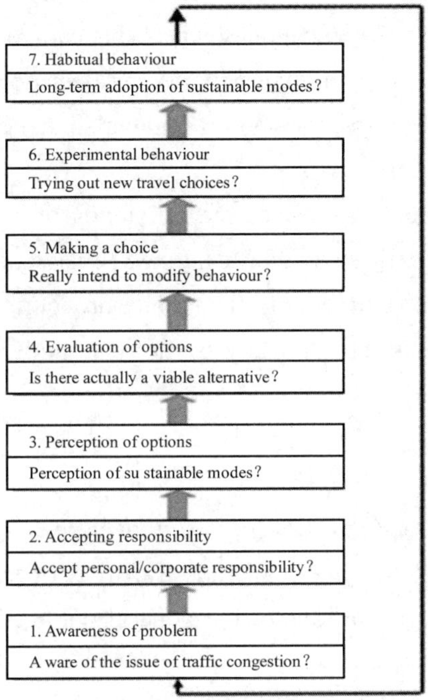

Figure 3-5 An example of a "Stages of Change" model, as developed in the EU "TAPESTRY" project

Culture change is an important component of success, and involves using role models to encourage people to think about the issues and to see the acceptability of changing behaviour. In London, for example, the current mayor got rid of his chauffeur driven car, and often cycles in central London and uses public transport – as he did recently in Beijing - and this sends out a powerful message to all sections of the community.

3.8.8 Low emission zones

High levels of car ownership and use, combined with the dense nature of most European cities lead to high levels of air pollution from road transportation (particularly NO_x and PM) that has a very negative effect on human health (respiratory illnesses and early deaths). To respond to these problems (and in order to comply with European air quality standards) hundreds of cities in Europe are implementing Low Emission Zones (LEZ) in urban areas that restrict access to only the cleanest vehicles, more schemes are expected in the next few years.

Cities generally implement LEZ in accordance with national guidelines. Not all European States allow cities to implement LEZ, some cities prefer to reduce road transportation pollution with a broad range of integrated policies (parking management, public transport priority etc.) The technical details of the schemes vary, some apply to only freight vehicles, others to cars and freight vehicles. Some schemes are enforced by cameras, others by on street inspection. Automatic electronic vehicle identification is expected to evolve in the coming years.

One feature of a LEZ is that as the general car fleet population improves the schemes become less effective at limiting transportation levels – hence a tendency for schemes rules to be revised every few years.

Poorly designed schemes can reduce the efficiency of logistics operations and increase costs of providing public transport. Well-designed schemes can provide clear incentives for users to invest in cleaner vehicles and fuels. The broader impacts of LEZ on congestion, greenhouse gas emissions and road safety are not well understood.

3.9 Green Travel Indicators

"Green Travel" indicators can serve a variety of purposes, and may be intended for very different audiences. The latter might include transport operators, local mayors or national governments, research organisations or the general public. Indicators play an increasingly important role in:

①Identifying priority problems that need addressing (e.g. air pollution in cities).

②Enabling transport operators to fine-tune transport system operation, using both objective indicators (e.g. measures of delay) and subjective indicators (e.g. customer perceptions of safety).

③Incentivising high quality performance among managers (e.g. performance related pay) and more political appointments (e.g. promotion criteria).

Here we briefly review five kinds of indicators:

①Road transport externalities (congestion, pollution, etc.).

②Green mode service performance – passenger experience.

③System efficiency.

④Public attitudes to transport conditions and policies.

⑤Social equity.

3.9.1 Road transport externalities

Some forms of externality are relatively easy to measure, in principle (e.g. air quality or transportation accidents), while others such as traffic congestion are more difficult.

Many national governments set targets for air pollution, which consist of both a limit and a maximum number of days per year on which this level can be breached. For example, the EU-wide limit value for Nitrogen Dioxide (NO_2) is 200 ug/m^3 per hour and this should not be exceeded on more than 18 times per year.

While most countries count the number of deaths and serious injuries from road transportation accidents, definitions vary, both in terms of ①within how many days of the accident the person has to die for it to be attributed to the transportation accident, and ② the definition of "serious".

There is no internationally accepted method for measuring traffic congestion; some cities use average speed, minutes spent stationary, etc.. In London, reductions in traffic congestion resulting from the introduction of the congestion charge were measured as changes in excess travel time, measured as a "travel rate" (Figure 3-6).

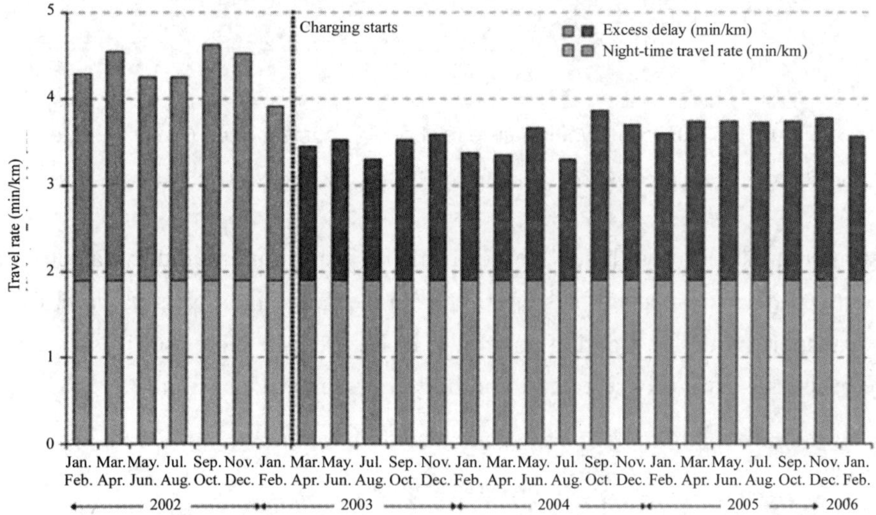

Figure 3-6 Congestion inside the London Congestion Charging Zone, during charging hours

source: Transport for London, Fourth Annual Monitoring Report, Figure 3.1.

3.9.2 Green mode service performance – passenger experience

Many cities have developed quite advanced methods of service performance, using both objective and subjective measures.

One measure used on bus and rail networks in London, and many other cities is "excess waiting time" (Figure 3-7). This records the average time that passengers wait for a bus or train in excess of the time they would have waited if the service was exactly on time; for high frequency services this is estimated as half the headway, while for lower frequency services the published timetable is used. One limitation of this measure is that it assumes that the passenger can board the first vehicle that arrives – which is not always the case when vehicles are very crowded in rush hour periods.

Figure 3-7 Excess waiting time for London bus services (lower = better)

Source: presentation by Tom Cunningham, TfL to Chinese delegation, September 2013.

Customer satisfaction with service performance can be measured in various ways, and can refer to different aspects of system performance. One high level example, for the main public transport modes in London, is shown in Figure 3-8. Note that it is crucial that the sample of users is carefully selected to be fully representative of users.

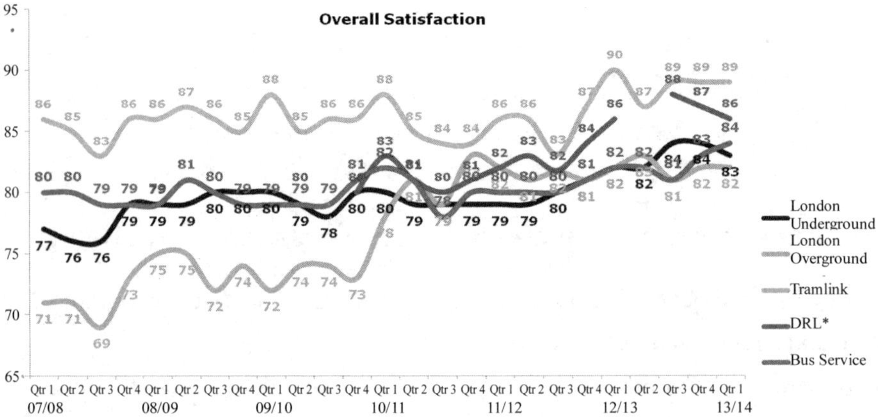

Figure 3-8 Customer satisfaction with public transport modes in London over time.

Source: presentation by Julie Dixon, TfL to Chinese delegation, September 2013.

3.9.3 System efficiency indicators

These measures focus more on the operation of the transport system as a whole, rather than the experiences of the system by its passengers: a transport system may be highly valued by passengers, but be operationally and economically inefficient.

Examples of indicators include:

①Percentage of scheduled vehicle miles/kilometres operated.

②Hours per day that each vehicle is in public service operation, or the percentage of the time that a public hire bicycle is being used.

③Average load factors (passengers per vehicle).

④Subsidy per passenger mile/kilometre.

3.9.4 Public attitudes to transport conditions and policies

Public attitudes are commonly sought, both concerning the adequacy of the current urban transport systems, and in terms of what people think the government should do to resolve the problem.

①The media play a major role in influencing public perceptions, so it is quite common for general attitudes to something that is regarded as a "problem" to be negative (e.g. general traffic congestion), but personal experience to be more positive – so this distinction needs to be kept in mind.

②Public attitudes and perceptions may be quite different from those of professional groups, and quite complex in nature. For example, in relation to urban congestion charging:

Many economists and engineers regard congestion charging as a way of "internalising an externality" and making people pay for a problem which they are causing.

Most car drivers see congestion as being caused by other people, not themselves, and something they already pay for, in extended journey times; they don't get the logic of paying for something they don't want (i.e. congestion).

Congestion charging is not seen as a very effective or fair way of reducing traffic congestion – better public transport services are seen as being much fairer and more effective.

BUT, many people are willing to accept additional charges on motorists to pay for the improved public transport services.

③Generally in Europe, there is a preference for improving non-car modes rather than restrictions on driving in cities, and in the latter case a preference for regulation over pricing.

3.9.5 Social equity

Many cities provide reduced or free fares for children, older people and those with disabilities in recognition of their reduced ability to pay for using public transport services. Special provision is also made for service access for those with reduced mobility, often mandated through national legislation.

There are many aspects of social equity that can be measured through indicators, including:

①Numbers of green travel mode trips made by different population groups, relative to their numbers in the population.

②The number of stations, bus stops and vehicles that are wheelchair accessible, and the overall percentage of the network which is accessible.

③Access to goods and services by various population groups, in different parts of the urban area. For example:

- The proportion of suitable employment for people in the lowest income quintile which can be reached by public transport within 45 minutes of home.
- The proportion of people aged over 65 which can reach a hospital within 30 minutes of their home by public transport.

④Differential exposure to externalities by residential location and social group. Poorer people in Western cities tend to live in areas which are less accessible and more polluted:

- In the UK, children living in the poorest areas of the city are five times more likely to be killed or seriously injured by a motor vehicle than children living in the wealthiest areas.
- In European cities, residential areas with high air pollution tend to be those occupied by poorer people.

3.10 Public Involvement and Capacity Building

Public involvement in transport planning in cities is becoming increasingly common, but the purpose and nature of that involvement varies widely from city to city and country to country. City and national officials often have little experience of public involvement – other than people "complaining" to the council or writing letters to the press – and can be quite fearful of it. But, experience shows that a well-designed involvement process can have very positive outcomes.

There are several guides designed to facilitate capacity building and help transport officials successfully engage in public involvement exercises and benefit from the experiences of others. See for instance documentation from the EU "GUIDE MAPS" project.

Public involvement needs to be considered in relation to the various stages of a transport planning design and implementation process. This typically comprises:

①Problem identification/objective setting: what problems are we trying to address and what is the initiative designed to achieve?

②Option generation: how might the problem(s) be solved and the objectives be met?

③Option appraisal: what are the advantages and disadvantages of each of the options?

④Option selection: which option should be implemented?

⑤Construction: during the construction/implementing process?

⑥Evaluation: how well has the scheme/measure succeeded in addressing the problem it was intended to solve, or in meeting its agreed objectives?

There are several decisions that each city needs to take when considering public involvement:

①WHO to involve?

②WHY involve them?

③HOW to involve them?

④WHEN to involve them?

3.10.1 Who to involve?

There are many public bodies and major private organisations which have a formal interest in the particular transport policy/ investment which is under consideration; these may include other government departments and any private bus operators and utility (e.g. water or electricity) companies.

But there are many other "stakeholder" groups likely to be affected by a transport proposal, in some way. Such groups might include:

①Travellers (by bus, rail, car, cycling, walking, etc.).

②Local residents and local businesses.

③Tourists and other visitors to an area.

④Organisations representing particular groups of people (e.g. disability groups).

⑤ Civic and environmental groups and various NGOs (non-governmental organisations).

3.10.2 Why involve them?

There is often a legal requirement to consult a range of "statutory" bodies when proposing major schemes or new types of transport policies. Increasing, this legal requirement is being extended to cover at least some of the groups listed above in section 10.1.

For example: City councils and transport organisations are legally required to involve the public as part of scheme design and implementation in Sweden. Both the UK and USA have legal requirements to ensure adequate consultation, for example through Environmental Justice legislation in the US.

Increasingly in the UK, citizens who are unhappy with the way in which consultation has been carried out by government organisations can seek "judicial review" by asking the courts to judge whether consultation procedures were adequate. Early cases were concerned with whether the views of all the affected groups were considered; but increasingly courts are also ruling as to whether methods of involvement are appropriate (see Section 10.3) and (in the case of health service provision) have recently ruled that the public health organisation did not pay sufficient attention to consider realistic alternatives to their proposed scheme.The courts are guided both by national legislation, and by countries signing up to international conventions, such as the Aarhus Convention or the UN Convention on Human Rights.

But there are also good practical reasons for involving travellers, local businesses and residents, etc.. in decisions which affect their daily lives, other than on legal or moral grounds. In particular:

- Problem identification: Transport users and local residents/businesses often have a better practical knowledge of local problems and their causes than the transport professionals, who may live in other parts of the city.
- Objective setting: Users and local residents/businesses will be strongly affected by the transport policies/investments that are implemented, so it is increasingly common to involve such groups in objective setting and future visioning for their area.
- Option generation: Although still quite rare, there is growing evidence that stakeholder groups can contribute usefully to suggesting solutions to tackle the problems that have been identified; in particular, they may help to generate "unconventional" solutions that might not be obvious to the professionals trained in the field.
- Option appraisal: This is probably the most common form of public involvement, in which people are asked about their preferences among a small set of possible options to address the problems/achieve the objectives. This encourages local "buy in", but how much weight these views carry when the final decision is taken various from one city to another.
- Decision taking: It is rare for citizens and other stakeholder groups to take the final decision – this is usually in the hands of local or national politicians and other public officials. But some cities do practice "participatory Budgeting", where local communities are given (relatively small) sums of money to spend on schemes of their

choice.

- Construction: Large schemes (e.g. a new light rail scheme through a city centre) can be very disruptive for many months or years, and close involvement of local businesses and residents is very important to minimise adverse impacts and discontent. This might simply involve providing regular updates on where local construction works are taking place, or actively managing the works to minimise disruption to the local community.
- Post implementation appraisal: It is good practice – though not often done – to ask user groups and local businesses and residents how successful they think that the implemented scheme/investment has been, in solving previous problems and meeting objectives. This information can be used to "fine tune" the scheme and add to knowledge in order to improve similar future schemes.

There are also some valuable secondary benefits that often arise from public involvement, In particular:

①Going through the exercise of generating options can help local groups to better understand the practical constraints which transport professionals are often under;

②Where a scheme relies on "voluntary" compliance with new regulations (i.e. with no or limited resources for enforcement), then an option which been generated in consultation with users and supported in an option appraisal exercise is much more likely to be complied with.

3.10.3 How to involve?

Broadly speaking, we can identify four degrees of public "involvement", in ascending order of engagement:

①Information: people are told about decisions that have already taken (e.g. construction of a new underground line in their neighbourhood); their views are not being sought.

②Consultation: here people's views are sought, but usually simply in terms of their agreement or disagreement with proposals already drawn up, although often they are provided with some element of choice (e.g. choose between three routes for a new ring road).

③Engagement: usually a more interactive process, working in small group sessions which are expertly moderated, in which planners/designers and stakeholder groups exchange views and try and reach a degree of consensus.

④Empowerment: where communities are given a degree of authority to decide on what happens (e.g. Participatory Budgeting approaches).

Information and Consultation are the most common ways of involving stakeholders, although among an increasingly educated and articulate population there are pressures to move more towards engagement and empowerment. But the latter can cause tensions with some local politicians, who see their traditional role as representing their electorate and making decisions on their behalf being challenged and eroded by this process.

3.10.4 When to involve?

The golden lesson is to be clear from the beginning what influence stakeholder groups are being given in the planning, design and implementation process. This directly affects WHEN they should be involved.

For example, if a decision has already been taken to build a bus rapid transit system, then if all the details are planned it would only be appropriate to involve people around issues relating to scheme construction – either simply informing them about changes to road layouts and phases of construction, or working with, for example, local businesses to minimise disruption during construction to local customers and deliveries.

Resource constraints also need to be taken into account. As a city authority moves from "information" towards "empowerment" then the professional input required to run and analyse the outcomes of the process increases. Some authorities may also be under a financial constraint, which requires that the scheme be started by a certain date; this may also constrain what can be achieved in terms of public involvement in the time available.

But, experience in many Western cities suggests that it is worth investing in extensive public involvement in schemes that are likely to be contentious, otherwise they may become delayed at great expense by strong public anger once the decision to introduce/construct is announced.

3.11 Conclusions

Urban green transport is most successful when various policies are coordinated across modes, agencies, and levels of government – it is primarily an organisational and management problem. Throwing large amounts of new investment at public transport and cutting public transport fares alone will not solve transportation problems nor induce a long-term shift of travel demand from private motor vehicles to public transport, walking, and cycling. Travellers will evaluate the competitiveness of all modes against each other, and the "culture of the car"needs to change.

A variety of factors can work against the success of green urban transport, such as widely available and inexpensive car parking, overcrowded and unreliable public transport, widespread perception that cycling and walking are unsafe, avoidance of green travel modes by high status or wealthy individuals, and negative news media perceptions of green transport.

Similarly a wide variety of factors can support the growth of green urban transport. These include such things as visible improvements that make walking and cycling safer and more legitimate, giving public transport priority in transportation, stringently enforcing parking requirements and transportation laws, limiting the supply and increasing the cost of car parking. They include elimination of physical barriers that impede pedestrians and cyclists from following the most direct path to their destinations, providing bicycle parking close to the entrances of public transport and activity centres, and providing pedestrian amenities, such as benches, shade trees, and rain covers along frequented pathways.

With high density cities and currently low levels of car ownership China could (if it decides to) choose to learn from the mistakes elsewhere and build a green urban mobility future. It could go straight to the Stage 3 outlined in section 3.2. Not all international experience is relevant to the Chinese context, but there is much to be learned in examining the alternative pathways to transport system modernization taken by various countries. The U.S. experience is cautionary in showing how costly the excesses of over-motorization can be. Today, the U.S. is on a long path to restore balance to its urban mobility systems to expand green travel choices, which were systematically disregarded in the development of large car-dependent suburban areas over the past half century. In the wake of the Great Recession that started in 2008, real estate values fell by more than half in the car-dependent suburbs and have still not recovered today, while real estate values largely held up and have recovered quickly in urban and inner ring suburban areas where good green transport options are available. Average U.S. urban density continues to increase as younger people avoid car-oriented suburbs and continue to congregate and stay in areas where they can be less dependent on cars.

Although global oil prices have fallen to in recent years the increased reducing carbon emissions means that cities with still aim for less car dependence and stronger green transport options. This will be even truer as the external costs of air pollution, road accidents and greenhouse gas pollution become fully understood and internalized in policy frameworks. Once high levels of car ownership, road construction and oil use became established the "lobby power" of these important industries has had a strong influence on the evolution of transport policy in many western countries.

That said, China needs to find its own pathway to sustainable green urban transport, acknowledging the differences in land markets, political and economic structures, and the form of recent urban development. With several hundred million people poised to move into cities in China in coming decades, how this process of urbanization is managed will have great implications for both the economy and environment of China and the rest of the world.

If the current urban mobility development trend in China continues it will lead to an increasingly chaotic urban mobility marked by inefficiency, congestion and pollution.

But if new national policy delivers compact, mixed use, low carbon growth, with a high level of use of green urban transport, the future will be brighter for China and all mankind.

Chapter 4

Survey and Analysis of Green Travel Behaviour in China

4.1 Organization and Implementation

This survey was conducted with a view to better understand the current status of Chinese residents' perception and practice of the "green travel" concept. The survey was designed in the form of "face to face" on site questionnaire, and was administered both in this form and as an on-line questionnaire.

The questionnaire consists of six parts. The main contents of the questionnaire include the following.

Part I: Information about the respondents

Part II: Travel modes

Part III: Travel preferences

Part IV: Public transport environment

Part V: Walking or cycling environment

Part VI: Influences of transportation demand management policies

In addition, comments and suggestions were also solicited from the respondents polled for improvement of urban green travel. For details of the questionnaire, please see the annex to the report.

This chapter mainly analyses the results of on-line questionnaire. The research group uploaded the well-designed questionnaire on the internet survey platform (http://survey.sohu.com/list.php.) to carry out a nationwide survey of potential respondents. The advantage of an online survey platform is that the survey can be done quickly and widely. It is a convenient, economic and highly effective mode of survey. Its disadvantage is that the respondents may be imbalanced in the aspects of age, occupation and income as affected by the structure of internet users. To solve this problem, the research group also adopted a mode of live, face-to-face questionnaires aiming at the community residents so that the results can be cross checked and compared with the results obtained from the online survey thus ensuring the validity and authority of the findings.

Total of 3,887 valid questionnaires were collected in this survey. The desired objectives were met both in terms of the extent of coverage and quality of the questionnaire. The survey findings are as follows.

4.2 Basic Statistics and Analysis

4.2.1 Basic information about the respondents

As a web-based survey, it has some special characteristics. Therefore, the basic information concerning the respondents is used as an important principle to measure whether the survey sample command certain universality and validity of the polled groups. Furthermore, such information plays an important role in the subsequent statistics and analysis. The information obtained through this survey concerning respondents includes five basic items: age, income, occupation, region and transport conditions.

4.2.1.1 Proportion of age groups

Among the 3,887 respondents, the number of those aged 15～23, 24～30 and those older than 55 years old accounts for a minority of 20%, and that of those aged 31～40 and 41～55 accounts for 80%. The respondents caring about urban green travel mainly fall under the category of the groups aged 31～40 and 41～55. The quantity and composition of all age groups in the survey sample are shown in the Table 4-1.

Table 4-1 Number and proportion of the age groups

Age Groups	Number of people	Proportion
15～23	86	2.21%
24～30	377	9.70%
31～40	1,525	39.23%
41～55	1,557	40.06%
>55	342	8.80%

To further analyze the age composition of the respondents, we have compared the age composition of the sample in the survey and that of the 2010 national census results, which are shown in Table 4-2. As can be seen from the comparison results, the proportion of the young age group (15～23 years old) is lower than that of the national figure while the proportion of the 24～30 years old segment is similar to that of the national figure; the percentages of 31～40 years old and 41～55 years old groups are much higher than the national level, while the percentage of the old age (older than 55 years) group is lower than the national level.

This phenomenon is consistent with the actual situation, as the young and old age groups have less access to online survey because of two constraints i.e. academic study and age. As the residents of other age groups are able to participate in online surveys because they have time and skills to get online, their proportion of participating in the web-based survey is relatively higher. This phenomenon also reflects the characteristics of web-based survey, and it shows that the sample of the survey just covers the main proportion of the respondents who like to travel. As the residents of 24～55 years old age group, who mostly commute, accounts for the majority of urban travel, the perception of these residents on green travel is of importance to the decision support.

Table 4-2 Composition of age groups and comparison with the results of the census in 2010

Age groups	Percentage composition	
	Sample distribution	Results of population census
15～23	2.21%	15.35%
24～30	9.70%	10.70%
31～40	39.23%	16.78%
41～55	40.06%	22.45%
>55	8.80%	18.09%

4.2.1.2 Occupational characteristics

In the survey, the profession is divided into 14 categories, including teacher, self-employed person, civil servant, doctor, research worker, worker, driver, actor, corporate employee, cook, e-commerce practitioner, soldier, farmer and others, and the remaining occupations are treated as an "other" category and respondents write in their answer in accordance with the actual situation of the respondents. In the process of data analysis, the occupations with a very low proportion were consolidated. The occupational distribution of the respondents is shown in Figure 4-1 and Table 4-3, in which the number of respondents being teachers, civil servants and corporate employees accounts for more than 10%, reflecting the higher degree of participation of these groups in the survey and that they are more concerned with such topics as urban green travel.

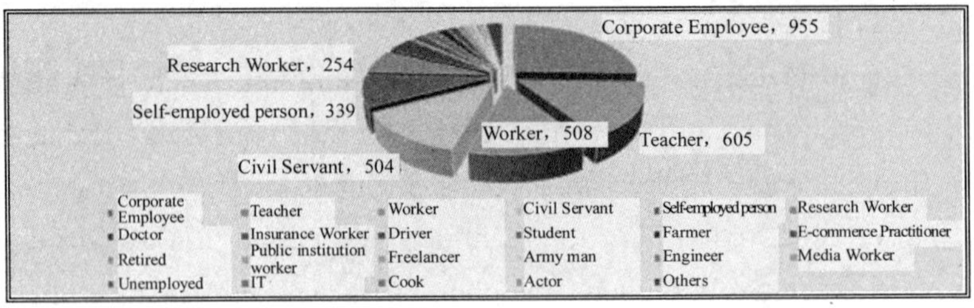

Figure 4-1 Occupational composition of the respondents

Table 4-3 Occupational distribution of the polled citizens

Occupation	Number of people	Proportion	Occupation	Number of people	Proportion
Teacher	605	15.56%	E-commerce Practitioner	59	1.52%
Self-employed person	339	8.72%	Army man	18	0.46%
Civil servant	504	12.97%	Farmer	66	1.70%
Doctor	163	4.19%	Student	71	1.83%
Research worker	254	6.53%	Freelancer	19	0.49%
Worker	508	13.07%	Public institution worker	20	0.51%
Driver	74	1.90%	IT	7	0.18%
Actor	3	0.08%	Insurance worker	3	0.08%
Corporate employee	995	25.60%	Unemployed	9	0.23%
Cook	5	0.13%	Engineer	15	0.39%
Media worker	10	0.26%	Retired	43	1.11%
Others	97	2.50%			

4.2.1.3 Income groups

Among the respondents, the total number of respondents with monthly incomes of less than 800 yuan, 801～1,500 yuan, 9,001～35,000 yuan and that of greater than 35,000 yuan accounts for less than 20% of the sample. The number of those with monthly income of 1,501～4,500 yuan and 4,501～9,000 yuan accounts for 84% of the sample. The number of the respondents with a monthly income of 1,501～4,500 yuan comprises more than 50% of the sample. The income composition of the respondents is shown in Table 4-4.

Table 4-4 Number of respondents by monthly income

Monthly Income	Number of people	Proportion
<800 RMB	113	2.91%
801～1,500 RMB	186	4.79%
1,501～4,500 RMB	2,184	56.19%
4,501～9,000 RMB	1,070	27.53%
9,001～35,000 RMB	300	7.72%
>35,000 RMB	34	0.87%

This result is consistent with the overall income situation in China, i.e. the proportions of low-income and high-income groups are relatively low while those of middle-income groups are high. Meanwhile, the ultra-low-income group is difficult to have access to the online surveys. According to the survey, the group with a monthly income of 1,501～4,500 yuan is more concerned about green travel and such a group is also an important component of urban residents.

4.2.1.4 Regional distribution

According to the survey results, the sample covers 31 provinces, municipalities and autonomous regions, and almost all of the provincial-level administrative regions in the country participated in the survey sample. Hong Kong and Macao Special Administrative Regions were not included. The regional composition of the survey samples is shown in Table 4-5.

As can been seen from the regional distribution of the survey samples, it is obvious that the regional distribution is uneven. The number of respondents in Beijing tops the list, followed by that of Shandong province in second place. The number of the respondents in the former is two times that in the latter. Moreover, the number of respondents in the top 7 provinces and municipalities accounts for 55% of all respondents and these provinces are among the top ones in terms of total GDP in China in 2012. This phenomenon shows that the concern over green travel in developed regions is higher than that of remaining regions. The regional distribution of the survey samples is shown in Figure 4-2.

Table 4-5 Regional distribution of the survey samples

Region	Number of People	Proportion	Region	Number of People	Proportion	Region	Number of People	Proportion
Beijing	620	15.95%	Liaoning	107	2.75%	Inner Mongolia	50	1.29%
Shandong	346	8.90%	Fujian	107	2.75%	Xinjiang	48	1.23%
Guangdong	323	8.31%	Shanxi	98	2.52%	Gansu	41	1.05%

Region	Number of People	Proportion	Region	Number of People	Proportion	Region	Number of People	Proportion
Jiangsu	263	6.77%	Shaanxi	98	2.52%	Yunnan	40	1.03%
Hebei	209	5.38%	Jiangxi	82	2.11%	Guizhou	25	0.64%
Henan	195	5.02%	Heilongjiang	76	1.96%	Hainan	18	0.46%
Zhejiang	166	4.27%	Jilin	69	1.78%	Qinghai	9	0.23%
Hubei	128	3.29%	Tianjin	63	1.62%	Ningxia	8	0.21%
Shanghai	124	3.19%	Chongqing	56	1.44%	Tibet	2	0.05%
Guangxi	124	3.19%	Hunan	119	3.06%	Others	39	1.00%
Anhui	122	3.14%	Sichuan	112	2.88%			

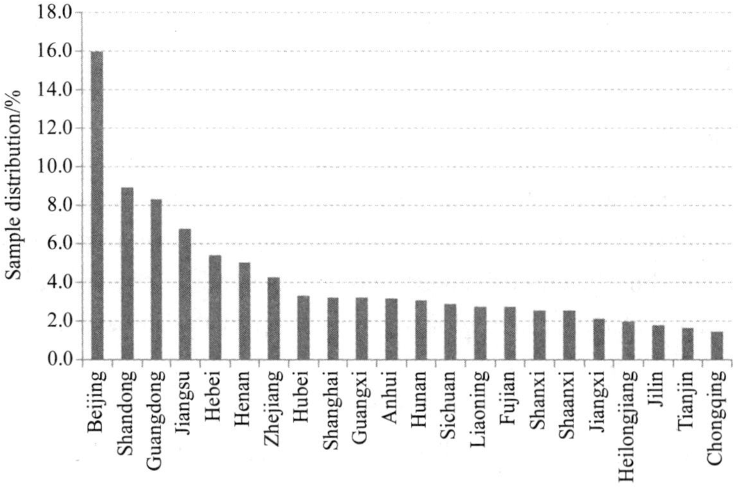

Figure 4-2 Regional distribution of the survey samples

4.2.1.5 Characteristics of transport ownership

Among the respondents, the number of bike owners tops the list, followed by the number of private car owners. A very few respondents do not own any means of transport. The ownership of vehicles by citizens is shown in Table 4-6. As can be seen, 27.77% of respondents own private cars, which indicates that private cars have been very common in the life of urban residents in China and car travel has gradually become the normal way of urban transport. A decade ago, a car was regarded as a luxury commodity. Therefore, the high proportion of vehicle ownership will pose an important challenge to the promotion and implementation of green travel policy.

Table 4-6 Number of people owning means of transport and their composition

Vehicle	Number of people	Proportion
Bike	2,415	41.71%
Motorbicycle	933	16.11%
Motorcycle	571	9.86%
Private Car	1,608	27.77%
Others	263	4.54%

4.2.1.6 Main conclusions

Based on the statistics and analysis of the respondents' information, the following preliminary conclusions can be drawn:

- The age distribution of the respondents is not exactly consistent with the population structure of China, but it is in line with the actual situation of all age groups, and therefore it can be trusted.
- The occupational distribution of the respondents is consistent with the occupational structure in most regions of China with the occupational groups of teacher, civil servant and corporate employee taking higher proportion.
- The income of the respondents is generally consistent with the structure of the national income of China with the middle-income group accounting for a high proportion and low-income and high-income groups low proportion.
- Private car ownership rate is high with nearly half of the number of respondents owning a car.
- Although the geographic distribution of respondents is nationwide, the number of respondents in the developed regions likes Beijing accounts for a relatively high proportion.

4.2.2 Travel modes

The survey asked for travel mode choices for two travel purposes: i.e. commuting for work and traveling for leisure and shopping. In both cases, the travel mode shares are similar. The main travel means include private cars, rail transit or bus, bike and walk, but there are small differences between them. Travel by bike for commuting is more common than travel by bike for leisure. Travel on foot is less adopted in commuting than in travel for leisure. The number and composition of the respondents surveyed on the travel modes for commuting and for leisure are shown in Table 4-7.

Table 4-7 Number and composition of the respondents for commuting and for leisure

Travel mode		Private cars	Taxi	Rail Transit or bus	Motorcycle	Motorbicycle	Bike	Walk	Others
Commuting	Number of people	1,211	545	2,096	353	688	1,620	1,918	19
	Proportion	14.33%	6.45%	24.80%	4.18%	8.14%	19.17%	22.70%	0.22%
Leisure	Number of respondents	1,025	521	1,976	253	599	1,287	2,183	10
	Proportion	13.05%	6.63%	25.16%	3.22%	7.63%	16.39%	27.79%	0.13%

4.2.3 Travel preferences

As for travel preferences, 5 questions were included in the questionnaire to further understand the willingness of urban residents to travel by motor vehicles, as well as their attitudes towards travel by walk and by bike and by private cars:

- Suppose you have your own car, what will affect your frequency to use it?
- If you are planning to purchase a car, what's the reason behind it?
- What makes you choose to travel by walk or by bike?
- What is your acceptable walking distance?
- What is your acceptable cycling distance?

The survey results concerning the above travel preference are as follows:

(1) Suppose you have your own car, what factors will affect your frequency to use it?

The survey has found that the top factor affecting the use frequency of private cars is the congestion level (77.13%), followed by the petrol price and availability of parking spaces. It is worthy of noting that survey respondents believe that the surcharge on the use of private cars has a rather minimal effect, while petrol price, parking space and parking charges are much more important factors. The number and composition of the respondents surveyed on factors affecting their frequency of using cars is shown in Table 4-8.

Table 4-8 Number and composition of the respondents surveyed on factors affecting the use frequency of private cars

Influencing factors	Number of people	Proportion
Congestion	2,998	44.42%
Petro price	1,595	23.63%
Parking space	1,526	22.61%
Parking fare	499	7.39%
Use surcharge of private cars	131	1.94%

(2) If you are planning to purchase a car, what's the reason behind it?

The main factors affecting respondents' decisions about buying private cars are the incapability of public transport to meet their travel needs and its long travel time. Therefore, it is apparent that an improvement of public transport service could reduce the number of respondents planning to buy cars. The number and composition of respondents surveyed on factors affecting the purchase of private cars is shown in Table 4-9.

Table 4-9 Analysis of factors affecting car purchase

Influencing Factors	Number of people	Proportion
Public transport cannot meet special needs	2,583	46.42%
Long travel time of public transport	1,952	35.23%
Discomfort of public transport	523	9.44%
Symbol of status	482	8.70%

(3) What makes you choose to travel by walk or by bike?

Physical exercise, environmental protection awareness and a short travel distance are the main factors encouraging the respondents to choose to travel by walk and by bike. The number and composition of respondents surveyed on choosing to travel by walk and by bike are shown in Table 4-10.

Table 4-10 Analysis of influencing factors in choosing travel by walk and by bike

Influencing factors	Number of people	Proportion
Physical exercise	1,380	35.50%
Short distance	1,222	31.44%
Awareness of environmental protection	964	24.80%
Economic reason	300	7.72%

(4) Acceptable walking distance

Basically, a walking distance of over 500 meters is acceptable to nearly all respondents and one third of the respondents are able to accept a walking distance of more than 1,500 meters. The acceptable walking distances and their corresponding number of respondents are shown in Table 4-11. The result is useful to the study of transportation planning and design including the site selection of bus stops and bus interchange.

Table 4-11 Distribution of acceptable walking distance

Acceptable distance	Number of people	Proportion
50～100 m	19	0.49%
101～500 m	286	7.36%

Acceptable distance	Number of people	Proportion
501～1,000 m	892	22.95%
1,001～1,500 m	1,386	35.66%
>1,500 m	1,304	33.55%

(5) Acceptable cycling distance

The respondents are basically able to accept a cycling distance of over 1500 meters, and nearly 20% of the respondents are able to accept a cycling distance of more than 10 kilometers. The distribution of acceptable cycling distances is shown in Table 4-12.

Table 4-12 Distribution of acceptable cycling distances

Distance	Number of people	Proportion
100～500 m	21	0.54%
501～1,500 m	164	4.22%
1,501～3,000 m	830	21.35%
3,001～5,000 m	1,200	30.87%
5,001～10,000 m	998	25.68%
>10,000 m	674	17.34%

(6) Main conclusions

Based on the analysis of the respondents on their travel preferences, the following preliminary conclusions can be drawn:

- Congestion level is a primary factor affecting whether respondents travel by private cars, and economic factors (petrol price, availability of parking space and parking fare) are equally contributing to the use of private cars.
- The service capability of public transport plays an important role in affecting the respondents' decisions concerning the purchase of private cars. A considerable number of respondents think that the public transport is unable to meet their travel needs and they have to buy private cars.
- The majority of the respondents are ready to accept a walking distance of below 1,500 meters.
- The majority of the respondents are able to accept a cycling distance of less than 5,000 meters.

4.2.4 Satisfaction with public transport travel environment

As the construction and upgrading of urban public transport systems is the foremost driving force for the realization of an urban green transport system, the respondents' satisfaction with environmental conditions for public transport and acceptance of travel with public transport play an important and direct role in promoting urban green travel. The questionnaire is composed of 6 parts with regard to the satisfaction with travel by public transport:

- Time taken from your home to the nearest bus stop;
- Does the travel by public transport meet your commuting demand?
- Which is faster, travel by car or by public transport?
- The average waiting time for public transport;
- Onboard facilities and passenger service of public transport;
- Is the price of public transport tickets acceptable?

The analysis on the above survey results is as follows.

(1) Time taken from your home to the nearest bus stop

The majority (90%) of the respondents report that it takes less than 10 minutes from their home to the nearest bus stop; 40.13% of the respondents report that it normally takes them 3 to 5 minutes from their home to the nearest bus stop, of which 20.43% said it takes less 3 minutes from their home to the nearest bus stop; for 28.71% of the respondents it takes 5 to 10 minutes and 10.70% of the respondents report that it takes more than 10 minutes (Figure 4-3)

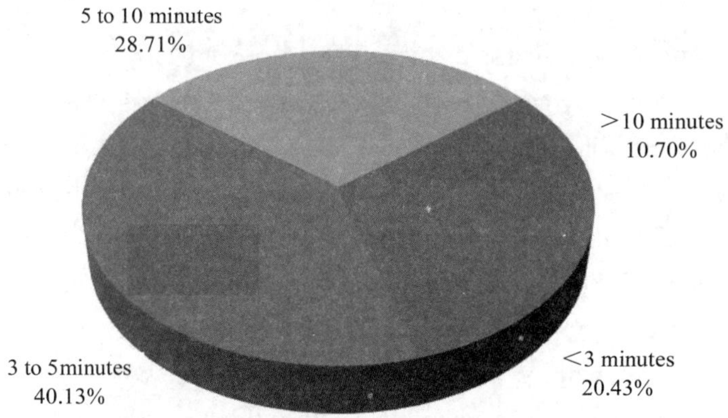

Figure 4-3 Distribution of time taken from home to the nearest bus stop

(2) Is the travel by public transport able to meet your commuting needs

There are 75% of the respondents who think that travel by public transport is able to meet their commuting needs, among which 37.69% said that there is no need to transfer, 26.76% reflect that they have to transit once for commuting and 11.24% said they need transit twice.But there are 24.31% of respondents think that travel by public transport is not able to meet their commuting needs.

As can be seen from the survey results (Figure 4-4), the capability of urban public transport in China as a whole is of medium level, with only one third of the respondents able to complete their commuting journey without interchange and another one third saying that they are basically satisfied with the service of public transport system (but involving a number of transfers). Therefore, the public transport service in urban areas as a whole needs to be further improved, especially during the morning and evening peak commuting hours.

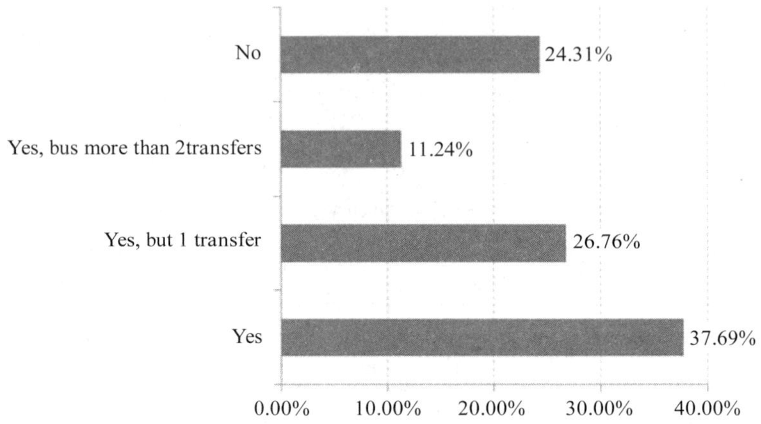

Figure 4-4 Satisfactions with public transport

(3) Which is faster, travel by car or by public transport

Which is faster, travel by car or by public transport? This issue is not only of common concern, but also constitutes one of the main factors for launching a green travel policy. If travel by public transport is slower than that by car, then the bus led green travel system is difficult to compete with the growing car travel. The question about this issue was included in this survey. For the results, please see Figure 4-5. As can be concluded from the survey, it is generally believed that travel by public transport is slower than that by car: 61.74% of respondents believe that travel by car is faster, while only 2.62 % said that travel by public transport is faster and only 12.04% think that travel by public transport is faster during commuting time.

In addition, about 23.59% of the respondents think that there are not much differences between the two travel modes. Therefore, it is apparent that much has to be improved for China's urban public transport system. Since the majority of respondents believe that travel by public transport is slower than travel by cars, this is not conducive to the implementation of the bus led urban green travel system. The issue reflects in another angle the motivation behind buying a car as a commuting tool. This conclusion is consistent with the first result mentioned in question (1), (2), and (3) which is the reflection of the service capability of public transport being an important factor affecting the purchase and use of cars.

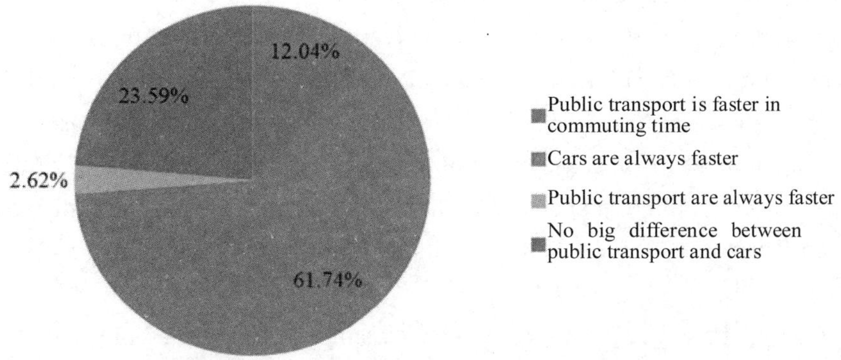

Figure 4-5 Appraisal on the efficiency of public transport and cars

(4) Average waiting time for public transport

Average waiting time for public transport is an important indicator to evaluate the capability of public transport service. The survey has found that the average waiting time for current urban public transport is rather long and the waiting time of 10 minutes is very normal (58.97%). Only 16.13% of respondents reflect that their waiting time for public transport is less than 5 minutes, and 24.90% of the respondents reflect that their waiting time is more than 15 minutes.

(5) Onboard facilities and passenger service of public transport

The satisfaction of the respondents with onboard facilities and passenger service of public transport is shown in Figure 4-6. As can been seen from the figure, the onboard facilities and passenger service of public transport as a whole is acceptable; 51.92% of the respondents is satisfied with both. Only 14.69% of them said that they are dissatisfied with both. The passenger service are more satisfying than the onboard facilities of public transport: 11.81% of the respondents are only satisfied with the onboard facilities of public transport, and 21.85% of the respondents are only satisfied with the passenger service of the public transport.

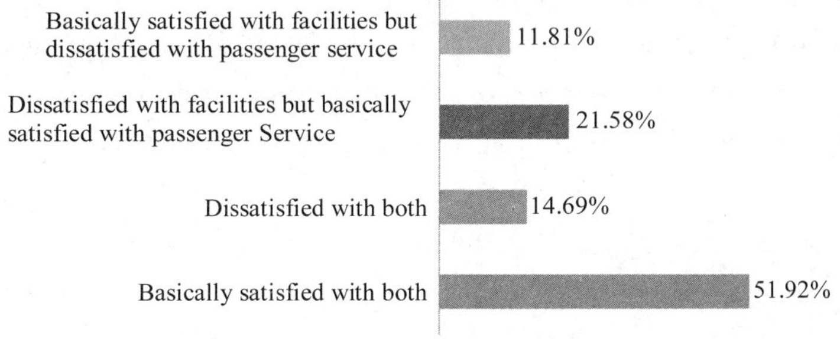

Figure 4-6 Satisfaction with facilities and passenger service of public transport

(6) Affordability of public transport ticket fares

As for public transport fares, most of the respondents (71.16%) think that the fares are acceptable, which indicating the acceptability of the current public transport fares in China .Only 6.64% of the respondents think they can accept an increase in the public transport fare. In contrast, a considerable number of the respondents (22.18%) hope to lower the current public transport fare. This is consistent with the current development of our public transport system as well as the travel needs of the residents.

(7) Main conclusions

Based on the survey results, the main conclusions on the service of public transport are drawn as follows:

①The regional coverage of public transport as a whole is able to basically meet the demands but there is still some room for improvement.

②Public transport service needs further upgrading. On one hand, the public transport facilities and the passenger service need improving; on the other hand, the operation efficiency of public transport system needs increasing. Reducing travel time of public transport and shortening the waiting time play an important role in improving travel environment and service capability of the public transport system. It is generally agreed by the respondents that current bus travel is slower than private car travel, which is not in favor of green travel.

③Currently, the public transport fare is reasonable. The majority of the respondents consider that the current public transport fares in their respective cities are acceptable. They tend to be against the increase of bus fare but some would like to see a drop in bus fare.

4.2.5 Walking or cycling environment

As walk and bike are two key travel modes to achieve urban green travel, questions on the walking and cycling environment were included in the questionnaire, so as to have a clear picture of the slow transport system in cities of the country and the residents' perception of it.

(1) Walking environmental conditions

On the issue of walking environment, it is believed by the respondents that the main factors influencing it are the vehicles or other facilities encroaching upon the sidewalk, and motor vehicles show no consideration for pedestrians on sidewalks or zebra stripes. Over 30% of respondents are not satisfied with the size or condition of the sidewalks. The survey has found that only 17.19% of the respondents are basically satisfied with the walking environment. Reasons why the respondents are not satisfied with walking environment are shown in Table 4-13.

Table 4-13 Reasons why respondents are not satisfied with walking environmental conditions

Reason	Number of people	Proportion
Vehicles or other facilities encroach upon sidewalk	2,567	32.92%
Motor vehicles show no comity to pedestrians on sidewalk or zebra stripes	2,120	27.19%
Poor road condition (uneven or blocked by obstacles)	1,285	16.48%
Narrow sidewalk	1,157	14.84%
Basically satisfied	668	8.57%

(2) Cycling environmental conditions

In contrast to the degree of satisfaction with walking environmental conditions, there are fewer respondents (14.95%) who are satisfied with the cycling ones. The reason why they are not satisfied with cycling environmental conditions are reflected in the clash with motor vehicles, for instance, where there are no separation facilities and motor vehicles do not give way to non-motor vehicles, a problem which is very common in China's urban transportation system as the proportion of travel by motor vehicle is growing and that by non-motor vehicle is somewhat decreasing. What's more, the construction of road facilities and road markings are giving priority to motor vehicle, resulting in the situation where adequate transportation conditions for non-motor vehicles cannot be ensured. The satisfaction with cycling environmental conditions is shown in Table 4-14.

Table 4-14 Number and composition of respondents affected by cycling environmental conditions

Reason	Number of people	Proportion
No separation facilities with lanes for motor vehicles, not safe	2,285	33.01%
Motor vehicles show no comity to bike riders on bike lanes	2,250	32.51%
Bike lane is too narrow	1,806	26.09%
Basically satisfied	581	8.39%

(3) Main conclusions

①As a mode of green travel, it is very urgent to improve the environmental conditions for walking and cycling.

②The motor vehicle produces the most harmful effect on walking environment such as cut-in, road occupancy etc., having a direct effect on the safety of pedestrians and their travel efficiency.

③Cycling environmental conditions are worse than those of pedestrians as the fight for the road right between the bike and motor vehicles is rather prominent. This phenomenon reflects the current situation of urban transportation in China.

④In general, the worsening of walking and cycling environmental conditions is mainly caused by the fast growth of motor vehicles. For a long time, resources have been mobilized to the construction of road facilities for motor vehicles, and transportation space and road use right have increasingly been allocated to motor vehicles to reduce congestion resulting from motor vehicles. These factors have resulted in the environmental conditions for walk and non-motor vehicles deteriorating.

⑤To realize the target of promoting green travel and constructing a green transport system, improving the travel environmental conditions for walk and bike (non-motor vehicles) is a fundamental requirement.

4.2.6 Influences of transportation demand management policies

Based on the current transportation demand management policies used by cities across the country, three questions on the influence of the transportation demand management policies were asked in the questionnaire:

- Will the parking fee affect the frequency of your travel by a private car?
- Will the increase of parking fee in congested areas affect your travel to such places by a private car?
- Will the policies of restriction of license number and restriction of car purchase affect the growth of the number of cars?

(1) Will the parking fee affect the frequency of your travel by a private car?

50% of the respondents believe that the parking fee does affect their travel by a private car, while 50% of the respondents believe that the parking fee does not affect their travel with cars. 5.09% of the respondents think that they can accept the price increase to a reasonable level. It is obvious that the parking fee does produce considerable effects on the number of trips by private cars. In order to maintain this momentum, an appropriate increase in price should be adopted. The number and composition of respondents surveyed on whether the parking fee will affect their travel by a private car are shown in Table 4-15.

Table 4-15 Influence of parking fee on travel by private cars

Situation of influence	Number of people	Proportion
Expensive; travel by private car is affected	1,889	48.60%
Acceptable; no effect on travel by private car	1,798	46.26%
Reasonable fee increase is acceptable	198	5.09%

(2) Will an increase of parking fees in congested areas affect your travel to such places by a private car?

Those believing the increase of parking fee in congested areas will affect their travel by private cars and those who not both account for over 45%, but 6.79% of the respondents consider that they would not be affected by an increase in the parking fee. Moreover, the increase of parking fee in congested areas produces certain effects on the frequency of private car travel. In order to keep the impact on private car, it is advisable to increase the parking fee in congested areas. Please see Table 4-16 for the number and composition of respondents who were asked whether the increase of parking fee in congested areas will affect your travel to such areas by private cars.

Table 4-16 Influence of the increase of parking fee in congested areas on travel by private cars

Reasons	Number of people	Proportion
There are effects	1,811	46.59%
There are certain effects	1,812	46.62%
No effects	264	6.79%

(3) Will the policies of restriction of license number and restriction of car purchase affect the growth in the number of cars?

The respondents are of the view that both the policies of restriction of license numbers and restriction of car purchase are effective in reducing the number of cars. 56.80% of the respondents believe that the restriction of license number policy does work, while 13.87% believed that it does not work; 23.13% of respondents polled think that the restriction of car purchase policy has effects and 6.20% think it has no effects. The ratio of the number of respondents who said "yes" to who said "no" is 4 to 1. Please see Table 4-17 for the number and composition of respondents who responded to whether restriction of license number and restriction of car purchase will affect the number of cars.

Table 4-17 The Influence of restriction of license number and restriction of car purchase on the number of cars

Influence	Number of people	Proportion
Restriction of license number has some effects. Someone would consider buying a second car.	1,245	32.03%
Restriction of license number has some effects. Someone would choose not to buy a car.	963	24.77%
Restriction of car purchase has effects	899	23.13%
Restriction of license number has no effects	539	13.87%
Restriction of car purchase has no effects	241	6.20%

(4) Main conclusions

①The parking fee and increase of parking fee in congested areas are likely to have a significant impact on respondent's driving behaviour and therefore, the economic adjustment leverage would be an effective tool to control levels of car use in certain areas.

②The restriction by license number policy and the restriction of car purchase policy are both thought to have a significant effect on car-oriented behaviour.

4.3 Analysis of Key Factors that Affect Green Travel

4.3.1 Analysis of different income groups

Impacts of income level on people's green travel are analyzed as follows.

(1) Analysis of correlation between income level and the type of vehicle owned by the group

Statistics about income levels and the types of vehicles owned by the group are shown in Table 4-18. As the respondents' incomes increase, the ownership of bikes decreases, whereas the ownership of private cars is obviously increasing. Bikes owned by the group earning less than 801 yuan/month account for nearly 60% of the total bike ownership, and the gap between this group and the group with 801～4,500 yuan/month is far larger than the gap between the other groups. Although the group with less than 800 yuan/month owns fewer motorcycles and motorbicycles than the group with 801～4,500 yuan/month, the ownership of these vehicles decreases thereafter as income increases. The first group owns a small number of motorcycles and motorbicycles exactly because of their low income. This shows that income level plays a decisive role in the group's ability to own a vehicle. The higher the income, the more valuable the vehicle owned is.

Table 4-18 Income level and the type of vehicle owned by the group

Income level	Bike	Motorbicycle	Motorcycle	Private car	Others
<800 yuan/month	77	14	12	15	17
801～4,500 yuan/month	1,503	656	444	757	155
4,501～9,000 yuan/month	662	214	99	593	68
>9,000 yuan/month	173	49	16	243	23

(2)Income levels and usual commuting modes

Statistics about income levels and usual commuting modes are shown in Table 4-19. As income increases, commuting by private car and taxi also increases, whereas commuting by walk, bike and motorcycle gradually decreases; but the proportion commuting by rail transit or bus remains approximately the same, which shows that public transport is a widely accepted commuting mode regardless of income level. The use of motorcycle shows a general decline although the proportion of this commuting mode is higher in the group with 801～4,500 yuan/month than in the group with less than 800 yuan/month.

Table 4-19 Statistics about income levels and usual commuting modes

Income level	Private car	Taxi	Rail transit or bus	Motorcycle	Motorbicycle	Bike	Walk	Others
<800 yuan/month	16	11	66	10	9	56	70	
801～4,500 yuan/month	559	275	1,177	282	513	1,059	1,231	7
4,501～9,000 yuan/month	441	179	647	58	141	407	469	9
>9,000 yuan/month	195	80	206	3	25	98	148	3

(3) Relationship between income levels and satisfaction with public transport and walking environment

Statistics about income levels and satisfaction with public transport are shown in Table 4-20. As income increases, dissatisfaction with only passenger service shows a general decline, and the group with 801～4,500 yuan/month shows the highest satisfaction. The same goes for dissatisfaction with only facilities. Dissatisfaction with both also shows a general decline, while satisfaction with both shows a general rise, and the group with less than 800 yuan/month has the highest satisfaction. The ratio of dissatisfaction with both to satisfaction with both is on the decrease. In general, it can be deemed that as income increases, the respondents are more satisfied with public transport.

Table 4-20 Income levels and satisfaction with public transport and walking environment

Income level	Basically satisfied with facilities but dissatisfied with passenger service	Dissatisfied with facilities but basically satisfied with passenger service	Dissatisfied with both	Basically satisfied with both
<800 yuan/month	15	14	19	65
801～4,500 yuan/month	271	548	349	1,202
4,501～9,000 yuan/month	130	211	160	569
>9,000 yuan/month	43	66	43	182

Statistics about income levels and satisfaction with walking environment are shown in Table 4-21. This shows that there is not obvious correlation between income and satisfaction with walking environment.

Table 4-21 Income levels and satisfaction with walking environment

Income level	Vehicles or other facilities encroach upon sidewalks	Narrow sidewalk	Poor road condition	Motor vehicles show no comity to pedestrians on sidewalk or zebra stripes	Basically satisfied
<800 yuan/month	66	27	38	48	21
801～4,500 yuan/month	1,562	723	798	1,288	384
4,501～9,000 yuan/month	724	309	346	611	190
>9,000 yuan/month	215	98	103	173	73

(4) Analysis of relationship between income levels and factors affecting the wish to buy a car

Statistics about income levels and factors affecting the wish to buy a car are shown in Table 4-22. As income increases, comfort and long travel time associated with public transport have generally increasing effects on the respondents' wish to buy a car, while a symbol of status is more important for those in the lowest income group. The effects caused by the inadequacy of public transport to meet demand are decreasing in general with rising incomes. Overall, as income increases, respondents are more affected by the comfort and travel time associated with public transport, and the wish to buy a car changes with the service provided by public transport.

Table 4-22 Income levels and the wish to buy a car

Income level	Discomfort of public transport	Long travel time of public transport	Symbol of status	Public transport cannot meet special family needs
<800 yuan/month	15	54	21	69
801～4,500 yuan/month	291	1,143	284	1,623
4,501～9,000 yuan/month	145	561	135	701
>9,000 yuan/month	72	194	42	190

(5) Sensitivity of different income groups to transport demand management policies

Statistics about sensitivity of different income levels to parking fee are shown in Table 4-23. As income increases, willingness to accept an increase in parking fee increases (but only from 4.46% in the lowest income group to 7.19% of respondents in the highest income group). Otherwise, there are no clear trends, with roughly equal numbers saying that their behaviour is or is not affected by parking fees.

Table 4-23 Sensitivity of different income levels to parking fee

Income level	Expensive; travel by private car is affected	Acceptable; no effect on travel by private car	Reasonable fee increase is acceptable
<800 yuan/month	61	46	5
801～4,500 yuan/month	1,086	1,172	111
4,501～9,000 yuan/month	579	433	58
>9,000 yuan/month	163	147	24

Statistics about the sensitivity of different income levels to parking fee increase in congested zones are shown in Table 4-24. As income increases, generally more people believe they are unaffected by parking fee increase in congested zones (but this only increases from 5.31% to 10.18%), or are only partly affected (down from 51.33% to 44.01%). The proportion saying that they are directly affected is around 45% in each income group. These statistical data show that parking fee has marked effects on different income groups, and even high-income group is affected by this policy.

Table 4-24 Sensitivity of different income levels to parking fee increase in congested zones

Income level	There are effects	There are certain effects	No effects
<800 yuan/month	49	58	6
801～4,500 yuan/month	1,099	1,133	138
4,501～9,000 yuan/month	510	474	86
>9,000 yuan/month	153	147	34

Statistics about the sensitivity of different income levels to the restriction of license number and car purchase are shown in Table 4-25. As income increases, respondents who think "Restriction of license number has some effects. Someone would consider buying a second car" takes up an increasing proportion in the total number of respondents, up from 25.66% to 42.18%. Those who think "Someone would choose not to buy a car because of the restriction of license number" halves, from 30.09% in the lowest income group to 15.57% in the highest. Only around 14% of respondents in each income group think that "Restriction of license number has no effects". Those who think "Restriction of car purchase has effects" shows a small decline with increasing income level, while the proportion of those who think "Restriction of car purchase has no effects" is small and is unaffected by income level.

Table 4-25 Sensitivity of different income levels to the restriction of license number and car purchase

Income level	Restriction of license number has some effects. Someone would consider buying a second car	Restriction of license number has some effects. Someone would choose not to buy a car	Restriction of license number has no effects	Restriction of car purchase has effects	Restriction of car purchase has no effects
<800 yuan/month	29	34	14	32	4
801～4,500 yuan/month	713	622	323	551	—
4,501～9,000 yuan/month	360	255	155	243	57
>9,000 yuan/month	143	52	47	73	19

4.3.2 Analysis of groups owning different vehicles

Green travel needs to solve traffic congestion, which is basically caused by the quantity of cars, so three categories are listed here: own a car, own any vehicle other than a car, and don't own any vehicle. Statistics are shown in Table 4-26.

Table 4-26 Statistics about vehicle ownership

Vehicle	Number of people	Proportion
Own any vehicle other than a car	3,065	78.85%
Own a car	1,608	41.37%
Don't own any vehicle	263	6.77%

Analysis of the relationship between the ownership of different vehicles and key issues about green travel is provided below.

(1) Analysis of relationship between the ownership of different vehicles and usual commuting mode

Statistics about the ownership of different vehicles and usual commuting mode are shown in Table 4-27.

Table 4-27 Ownership of different vehicles and usual commuting mode

Vehicle	Private car	Taxi	Rail transit or bus	Motorcycle	Motorbicycle	Bike	Walk	Others
Own any vehicle other than a car	706	395	1,630	334	665	1,521	1,538	13
Own a car	1,162	167	709	80	208	573	695	11
Don't own any vehicle	18	70	213	7	8	64	167	3

As the value of their vehicles increases (i.e. from "other" vehicle to "car"), an increasing proportion of respondents commute by private car, while a decreasing proportion of them commute by taxi, rail transit or bus, and walk. The group of "Don't own any vehicle" at all has for the highest use of taxis for commuting. This shows that respondents are likely to use the vehicle they own for commuting, especially those with a car are more likely to drive instead of taking public transport or any particular other mode – although only one-third of car owners commute by car.

(2) Analysis of relationship between the ownership of different vehicles and usual travel modes for recreation and shopping

Statistics about the ownership of different vehicles and usual travel modes for recreation and shopping are shown in Table 4-28.

Table 4-28 Statistics about the ownership of different vehicles and usual travel mode for recreation and shopping

Vehicle	Private car	Taxi	Rail transit or bus	Motorcycle	Motorbicycle	Bike	Walk	Others
Own any vehicle other than a car	606	371	1,563	242	577	1,193	1,748	5
Own a car	970	173	613	58	193	457	796	3
Don't own any vehicle	19	62	199	3	6	47	174	3

As the value of their vehicles increases, an increasing proportion of respondents drive for leisure and shopping, although less so than in other case of commuting, offset in particular by reductions in leisure or shopping by taxi, rail transit or bus, cycling and walking. This shows that respondents also tend to go on leisure or shopping by the vehicle they own, especially those with a car will often drive for such purposes. This is a similar trend to commuting.

(3) Relationship between the ownership of different vehicles and satisfaction with public transport and walking environment

Statistics about the ownership of different vehicles and satisfaction with public transport are shown in Table 4-29. As the value of their vehicles increases, the proportion of those dissatisfied with both facilities and passenger services increases, and the proportion of those basically satisfied with both decreases – in both cases by around 5 percentage points. This means that as the value of their vehicles increases, respondents show a decreasing satisfaction with public transport, and those with a car show the lowest satisfaction, although satisfaction with public transport remains above 50% in all groups.

Table 4-29 Ownership of different vehicles and satisfaction with public transport

Vehicle	Basically satisfied with facilities; dissatisfied with passenger service	Dissatisfied with facilities; basically satisfied with passenger service	Dissatisfied with both	Basically satisfied with both
Own any vehicle other than a car	373	653	430	1,609
Own a car	174	354	273	807
Don’t own any vehicle	29	56	31	147

Statistics about the ownership of different vehicles and satisfaction with walking environment are shown in Table 4-30. In general, attitudes are hardly affected by the type of vehicle ownership. Around one-third of people in each category are concerned about the encroachment of vehicles/facilities on the sidewalk, and over a quarter that motor vehicles show no consideration for pedestrians; around 17% are concerned about poor road conditions.

Table 4-30 Ownership of different vehicles and satisfaction with walking environment

	Encroachment by vehicles or other facilities upon the sidewalk	Exceedingly narrow sidewalk	Poor road conditions	Motor vehicles show no comity to pedestrians on the sidewalk or zebra stripes	Basically satisfied
Own any vehicle other than a car	2,067	943	1,022	1,710	495
Own a car	1,060	465	549	842	301
Don’t own any vehicle	169	71	92	155	48

(4) Sensitivity of the vehicle owners to transport demand management policies

Statistics about the ownership of different vehicles and sensitivity to parking fee are shown in Table 4-31. Around a half of respondents think that parking fees do affect travel by private car, and those without a vehicle are less likely to think that drivers are unaffected by parking charges (c. 40%) than those who own some form of vehicle (c. 47%).

Table 4-31 Ownership of different vehicles and sensitivity to parking fee

Vehicle	Expensive; travel by private car is affected	Acceptable; no effect on travel by private car	Reasonable fee increase is acceptable
Own any vehicle other than a car	1,457	1,445	162
Own a car	803	764	41
Don't own any vehicle	138	106	18

Statistics about the ownership of different vehicles and sensitivity to a parking fee increase in congested zones are shown in Table 4-32. Here, as the value of their vehicles increases, respondents' attitude toward parking fee increases in congested zones also changes – those feeling "there are effects" steadily increase (from 41.06% with no vehicle to 48.26% for those with a private car), and correspondingly, those feeling "there are certain effects" gradually decrease; those feeling "no effects" basically remain unchanged at around 7%.

Table 4-32 Ownership of different vehicles and sensitivity to parking fee increase in congested zones

Vehicle	There are effects	There are certain effects	No effects
Own any vehicle other than a car	1,411	1,454	200
Own a car	776	718	114
Don't own any vehicle	108	136	19

Statistics about the ownership of different vehicles and sensitivity to the restriction of license number and car purchase are shown in Table 4-33. Across all groups, respondents believe that the restriction of license number has generally more effects than the restriction of car purchase.

Table 4-33 Ownership of different vehicles and sensitivity to the restriction of license number and car purchase

Vehicle	Restriction of license number has some effects. Someone would consider buying a second car	Restriction of license number has some effects. Someone would choose not to buy a car	Restriction of license number has no effects	Restriction of car purchase has effects	Restriction of car purchase has no effects
Own any vehicle other than a car	960	776	433	703	193
Own a car	583	348	218	368	91
Don't own any vehicle	89	64	29	62	19

4.3.3 Analysis of groups by employment status

This project divides employment status into three types - "no income", "employed" and "retired". Statistics about the number of respondents in groups with different employment status are shown in Table 4-34. Survey results show that employed people are the absolute majority, so it can be deemed that employed group is the main participant in urban green transport.

Table 4-34 Statistics about groups in different employment status

Employment Status	Number of people	Proportion
No income	141	3.63%
Employed	3,404	87.57%
Retired	342	8.80%

Analysis of the relationship between groups in different employment status and key issues concerning green travel is provided below.

(1) Analysis of the relationship between no-income group, employed group and retired group and their usual commuting modes

Statistics about no-income group, employed group and retired group and their usual commuting modes are shown in Table 4-35. According to employment status, the employed group commutes more often by private car, taxi, motorcycle and motor bicycle. Private car is used most frequently, while the other three commuting modes are less used. This verifies the effects of income on commuting mode, which is consistent with previous conclusion.

Table 4-35 Statistics about no-income group, employed group and retired group and their usual commuting modes

Employment Status	Private car	Taxi	Rail transit or bus	Motorcycle	Motorbicycle	Bike	Walk	Others
No income	20	20	92	12	12	63	82	0
Employed	1,110	489	1,788	325	628	1,390	1,626	18
Retired	81	36	216	16	48	167	210	1

(2) Analysis of the relationship between no-income group, employed group and retired group and their usual travel mode for recreation and shopping

Statistics about no-income group, employed group and retired group and their usual travel modes for normal leisure and shopping are shown in Table 4-36. According to respondents' employment status, the employed group travels more often by private car, taxi, motorcycle and motor bicycle for leisure. Private car is used more often, while the other three modes are less used, but there is a gradual increase in the use of taxi and motorcycle for travel.

Table 4-36 Statistics about no-income group, employed group and retired group and their usual travel modes for leisure and shopping

Employment Status	Private car	Taxi	Rail transit or bus	Motorcycle	Motorbicycle	Bike	Walk	Others
No income	17	19	89	10	13	55	87	2
Employed	940	465	1,689	230	540	1,075	1,870	5
Retired	68	37	198	13	46	157	226	3

(3) Relationship between no-income group, employed group and retired group and satisfaction with public transport and walking environment

Statistics about no-income group, employed group and retired group and their satisfaction with public transport are shown in Table 4-37. According to employment status, respondents' dissatisfaction with only passenger service decreases, but dissatisfaction with only facilities is in a convex shape, for which employed group shows the greatest dissatisfaction. Dissatisfaction with both is also in a convex shape and employed group shows the greatest dissatisfaction. Satisfaction with both is in a concave shape, with the employed group showing the least dissatisfaction and retired group the greatest satisfaction. In general, the employed group has the greatest dissatisfaction, especially with facilities, while the no-income group is most dissatisfied with facilities and passenger service.

Table 4-37 Satisfaction with public transport (no-income group, employed group and retired group)

Employment Status	Basically satisfied with facilities; dissatisfied with passenger service	Dissatisfied with facilities; basically satisfied with passenger service	Dissatisfied with both	Basically satisfied with both
No income	28	17	20	78
Employed	405	759	508	1,732
Retired	28	63	43	208

Statistics about no-income group, employed group and retired group and their satisfaction with walking environment are shown in Table 4-38. As employment status changes, dissatisfaction with encroachment by vehicles or other facilities upon sidewalks, with exceedingly narrow sidewalks, with poor road conditions and with motor vehicles not respecting pedestrians on the sidewalks or zebra stripes is gradually increasing. Dissatisfaction with exceedingly narrow sidewalks is gradually decreasing, so is basic satisfaction. From "unemployed" to "employed", respondents show generally decreasing satisfaction with walking environment.

Table 4-38 Satisfaction with walking environment (no-income group, employed group and retired group)

Employment Status	Vehicles or other facilities encroach upon sidewalk	Exceedingly narrow sidewalk	Poor road condition	Motor vehicles show no comity to pedestrians on sidewalk or zebra stripes	Basically satisfied
No income	75	34	48	58	36
Employed	2,244	1,006	1,127	1,861	578
Retired	248	117	110	201	54

(4) Sensitivity of no-income group, employed group and retired group to transport demand management policies

Statistics about no-income group, employed group and retired group and their sensitivity to parking fee are shown in Table 4-39. As employment status changes, the employed group shows more acceptance of parking fee with the lowest acceptance of fee increase. All three groups' acceptance of parking fee decreases as the fee increases.

Table 4-39 Sensitivity to parking fee (no-income group, employed group and retired group)

Employment Status	Expensive; travel by private car is affected	Acceptable; no effect on travel by private car	Reasonable fee increase is acceptable
No income	75	57	8
Employed	1,620	1,617	166
Retired	194	124	24

Statistics about no-income group, employed group and retired group and their sensitivity to parking fee increase in congested zones are shown in Table 4-40. According to employment status, the employed group includes the largest proportion of people who believe that parking fee increase in congested zones has effects, while the proportion of people who believe parking fee increase in congested zones has no effects is gradually increasing. In general, parking fee increase in congested zones has effects on all groups in various employment statuses, and there is no obvious correlation between these effects and the employment status. It is possible that the employed group pays more attention to such policies on parking demand management because only a very small proportion believes parking fee increase has no effects.

Table 4-40 Sensitivity to parking fee increase in congested zones (no-income group, employed group and retired group)

Employment Status	There are effects	There are certain effects	No effects
No income	63	72	6
Employed	1,595	1,576	233
Retired	153	164	25

Statistics about no-income group, employed group and retired group and their sensitivity to the restriction of license number and car purchase are shown in Table 4-41. According to respondents' employment status, effects caused by restriction of both license number and car purchase are gradually decreasing. In "no-income group" and "employed group", effects caused by restriction of license number are less than those caused by restriction of car purchase. Particularly, employed group more often considers buying a second car when license number is restricted. This shows that to some extent, restriction of car purchase has greater effects than restriction of license number.

Table 4-41 Relation between income group, employed group and retired group and their sensitivity to the restriction of license number and car purchase

Employment Status	Restriction of license number has some effects. Someone would consider buying a second car	Restriction of license number has some effects. Someone would choose not to buy a car	Restriction of license number has no effects	Restriction of car purchase has effects	Restriction of car purchase has no effects
No income	42	40	17	37	5
Employed	1,126	844	470	760	204
Retired	77	79	52	102	32

4.3.4 More in-depth analysis

(1) Relationship between "can public transport meet commuting needs" and "reasons that affect the plan to buy a car" and different income groups

Statistics about whether public transport can meet the commuting needs of the different income groups are shown in Table 4-42. According to previous analysis, as income increases, the main reason that affects the plan to buy a car is that public transport cannot meet travel needs. According to Table 4-42, as income increases, respondents have to transfer more times when traveling by public transport, and their acceptance is increasing too. Therefore, there comes the conclusion that the main reason that affects respondents' plan to buy a car is the time of transfer on public transport, which causes them to think that public transport is uncomfortable and takes too much time.

Table 4-42 Perception of whether public transport can meet the commuting needs of different income groups

Income level	Yes	No	Yes, but 1 transfer	Yes, but more than 2 transfers	
<800 yuan/month	34	31	41	7	113
801～4,500 yuan/month	915	591	635	229	2,370
4,501～9,000 yuan/month	400	234	288	148	1,070
>9,000 yuan/month	116	89	76	53	334

(2) Relationship between "can public transport meet commuting needs" and "usual commuting mode" and its different characteristics according to type of vehicle owned

Statistics about whether public transport can meet the commuting needs of groups according to vehicle ownership are shown in Table 4-43. The results shows that around

30% of people own a car say that public transport does not meet their commuting needs, while 15% people without any vehicle have the same feelings.

Table 4-43 Perception of whether public transport can meet the commuting needs of "group without a car" and "group with a car"

Vehicle	Yes	No	Yes, but 1 transfer	Yes, but more than 2 transfers
Own a car	504	502	376	226
Own any vehicle other than a car	1,485	975	1,028	431
Don't own any vehicle	99	40	98	26

(3) Relationship between "can public transport meet commuting needs" and "usual commuting mode" in different income groups

Whether in a higher or a lower income group, the proportion of commuting by public transport is basically the same, and the proportion of people choosing "public transport cannot meet commuting needs" is also basically the same. Therefore, improving the ability of public transport to meet commuting needs will increase the proportion using public transport in all groups.

(4) Relationship between "can public transport meet commuting needs" and "reasons that affect the plan to buy a car" in different income groups

Regarding the reasons that affect the plan to buy a car, discomfort and long travel time associated with public transport share the same trend with the time of transfer regarding whether public transport can meet commuting needs, but they are not closely related with other factors. This shows that the time of transfer results in the discomfort and long travel time of public transport, thus affecting the plan to buy a car.

(5) Relationship between "can public transport meet commuting needs" and "attitude toward transport demand management policies" in different income groups

The increase in the time of transfer is consistent with the increase in respondents' acceptance of parking fee and parking fee increase in congested zones. The increase in the time of transfer and the restriction of license number have certain effects. The increase of people considering buying a second car is consistent with the decrease in the effects caused by the restriction of car purchase. This shows that the time of transfer increases respondents' acceptance of transport demand management policies.

Chapter 5

Promoting Urban Green Travel – Objectives and Goals

5.1 Requirements for Setting the Objectives of China's Urban Green Travel

To achieve the goal of building a prosperous society, it is necessary that transport development benefits all people. To strengthen and improve public services, the first priority is to reflect social equity, guarantee the basic travel needs of all groups, and make utmost efforts to meet people's needs for high-quality travel services.

With China's rapid urbanization and motorization, issues such as traffic congestion, environmental pollution, accidents and energy shortage are becoming more conspicuous. The rapidly developing new-type urbanization must have the objective of making people's lives more convenient and comfortable. It should insist on the guideline of "intensive, smart, green and low-carbon", improve quality, seek advantages and avoid disadvantages, restrain the continuous spread of "urban disease" characterized by traffic congestion and environmental pollution, build green habitable cities featuring the coordination of economy, society and environment, and create an environment where human beings and nature can co-exist in harmony.

5.2 China's Vision of Promoting Urban Green Travel

Chinese Government has clearly put forward the "Road of Intensive, Smart, Green and Low-Carbon New-type Urbanization", which serves as an important platform for building ecological civilization and achieving social justice objectives. An efficient urban transport system is conducive to urban economic development and social justice, reducing impacts on environment and minimizing accident rates, especially pedestrian and bicycle accidents. China's urban green transport development has the following four objectives:

①Intensive, green and high-efficiency public transport system;

②Good conditions for walking and cycling;

③Carefully designed restrictions on the use of cars;

④A compact/high density, ecological, liveable and harmonious urban development pattern.

5.3 Comprehensive Implementation of Policies for the Promotion of Urban Green Travel in China

To promote urban green travel, China has to follow three cardinal principles – guiding urban development with public transport, increasing supply of green travel and strengthening transport demand management, and carry out the tactics of "avoid, transfer, improve and enhance". Due to the size of Chinese cities and the characteristics of their urban transport development stage, China has to divide cities into different categories *(described in 5.3.2)* and offer them different guidance to promote green travel.

5.3.1 Avoid, shift, improve and enhance

The strategy for promoting China's urban green travel – to reduce congestion and improve air quality can be summarized as "avoid, shift, improve and enhance".

(1) "Avoid"

Effectively manage basic travel needs to avoid travel as much as possible, eliminate or reduce unnecessary travel needs – together manage transport demand.

(2) "Shift"

Establish an urban public transport system featuring wider coverage, smoother linkages, enhanced safety and better services to meet people's diverse travel needs, and encourage them to shift to green travel modes such as public transport and cycling/walking.

Pursue the principle that every vehicle user has to pay a corresponding fee for the environmental and economic impacts he/she causes, and thereby making travel by car bears the cost for high resource occupancy, high energy consumption and high emission, pushing the transfer from travel by car to green travel.

Use administrative and technical means to influence transportation participants' choice of the mode, time, place and route of transportation, so as to minimize peak transportation flow, shift the time and location of travel needs – to make better use of the transport infrastructure.

(3) "Improve"

Improve the public transport service capacity, equipment, smart management level and service quality, and relieve such problems as "slow transportation, long waiting time, crowded vehicles and poor information service" as well as make public transport considerably more attractive, and make residents willing to travel by public transport more often and further.

Improve the travel environment for non-motorized transport such as cycling and walking and ensure the basic right of way for cycling/walking as well as promote the development of non-motorized transport systems.

Improve the taxi information, change the operating mode dominated by cruising, and decrease taxi mileage to facilitate energy conservation and emission reduction.

Improve public travel information service in cities and gradually integrate the information resources of public transport, civil aviation, railway, highway and other transport modes, so that comprehensive, trans-regional and one-stop information inquiry services can be provided through various media.

Improve vehicles and fuels – improve fuel consumption and exhaust emission standards of vehicles, and adopt clean-energy vehicles to reduce exhaust emission of motor vehicles.

(4) "Enhance"

Enhance public knowledge of green travel, strengthen public participation in promoting green travel and foster a cultural atmosphere conducive to green travel.

Enhance the professional proficiency, sense of responsibility and civilization level of transportation staff to provide a strong guarantee for green travel.

5.3.2 Implement differentiated guidance according to city characteristics

In order to maintain and increase the percentage of green travel and urge all urban groups of different income levels to use "urban public transport + cycling +walking", the central government should issue guidance. In general the guidance should insist on urban development with priority given to public transport and construction of cities with advanced public transport; focus should be on developing high-capacity public transport; innovation in personalized public transport services such as business public transport in order to be more attractive for those travelling by car; improvements in the travel environment for walking/cycling and coordination of linkages between non-motorized transport and public transport; implementation of strict regulatory policies on car use; and the set up of congestion and air quality management zones. Differentiated guidance will be required for different types of cities and their situation – to take account of city size and other characteristics like current mode share, ambient air quality, geography, climate etc..

(1)City with 10 million and above population size

Implement public transit to guide urban development, built international transit metropolis; focus on the development of rail transit or other large capacity public transport; innovate business bus services and other personalized bus services to increase attractive of the car dependent; improve walking and cycling environmental, and complete connection with public transit; restrict private car use, while built congestion and air quality control areas.

(2)City with 3 to 10 million population size

Implement public transit to guide urban development, built international transit metropolis; focus on development of appropriate large capacity public transport, increase supply of regular bus; improve walking and cycling environmental, and complete connection with public transit; control private car use.

(3)City with 1 to 3 million population size

Implement public transit to guide urban development, built Chinese transit metropolis; recommend the development of Bus Rapid Transit (BRT), built more BRT lane and increase public transit service supply; improve walking and cycling environmental, encourage citizens to choice non-motorized mode when travel distance less than 5 km; consider necessary control policy for private car.

(4)City with less 1 million population size

Focus development of slow traffic; improve walking and cycling environmental; development school bus service; guarantee supply of public transit basic service; use differential parking policy to control private car.

Chapter 6
Promoting Green Travel – Policy Recommendations

The Chinese Government has clearly put forward the "Road of Intensive, Smart, Green and Low-Carbon New-type Urbanization" strategy. Promoting urban green travel will become key for Chinese cities when adopting a new model of urbanization. China has a high share of green travel, but a modern urban green transport system needs to be established. The reason is not that the Chinese government is not determined to develop urban green transport, but that the development of cities and transport are not reinforcing each other. The funds from the central government and the fiscal measures for local transport are insufficient. The Chinese government should make comprehensive use of the three major strategies for improving public transport, namely "guiding city development, increasing green travel supply and improving transportation demand management", and the four strategies of "avoid, shift, improve and enhance".

The central government needs to link the promoting of urban green travel to the broader green transformation of China's development strategies, relevant policies and key tasks. Great importance needs to be given to cross-sector coordination and cooperation; strengthen the influence of the central government in urging the local governments to promote urban green travel through financial leverage; implement guidance for Chinese cities to promote green travel, and strengthen local governments' capabilities in supervising and assessing urban transport system construction. The six priority policy recommendations for the central government are as follows:

(1) A National policy priority for Urban Green Travel

A key reason why China's megacities and big cities suffer from serious congestion and air pollution, even though the level of motorization is comparatively low, is the comprehensive disconnect between transport, environment, and land use planning.

The State Council should develop the *Outline of China Urban Green Travel Implementation*, to guide cities to build a modern green transport system. The system should: ①be attractive to all social groups, have low emission and high operation efficiency; ②be walking and cycling friendly and have convenient public transport linkages; ③implement private vehicle ownership and use management measurements and ④ensure that city development makes efficient use of land and provides all residents with a liveable environment and safe access to basic services and jobs without undue time and cost burdens.

The purpose is to lead the shift from the conventional urban comprehensive transport system to a modern green transport system (Table 6-1). The Outline will guide the overall urban planning, comprehensive transport planning, environmental protection planning, land use planning, and state the requirements for the mechanism, fiscal, regulations, performance appraisal, etc..

Table 6-1 Comparison between Conventional Urban Comprehensive Transport Planning and Urban Green Travel Planning

Conventional urban comprehensive transport planning	⇔	Urban green travel planning
Idea: focus on transportation supply	⇔	Idea: focus on people's needs
Goal: transport flow, capacity, and speed	⇔	Goal: accessibility and life quality
Method: government appoint experts to draft planning	⇔	Method: important stakeholders participate in planning draft
Technology application: mainly on transportation	⇔	Technology application: cross-departments and cross-field
Content: infrastructure	⇔	Content: comprehensive planning of infrastructure, market, service, mechanics, information etc., coordination and collaboration of software and hardware
Focus on large scale and high cost projects	⇔	Focus on cost/benefit issues, gradually improve efficiency
Limited impact evaluation	⇔	Strengthen impact evaluation and revise as necessary

(2)National funding for public transport

The Central Government should:

a)Enable city governments to raise sufficient and sustainable local sources of revenue to fund local public transport companies and

b)Provide targeted financial support for specific projects

China's local public transport infrastructure construction and public transport companies are severely underfinanced. Public transport fares in most Chinese cities are lower than the cost price, and the government subsidies are insufficient. Consequentially the public transport companies do not receive enough funding, making it difficult to provide continuous high quality and stable public transport services that could attract new passengers.

Cities should be able to raise adequate funds locally through new forms of taxes, e.g. local income taxes, sales taxes and the planned land value property tax, as well as parking charges, vehicle plate auction income, and possible congestion charges and other fees on road users, city maintenance and construction fees.

Support green transport investments in cities by: ①enhance existing transfer payments from central to local governments, i.e. adding urban public transport related indicators to *the Transportation Standard Financial Expenditure of the Ministry of Finance's annual Central to Local Government Equalization Transfer Payment Methods*; ②establish a specific central government fund for Urban Public Transport, (which should also be available to fund complementary non-motorized transport investments), funded by the reformed oil tax system, the annual increase of the vehicle purchase tax, and/or the increment of the pollution management charges; ③enable cities to improve public transport systems with funds drawn from the increment of the urban public transport fuel subsidy implemented in 2009; ④shift the fuel tax collection from a fixed amount of tax to an *ad valorem* basis, so that fuel tax income increases as fuel prices rise, and optimize the fund allocation formula for "growth subsidy transfer payment".

The central fund mainly supports the following fields: high capacity public transport, slow (non-motorized) transport, comprehensive passenger transport hubs, low energy consuming transportation equipment purchase and updating, and intelligent public transport.

Strengthen central government guidance on the public transport pricing mechanism in different types of cities in China to eliminate the deficit of the urban public transport companies caused by low fares. Public transport should be incorporated into *the Fare Catalogue of NDRC* and related departments of the State Council. The Government should develop public transport fare adjustment methods and guide the city governments to ensure stable funds for public transport companies. Central Government should furthermore encourage local governments to "contract out" or franchise transport services with performance requirements, incentives, and penalties to ensure the provision of stable and high quality public transport services according to the contract. Central government should formulate guidance linking costs to fares (and subsidies) which should be sensitive to service quality and income inequality.

The Ministry of Finance (MoF) should establish a management system for the central fiscal fund that promotes green travel as well as monitor and appraise the usage of the fund. MoF should ensure that the fund is used to increase the share of urban green travel, and is linked with green travel related planning. Funding for large urban transport infrastructure construction projects should be subject to a rigorous cost-benefit analysis comparing alternative plans for meeting their green travel objectives. Central funds shall be mostly used to support the following fields: mass transit, slow transport, integrated passenger transport hubs, environmental friendly transport vehicle updates, and intelligent public transport construction. Infrastructure projects must be accompanied by complementary green travel supporting measures.

Box 6-1 International cases—sources of the U.S. Federal Government public transport fund

The Federal Government of the United States established the Highway Trust Fund in 1956, and the Mass Transit Fund in 1982, and increased the gas tax from four cents to nine cents, with one cent going into a new Mass Transit Account to support up to 50% of urban public transport construction and maintenance costs. The rest of the costs are covered by the state and city governments.

(3) Guidelines for the "Rational Use of Vehicles and Road Space"

The State Council should establish policy guidelines for the "Rational Use of Vehicles and Road Space" to reduce congestion and air pollution, and provide access to a range of transport modes.

It is normal in many Chinese cities that private cars are given more road resources, which together with low variable costs, leads to very high usage, causes congestion and air pollution. As a consequence, green travel modes are less attractive.

It is recommended that the State Council policy guidelines should state inter alia that:

① Public transport, walking and cycling should have clear priority in the allocation of city road space;

② The definition of official vehicles should be broadened to include vehicles of state owned institutes, state owned or state-holding companies; and strict limitations on official vehicle numbers and rules for the use of official vehicles should be issued;

③ Free private parking spaces should be reduced or charged/taxed and parking charges, with differential charges to reflect local conditions, should be introduced;

④ Road user charges should be encouraged in congested areas during congestion hours in major cities, and rational limitations on car ownership be implemented according to city circumstances;

⑤ Each city must have the final say on the best mix of policy instruments to meet agreed objectives.

Evaluation of expected policy impacts: *The Analysis of Green Travel in China* included an online survey on the expected impact of the car policy implementation. The survey shows that more than 93% of the interviewees agree that implementing parking charges in congested areas will have an impact on car travel. Furthermore, a survey on policies of plate number restriction and purchase restriction shows that around 80% of the interviewees think that the policies have impacts on car travel. Among the interviewees, around 25% think that plate number restriction will restrain car travel However, around 32% think that plate number restriction will lead people to buy a second car. It is therefore suggested that the government should be cautious about implementing number plate restriction.

(4) Ensure co-ordination across government

The state and city administrations should be required to ensure cross ministry/department coordination, enhance performance appraisal and management accountability, and public participation should be encouraged.

There is no coordination mechanism for promoting urban green travel between agencies at neither national nor city level. Furthermore, there is a lack of capacity with regards to performance monitoring and management accountability which results in different and often inconsistent policies for urban planning, transport, environmental protection and land use.

(5) A central co-ordinating mechanism to promote urban green travel

The State Council should set up a coordinating mechanism within the Central Government to promote urban green travel, led by the Vice Premier.

This unit should be responsible for urban green travel strategy, including funding, planning and design of regulations; organisation and coordination of key practices such as congestion management, air quality improvement, accident management, enforcement etc.; and ensure conformity between the urban transport development, land use and environmental protection goals. Strengthen the integrated transport planning and Transport Demand Management (TDM) policy coordination of the economic zones (Yangtze River Delta, the Pearl River Delta, and the Beijing-Tianjin-Heibei area etc.) and city clusters.

(6) The Ministry of Transport should set up a Bureau of Urban Passenger Transport Management

The objective of the Bureau should be to strengthen regional and municipal comprehensive transport planning, public transport planning, construction and operation, and transport safety management. The proposed Bureau will also play an important role in coordinating the management of urban congestion, transport air pollution, and the popularization and application of intelligent public transport and information systems. The proposed Bureau will compile, monitor, and evaluate data to better understand how the benefits and burdens of transportation are distributed among the population and across the economic zones to support the development of more effective and equitable long-term policies and programs.

Box 6-2 International case—public transport management system and reform

The U.S. Federal Transit Administration (FTA) is one of the thirteen functional agencies of the U.S. Department of Transportation and comprises 500 employees. The FTA aims to establish high quality transit in the U.S., and ensure motorization for everyone and livability of communities through proper guidance of works, technical support, and financial resources. Its responsibilities cover not only transit construction and operation, but transportation demand management. Also, the FTA works to ensure the conformity between transit development and air quality management.

The European Commission has set up the Directorate-General for Mobility and Transport (DG MOVE). The main objective of the DG MOVE is to ensure that the European transport system supports the broader EU social, environmental protection, economic development policies. It drafts necessary laws and fund investments in transport projects.

(7) Local governments should set up a coordinating mechanism for promoting green travel

With guidance from central government (following the principles of compact, integrated, and efficient systems) and by learning from the experiences of Shenzhen and Zhuhai, this mechanism should stimulate the development of a comprehensive urban transport management system. The system should promote green travel; strengthen coordination capacities across such areas as congestion and transport pollution management, secure transport information integration, coordinate transportation accident and transport emergency management, secure transport financing, and carry out education and promotion campaigns. Other obligations should be public transport company management; ensure facilities for people with special needs; evaluate and report publically on progress and provide opportunities for public participation in planning and decision-making.

Box 6-3 China's local transport management system reform. The case of Zhuhai transport

In March, 2013, the city of Zhuhai decided to conduct a major reform and established the Municipal Transportation Commission as the coordinating organization. The initiator of the project is the municipal authority leader that is responsible for transport management, and the commission members are 23 representatives from the Zhuhai Transport Bureau, Zhuhai Port Authority, Zhuhai Highway Bureau, Zhuhai Development and Reform Bureau, Zhuhai Finance Bureau, Zhuhai Human Resources and Social Security Bureau, the Land and Resources Bureau of Zhuhai, Zhuhai Bureau of Housing, Urban and Rural Planning and Construction, Zhuhai Bureau of Ocean, Agriculture, Fishery, and Water.

(8) Establish a National Green Travel Index Monitoring Mechanism for Central Cities

To strengthen performance evaluation and accountability, and encourage public involvement,the State Council should instruct the MoT to establish a National Green Travel Index Monitoring Mechanism for Central Cities. Provincial governments should guide city governments to establish a "Green Travel Index Monitoring and Reporting Mechanism" and the data should be publicly available. Clear, accurate and comparable data should be published and be available to citizens, on a city by city basis, covering air pollution, road injuries and deaths and public transport performance. This will improve transparency and accountability of city managers as well as encourage public interest and participation in green urban travel.

Relevant departments should be coordinated to conduct a "Central City public transport development performance evaluation", and a "national green travel city appraisal". The level and quality of green travel provision should be a criterion in the performance evaluation and promotion of city officials and mayors. Furthermore, it should guide the local government to establish urban transport planning, Transport Demand Management (TDM), policy development (including vehicle restriction, car purchase restriction, congestion charging, low emission zone, etc.), and public involvement mechanisms.

Box 6-4 International case—public involvement and transport congestion policy implementation

In 1950s, Sweden proposed to collect congestion charges in the heavily congested areas in the downtown area of Stockholm, and actually implemented the measure in 2006. The congestion in the downtown area was greatly alleviated. A year later the city let the citizens decide, through referendum, whether to continue the charging. The result was that 52% of the voters favored the policy. Since 2007 Sweden approved laws to authorize the city government to collect congestion taxes as necessary. At present 60%～70% of the Stockholm citizens favor the measure. Other cities in Sweden that have serious congestion problem are also considering implementing congestion charges (Gothenburg started congestion charging on the 1st January 2013) by having a local referendum.

(9) Amending legislation on Urban Public Transport Regulation and Law of Air Pollution Management

There are no public transport related laws in China. This results in a disconnect between the urban development from transport development and environmental protection. The transport and environmental protection agencies at the state and city levels have been operating separately instead of working together. The fact that the *Urban Public Transport Regulation* and the *Law of Air Pollution Management* have been included in the work plan of the State Council provides an opportunity to rectify this problem.

The central government should amend legislation on Urban Public Transport Regulation and Law of Air Pollution Management to require local governments to fulfil its duties to promote green travel.

The Urban Public Transport Regulation should clearly emphasize the conformity of city comprehensive planning with coordinated land use and urban transport planning. It should also include a legal requirement for transport impact evaluation, and include Transport Demand Management and transportation safety in urban public transport planning.

The Law of *Air Pollution Management* should contain provisions for the control of urban transport pollution and emissions, which should be included in urban transport planning; require the establishment of an urban transport pollution monitoring system; require that monitoring data is available to the public and require that the use of central fiscal funds is connected with the control of urban transport pollution and transportation safety, and is in line with goals for transport development and environment and air quality management and, allow city government to implement congestion charges, low emission zones, etc. The net income raised shall be used to develop walking, cycling, and public transport.

Box 6-5 International cases—laws and regulations related to promoting green travel

The Federal-Aid Highway Act of 1973 specified the procedures and arrangements of transportation planning. It also specified the members of the Metropolitan Planning Organization (MPO), and required that the MPO develop long-term Metropolitan Transportation Plan (MTP), mid-term Metropolitan Transportation Improvement Program (MTIP), and the Unified Planning Work Program (UPWP) that are comprehensive, cooperative & continuing (the "3C"), and use these programs as the preliminary conditions for applying for the federal funds.

(10) A Central Government led Urban Green Travel Demonstration Projects

While urbanization and motorization are rapidly developing, Chinese cities have little experience of how to implement green transport in an integrated and coordinated way. The Central Government should select different types of cities to organize and implement a series of Demonstration Projects Promoting Urban Green Travel.

The Central Government should take the lead in implementing a demonstration program showing new and improved ways of providing green urban transport, by combining international experience with practices of Chinese cities promoting green travel. The State Council should appoint the Ministry of Transport as the leading department to organize related departments to select appropriate cities in which the following projects are to be conducted: street-space reallocation to prioritize public transport, walking and bicycling, and to improve the street environment; implement the Smooth Public Transport Project, to attract more people to take buses; select megacities like Beijing and Shanghai to set up congestion and Low Emission Zones; conduct research on implementation of such zones, and draft *national principles for establishing urban congestion and Low Emission Zones*; establish and pilot a Transport Pollution Monitoring, Evaluation and Publishing System, in areas like Beijing, Tianjin, Heibei, and the Yangtze River Delta.

Box 6-6 International case— EU CIVITAS Demonstration Program

The European Union funds the CIVITAS initiative to demonstrate and improve transport measures and policies in order to create cleaner and better transport in cities. CIVITAS has helped introduce numerous innovations and 650 measures that have already made transport more eco-friendly in over 60 European "demonstration cities". The EU has invested well over EUR 200 millions. London, Stockholm and Milan, and many other European cities, have adopted policies to re-allocate street space (i.e. provide slow transport and public transport with more road resources), set up congestion charging areas and low emission zones. These actions have greatly promoted green travel, and alleviated congestion and air pollution. Germany started the Black Carbon Free initiative, and reduced vehicle pollution through setting up low emission zones. At present there are 54 low emission zones (850 km^2) in Germany alone and hundreds more throughout Europe.

Glossary of Terms

Five year plan periods:

Eleventh

Twelfth

National Ministry acronyms

Ministry of Transport (MOT)

Ministry of Science and Technology (MOST)

Ministry of Housing and Rural Development (MOHURD)

National Development and Reform Council (NDRC)

Central Cities

Directly controlled cities

List of Provinces

List of urban regions

Mega cities

Large cities

First tier cities

Second tier cities